总第二十六辑　Vol.13 No.2, 2012
Beida Journal of Philosophy

CSSCI 来源期刊（集刊类）

图书在版编目(CIP)数据

哲学门.总第26辑/王博主编.—北京:北京大学出版社,2012.12
ISBN 978-7-301-22237-9

Ⅰ.①哲… Ⅱ.①王… Ⅲ.①哲学-文集 Ⅳ.①B-53

中国版本图书馆 CIP 数据核字(2013)第 038581 号

书　　　名：哲学门(总第二十六辑)
著作责任者：王　博　主编
责任编辑：田　炜
标准书号：ISBN 978-7-301-22237-9/B · 1114
出版发行：北京大学出版社
地　　　址：北京市海淀区成府路 205 号　100871
网　　　址：http://www.pup.cn　新浪官方微博:@北京大学出版社
电子信箱：pkuwsz@yahoo.com.cn
电　　　话：邮购部 62752015　发行部 62750672　出版部 62754962
　　　　　　编辑部 62750577
印　　刷　者：北京大学印刷厂
经　　销　者：新华书店
　　　　　　787mm×1092mm　16 开本　24.75 印张　368 千字
　　　　　　2012 年 12 月第 1 版　2012 年 12 月第 1 次印刷
定　　　价：45.00 元

未经许可,不得以任何方式复制或抄袭本书之部分或全部内容。
版权所有,侵权必究
举报电话:010-62752024　电子信箱:fd@ pup.pku.edu.cn

目 录

论坛：亚里士多德哲学

《形而上学》Z7-9 的插入问题 …………………………………… 聂敏里（1）
亚里士多德《范畴篇》第一章译笺
　　——以晚期希腊评注为线索 ……………………………… 溥　林（21）
明智与智慧
　　——从亚里士多德笔下的泰勒斯和阿那克萨戈拉说起 … 刘　玮（39）
《形而上学》Z 卷中的种（*eidos*）概念及其复杂性 ……………… 吕纯山（63）
亚里士多德的质料概念 ……………………………………………… 曹青云（83）

论　文

早期奥义书的主要思想及其影响 …………………………………… 姚卫群（107）
早期《诗》学视野下的天命惟德观念 ……………………………… 孟庆楠（123）
传心与儒家道统传承 ………………………………………………… 李春颖（139）
被发明的传统
　　——晚明佛教宗派的复兴与佛教谱学的成立 ……………… 张雪松（153）
钱穆与张君劢"直觉"思想之比较 ………………………………… 王晓黎（167）
章太炎革命时期的儒教思想（1900—1911） ……………………… 彭春凌（187）
"转变"思想分析熊十力的"体用不二" ………………………… 谢伟铭（219）
治义务的公平原则理论如何可能？
　　——论乔治·克洛斯科的政治义务理论 …………………… 毛兴贵（233）
海德格尔的"濠梁之辩" …………………………………………… 罗　久（255）

"范式"研究的逻辑路径及其现实效用
　　——对马克思哲学思维范式研究的当代反思…………翟俊刚(269)

评论

君子困境和罪人意识………………………………………谢文郁(281)

诚者何罪？
　　——《君子困境和罪人意识》评议……………………黄玉顺(305)

自明，还是救赎
　　——与谢文郁教授商榷…………………………………颜炳罡(321)

《中庸》论小人三章疏释……………………………………唐文明(329)

何为"本性之善"？
　　——评谢文郁教授的《中庸》解………………………邹晓东(339)

书评

邓联合：《庄子哲学精神的渊源与酿生》…………………白欲晓(351)

段德智：《莱布尼茨哲学研究》……………………………徐　弢(360)

李景林：《教化的哲学——儒学思想的一种新诠释》……许家星(363)

陈苏镇：《〈春秋〉与汉道》…………………………………赵金刚(368)

聂锦芳：《批判与建构：〈德意志意识形态〉文本学研究》……杨洪源(377)

书讯

[清]顾炎武：《顾炎武全集》……………………………………(62)

[清]焦循：《清代经学著作丛刊》………………………………(82)

埃德蒙·胡塞尔：《形式逻辑与先验逻辑——逻辑理性
　　批评研究》………………………………………………(122)

道恩·威尔顿：《另类胡塞尔——先验现象学的视野》………(?)

弗雷德里克·詹姆逊：《黑格尔的变奏——论〈精神现象学〉》…(23?)

[宋]吕大临：《蓝田吕氏遗著辑校》……………………………(268)

[清]陈寿祺：《五经异义疏证》…………………………………(304)

列奥·施特劳斯：《霍布斯的宗教批判——论理解启蒙》……(320)

汉斯·布鲁门伯格:《神话研究(上)》……………………………(338)
马丁·海德格尔:《哲学论稿(从本有而来)》…………………(383)
西蒙娜·薇依:《柏拉图对话中的神——薇依论古希腊文学》………(384)

Contents

Forum: Aristotle's Philosophy

The Problem of Insertion of *Metaphysics* Z7-9 ············ Nie Minli(1)

Chapter One of Aristotle's *Categories*:
 Translation with Notes and Glossary ············ Pu Lin(21)

Prudence and Wisdom:
 Reflections Arising from Aristotle's Description of
 Thales and Anaxagoras ············ Liu Wei(39)

The Complexity of Species (*eidos*) in *Metaphysics* Z ········ Lv Chunshan(63)

Aristotle's Concept of Matter ············ Cao Qingyun(83)

Articles

The Main Thought in Early Upaniṣads and Its Influence ··· Yao Weiqun(107)

On the Thought that Mandate of Heaven Depends
 on Morality in the Early Poetics ············ Meng Qingnan(123)

Inheriting Mind and Neo-Confucian Orthodoxy ············ Li Chunying(139)

The Invented Tradition
 —the Revival of Buddhist Sects and the Establishment of Buddhist
  Genealogy in Late Ming Dynasty ············ Zhang Xuesong(153)

A Contrastive Study on Qian Mu and Zhang Junmai's
 Intuition Ideology ············ Wang Xiaoli(167)

Zhang Taiyan's Confucian Thought During Revolutionary
 Period(1900-1911) ············ Peng Chunling(187)

To Study the Thought of "Oneness of Substance and Function" of Xiong Shili
    by the "Zhuan bian" Thought ················· Xie Weiming(219)
How Is the Argument for Political Obligation from the Principle of Fairness Possible?
    —On George Klosko's Theory of Political
    Obligation ················· Mao Xinggui(233)
Heidegger's *Haoliang Debate* ················· Luo Jiu(255)
The Logical Path and Real Effect of Research on the Paradigm
    —A Reflection on the Study of Marx-Philosophy
    Paradigm ················· Zhai Jungang(269)

Commentaries

The Dilemma of *Junzi* and Guilty Consciousness ············· Xie Wenyu(281)
Is Sincerity a Sin?
    —Criticism to The Deliemma of *Junzi* and
    Guilty Consciousness ················· Huang Yushun(305)
Enlightenment or Salvation?
    —A Deliberation with Professor Xie Wenyu ········ Yan Binggang(321)
A Commentary on the Three Chapters about the Villain
    in The Doctrine of the Mean ················· Tang Wenming(329)
What Is the Nature Good?
    —A Comment on Xie Wenyu's Interpretation of
    the *Zhongyong* ················· Zou Xiaodong(339)

Book Reviews

Deng Lianhe: *The Origin and Development of the
    Philosophical Spirit of ZhuangZi* ················· Bai Yuxiao(351)
Duan Dezhi: *A Study on Leibniz's Philosophy* ················· Xu Tao(360)
Li Jinglin: *A Philosophy of Education—A New Interpretation to
    the Thought of the Confucian School* ················· Xu Jiaxing(363)
Chen Suzhen: *Chunqiu and Handao* ················· Zhao Jingang(368)

Nie Jinfang: *Critique and Construction: A Textual Study of German Ideology* .... (377)

Information

(Qing) Gu Yanwu: *Complete Works of GuYanwu* .... (62)
(Qing) Jiao Xu: *The Classic Works of Qing Dynasty* .... (82)
E. Edmund Husserl: *Formale und Transzendental Logik: Versuch einer Kritik der Logischen Vernunft* .... (122)
Donn Welton: *The Other Husserl: The Horizons of Transcendental Phenomenology* .... (218)
Fredric Jameson: *The Hegel Variations: on the Phenomenology of Spirit* .... (232)
(Song) Lv Dalin etc.: *The Compite and Collated work of Lantian Lvs* .... (268)
(Qing) Chen Shouqi: *The Commentary and Confirmation on Different Doctrines about the Five Classics* .... (304)
Leo Strauss: *Die Religionskritik de Hobbes* .... (320)
Hons Blumenberg: *Arbeit am Mythos I* .... (338)
Matin Heidegger: *Beiträge Zur Philosophie* .... (383)
Simone Weil: *Dieu Dans Platon* .... (384)

《形而上学》Z7-9 的插入问题

聂敏里[*]

提　要：本文讨论了《形而上学》Z7-9 的插入问题。本文首先对主张 Z7-9 是插入的观点做了详尽的说明和分析，指出其得失，然后，在此基础上，本文就 Z7-9 的插入是合理的观点做了辩护。本文不仅从义理的层面深入论证了 Z7-9 插入的必要性与合理性，而且还从文本互文关系的角度对 Z7-9 插入的合理性进行了论证。由此，本文对迄今为止西方学者关于 Z7-9 插入性质的研究提出了新的讨论。

关键词：插入论　存在论　本质论　生成论　弱的插入论者　强的插入论者

一

《形而上学》Z7-9 在整个 Z 卷中是非常特殊的一个部分，它的特殊性在于它的明显插入的特征。关于这一点，我们只要稍稍考察一下 Z7-9 相对于它之前和之后各章在论述主题上的明显不同就可以立刻发现。

首先，如所公认的，Z1-6 这几章的内容具有非常好的连续性。所谓非常好的连续性是指，不仅在论述的逻辑顺序上是连贯的，而且在行文的篇章结构上也是连贯的。

Z1 的意图是提出问题。在这一章中，亚里士多德通过一个基于存在论

---

[*] 聂敏里，1971 年生，中国人民大学哲学院教授。

视角的特殊考察,便在就本身而言的诸存在者(亦即存在的诸范畴)中确立了实体无论在时间上、认识上还是定义上的优先性,从而将"什么是存在"的问题根本转换成了"什么是实体"的问题,实体问题成为了存在论的核心问题。

在此基础上,在第 2 章,亚里士多德按照他通常讨论一个问题的做法,首先对前人在"什么是实体"这一问题上的种种见解作了一番回顾性的描述。他的陈述是历史性或者说事实性的,而非论证性或理论性的,虽然不排除有明显的研究导向性。

但是,进入第 3 章,亚里士多德便从理论的层面提出了实体的四个可能的候选项,即,"是其所是"、普遍者、属和主体,这四个候选项是从理论上分析最有可能是实体的东西,从而无疑需要首先做理论的分析和探讨。人们通常把 Z3 视作 Z 卷的一个提纲,但是,这个理解方式具有致命的误导性质,它是造成人们在把握 Z 卷的整体结构上普遍支离破碎的主要原因。在这里我只是简洁地指出,实际上,Z3 在一开始提出实体的四个候选项之后,便按照主体——主体的三个候选项(质料、形式、质料和形式的合成物)——形式的三个候选项(普遍者、属和"是其所是")的顺序,通过层层推进的方式,最终确定了"是其所是"是首要的实体。从而,它不是提纲性质的,而是本身就是论证性质的,它通过基于"实体是主体"的根本原则对实体的四个候选项进行理论的甄别和筛选的工作,在自身内部便已经完成了对实体的真正候选项亦即"是其所是"的确定,而并不待在 Z 卷此后的其余各章中继续从事这一工作。而从 Z4 开始,亚里士多德便已经进入到了针对"是其所是"亦即形式实体的有层次的、分专题的讨论中。

Z4-6 是对"什么是'是其所是'"这个问题的一个专题的讨论,就这一点来说,它自身具有较强的整体性,但是,因此,它和 Z3 的连续性也就是显然的。因为,如我们已经说过的,Z3 已经确定了"是其所是"是严格意义上的实体,从而,在这里开始一个针对"是其所是"的专门的讨论当然也就是极其自然的。这样,亚里士多德就由对实体的一般存在论的探讨(即确定实体是首要的存在者、是主体)进入到了一般本质论探讨的层面(即确定实体是本质)。亚里士多德在这里处理了本质和偶性的关系问题,将"是其所是"确定为事物的本质,它构成了事物之自身,是一个严格意义上的自我同一的单纯物。

当然，在这之中，我们也应当承认 Z6 自身的特殊性。因为，如伯恩耶特所说的，在某种意义上，它是"自足的（self-contained）一章"①。在这一章中，亚里士多德讨论了一个相对特殊的主题，即本质和个体事物的同一性。显然，就这个问题本身而言，它具有某种程度的独立性。但是，毫无疑问，它仍然从属于"什么是'是其所是'"这个大问题，它是对"是其所是"在其对象存在上的确定。所以，伯恩耶特的看法是正确的，他说："Z6 是一个不同的但在下述意义上相关的研究。对于确定每一个东西的实体是其本质这一点，Z6 补充了进一步的可称赞的思想……即，每一个东西无别于它的实体（1031a17-18），接着探究了这两个逻辑概念的相互作用。"②

这样，至此为止，我们就考察了 Z1-6。而无论是从论述的逻辑顺序还是从行文的篇章结构来看，它们都具有很好的连贯性。

但是，一旦进入到 Z7-9，我们发现，这样一种基于论述的逻辑顺序和行文的篇章结构的连贯性就被打破了。在 Z7 中，我们开篇看到的是这样一句话：

> 尽管被生成物中一些按自然被生成，一些按技术被生成，一些按自发被生成，但全部被生成物都被什么被生成，从什么被生成，和被生成为什么。（1032a12-15）

在这里，从 Z4 开始的对实体从本质论的视野、按照"是其所是"进行讨论的线索仿佛突然中断了，出现在我们面前的是一个显得十分突兀的主题，即生成论的主题，我们不能发现它同前面已经进行过的论述有任何表面的关联。而在具体的论述中，亚里士多德基于上述的生成物的生成结构，对形式的在先性、形式的不被生成以及形式和质料的不可分离性等主题做了探讨，这仿佛也同前面 Z1-6 所进行过的探讨没有丝毫主题上的连续性可言。这样，很清楚，在 Z7-9 中一个根本的变化就是，亚里士多德从既定的本质论的论域进入到了生成论的论域，他仿佛转换了一个思路，把原本在本质论论域中讨

---

① Myles F. Burnyeat, *A Map of Metaphysics Zeta*, Pittsburgh, Pa.: Mathesis, 2001, p.26.
② Ibid.

论的实体问题纳入到了一个全新的论域即生成论的论域来专门考察。这一论域的转换是如此突兀,中间没有丝毫的过渡,既没有任何原因的说明,也没有任何从修辞角度考虑的词句上的衔接①,这当然就不能不让人感到Z7-9的插入的性质。

而如果我们再联系到Z7-9之后的各章,例如紧随其后的Z10,那么,这种插入的感觉就进一步增强了。因为,我们发现,Z10突然又没有丝毫铺垫和交代地从Z7-9对形式的基于生成论的考察转到了对形式实体的基于定义问题的考察。例如,它一开始就这样说:

> 既然定义是描述,而每一个描述都有部分,但正如描述相关于事物,类似地,描述的部分也相关于事物的部分,那么,这便已经有了疑问,究竟应当各部分的描述内在于整体的描述之中还是不在。(1034b20-24)

显然,在这里,讨论的主题就发生了明显的转移。就定义问题同"什么是'是其所是'"的问题有明显的相关性而言,Z7-9之后的Z10-16仿佛又重新回到了本质论的论域,从而明显地同前面的Z4-6内在相关,而缺少同紧接着的Z7-9的关联性。同时,文本上的证据也仿佛提供了这种连贯性的证明。

因为,如果我们更为细致地分析上引的Z10一开始的那段话,那么,它的头一句话会立刻让我们想起Z4-5中的若干表述。因为,正是在Z4中,亚里士多德对定义和描述作了严格的区分,表明定义在外延上小于描述,它是针对一个事物的实体和"是其所是"的描述。② 而我们也知道,Z4对定义的这一观点也一直延续到了Z5,在Z5中亚里士多德从耦合物($\sigma\nu\nu\delta\epsilon\delta\nu\alpha\sigma\mu\acute{\epsilon}\nu o\nu$)的特殊角度再次涉及了定义的问题。而如果我们没有忘记的话,那么,

---

① 诚然,首句中出现的小品词 $\delta\acute{\epsilon}$ 似乎表明了某种与上文衔接的语气,但是就它所引领的内容来说却不能从中发现任何同上文的联系。伯恩耶特据此指出,很可能如抄本 A^b 所唯一证实的那样,这个地方本来是没有表示衔接的这个小品词的(参见 Myles Burnyeat, *A Map of Metaphysics Zeta*, p. 29, n. 46)。我们不一定接受伯恩耶特的这一解释,但是,这却是对Z7-9与上文没有连贯的语文衔接的一个值得重视的证据。

② Z4,1030a6-11:"'是其所是'属于那些其描述是定义的东西,而只要名称像描述一样表示,它就不是定义(因为所有的描述就会是定义了,因为对于随便什么描述都会有一个名称,这样,甚至《伊利亚特》也将是定义),而是只有关于某个首要的东西,但这就是那些不按照另一个陈述另一个的方式陈述的东西。"

在 Z5 的最后亚里士多德这样说：

> 因此，显然，定义就是对"是其所是"的描述，"是其所是"要么唯一地相关于实体，要么最大程度地、首要地、单纯地相关于实体。（1031a12—14）

假如我们把这句话和 Z10 的头一句话相对照，即，"既然定义是描述"，那么，即便不能断然地说，但是也可以很有把握地说，Z10 仿佛在论述上是直接接续着 Z4-5，而转入到对实体及其定义的另一个专题的讨论中。此外，由于在它们之间插入了具有相对独立性的 Z6 一章，我们看到，当 Z10 重新回到定义的问题上时，它才使用了"既然……"（ἐπειδὲ）这样的关联词来表明一种在行文上同前面章节的承接关系。由此，一个具有极大可能性的结论当然就是，至少 Z1-6 和 Z10 无论是从论证的逻辑上看、还是从行文的顺序上看都是彼此关联的，而 Z7-9，由于主题上的这种不相应性，则极有可能是插入的。

在对 Z 卷的文本结构的研究中，绝大多数研究者都得出了这一结论。而纳托尔普是最早提出这一看法的人。如罗斯所转述的，纳托尔普认为，Z 卷是由两篇论文合成的，其中，Z1-6 和 Z10-14 是一个部分，而 Z17、Z7-9 和 Z15、Z16 是另一个部分。而他之所以把 Z17 放到 Z7-9 之前，是由于他认为 Z17 包含了一个明显的宣告，宣告从第一篇论文的主题转到第二篇论文的主题，也就是通常所说的 Z17 的"新开端"（New Start）。① 罗斯尽管在具体的细节上不同意把 Z15、Z16 和 Z17 放到 Z7-9 的序列中去，但是，在认为 Z7-9 是插入的、Z1-6 和 Z10-12 是一个整体以及它们是不同的两篇论文这些看法上却和纳托尔普是一致的。② 这样，如果我们把主张 Z7-9 是插入的研究者称之为"插入论者"，那么，在处理 Z7-9 的插入问题上，插入论者们通常的一个做法就是把 Z7-9 同 Z 卷的其他各章分别开来单独处理，把它们不视为 Z 卷的内在的、有机的并且是顺序相连的部分。

---

① 参见 W. D. Ross, *Aristotle's Metaphysics*, vol. 2, Oxford: Oxford University Press, 1924, p. 181；W. D. Ross 1924（vol. 1），*Aristotle's Metaphysics*, vol. 1, Oxford: Oxford University Press, 1924。

② Ibid., p. 181. W. D. Ross 1924（vol. 1），*Aristotle's Metaphysics*, vol. 1.

二

这是从论述主题上对 Z7-9 的插入性质的分析。它当然关乎研究者的理解。也就是说,对论述主题的理解的不同和所做解释的不同无疑会影响到对 Z7-9 的插入性质的认识的不同。因此,在插入论者看来,尽管 Z7-9 和其他各章在论述主题上的不同非常明显,以至于要得出不同的看法非常困难,但是,从 Z 卷以及和 Z 卷相关的《形而上学》其他各卷的文本本身中寻找更为直接和明显的文本证据来证明 Z7-9 的插入性质,则无疑会使插入论的观点更为牢固,因为文本上的直接证据相比于由主题思想的理解而来的推论要更为有力,这是真正的内证而非外证。所以,持插入论观点的研究者们又从很多方面找到了能够力证 Z7-9 的插入性质的文本证据,而在这些证据中,最受插入论者们重视的就是 Z11 和 H1 中的两处相关论述。

Z11,1037a21-b7 和 H1,1042a4-22 是两段具有特殊意义的文字,它们的特殊之处在于,在这两处地方,亚里士多德由于论述的需要,对此前所讨论过的内容分别作了一些简单的回顾和总结,从而,显然,对这两段文字进行分析,考察在其中亚里士多德是否曾经提到过同 Z7-9 相关的内容,就可以为论证 Z7-9 究竟是插入的还是非插入的提供直接的文本的证据。而如罗斯对此的分析所显示的,Z11,1037a21-b7 分别依次涉及了 Z4(1037a21-22)、Z10、11(1037a22-33)、Z5(1037a30-32)和 Z6(1037a33-b7),而没有一句涉及 Z7-9,因此,如罗斯所说,"证实这几章原本属于一篇独立的论文"[①]。H1,1042a4-22 分别依次涉及了 Z1(1042a4-6)、Z2(1042a6-12)、Z3,1028b33-36(1042a12-15)、Z4-6、Z12、Z15(1042a17-18)、Z10、Z11(1042a18-21)、Z13、Z16,1040b16-1041a5(1042a21-22),同样没有丝毫涉及 Z7-9,因此罗斯说,这表明 Z7-9"不属于 Z 卷的原始计划"[②]。显然,按照这样的理解,Z11 和 H1 中的这两段文字就证明了 Z7-9 极有可能原本不在亚里士多德所计划的论

---

① 以上参见 W. D. Ross, *Aristotle's Metaphysics*, vol. 2, p. 204。
② Ibid., pp. 226-227. 但是,值得注意的是,罗斯在做了上述表述后,却提了一句:"然而,这几章的学说在以下第 30 行被提到了。"

述序列之中,而是后来插入的。伯恩耶特在对Z7-9的插入性质的研究中也特别重视这两处证据。他认为Z11和H1中的相关论述不仅强有力地证明了Z7-9的插入性质,而且具有特殊意义的是,它们连同H3,1043b16提及Z8时所用的 ἐν ἄλλοις ("在另外的讨论中") 一词共同证明了,Z7-9是亚里士多德在对较早前所写的Z卷修订时插入的,理由就是,作为在Z7-9之后的篇章,它们要么竟然丝毫没有提及Z7-9,要么竟然把Z7-9指称为另外的论述,由此可见,Z7-9原本属于一篇独立的论文,不在既有的Z卷的写作序列之中。①

显然,所有这些都仿佛极其有力地证明了Z7-9是插入的,而我对此亦不表示完全的反对。因为,要说明Z11,1037a21-b7和H1,1042a4-22这两段文字在概述以前的观点时完全没有提到Z7-9,这仍然涉及如何理解的问题。更何况亚里士多德完全可能是根据目前论述主题的需要来选择所要回顾的观点,而不必面面俱到。我在这里要指出的只是,证明Z7-9是插入的是一回事,而证明Z7-9的插入是不合理的却是另一回事。这是两个完全不同的问题。我把仅仅主张Z7-9是插入的研究者称作弱的插入论者,而把不仅主张Z7-9是插入的、而且还主张Z7-9的插入是不合理的研究者称作是强的插入论者。就这一划分来看,显然,以纳托尔普、罗斯等人为代表的插入论者是强的插入论者,因为从他们依据Z7-9的插入性质而对Z卷作割裂的处理的做法来看,显然,他们认为Z7-9在Z卷中的位置是不合理的。他们所依据的主要证据有如上述,但是,值得指出的是,上述的证据没有一条能够说明Z7-9的插入是不合理的,它们仅仅表明了Z7-9无论是从论述的主题来看还是从文本的相关指涉来看都具有插入的性质。从而,显然,对于强的插入论者来说,假如他们想要维持有关Z7-9的插入是不合理的观点,和把Z7-9不仅从Z卷的文本序列中而且从核心卷的文本序列中割裂出来的做法的正当性,那么,他们就还必须提供更进一步的证据以表明Z7-9与Z卷、乃至与整个核心卷的主题和观点是不协调的。就此而言,伯恩耶特在其对Z卷的专门研究中提供了这方面更进一步的证据,尽管我并不认为伯恩耶特是一

---

① 参见 Myles Burnyeat, *A Map of Metaphysics Zeta*, pp. 29-31。

个绝对意义上的强的插入论者。①

伯恩耶特在其 2001 年出版的《〈形而上学〉Zeta 地图》一书中曾经对 Z7-9 的插入性质作了专章的论述。他总结了多条有关 Z7-9 是插入的证据，并对反对 Z7-9 是插入的证据也作了专门的考察和反驳。他罗列的直接证明 Z7-9 是插入的证据有 9 条之多，而其中的第 vi 条尤其受到他的偏爱，因为他认为第 vi 条尤其能够表明 Z7-9 在思想观点上和 Z 卷的一些基本观点不一致。为了论证的方便，我在这里将这一条的全文引述如下：

[vi]一个细心的读者，当他发现 Z 卷对第一实体是形式这一命题的第一次明确的阐述竟然出现在有关人工制品的一句插入语（1032b1-2）中，他当然会大吃一惊。用像 Z3 中的青铜雕像那样的人工制品作为范例是一回事，而把人工制品的形式用作对 Z 卷中的那个大问题的显而易见的回答却完全是另一回事，那个问题是：什么是实体性存在者的第一实体，其他事物的存在关系于它而得到解释？再者，Z4-6 已经费力地把本质在其首要的和最严格的意义上同作为其自身而存在并是其所当是的首要的事物联系在一起。对于亚里士多德来说决不会随即就在 Z7（还是 1032b1-2）中直接进而就把本质同诸如房屋的形式（1032b12-14）或者更为直接地同健康（1032b2-13）相等同。毕竟，健康是一种性质——用 Z1 的术语来说，一种依附的存在。②

在这里，显然，构成伯恩耶特质疑 Z7-9 插入的正当性的一个首先的理由就是，亚里士多德是在 Z7 谈到人工制品的一段中顺便提到对于整个 Z 卷来说具有关键意义的那个命题的，即：第一次明确地把形式确认为个体事物的"是其所是"和第一实体。其次，在伯恩耶特看来难以接受的是，在这一部分中亚里士多德似乎有把人工制品的外观或样式等同于事物本质的意图。③

---

① 详见下面的论述。
② Myles Burnyeat, *A Map of Metaphysics Zeta*, p. 30.
③ 显然，上引伯恩耶特那段话中的"人工制品的形式"，假如我没有理解错的话，"形式"一词是有歧义的，它既可以指作为事物本质规定性的"形式"，也可以指作为事物的外观样式的"形式"。显然，如果是第一个意思，那么，就此而言，伯恩耶特对亚里士多德就没有什么好指责的，只有是第二个意思，伯恩耶特的指责才能成立。从而，伯恩耶特的上述批评无疑是就样式、外观意义上的"形式"而言的。

最后,伯恩耶特认为亚里士多德在这一部分中还把健康说成实体①,而很明显,健康并不属于实体范畴,而是属于非实体范畴。所有这些就构成了伯恩耶特在第 vi 条论据中质疑 Z7-9 插入的正当性的理由。并且他认为这是格外有意义的,认为这些难点只有通过假定 Z7-9 是插入的才能够予以圆满地解决。②

但是,假如我们对伯恩耶特所提及的 Z7 的这一部分的内容进行细致的分析,那么,我们会发现,伯恩耶特的上述质疑理由并不充足。为了说明的方便,我在这里先附上 Z7,1032b1-15 的这段话:

> 凡是其形式在灵魂之中的东西都按技术被生成。形式我指每一个东西的"是其所是"和第一实体;因为同样的形式按照某种方式也属于对立的东西;因为缺失的实体就是对立的那个实体,例如,健康是疾病的实体;因为健康的不在场就是疾病,而健康就是在灵魂之中的描述和知识。……所以,在某种意义上结论就是,健康从健康中被生成,房屋从房屋中被生成,从无质料的东西中有质料的东西被生成。因为医术和建筑术就是健康和房屋的形式;而我把无质料的实体称作"是其所是"。

根据所引的这段话,我们发现,首先,亚里士多德确实是在谈及技术的产品的部分提到了形式就是个体事物的"是其所是"和第一实体的观点,而诚如弗雷德和帕奇克所指出的,这是对这个在整个 Z 卷中都具有重要意义的观点的第一次明确的表述。③ 但是,我要说的是,这又怎样呢?难道这个全局性的观点就不适用于技术的产品吗?因此,尽管伯恩耶特认为一个细心的读者读到这里会大吃一惊,但我并不认为是这样。其次,对于将人工制品的外观、样式等同于事物的本质、形式这一点,显然,假如亚里士多德有这样的

---

① 关于此点,可进一步参考伯恩耶特所罗列的第 vii 条论据:"不仅 Z7 用 οὐσία 来指健康和疾病(1032b3-4),而且在 Z9,1034b7-19 还有另一个令人惊奇的东西:性质和来自于非实体范畴的词项也被称作'首要的'。"(Myles Burnyeat, *A Map of Metaphysics Zeta*, p. 30)
② 参考 Myles Burnyeat, *A Map of Metaphysics Zeta*, pp. 30-31。
③ Ibid., p. 30, n. 47.

意思,那么,这诚然是一个问题,因为一个事物的外观恰恰不是它的本质①。亚里士多德的"形式"概念是就事物的本质规定性而言的,而恰恰不是就事物的外观、样式而言的。但是,仔细阅读上引的那段话,亚里士多德丝毫没有提到类似的观点,他倒是恰恰通过"形式指每一个东西的'是其所是'和第一实体"那句话强调了形式的本质的内涵。当然,也许有人会说亚里士多德在这一段的后面举了"铜质的圆"的例子,并且将"圆"当成"铜质的圆"的形式本质。但难道不应当如此吗?因为铜质的圆之为铜质的圆,恰恰是因为"圆"是其形式本质,而不是其外观。最后,关于亚里士多德在这里把健康说成实体这一点,显然只是依据上下文的一个推测而已,而亚里士多德用健康和疾病对举来做例子,其真正的用意显然不在于说健康是实体,而是说健康的缺失就是疾病,他以此来说明"缺失的实体就是对立的那个实体"那句话的具体意思。而进一步细读上面那段话,亚里士多德有关健康所真正明言的倒是这样一层意思,这就是,医术是健康的形式,但这恰恰不是在说健康是形式、是实体,而是说医术所把握到的是健康的形式,显然这一点和亚里士多德在 Z 卷的前面部分对本质问题的阐述是没有矛盾的。

所以,通过上述的分析,对于伯恩耶特来说具有重要意义的第 vi 条证据显然在理由上是不充分的,我们不能由此认为 Z7-9 在一些基本的观点上和 Z 卷的其他各章是有出入的。当然,需要指出的是,伯恩耶特在第 vii、viii、ix 条中还举了别的一些证据来说明 Z7-9 和 Z 卷的其他各章在观点上的差异,以证明 Z7-9 的插入是不合理的,但是,我认为第 vi 条是最具有代表性的,在反驳了第 vi 条之后,其他几条亦不难反驳。

但假如有人认为我的全部观点是建立在上述反驳的基础上,我论证的重心是要证明 Z7-9 绝对不是插入的,那么他就理解错了。对于我来说,我不打算完全否认 Z7-9 的插入性质,而只是要证明 Z7-9 在其现有位置上插入的合理性。从而,我的论证的真正重心是,即便伯恩耶特和其他强的插入论

---

① 这也就是我不同意将柏拉图的那个著名的概念 Idea 翻译成"相"的原因。"相"只是对这个词的本义的翻译,而不是对这个词的哲学意义的翻译。"相"涉及的仅仅是事物的外观意义的形式,但柏拉图的 Idea 显然不是指事物的外观,而是指事物的"是其所是",亦即本质。所以,翻译成"理念"就较好地体现了柏拉图这个概念的哲学意义。关于此点请详参我发表于《中国人民大学学报》2004 年第 4 期上的《论柏拉图的 Idea 之为理念而非相》一文。

者针对Z7-9的插入性质所提出的种种论据都成立,这依然只是证明了Z7-9在局部的细节上和之前、之后章节的不合,亦即仅仅证明了Z7-9是插入的,而不能从总体上证明Z7-9的插入是完全不合适的和没有必要的。事实上,仅就公认是亚里士多德亲自插入了Z7-9这一点而言,我们就不能够遽然断定这样的插入是没有丝毫道理的。从而,我根本反对将Z7-9从Z卷的整体论述序列中割裂出去单独处理的做法,而主张这一插入不仅是必要的,而且也是合理的,我们应当按照Z卷既有的篇章结构顺序来阅读和研究Z卷。我们看到,尽管伯恩耶特在很多时候表现为一个强的插入论者,即,主张Z7-9的插入的不合理性,但是,在一些关键的地方他也不得不承认至少Z7-9的插入是有一定的道理的。例如,他说:"因此决非偶然,Z7-9造成了比Z10-11更为容易的理解。我以为这就是亚里士多德为什么要把它们添加到第一稿的Z卷上的主要原因,……它们为Z卷提供了有关形式同质料的关系的最清楚易懂的论述。"① 由此我才在上面说,尽管伯恩耶特极力支持Z7-9是插入的,但他并不是一个绝对意义上的强的插入论者。

鉴于此,下面我要做的就是为Z7-9的插入是必要的而且合理的做出一个足够有力的辩护。我要说明,尽管Z7-9在表面上是在讨论一个与之前、之后的论述不同的主题,即,一个与实体、尤其是形式实体有关的生成论的主题,但是,这个讨论对于Z卷"什么是实体"这个根本问题的研究却是十分必需的,它不仅是对Z4-6"什么是'是其所是'"这个问题的研究的一个更深入的推进,而且对于后面Z10-16对实体的整体和部分的关系问题的探讨是一个必要的准备。

三

毫无疑问,Z7-9的讨论是在生成论的论域中进行的,它仿佛讨论的是一些同实体的生成有关而同实体的本质无关的问题,从而,从表面上看,它和Z4-6从本质论的论域针对实体的研究似乎没有任何必然的关联。但是,这只是一种表面的看法。假如我们深入地研究Z7-9的论述,那么,我们会发

---

① Myles Burnyeat, *A Map of Metaphysics Zeta*, p. 38.

现,Z7-9绝不是在讨论一些和实体的本质无关的一般的生成问题,相反,它论述的焦点恰恰是作为实体之本质的形式,是形式在生成中的地位问题,以及形式和质料基于生成的特殊关系问题。在这里,通过详尽而深入的分析,亚里士多德确立了形式在整个生成中的绝对在先性的地位,并且深入论证了形式和质料基于生成的同一性和统一性。① 如果实际情况是这样,那么,显然,我们就不能够说 Z7-9 和 Z4-6 在主题上没有任何关联,也不能够说 Z7-9 不会有可能是对 Z4-6 所探讨的主题的一个更进一步的讨论。因为,在 Z4-6 中逐渐被确立为研究核心的形式或者"是其所是",不仅依然是 Z7-9 所关注的中心,而且还被放到了一个显然更新了的问题域中做了更为深入的阐述。这样,指明亚里士多德基于什么考虑而认为有必要将对形式的研究从本质论的论域转到生成论的论域中来进行,就成为正确理解 Z7-9 的插入性质、表明这种插入不仅必要而且合理的关键。

Z4-6 是对形式是实体的研究,这是没有疑问的。随着研究的展开,对实体的研究被明确为就是对每一个事物的"是其所是"的研究,这也是我们已经认识到的。但是,一旦深入到这一点,我们就会发现我们面临着认识如何进一步深入的问题,也就是说,我们如何进一步来规定事物的"是其所是",也就是事物的本质。因为必须承认,Z4-6 的研究仅仅能够使我们确认本质就是每一个事物之自身,也就是说,仅仅能够使我们确认本质之所在,使我们能够有效地将事物的本质存在同事物的任何偶性意义上的存在严格地区分开来,但是,却并不能够更进一步地使我们确认本质之所是,也就是说,使我们能够对事物的本质有更为明确的、具有实质内容的规定和认识。我们发现,这就是在单纯存在论和本质论的论域中对事物的本质进行研究所面临的困难。柏拉图就曾经达到了这一困难,从而除了诉诸自指陈述(self-

---

① 传统的观点(阿弗洛迪西亚的亚历山大)认为,形式的永恒性是 Z7-9 的论证主题(W. D. Ross, *Aristotle's Metaphysics*, vol. 2, p. 181),但全面考察 Z7-9 我们将看到,这只是 Z8 的前半部分所论证的主题,同时,它和 Z7 所论证的形式在生成中的在先性的主题也是不矛盾的,它所遗漏的只是 Z8 的后半部分和 Z9 对形式与质料的同一性这一主题的论证。但是伯恩耶特却认为 Z7-9 主要论证的是动力因和形式因的同一性问题,这显然是仅仅考虑了 Z7 的论证主题所导致的看法。如果按照这一看法,那么,Z7-9 同 Z4-6 之间的主题上的关联便变得更加薄弱了。而伯恩耶特显然正是依据这一点才认为 Z7-9 即便是从内容上来看,也是一个相对完整的单篇论文,它拥有自己相对独立的论证重心和主题(参见 Myles Burnyeat, *A Map of Metaphysics Zeta*, pp. 34-36)。

predication），重复"美就是美本身"、"善就是善本身"这类的完全是同义反复的命题外，对于事物的本质不再能够有任何更有内容的规定。因为，单纯存在论和本质论的研究，如Z4-6所已经展示的，实质上只是从逻辑上确定一个事物的本质，它可以使我们将研究的目光锁定在对事物本身而非其外在偶性的关注上，但是如何具体说明一个事物的"是其所是"的内容，这显然超出了它的能力范围，它并不能够回答一个事物是什么，而只是表明一个事物必然有其自身之所是。

但正是在这些问题上，我们发现，一旦我们进入生成论的论域来加以考察，思路就仿佛豁然开朗了。在这里，所谓进入生成论的论域不是简单的论域转换的问题，而是包含着这样一个根本的对事物的本质的认识，这就是，事物的本质不是其抽象的形式规定，不是其单纯的逻辑上的种属，不是一个仿佛与事物的实际存在无关的单纯的概念命名或指称，相反，事物的本质是一个事物作为自然物，其生成的实际的形式规定。因为任何一个事物都不是一个孤立的对象、一个凝固的本质内核，而是一个在具体生成着的自然物，从而，它的本质不是别的，就是它的现实的生成本身、它实际生成的形式的规定。因此，形式是和事物的如何生成、怎样生成联系在一起的，它不是这个事物的单纯的对象存在或者抽象的逻辑种属。举例来说，如果我们要探究一根粉笔的本质，那么，这个本质不是内在于这根粉笔之中的某种抽象的品质，也不是这根粉笔的单纯的形式外观，相反，这根粉笔的本质就在它的被使用中，就在它在黑板上的实际地被书写的过程中，正是通过它在书写过程中的实际地被消耗，这根粉笔的本质不仅被展现了出来，而且被实现了出来，并达到了完成。因此，显然，一个事物的本质恰恰不是这个事物的单纯的对象存在，而是这个事物作为一个现实的生成物的生成活动本身，一个事物的本质就是这样从属于它的自然的生成和消灭，并且在它的自然的生成和消灭之中成就它的本质。

显然，一旦我们认识到这一点，那么，我们就会发现，假如我们要对事物的本质有更具实质内容的领会，而不停留在自指陈述的同义反复上，那么，我们就必须在对这个事物作为生成物的生成活动的具体考察中来发现它的本质，而这也就是发现这个事物其生成的自然的形式规定，这才是一个事物的"是其所是"。因为正如"是其所是"的那个希腊词 τό τί ἦν εἶναι 中的 ἦν 所表明的，它是一个不断在实现的东西，而不是一个现成摆放在那里、有待我们确认的东西。换句话说，事物的本质就是事物作为自然物其自身生成之所是，对此的描述就是对事物本质的揭示，它显然是具有实际规定内容的。这样，对于亚里士多德，可作推论的就是，他显然正是基于这样的考虑，在明确了"是其所是"之所在后，为了更进一步确定事物的"是其所是"究竟是什么，才从本质论的论域转入到一个全新的论域，即生成论的论域，进一步从生成论的论域对"是其所是"做更具专题性质的研究，而这当然是对本质问题的一个更深层次的探讨。

这样，我们看到，正是从形而上学自身理论探究的需要出发，对存在问题的研究才不仅需要被转化为对本质问题的研究，即从单纯存在论的论域转到本质论的论域，而且更需要进一步转化为对生成的研究，也就是进一步从本质论的论域转到生成论的论域，只有这样，存在问题、实体问题和本质问题才得到了真正有效的探讨。显然，就此而言，生成论不仅是本质论的一个有益的补充，而且是其合理的深化和完成。在经过了生成论的转化之后，"存在"现在不再是一种单纯、静观的对象存在，一种抽象、凝固的品质，"存在"现在是动词，它意味着"去存在"，而正是在这"去存在"的生成活动中，它的内在的本质规定才被实现出来。这就是问题的关键。从而，当亚里士多德在 Z4-6 中完成了从存在论向本质论的转化，不仅将实体确立为首要的存在者，而且进一步明确，只有在一个事物的形式亦即"是其所是"中才可能发现一个事物的实体后，很显然，如果他还希望继续对事物的本质作出更有成效的、更具实际内容的研究，那么，单单停留在本质论的论域就不够了，而必须进入到生成论的论域中，使事物的本质作为事物的生成的形式而获得具体的规定，只有这样才可能真正确定一个事物的本质之所是，而这也就是一个事物的实体。我认为，这就是当亚里士多德在 Z6 完成了对"是其所是"和个体事物的同一性的论证之后，在 Z7-9 中便立即转入到从生成论的角度对形式实体的一系列更为深入的探讨的根本原因。

而只是在 Z7-9 所展示的实体的基于生成的形式和质料的那样一种特殊关系的基础上，对实体问题、特别是实体的整体和部分的关系问题再做一次从本质论论域出发的探讨才成为必要，因为，现在，基于实体的生成结构，形式和质料成为实体的内在的两个部分或两个环节,从而,它们和实体整体的关系、它们各自在实体整体中的地位就有必要被着重加以说明,而这恰恰就是 Z10 以后各章的主要内容。我们可以发现,Z10-16 不是像其他研究者所以为的那样,是简单地再次回复到本质问题的研究上,也不是对 Z3 所列的实体的另外两个候选项(普遍者、属)的单纯的研究,相反,它们所关注的核心内容恰恰是实体的整体和部分的关系问题,尤其是形式实体的整体和部分的关系问题。① 同时,我们也可以发现,在具体的论述中,质料的因素成为亚里士多德在考虑这一问题时不得不时时予以注意和处理的一个理论内容,而这在前面 Z4-6 对形式实体的单纯本质论的研究中恰恰是没有出现过的,这就充分地证明了 Z10-16 的论证和 Z7-9 的论证不是没有任何关系的,它不是简单地回复到 Z4-6 的主题上去,而是基于 Z7-9 的一个更深层次的探讨。② 就此而言,到目前为止,一个可以明确作出的结论无疑就是,Z7-9 在 Z4-6 之后和 Z10-16 之前的插入不仅是必要的而且是合理的,它们拥有一个可辩护的连贯的逻辑思路。

四

但是,为了更加有力地证明这一点,来自文本本身的证据显然是必要的,因为,文字上的直接指涉作为证据显然要比基于理解而建立起来的逻辑关联更具有说服力。而在这里,Z15,1039b26-27 和 T8,1049b27-29 两处地方对 Z7-9 的指涉提供了直接的证据。

在 Z15,1039b26-27 中,亚里士多德这样说:"因为已经指出过,没有任何

---

① 门恩在他的《〈形而上学〉Z10-16 和〈形而上学〉Z 卷的论证结构》(Stephen Menn, "Metaphysics Z10-16 And the Argument-Structure of Metaphysics Z", *Oxford Studies in Ancient Philosophy*, vol. XXI, pp. 83-134, Winter 2001, ed. David Sedley, Oxford: Oxford University Press, 2001)一文中指明了这一主题,这有力地澄清了在关于 Z10-16 的主题的认识上人们长期以来的思想混乱。

② 质料的因素以及与此相关的生成与毁灭的话题在 Z7-9 之后各章中大量出现,并成为对本质问题进行研究的一个必要的理论前提,而且往往是结合在一起被加以探讨的。例如,Z10,1035a1-1035b32,在这里,不仅形式和质料的概念反复出现,而且生成和毁灭的话题也杂糅于其中。Z11 虽然没有明确地出现生成与毁灭的话题,但是,质料和形式的概念依然是讨论的一个基础。Z12 是最具有逻辑学特征的一章,但是在这里,在 1038a7 中依然出现了质料的概念。

东西生成它们或造成它们。"在这里,"它们"指的是形式,而"已经指出过"(δέδεικται)这个词的运用则清楚地表明这里所谈的观点在前面某处已经得到具体的论述。研究者指出,这句话是对 Z8,1033a28-1033b19 相关论证的指涉,因为在那里,亚里士多德详细地说明了形式不被生成的观点。① 但是,为了更清楚地表明这一点,我们不妨对这句话自身所处的上下文做更完整的引用。这句话是 Z15 开头一段中的一句话,在那里,亚里士多德这样说:

> 既然实体有两种,合成物和描述(我是指,一种实体是这样一种同质料相结合的描述,一种完全是描述),那么凡是就前者而言的实体,对于它们就有毁灭,因为有生成;但对于描述却没有像被毁灭这样的情况,因为没有生成(因为不是房屋的存在被生成,只是这所房屋的存在被生成),而是在生成和毁灭之外的存在和不存在。因为已经指出过,没有任何东西生成它们或造成它们。因此,甚至对于就个体而言的可感实体也是既没有定义也没有证明,因为它们具有质料,而质料的本性是这样的,以致它们既可以存在也可以不存在。因此,其中就个体而言的东西就全都是可毁灭的。(1039b20-31)

显然,当我们把 1039b26-27 这句话放到这一整体的语境中来考察,那么,它自身的所指就更加清楚了。这就是,亚里士多德在这里谈到了两种意义上的实体,这就是仅仅就其形式来考察的实体和就其作为形式与质料的合成物来考察的实体。亚里士多德告诉我们,作为形式与质料的合成物的实体是有生灭的,但是就形式而言的实体是没有生灭的。在此基础上,亚里士多德便通过诉诸前面所做过的论证的方式来加强这一观点,即,形式没有生成的问题在前面已经做过了充分的论述,从而它是清楚明白的。这就是 1039b26-27 这句话自身所处的整体语境。而一旦我们阐明了这一点,那么,它们对于 Z8,1033a28-1033b19 的指涉无疑就是相当清楚的。因为,如上所说,有关形式不被生成的问题,亚里士多德正是在那里做了最详尽的论证

---

① "有关形式存在和不存在而不经受任何生成或毁灭的过程的学说的各种理由只能在 Z8 中而不是任何别的地方找到。"(Myles Burnyeat, *A Map of Metaphysics Zeta*, p. 37)

的,而"已经指出过"这句话显然从具体的文字上便显明了这种文本上的关联。所以,当伯恩耶特谈到这一条证据的时候,也不得不承认,这句话同H3,1043b16 的 ἐν ἄλλοις("在另外的讨论中")一词对 Z8 的指涉相比,在文本的关联性上要更强,因为,ἐν ἄλλοις 通过解释可以被认为是指与核心卷既有的论述序列不同的另外一个独立的论述,而 δέδεικται 这个词则毫无疑问是把 Z8 作为同一论述序列中较早的一个部分来加以指涉的。①

这样,很显然,在 Z15,1039b26-27 这里,我们就获得了一个强有力的证据来证明 Z7-9 同 Z 卷乃至整个核心卷的内容不仅存在着论证逻辑上的关联,而且存在着文本序列上的关联,Z7-9 即便是插入的,也是亚里士多德明确而有意识地插入的,而这当然也就表明了 Z7-9 插入的合理性。

但是,需要提及的是,对于力图证明 Z7-9 的插入是不合理的强的插入论者来说,对于 Z15 中的这处证据,他们的一个通常的处理意见就是断言,1039b26-27 是亚里士多德在核心卷已有的文本序列中插入 Z7-9 之后,为了表明插入的部分和后面文本的关联而专门添加上去的一句话。从而,他们的一个通常的主张就是认为应当将这句话从它所在的地方删去。我们看到,伯恩耶特就是这样做的,而且和其他人的做法不同,他还提供了这样做的理由,亦即,删掉这句话后,整个段落的文义显得更为通畅。这里且不说他所说的"通畅"是否真的通畅②,而是说即便他的观点真能成立,也依然十分有力地说明了 Z7-9 的插入对于亚里士多德来说不仅是合理的而且是必要的,以至于亚里士多德感到,为了强化这种合理性和必要性,还必须特别加上了这一句话,以表明此处思想同 Z7-9 文本的关联。

至于 T8,1049b27-29 的那处证据,它具有相比于 Z15,1039b26-27 的证据更强的对 Z7-9 的指涉。在 T8,1049b27-29 中亚里士多德这样说:

> 在有关实体的那些论述中已经说过,每一个生成物都从某个什么

---

① Myles Burnyeat, *A Map of Metaphysics Zeta*, p. 32.
② 我对伯恩耶特在这里专门针对"因此,甚至对于就个体而言的可感实体也是既没有定义也没有证明,因为它们具有质料,而质料的本性是这样的,以致它们既可以存在也可以不存在"这句话所作的论证深表怀疑,认为这里面主观断定的意味远远大于客观论证的意味。但是,我并不企图在这里就伯恩耶特的论证的真实性进行争辩,而是认为即使承认他的这一论证是正确的,也对我的整个论证的根本目标不构成任何实质性的影响。详见我下面的论述。

生成和被什么生成,而后者和形式是同一个东西。

显然,只要我们想到 Z7 一开始的话,以及整个 Z7 所论证的一个重要的主题,即形式的在先性,那么,我们能够立刻获得的一个认识就是,在这句话中所说的"有关实体的那些论述"不是指别的,就是指 Z7,而"已经说过"(εἴρηται)这个词则更进一步地表明了这些论述相对于 T8 此处论述的在先性,表明 T8 是以此前的论述、尤其是 Z7 的论述作为自己的理论基础的,是接续着它而来的一个论述。而如果我们在此基础上更进一步地对 T8 做整体的考察,那么,这一点就变得尤为清楚。因为,T8 实际上没有讨论别的什么主题,而是专门对现实相对于潜能的在先性这个主题进行讨论,而我们知道,现实相对于潜能的在先性所关涉的不是别的,正是形式在整个生成过程中的在先性,而这一主题正是在 Z7 中得到了亚里士多德最为充分的论证。我们看到,在 Z7 中,亚里士多德对事物的生成结构作了深入的分析,而通过对以技术的生成为例的实际的生成过程的分析,他就表明了形式在整个生成过程中的在先性,表明了生成不是像通常想当然地认为的是从质料开始的,相反却是从形式开始的,形式的在先性不仅具体地规定着生成,而且实际地造成了生成。将 Z7 所论证的主题同 T8 的论证主题相比较,它们在理论上的关联是极为明显的,而且 T8 明显是以 Z7 的论证作为自己持论的基础。显然,正是因为这个原因,在 1049b27-29 那句关键性的话中,亚里士多德才专门提到"在有关实体的那些论述中已经说过"这样的话,这当然是 T8 指涉 Z7 的明证,而这当然也就是 Z7-9 先于 T8 已经存在的明证。

对于 T8,1049b27-29 的这处证据,伯恩耶特显然也感到了它的力量。他这样说:"然而这一次,没有任何不协调的迹象表明对 Z7-9 的这一回指也许是后来的添加。相反,去掉 1049b27-1050a3 这一段,下一段头一句话的句法就会变得无法理解。"① 但是,为了坚持 Z7-9 的插入性质,针对这一困难,伯恩耶特便提出了一个实际上本身就需要证据来支持的假设,这就是,他认为 T8 是在 Z7-9 已经被插入到"有关实体的那些论述"中以后写

---

① Myles Burnyeat, *A Map of Metaphysics Zeta*, p. 34.

作的。显然,这个假设不仅本身需要证据来支持,而且它会带来一个进一步的困难,这就是,它会意味着 T 卷或者 T8 同 ZH 卷不是一体的,它们也是像 Z7-9 一样是后来增补的。但这显然是非常难以成立的。对此一个直接的不利证据就是,在 T 卷的一开始亚里士多德就给出了"在前面的讨论中"(1045b32)的字样,这有力地表明了 T 卷和 ZH 卷的连续性。因此,为了解决这个困难,伯恩耶特就进一步提出了一个更为复杂因而也更为困难的假设,即,"我推论 T 卷作为一个整体是作为先已存在的那部著作'论实体'的一个后续而写的,而那部著作到那时已经包含了 Z7-9。T 卷的撰写甚至也许是修订 ZH 卷和增补 Z7-9 的一个诱因"①。但是,显然,这仅仅是一个假设,而且还是一个本身就需要证据来支持的假设,它没有使问题简化,而是使问题变得更为复杂,而这是和人们提出一个假设的通常的目的是矛盾的。因此,在这里,一个应当谨慎持有的观点就是,Z7-9 无论如何应当是整个核心卷的一个有机组成部分。

这样,显而易见的就是,正是因为 Z15 和 T8 这两处地方对 Z7-9 的明确提及,Z7-9 是插入的观点才受到了根本的动摇,它迫使我们不仅必须把 Z7-9 看成是 Z 卷乃至整个核心卷的总体思想内容的一个有机组成部分,而且还要看成是在既有的论述序列之中的一个有机组成部分。我们看到,尽管伯恩耶特强烈地主张 Z7-9 是插入的,但是他在最后也不得不为亚里士多德做出这样的插入寻找合适的理由,从而不得不承认 Z7-9 的插入对于在它之后的文本内容的理解不是没有帮助的②,而我认为,这实际上也就等于承认了 Z7-9 出现在现在的位置上是有其合理性的。

这样,如果现在对我的观点做最终的和明确的表达,那就是,就 Z7-9 出现在 Z 卷中的那种突兀的性质而言,它具有插入的特征,但是,考虑到亚里士多德《形而上学》著作的讲稿性质,那么,Z7-9 与其说是插入的,不如说是亚里士多德按问题思路内在的逻辑编排的。就编排而言,它在某种程度上无疑具有插入的特征,但绝不是一种无理的插入。相反,无论是从论述的逻辑顺序还是从行文的篇章结构来说,它在其现有的位置上不仅是合适的,而

---

① Myles Burnyeat, *A Map of Metaphysics Zeta*, p. 34.
② Ibid., pp. 37-38.

且是必要的。脱离了它,不仅在 Z4-6 中进行的本质论的研究如何进一步继续下去变得没有着落,而且从 Z10 开始的对本质问题的更进一步的探讨也将无法得到合理的理解,同时,亚里士多德又是如何能够接续着 Z 卷转入到 HT 卷,从潜能和现实的角度对实体问题做更为深入的研究,以引出最高的实体,这也将变得难以理解。因此,在 Z7-9 的插入性质这一点上,我不表示最坚决的反对,因为,毕竟,《形而上学》是亚里士多德的讲稿而非著作,它的篇章结构上的严密性当然较之著作要差一些。但是,对于将 Z7-9 从 Z 卷的既有篇章结构中割裂出去,完全不与之前、之后各章的内容联系在一起来理解的做法,我却表示最明确和坚决的反对。我的做法是,尊重既有的篇章结构,按顺序阅读,而非凭己意割裂开来阅读。我认为这是我们研究 Z 卷的最自然、最合理的方法,也是进行古典研究应当遵循的最基本的学术规范。

The Problem of Insertion of *Metaphysics* Z7-9

Nie Minli

Abstract: The problem of insertion of Metaphysics Z7-9 is a puzzle for every commentator of Aristotle. In this paper, I firstly give a detailed analysis of the view that Z7-9 is inserted. Then, I make a defense for the view that the insertion of Z7-9 is rational. This defense is based not only on the discussion of logic of thought of Aristotle in *Metaphysics* Z, but also on the analysis of textual relationship between Z7-9 and its contexts. Thus, this paper make a new discussion for the traditional problem.

Key words: Insertion view, Ontology, Essentialism, Cosmogony

亚里士多德《范畴篇》第一章译笺
——以晚期希腊评注为线索

溥 林*

提 要：《范畴篇》位于目前所能见到的亚里士多德著作的首位，在晚期希腊出现了大量以评注的方式研究该著作的作品，这些作品对于我们理解亚里士多德的《范畴篇》和范畴理论具有重要的意义。本文尝试以晚期希腊评注为线索，对《范畴篇》的第一章进行译笺。

关键词：范畴　晚期希腊　评注

自公元前 1 世纪中晚期安德罗尼科斯 (Ἀνδρόνικος, Andronicus) 编辑亚里士多德著作以来，从公元 1 世纪至 6 世纪《范畴篇》就一直位居亚里士多德著作研究的首位，他的范畴理论也成了整个哲学讨论的核心问题之一。据记载，到公元 1 世纪末，已经有了五种不同的对《范畴篇》的评注，辛普里柯俄斯 (Σιμπλίκιος, Simplicius) 在其《〈范畴篇〉评注》(In Aristotelis Categorias Commentarium) 中列举了它们；这五位评注者分别是柏拉图学园的亚历山大里亚的欧多洛斯 (Εὔδωρος, Eudorus)、斯多亚学派的塔尔索斯的阿特诺多洛斯 (Ἀθηνοδώρος, Athenodorus) 以及漫步学派的安德罗尼柯斯、波厄托斯 (Βόητος, Boethus) 和亚历山大里亚的阿里斯通 (Ἀρίστων, Ariston)，不过他们的评注均已佚失。现在保存下来的古代以希腊文写作的《〈范畴篇〉评注》仅有珀尔菲琉斯 (Πορφύριος, Porphyry)、德克希珀斯 (Δέξιππος, Dexippus)、赫尔米亚的阿莫尼俄斯 (Ἀμμώνιος ὁ Ἑρμείου, Ammonius Hermi-

---

* 溥林，1970 年生，四川大学哲学系教授。

ae)、辛普里柯俄斯、菲洛珀诺斯(Φιλόπονος, Philoponus)和厄吕姆匹俄多洛斯(Ὀλυμπιόδωρος, Olympiodorus)这五人的,它们都收集在柏林普鲁士王家科学院所编辑的《亚里士多德著作希腊文评注》(*Commentaria in Aristotelem Graeca*)中。在这五部《〈范畴篇〉评注》中,辛普里柯俄斯的评注占有特别重要的地位,除了分量最大外,还因为在他的评注中保存下来了许多古代评注者的资料。

评注者们的工作不能被当作是一种历史考据工作,而是以一种特有的方式对思想的一种表达,它代表了西方哲学史上的一种传统。中世纪对亚里士多德和柏拉图思想的了解就主要是通过各种评注者们的工作来实现的,而中世纪经院哲学的一个重要特点也就是除了圣经评注外还对各种经典哲学著作进行评注。目前保存下来的这些希腊晚期的古代评注,对于我们理解亚里士多德的《范畴篇》和范畴理论具有重要的意义,我们这里循着晚期希腊评注者们的工作,尝试对《范畴篇》的第一章进行译笺。

第一章

[*Ia. 1*] Ὁμώνυμα λέγεται ὧν ὄνομα μόνον κοινόν, ὁ δὲ κατὰ τοὔνομα λόγος τῆς οὐσίας ἕτερος, οἷον ζῷον ὅ τε ἄνθρωπος καὶ τὸ γεγραμμένον· τούτων γὰρ ὄνομα μόνον κοινόν, ὁ δὲ κατὰ τοὔνομα λόγος τῆς οὐσίας ἕτερος· ἐὰν γὰρ [*Ia. 5*] ἀποδιδῷ τις τί ἐστιν αὐτῶν ἑκατέρῳ τὸ ζῴῳ εἶναι, ἴδιον ἑκατέρου λόγον ἀποδώσει. συνώνυμα δὲ λέγεται ὧν τό τε ὄνομα κοινὸν καὶ ὁ κατὰ τοὔνομα λόγος τῆς οὐσίας ὁ αὐτός, οἷον ζῷον ὅ τε ἄνθρωπος καὶ ὁ βοῦς· τούτων γὰρ ἑκάτερον κοινῷ ὀνόματι προσαγορεύεται ζῷον, καὶ ὁ λόγος δὲ [*Ia. 10*] τῆς οὐσίας ὁ αὐτός· ἐὰν γὰρ ἀποδιδῷ τις τὸν ἑκατέρου λόγον τί ἐστιν αὐτῶν ἑκατέρῳ τὸ ζῴῳ εἶναι, τὸν αὐτὸν λόγον ἀποδώσει. παρώνυμα δὲ λέγεται ὅσα ἀπό τινος διαφέροντα τῇ πτώσει τὴν κατὰ τοὔνομα προσηγορίαν ἔχει, οἷον ἀπὸ τῆς γραμματικῆς ὁ γραμματικὸς καὶ ἀπὸ τῆς ἀνδρείας ὁ ἀνδρεῖος.

译文：

所谓同名异义者，指仅仅其名称是共同的，但与名称相应的"逻各斯—所是"是不同的，例如人和肖像都可以是"动物"。因为仅仅它们的名称是共同的，但与名称相应的"逻各斯—所是"是不同的。因为如果谁要规定对于它们中的每一个而言"是动物"指的是什么，那他就要给出两者中的每一个自己的逻各斯。而所谓同名同义者，指其名称是共同的，并且与名称相应的"逻各斯—所是"也是相同的，例如，人和牛都是动物。因为它们两者都被动物这个共同的名称所称呼，并且"逻各斯—所是"也是相同的。如果谁要规定两者的逻各斯，即规定对于它们中的每一个而言"是动物"指的是什么，那他就要给出同样的逻各斯。所谓派生者，指的是从其他东西而来，并且从该东西的名称那儿获得其称呼，仅仅词尾不同；例如，男文法学家由文法学而来，勇士从勇敢而来。

注释：

1. 肖像（γεγραμμένον）一词由动词 γράφω（画、雕刻）的完成时被动态分词的中性而来。指被画出来或被雕刻出来的东西，即画像或雕像。

2. 希腊语属于表音文字，因此，"同名异义者"即"同音异义者"。

ὁμώνυμα 是由形容词 ὁμώνυμος, ον 的中性复数而来的名词；希腊语中还有一个类似的形容词，即 ὁμωνυμίος, α, ον，从该形容词的中性复数那儿也可以形成一个名词 ὁμωνυμία。但 ὁμώνυμα 和 ὁμωνυμία 这两个名词在意义上是不同的，前者指同名异义的事物（πρᾶγμα），后者指同名异义的语词（φωνή）。正是这一区分使得一些研究者认为该书的主旨不是讨论语词，而是讨论事物。如果该书首要讨论的是进行指称的语词，附带讨论的是被语词所指称的事物，那么，似乎开篇应提出的是 ὁμωνυμία 而不是 ὁμώνυμα。珀尔菲琉斯对此的解释是，同名异义现象的产生，并不是由于语词自身的性格，而是由于语词所表达的事物。也就是说，之所以会出现同名异义的语词，首先是因为事物是不同的：

问：既然"ὁμωνυμία"指的是语词，而"ὁμώνυμα"指的是事物，而你又说他在该论文中首要处理的是语词而不是事物，那么，为何他不先讨论"同名异义的语词"而是讨论"同名异义的事物"？

答:因为并非表达自身之性格导致了语词中的同名异义,而是我们发现事物是不同的,它们除了刚好有相同的表达之外,彼此间没有任何共同的东西。多个事物分享同一语词却不分享相同的逻各斯,在意识到这之前,不会有同名异义的语词。

问:这为何会使得他不从语词开始而从事物开始?

答:因为在意识到事物是同名异义的事物之前,不可能意识到关于事物的同名异义的语词。因此,为了我们能够知道同名异义的语词及其表达,他必须首先教导我们哪些事物是同名异义的事物。①

此外,下面这一点也能成为上述观点的佐证,那就是阿莫尼俄斯在其评注中提到,在古代抄本中,有一部的开篇与现在所见到的《范畴篇》不同,其开篇第一句话是:

在诸"是者"中,一些被称作是同名异义的,一些则是同名同义的。②

3. 基于名称和逻各斯,就出现了四种可能性:(1)名称和逻各斯都相同,这被称为"同名同义者"(συνώνυμα);(2)名称和逻各斯都不相同,这被称为"异名异义者"(ἑτερώνυμα);(3)逻各斯相同,但名称不同,这被称为"异名同义者"(πολυώνυμα)③;(4)名称相同,但逻各斯不同,这被称为"同名异

---

① {Ε.} Διὰ τί οὖν οὐ περὶ ὁμωνυμίας πρότερον ποιεῖται τὸν λόγον ἀλλὰ περὶ ὁμωνύμων, εἴ περ ὁμωνυμία μὲν φωνῆς, ὁμώνυμα δὲ τὰ πράγματα, φῂς δὲ αὐτὸν προηγουμένως περὶ φωνῶν ἐνίστασθαι τὴν πραγματείαν, οὐ μὴν περὶ τῶν πραγμάτων;
{Α.} Ὅτι περὶ τὴν φωνὴν οὐ ποιεῖ ὁμωνυμίαν ὁ χαρακτὴρ τῆς λέξεως, τὰ δὲ πράγματα διάφορα εὑρεθέντα καὶ κατὰ μηδὲν ἀλλήλοις κοινοῦντα κατὰ μιᾶς καὶ τῆς αὐτῆς τυγχάνει λέξεως. πρὶν δὲ γνωσθῆναι ὅτι κατὰ πλειόνων τέτακται τὰ πράγματα τοῦ αὐτοῦ λόγου μὴ κοινοῦντα, οὐδ' ἂν εἴη ὁμωνυμία.
{Ε.} Τί οὖν τοῦτο ποιεῖ πρὸς τὸ μὴ ἀπὸ τῆς φωνῆς ἄρξασθαι, ἀλλ' ἀπὸ τῶν πραγμάτων;
{Α.} Ὅτι οὐκ ἂν γνωσθείη ὅτι ὁμωνυμία ἐστὶ πραγμάτων, πρὶν τὰ πράγματα γνωσθῆναι ὅτι ὁμώνυμά ἐστιν. ἀνάγκη τοίνυν πρότερον διδαχθῆναι, τίνα ὁμώνυμά ἐστι πράγματα, ἵνα καὶ ἡ ὁμωνυμία καὶ ἡ τοιαύτη λέξις γνωσθῇ. Porphyrius, In Aristotelis Categorias Commentarium, 61.13-27.
② τῶν ὄντων τὰ μὲν ὁμώνυμα λέγεται τὰ δὲ συνώνυμα. Ammonius, In Aristotelis Categorias Commentarius, 13.22.
③ 也可以译为"多名同义者"。

义者"(ὁμώνυμα)。但以上四种情形,亚里士多德仅仅讨论了其中两个,那就是"同名异义者"和"同名同义者"。之所以如此,乃是因为"异名同义者"和"异名异义者"分别是前两者的反面,理解了前两者,也就顺理成章地理解了后两者。

为何亚里士多德要首先讨论"同名异义者"而不首先讨论"同名同义者"？古代评注者们的一种解释是因为"范畴"这个术语同名异义地(ὁμωνύμως)标示了所有十个范畴。这十个范畴除了共同地具有"范畴"这一名号外,别无其他共同之处。故要先讨论"同名异义者"。此外,在亚里士多德看来,"是"(τὸ ὄν)具有多重含义,其中的一重含义就是在"范畴"意义上"是",而"是"不是比诸范畴更高而统摄它们的"属",它同名异义地而不是同名同义地谓述诸范畴。

众所周知,亚里士多德认为第一哲学研究"是作为是"(τὸ ὄν ᾗ ὄν),而他在《形而上学》第五卷(Δ卷)第七章和第六卷(E卷)第二章中都明确指出,"是"主要地具有四重含义:(1)偶然意义上的是(是偶然的),(2)在其自身意义上的是(是在其自身的),(3)真假意义上的是(是真的或是假的),(4)潜能和现实意义上的是(是潜能的或是现实的)。(1)和(3)意义上的"是"不是第一哲学(形而上学)的研究对象;因为我们不会具有关于前者的知识,而后者的处所在判断或命题中,它不能离开人的心灵和理解而独存。(2)和(4)意义上的"是"乃第一哲学的研究对象,但(4)意义上的"是"又主要体现在(2)意义上的"是"之中;而"在其自身意义上的是"就是"范畴意义上的是":

> "是",有的被称作根据偶然而来的"是",而有的则被称作根据自身而来的"是"。……根据自身而来的"是"如范畴表所表示的那么多;能说出多少范畴,"是"就有多少意指。在诸谓词中,有的意指"是什么",有的意指"具有质的",有的意指"具有量的",有的意指"相对物",有的意指"行动"或"遭受",有的意指"具有地点的",有的意指"具有时间的";"是"就意指着它们当中的某一个。……此外,"是"和"它是"意指着是真的,而"不是"意指着不是真的而是假的,就肯定和否定而言同样如此。……此外,在前述"是"和"是者"中,有的意指潜能上的"是",

有的意指现实上的"是"①。

被简单说出来的"是"具有多重意义,其中,一层意义是根据偶然而来的"是";另一层意义是作为真的"是",和作为假的"不是";此外,还有范畴之诸形态(例如,什么、具有质的、具有量的、具有地点的、具有时间的,以及其他意指这类方式的东西);除了所有这些之外,还有潜能意义上的"是"和现实意义上的"是"②。

由此可见,十个范畴也就是在其自身"是"的十种方式,但"是"本身不是属,即不是比十个范畴更高的属,故它不"同名同义地"(συνωνύμως)谓述十个范畴,而是"同名异义地"(ὁμωνύμως)谓述十个范畴。简而言之,"'是'似乎同名异义地位于十范畴中"③。这也是亚里士多德为何先讨论同名异义者的原因。

但在古代评注者中,阿莫尼俄斯在这一问题上的理解同其他人不大一致,他认为,亚里士多德之所以先讨论"同名异义者"而不是"同名同义者",不是因为"'是'同名异义地谓述十范畴"④,而是因为在研究的次第中较为简单的东西应在先;"同名异义者"比"同名同义者"更为简单,因为前者仅仅在名称

---

① Τὸ ὂν λέγεται τὸ μὲν κατὰ συμβεβηκὸς τὸ δὲ καθ' αὐτό. ... καθ' αὑτὰ δὲ εἶναι λέγεται ὅσαπερ σημαίνει τὰ σχήματα τῆς κατηγορίας· ὁσαχῶς γὰρ λέγεται, τοσαυταχῶς τὸ εἶναι σημαίνει. ἐπεὶ οὖν τῶν κατηγορουμένων τὰ μὲν τί ἐστι σημαίνει, τὰ δὲ ποιόν, τὰ δὲ ποσόν, τὰ δὲ πρός τι, τὰ δὲ ποιεῖν ἢ πάσχειν, τὰ δὲ πού, τὰ δὲ ποτέ, ἑκάστῳ τούτων τὸ εἶναι ταὐτὸ σημαίνει ...

ἔτι τὸ εἶναι σημαίνει καὶ τὸ ἔστιν ὅτι ἀληθές, τὸ δὲ μὴ εἶναι ὅτι οὐκ ἀληθὲς ἀλλὰ ψεῦδος, ὁμοίως ἐπὶ καταφάσεως καὶ ἀποφάσεως. ἔτι τὸ εἶναι σημαίνει καὶ τὸ ὂν τὸ μὲν δυνάμει ῥητὸν τὸ δ' ἐντελεχείᾳ τῶν εἰρημένων τούτων. Aristoteles, *Metaphysica*, 1017a. 7-b. 2.

② Ἀλλ' ἐπεὶ τὸ ὂν τὸ ἁπλῶς λεγόμενον λέγεται πολλαχῶς, ὧν ἓν μὲν ἦν τὸ κατὰ συμβεβηκός, ἕτερον δὲ τὸ ὡς ἀληθές, καὶ τὸ μὴ ὂν ὡς τὸ ψεῦδος, παρὰ ταῦτα δ' ἐστὶ τὰ σχήματα τῆς κατηγορίας (οἷον τὸ μὲν τί, τὸ δὲ ποιόν, τὸ δὲ ποσόν, τὸ δὲ πού, τὸ δὲ ποτέ, καὶ εἴ τι ἄλλο σημαίνει τὸν τρόπον τοῦτον), ἔτι παρὰ ταῦτα πάντα τὸ δυνάμει καὶ ἐνεργείᾳ Aristoteles, *Metaphysica*, 1026a. 33-1026b. 2.

③ τὸ ὂν ὁμωνύμως ταῖς δέκα κατηγορίαις ὑπάρχειν δοκεῖ. Simplicius, *In Aristotelis Categorias Commentarium*, 33. 23.

④ οὐκ ἐπειδὴ τὸ ὂν κατηγορεῖται ὁμωνύμως τῶν δέκα κατηγοριῶν. Ammonius, *In Aristotelis Categorias Commentarius*, 16. 19-20.

上相同,而后者不仅名称相同而且逻各斯也相同。

4. 究竟该如何理解"同名异义者"(同音异义者)呢?阿莫尼俄斯在其评注中从希腊语的角度详细地对之进行了分析①:

"同名同义者"总是体现出三方面的内容:音调(τόνος)、变格(πτῶσις)和气音(πνεῦμα)。如果在其中任何一个方面上不同,那就不能被称作"同名同义者"。例如:ἀργός 和 ἄργος。这两个词除了音调不同之外,其他均相同,前者的重音在最后一个音节上,而后者的重音在倒数第二个音节上;前者指一个好吃懒做的人,而后者指伯罗奔尼撒半岛上的一个城市。因此,由于音调不同,它们不能被称作是"同名同义者"。又如:ὁ ἐλάτης 和 τῆς ἐλάτης,这两个词仅仅在格上不同,前者是主格单数,后者是属格单数;前者指驾车者,而后者指杉树的;故它们也不能被称作是"同名同义者"。再如,οἶον 和 οἷον,这两个词仅仅在气音上不同,前者不带气音,后者带气音,前者指"仅仅",而后者指"什么样的";因此,它们也不能被称作"同名同义者"。

而在希腊历史上有两个 Αἴας(埃阿斯),都是特洛伊战争中的英雄,但一个是俄琉斯的儿子(即小埃阿斯),一个是忒拉蒙的儿子(即大埃阿斯);这两个埃阿斯在音调、变格和气音上都完全一样,他们被称作"同名同义者"(同音异义者)。

5. 希腊语 λόγος 很难用一个固定术语进行翻译,早前的许多译者,无论是汉译、英译或德译等,在这儿往往都将之直接翻译为"定义"(definition),例如:

"博恩古典丛书"(Bohn's Classical Library)中欧文(Octavius Freire Owen)的翻译:Things are termed homonymous, of which the name alone is common, but the **definition** (of substance according to the name) is different.②

罗斯(W. D. Ross)主编的《亚里士多德著作集》(*The Works of Aristotle*)中的埃杰希尔(E. M. Edghill)的翻译:Things are said to be named "equivocally" when, though they have a common name, the **definition** corresponding

---

① 参见 Ammonius, *In Aristotelis Categorias Commentarius*, 17.16-18.8。
② Octavius Freire Owen, *The Organon, or Logical Treatises*, In Two Volumes, Bohn's Classical Library, London: George Bell & Sons, York Street, Covent Garden. 1889.

with the name differs for each.①

"洛布古典丛书"(Loeb Classical Library)中库克(Harold P. Cooke)的翻译:Things are equivocally named, when they have the name only in common, the **definition** (or statement of essence) corresponding with the name being different.②

巴恩斯(J. Barnes)主编的《亚里士多德全集》(*the Complete Works of Aristotle*)中所采用的阿克里尔(J. L. Ackrill)的翻译:When things have only a name in common and the **definition** of being which corresponds to the name is different, they are called *homonymous*.

新近德文《亚里士多德著作集》(*Aristoteles Werke*)中的厄勒(Klaus Oehler)的翻译:Homonym heißen Dinge, wenn sie nur einen Namen gemeinsam haben, aber die dem Namen entsprechende **Definition** des Seins verschieden ist.③

商务印书馆出版的方书春的翻译:当若干事物虽然有一个共通的名称,但与这个名称相应的定义却各不相同时,则这些事物乃是同名而异义的东西④。

苗力田主编的《亚里士多德全集》中秦典华的翻译:当事物只有一个共同名称,而和名称相应的实体的定义则有区别时,事物的名称就是"同名异义的"。⑤

但从后面的论述可以看出,这儿将之翻译成"定义"肯定是不妥的,有些译者在翻译时已经注意到这一问题,故不采用"定义"这一翻译,如新近德文拉思(Ingo W. Rath)的翻译:Homonym wird genannt, was nur den Namen gemeinsam hat, der zum Namen gehörige **Ausdruck** aber ist, was das Wesen betrifft, ein anderer.⑥此外,在古代各种拉丁文译本中,大都将这儿的 λόγος 翻

---

① *The Works of Aristotle*, Vol. 1, *Categoriae and De Interpretatione*, translated by E. M. Edghill, Oxford: Clarendon Press, 1928.
② *The Categories*, *On Interpretation*, edited and translated by Harold P. Cooke, Hugh Tredennick, Loeb Classical Library, Cambridge, MA: Harvard University, 1996.
③ *Aristoteles Kategorien*, Übersetzt und Erläutert von Klaus Oehler, Akademie Verlag, Berlin, 2006.
④ 亚里士多德:《范畴篇 解释篇》,方书春译,商务印书馆,1959 年。
⑤ 《亚里士多德全集》第一卷,苗力田主编,中国人民大学出版社,1990 年。
⑥ *Aristoteles Die Kategorien*(Griechisch/Deutsch), Übersetzt und Herausgegeben von Ingo W. Rath, Philipp Reclam jun. Stutgart, 2005.

译为 ratio（理据），而不翻译成表定义的拉丁文 definitio。新近出版的巴恩斯（J. Barnes）主编的《亚里士多德全集》(The Complete Works of Aristotle) 中，在亚里士多德的其他著作那儿，一些译者则将 λόγος 翻译成 formula。

我们在这儿直接将 λόγος 音译为"逻各斯"。

逻各斯—所是（λόγος τῆς οὐσίας）直译当作"所是的逻各斯"，但在这儿的意思是指揭示事物"是什么"这一意义上的逻各斯。希腊语的属格除了表示所属关系外，还有一种用法是表"同位语"，即对前面的名词进行限定和说明，这种用法在语法上称为"同位语属格"（appositive genitive）①。亚里士多德本人在其著作中不止一次这样使用过，例如，他有一表达：τὰ γένη τῶν κατηγοριῶν（范畴这种属），这儿的"属"（τὰ γένη）用的是复数主格（或宾格），而"范畴"（τῶν κατηγοριων）用的是复数属格，其意思是"范畴意义上的属"、"作为范畴的属"或"范畴这种属"，即范畴自身就是属、是最高的属、是严格意义上的属——即只能作属的属；我们不能将之理解为"关于范畴的属"或"关于范畴的种类"：

καὶ τὰ γένη τῶν κατηγοριῶν πεπέρανται.（范畴这种属是有限的。）（《后分析篇》83b.15.）

Μετὰ τοίνυν ταῦτα δεῖ διορίσασθαι τὰ γένη τῶν κατηγοριῶν, ἐν οἷς ὑπάρχουσιν αἱ ῥηθεῖσαι τέτταρες.（在此之后，应区分范畴这种属，上述四谓词就位于其中。）（《论题篇》103b.20-21.）

Σκοπεῖν δὲ καὶ τὰ γένη τῶν κατὰ τοὔνομα κατηγοριῶν, εἰ ταὐτά ἐστιν ἐπὶ πάντων.（还要考察语词所表示的范畴这种属，看它们是否在各方面都是一样的。）（《论题篇》107a.3-4.）

这里所出现的 λόγος τῆς οὐσίας 就属于上述这种情形。也就是说，这儿不是指关于 οὐσία 的逻各斯——即对 οὐσία 进行规定，而是 οὐσία 意义上的逻各斯，即揭示一事物"是什么"或揭示事物本质的逻各斯。这也是在古代研究者中引起极大争论的一个问题。

---

① 关于该语法现象，可参见 Herbert Weir Smyth, *Greek Grammar*, Cambridge, MA: Harvard University Press, 1956, p.317.

据记载,在古代的一些抄本中甚至没有 τῆς οὐσίας 这个词①。所以古代研究者在进行评注时就面临这样一个问题:为何亚里士多德在这儿要说"与名称相应的逻各斯—所是"(ὁ κατὰ τοὔνομα λόγος τῆς οὐσίας),即在"逻各斯"后面加上"所是的"这个词?为何在他看来仅仅说"与名称相应的逻各斯"(ὁ κατὰ τοὔνομα λόγος)是不够的?他们的解释是:"逻各斯"一词具有多重含义②,除了具有"计算选举票数"(ψηφιστικός)、"思考"(ἐνδιάθετος)、"谈话"(προφορικός)、"胚种"(σπερματικός)③等含义外,还有一个含义就是"定义"(ὅρος),即"进行定义的逻各斯"(ὁ λόγος ὁ ὁριστικός),这样的逻各斯也就是表达"所是"的逻各斯(λόγος τῆς οὐσίας)。加上"所是的"(τῆς οὐσίας),乃是为了将逻各斯的这种意义同它的其他意义区别开来。我们在这儿将珀尔菲琉斯对这一问题的理解完整翻译如下:

> 问:你已经正确地指出,不仅"与名称相应的逻各斯"这一短语必然要位于对"同名异义者"的规定中,而且要对某种东西进行恰当地规定,就得给出与其名称相应的"进行定义的逻各斯"。然而,为何他不单说"逻各斯",而是要说"逻各斯—所是",你还得指出为何仅仅说"与名称相应的逻各斯是不同的"是不够的?
>
> 答:这是因为"逻各斯"具有多重含义。它既具有计算选举票数的含义,也有谈话的含义,还有思考的含义,还有胚种的含义。因此,既然许多不同的东西都同样使用"逻各斯"这个名称,故它所意指的东西是多样的。然而,"逻各斯"的另外一个含义是"定义",即"进行定义的逻各斯",它的一般表达就是"逻各斯—所是";补充限定语"所是的"乃是

---

① 据辛普里柯俄斯在其评注中记载,漫步学派的安德罗尼科斯和波厄托斯在评注该书时,其抄本都没有 τῆς οὐσίας 这个词。而其他一些评注者则认为必须有这个词,珀尔菲琉斯就指出:"赫尔米诺斯和几乎绝大多数人在关于(同名异义者)的定义中都遇见了'所是'这个词,我们也说这增添是必需的。"(Ἑρμῖνος καὶ σχεδὸν οἱ πλεῖστοι ὡς προσκειμένου τῷ ὅρῳ ἐντετυχήκασιν τοῦ τῆς οὐσίας ὀνόματος, καὶ ἀναγκαίαν λέγομεν τὴν προσθήκην) Simplicius, *In Aristotelis Categorias Commentarium*, 30.1-5.

② 参见 Porphyrius, *In Aristotelis Categorias Commentarium*, 64.27-65.1.

③ "作为胚种的逻各斯"(λόγος σπερματικός)是在斯多亚学派、新柏拉图主义学派和后来基督教的奥古斯丁主义中流行的一个概念,它最初是从植物的生长是种子潜伏状态的实现这一现象中借来的一个比喻,用来解释事物产生和发展的内在原因。

将"逻各斯"的这一含义同其他含义区别开来。正如有银的德拉克马，有金的德拉克马，还有铜的德拉克马，如果一个人简单说"给我德拉克马"，那他的表达是不清楚的；当他补充说"给我金的德拉克马"，他就将他想要的德拉克马同其他的德拉克马区别开来了。同样，既然"逻各斯"有多重含义，当人们说"逻各斯—所是"时，"所是"这一补充限定语揭示的是"进行定义的逻各斯"。因此，与名称相应的"进行定义的逻各斯"和那揭示"所是"的"逻各斯"——即定义，对于同名异义的东西中的每一个成员而言是不同的①。

既然"逻各斯"在这儿的意义就是揭示事物"是什么"，那亚里士多德为何不直接说"但与名称相应的定义是不同的"？也就是说，为何他在这儿不直接用"定义"(ὁ ὅρος, ὁ ὁρισμός) 这个词代替"逻各斯—所是"(λόγος τῆς οὐσίας)这样一种别扭的表达？因为"逻各斯"一词在意义上比"定义"一词宽泛。在亚里士多德那儿，真正意义上的定义乃是属加种差，故它无法适用于最高的属和特殊的个体；因为前者没有属，而后者没有种差。对最高

---

① {E.} Ἀλλ' ὅτι μὲν ἀναγκαίως πρόσκειται ⟨ὁ δὲ κατὰ τοὔνομα λόγος⟩ οὐκ ἐπὶ μόνου τοῦ τῶν ὁμωνύμων ὅρου, ἀλλ' ὅτι οὐδὲ οἷόν τε ἄλλως ὅρον τινὸς ἀποδιδόναι ὑγιῶς μὴ κατὰ τοὔνομα τὴν ἀπόδοσιν ποιούμενον τοῦ ὁριστικοῦ λόγου, ὀρθῶς τοῦτο ἀπέδειξας. διὰ τί δὲ πρόσκειται τῷ λόγῳ⟨ὁ λόγος τῆς οὐσίας⟩, καὶ οὐκ ἠρκέσθη εἰπὼν ⟨ὁ δὲ κατὰ τοὔνομα λόγος ἕτερος⟩, δεῖξαι ὀφείλεις.
{A.} Ὅτι τοῦ λόγου πλεοναχῶς λεγομένου· ἔστι γὰρ λόγος καὶ ψηφιστικός, ἔστι λόγος καὶ προφορικός, ἔστι λόγος καὶ ἐνδιάθετος, ἔστιν λόγος καὶ σπερματικός· καὶ πλειόνων ὄντων τῶν σημαινομένων ἐκ τοῦ λόγου διὰ τὸ ὁμοίως πολλὰ καὶ διάφορα πράγματα χρῆσθαι τῷ τοῦ λόγου ὀνόματι· λόγος δέ ἐστι καὶ κατ' ἄλλο σημαινόμενον ὁ ὅρος, οὗτος δὲ ὁ λόγος ὁ ὁριστικός· τὸ ὅλον τοῦτο λέγεται ⟨λόγος τῆς οὐσίας⟩, ἡ γὰρ προσθήκη ⟨τῆς οὐσίας⟩ διαστέλλει αὐτὸν ἀπὸ τῶν ἄλλων σημαινομένων τοῦ λόγου. ὥσπερ οὖν δραχμῆς οὔσης ἀργυρᾶς, οὔσης δὲ καὶ χρυσῆς καὶ ἄλλης χαλκῆς ὁ ἁπλῶς εἰπὼν "δραχμήν δός μοι" ἄδηλόν τινα λέγει, ὁ δὲ προσθεὶς "δός μοι χρυσῆν δραχμήν" διέστειλεν ἥν θέλει λαβεῖν ἀπὸ τῶν ἄλλων· οὕτως πλεοναχῶς λεγομένου τοῦ λόγου ὁ εἰπὼν ⟨λόγος ὁ τῆς οὐσίας⟩ τῇ προσθήκῃ⟨τῆς οὐσίας⟩ ἐδήλωσεν τὸν ὁριστικὸν λόγον. ὁ οὖν κατὰ τοὔνομα ὁριστικὸς λόγος καὶ ὁ τῆς οὐσίας δηλωτικὸς λόγος, ὅστις ἐστὶν ὁρισμός, ἕτερος εἶναι ὀφείλει καθ' ἕκαστον τῶν ὁμωνύμων πραγμάτων. Porphyrius, *In Aristotelis Categorias Commentarium*, 64.22-65.11.

的属和个体的"是什么"的揭示,只能通过"描述"(ἡ ὑπογραφή);而在这些只能进行描述的东西中也存在着"同名异义者"。故亚里士多德在这儿既不单说定义也不单说描述,而是说"逻各斯",因为逻各斯包含了定义和描述这两者。

此外,"与名称相应"(κατὰ τοὔνομα)这一限定也不是多余的,如果没有这一限定,就会导致有些同名异义的东西会被同时看做是同名同义的东西。例如,两个埃阿斯在名字上相同,而且在揭示其本质的逻各斯上也相同,他们无论是谁的儿子,都是人——即都是"要死的理性动物"。为了避免出现这种情况,就必须加上"与名称相应"这一限定。两个埃阿斯,一个是俄琉斯的儿子,一个快腿的人;一个是忒拉蒙的儿子,与赫克托尔战斗的人。

6. 据记载,在古代"但与名称相应的逻各斯—所是是不同的"这句话有不同的抄本,目前保存下来的有这样四种①:

(1) ὁ δὲ λόγος ἕτερος. (但逻各斯是不同的)

(2) ὁ δὲ λόγος τῆς οὐσίας ἕτερος. (但逻各斯—所是是不同的)

(3) ὁ δὲ κατὰ τοὔνομα λόγος ἕτερος. (但与名称相应的逻各斯是不同的)

(4) ὁ δὲ κατὰ τοὔνομα λόγος τῆς οὐσίας ἕτερος. (但与名称相应的逻各斯-所是是不同的)

根据前面的解释,作为限定语的"所是"(τῆς οὐσίας)和"与名称相应"(κατὰ τοὔνομα)都是不可或缺的。

7. "所是"(ἡ οὐσία)。这儿的"所是"不能理解为在后面作为十范畴之一进行讨论的"所是"。根据亚里士多德,"所是"(ἡ οὐσία)具有多重含义,在《形而上学》第七卷(Z卷)第三章中他说:

> "所是"即使不是在更多的意义上,那至少也在四种主要的意义上被说。因为,"是其所是"、"普遍"、"属"似乎是每一个别事物的"所是",而其中还有第四种"所是",即载体。而载体是这样一种东西,其他的东西都述说它,而它自身却不述说其他的东西。故应当首先界定载

---

① 参见 Christos Evangelou, *Aristotle's Categories and Porphyry*, E. J. Brill, Leiden, 1988, p.41。

体,因为那首要地位于下面的东西似乎尤其是"所是"①。

我们认为,这儿所讲的"所是",乃"是其所是"这一意义上的"所是",即揭示一是者之本质的"所是"。新近的一些翻译者也意识到了这一点,不将这儿的 οὐσία 理解为后面作为第一个范畴的 οὐσία;如前面曾列举过的阿克里尔(J. L. Ackrill)的英译和厄勒(Klaus Oehler)的德译:

When things have only a name in common and the definition of **being** which corresponds to the name is different, they are called *homonymous*.

Homonym heißen Dinge, wenn sie nur einen Namen gemeinsam haben, aber die dem Namen entsprechende Definition des **Seins** verschieden ist.

8. 希腊语 ζῷον 一词(动物),有两个意思。一个泛指动物或生物;一个指绘画、雕塑等中的形象,并且还不仅限于动物在绘画、雕塑等中的形象,其他无生命的东西的肖像也被称作 ζῷον。例如,希罗多德(Herodotus)在其《历史》(Hist. 4.88.4)中就有这么一个句子:

ζῷα γραψάμενος πᾶσαν τὴν ζεῦξιν τοῦ Βοσπόρου:展示博斯普鲁斯海峡整个架桥的画(ζῷα)。

这儿的"人和肖像"(ὅ τε ἄνθρωπος καὶ τὸ γεγραμμένον)既可以泛泛地理解为"人和肖像",也可以理解为"某个人及其肖像"。对于这一点的理解应放在古希腊文化的背景中进行。古代评注者在分析"同名异义者"的类型时,认为有两种基本的类型,一种被称作"偶然的同名异义者"或"碰巧出现的同名异义者"(ἀπὸ τύχης),例如那些在不同地方碰巧被取名为苏格拉底的人;一种是"有意导致的同名异义者"(ἀπὸ διανοίας)。人及其肖像都被叫做"动物"(ζῷον),属于第二种情形,因为人作为有生命、有感觉的东西而被称作"动物",而画中人的肖像之所以也被称作"动物",是因为它乃有

---

① Λέγεται δ' ἡ οὐσία, εἰ μὴ πλεοναχῶς, ἀλλ' ἐν τέτταρσί γε μάλιστα· καὶ γὰρ τὸ τί ἦν εἶναι καὶ τὸ καθόλου καὶ τὸ γένος οὐσία δοκεῖ εἶναι ἑκάστου, καὶ τέταρτον τούτων τὸ ὑποκείμενον. τὸ δ' ὑποκείμενόν ἐστι καθ' οὗ τὰ ἄλλα λέγεται, ἐκεῖνο δὲ αὐτὸ μηκέτι κατ' ἄλλου· διὸ πρῶτον περὶ τούτου διοριστέον· μάλιστα γὰρ δοκεῖ εἶναι οὐσία τὸ ὑποκείμενον πρῶτον. Aristoteles, *Metaphysica*, 1028b. 33-1029a. 2.

生命、有感觉的东西的模仿。

亚里士多德本人在《论灵魂》(De Anima, 412b.18-22.)中的一番话也可以帮助我们进一步理解他在这儿所讲的内容：

> 如果眼睛是"生物"(ζῷον)，那么，视力就是它的灵魂。因为视力是眼睛在其逻各斯上的"所是"(而眼睛只是视力的质料)；如果丢掉了视力，也就不复再有眼睛，同名异义上的(ὁμωνύμως)眼睛除外——如石头雕像中的眼睛和画中的眼睛①。

9. "是动物"(τὸ ζῴῳ εἶναι)。为何亚里士多德在这里说 τὸ ζῴῳ εἶναι 而不说 τὸ ζῷον εἶναι？这两者之间的区别是很微妙的，前者是"与格+不定式"结构，而后者在这儿是"宾格+不定式"(有时也可以是主格+不定式)结构。在亚里士多德哲学中，"与格+不定式"结构是他用来刻画一个东西之"所是"(本质)的标准表达。阿莫尼俄斯的解释是：对事物的刻画，要么用质料(ἡ ὕλη)，要么用形式(τὸ εἶδος)，要么同时用质料和形式。如果使用 τὸ ζῷον εἶναι (是动物)，那么是在同时用质料和形式进行刻画；但如果使用 τὸ ζῴῳ εἶναι (是动物)，则仅仅就其形式对之进行刻画。因为一个是者的是乃是其形式，并且其定义也是源于形式，因为定义应当由属和种差构成②。

10. 为何亚里士多德在这儿提出名称(ὄνομα)和逻各斯(λόγος)，阿莫尼俄斯在其评注中基于柏拉图主义的观点给出了回答。他认为：当与肉体分离的灵魂位居高处时它无须别的什么东西自身就能够知道万物，但当它同肉体结合在一起而降到了低处，它的视力就变得昏暗而无法就事物的本性认识事物。因此，灵魂需要通过声音来彼此交流、传达自己的思想；而事物就通过名称和逻各斯得到揭示。因为任何是者(τὸ ὄν)既是一个"所是"，也是由许多固有的部分所构成，这些部分通过结合在一起而提供出该是者

---

① εἰ γὰρ ἦν ὁ ὀφθαλμὸς ζῷον, ψυχὴ ἂν ἦν αὐτοῦ ἡ ὄψις. αὕτη γὰρ οὐσία ὀφθαλμοῦ ἡ κατὰ τὸν λόγον (ὁ δ᾽ ὀφθαλμὸς ὕλη ὄψεως), ἧς ἀπολειπούσης οὐκέτ᾽ ὀφθαλμός, πλὴν ὁμωνύμως, καθάπερ ὁ λίθινος καὶ ὁ γεγραμμένος. Aristoteles, De Anima, 412b.18-22.

② 参见 Ammonius, In Aristotelis Categorias Commentarius, 21.8-15。

的本性。例如,人既是一个"所是",又是由他的属和种差所构成;它一方面被"人"这个声音所揭示——该声音是一个简单的名称,另一方面他作为由其固有部分组合而成的东西又被其逻各斯所揭示,如"要死的理性动物"①。

11. "因为它们两者都被动物这个共同的名称所称呼"(τούτων γὰρ ἑκάτερον κοινῷ ὀνόματι προσαγορεύεται ζῷον)这句话直译当为:"因为它们两者被一个共同的名称称作动物。"

12. 亚里士多德在这儿解释同名同义者时,依然举了"动物"的例子。

"同名异义者"和"同名同义者"之间的区分并不一定是绝对的,在某些情形下,在一个层面上为"同名异义者"的,在另一个层面上则可能是"同名同义者"。例如:前面所举的两个埃阿斯,在一个层面上他们是"同名异义者",但在另一个层面上他们则是"同名同义者"。两个埃阿斯,一个是俄琉斯的儿子,一个快腿的人;一个是忒拉蒙的儿子,与赫克托尔战斗的人。就作为"埃阿斯"而言,他们是"同名异义者"。但是,这两个埃阿斯都是人,他们都分有着人的逻各斯;就他们作为"人"而言,他们是"同名同义者"。

13. "并且与名称相应的逻各斯-所是也是相同的"(καὶ ὁ κατὰ τοὔνομα λόγος τῆς οὐσίας ὁ αὐτός)。在古代的一些抄本中有的没有"与名称相应"(κατὰ τοὔνομα)这一限定,而仅仅作"并且逻各斯—所是也是相同的"②;有的则没有"所是"(τῆς οὐσίας)这一限定,而作"并且与名称相应的逻各斯也是相同的"③。

14. 为何在讨论完"同名异义者"后要讨论"同名同义者"?"是"同名异义地(ὁμωνύμως)谓述十个范畴,十个范畴作为在其自身"是"的十种方式,它们之间除了共同地具有"范畴"这一称呼外,别无其他共同之处,故要先讨论"同名异义者"。

在讨论完"同名异义者"后,接下来之所以要讨论"同名同义者",那是因为十个范畴作为十个最高的"属",同名同义地(συνωνύμως)谓述其下的种和个体。对于这一点,亚里士多德本人曾反复讲过,例如:

---

① 参见 Ammonius, *In Aristotelis Categorias Commentarius*, 15.4-16。
② 参见 Porphyrius, *In Aristotelis Categorias Commentarium*, 68.15-16; Simplicius, *In Aristotelis Categorias Commentarium*, 34.1。
③ 参见 Simplicius, *In Aristotelis Categorias Commentarium*, 34.28。

συνώνυμον γὰρ τὸ γένος καὶ τὸ εἶδος. ("属"和"种"都是同名同义者。)①

κατὰ πάντων γὰρ τῶν εἰδῶν συνωνύμως τὸ γένος κατηγορεῖται. ("属"同名同义地谓述一切种。)②

15. 词尾不同(διαφέροντα τῇ πτώσει)。πτώσει 是 πτῶσις 的与格,而 πτῶσις 的本意指名词的变格。屈折语言的变格一般都在词尾进行,故这里转译为词尾。

16. 对亚里士多德在这儿所讲的派生的东西,以及他所举的例子,只能回到古希腊语中才能得到很好的理解。古代评注者几乎一致认为,说一个东西派生自另一个东西,有三条标准,缺一不可:

(1)分有实在的东西,

(2)分有名称,

(3)在词形上词尾不同。③

珀尔菲琉斯在其评注中举了一个例子来说明,只有以上三条标准同时得到满足,才能说一个东西派生自另一个东西;辛普里柯俄斯在其评注中也使用了这同一个例子:

一位分有了"文艺"的妇女(τις τῆς μουσικῆς μετέχουσα γυνή)被称为"女文艺家"(ἡ μουσική),尽管"女文艺家"既分有了"文艺"这一实在,也分有了它的名称,但"女文艺家"依然不能被称作派生自"文艺",因为它们的词尾是一致的④;相对于"文艺"而言,她不是派生者,而是同名异义者(同音异义者)。反之,一位男文艺家(ὁ μουσικός)则派生自"文艺"(ἡ μουσική),因为他同时满足这三个标准:分有"文艺"这一实在,分有其名称,但在词形上词尾又与之相区别⑤。

而亚里士多德在这儿所举的两个派生者的例子,正好符合上面这三条标

---

① Aristoteles, *Topica*, 123a. 28-29.
② Ibid., 127b. 6-7.
③ 参见 Porphyrius, *In Aristotelis Categorias Commentarium*, 69. 33-34。
④ 在古希腊语中,女文艺家(ἡ μουσική)和文艺(ἡ μουσική)在词形上完全一致。
⑤ 男文艺家(ὁ μουσικός)和文艺(ἡ μουσική)在词尾是不同的。

准,故说"男文法学家"(ὁ γραμματικός)派生自"文法学"(ἡ γραμματική),"勇士"(ὁ ἀνδρεῖος)派生自"勇敢"(ἡ ἀνδρεία)。

17. 在理解派生者时,必须弄清楚次序,也就是要弄清楚谁是主要的,即进行派生的;谁是次要的,即由之派生出来的。对此,辛普里柯俄斯举了一个例子来说明:"亚历山大"(ὁ Ἀλέξανδρος)是主要的,从他那儿派生出"亚历山大里亚"(ἡ Ἀλεξάνδρεια),从"亚历山大里亚"派生出"亚历山大里亚人"(ὁ Ἀλεξανδρεύς);这一顺序不能颠倒,因为在这一顺序中,谁在本性上具有优先性是一目了然的:城市的创建者先于他所创建的城市,城市先于以该城市命名的市民。①

18. 如果说"同名异义"和"同名同义"对于理解"是"与诸范畴之间的关系以及诸范畴本身的作用具有重要的意义,那亚里士多德在这儿解释"派生"的目的何在呢?那是因为在《范畴篇》中,亚里士多德在讨论两个范畴时涉及了"派生",那就是"质"或"具有质的"(ποιόν)这一范畴和"姿态"(κεῖσθαι)这一范畴。

> 因此,"质"就是上述这些东西;而那些因它们而派生性地被述说的东西或无论怎样都从它们而来的东西,则是"具有质的"。就大多数情形而言,事实上几乎在所有的情形下,事物都是派生性地加以述说的:例如,白人从白得名,男文法学家从文法学得名,正直者从正直得名,其他类似的情形也同样如此。(10a27-32)

> 卧、站、坐都是一些形势,但形势属于"相对物"。但卧着、站着、坐着自身都不是形势,而是派生地从前述那些形势中得名。(6b11-14)

> 在论及"相对物"时曾提及过"姿态",因为它是派生地从形势那儿来被述说的。(11b10-11)

---

① 参见 Simplicius, *In Aristotelis Categorias Commentarium*, 37.33-38.1。

Chapter One of Aristotle's *Categories*: Translation with Notes and Glossary

Pu Lin

Abstraction: The *Categories*, ascribed to Aristotle, and the doctrine of categories is important for the history of Hellenic and Western philosophy. Since the first century B.C. people first began writing commentaries on the classical philosophical texts, Aristotle's *Categories* became the subject of an extensive number of commentaries. In this paper we'll give our translation with notes and glossary of chapter one of Aristotle's *Categories* according to ancient commentators' studies.

Key words: categories, ancient Greek, commentaries

明智与智慧
——从亚里士多德笔下的泰勒斯和阿那克萨戈拉说起[*]

刘 玮[**]

提 要：亚里士多德在《尼各马可伦理学》第六卷第5章和第7章中将明智（phronēsis）与智慧（sophia）对照起来考察，并且似乎以政治家伯里克利和哲学家泰勒斯、阿那克萨戈拉的例子强化了这种对照、甚至分离的关系。本文希望通过考察亚里士多德在这两章中的论述、在其他地方对泰勒斯和阿那克萨戈拉的提及，以及其他地方对明智与智慧关系的相关讨论，澄清明智与智慧之间的关系，强调那个对照具有的暂时性特征。并将对二者关系的考察引向对幸福的"包容论"和"排他论"，解释这个《尼各马可伦理学》的核心问题。最后将讨论引申到政治领域，论证亚里士多德很可能像他的老师柏拉图一样也怀有"哲学家—王"的理想。

关键词：亚里士多德 明智 智慧 幸福 哲学家—王

---

[*] 本文为国家社科基金青年项目"亚里士多德实践哲学研究"（项目编号 11CZX059）成果。本文的初稿曾经在浙江大学外国哲学研究所"严群讲席讲座"和北京大学政府管理学院"秩序与历史讲座"中报告过，与听众们的交流使笔者受益良多，在这里我要特别感谢包利民教授和张新刚博士的邀请。本文的写作与我在中国人民大学开设的关于亚里士多德《尼各马可伦理学》和《政治学》的研讨课密切相关，我要感谢所有听课和参加讨论的同学。最后感谢李猛老师阅读了全文，并提出了宝贵的意见。

[**] 刘玮，1980年生，香港中文大学博士，中国人民大学哲学院、伦理与道德教育研究中心讲师。

一 导 言

在《尼各马可伦理学》第六卷中,亚里士多德扩展了 I.13 中对灵魂的区分,根据处理对象的不同进一步将灵魂的理性部分区分为两类,一类处理本原(*archē*,或原理)不变的事物,另一类处理本原可变的事物,他将前者称为"科学的部分"(*epistēmonikon*),而将后者称为"[理性]计算的部分"(*logistikon*),①这两种不同的能力或功能分别对应两类理智德性,前者包括科学知识(*epistēmē*)、理智(*nous*)和智慧(*sophia*,或理论智慧),后者包括技艺(*technē*)和明智(*phronēsis*,或实践智慧),在这两个系列中居于最高位置的分别是智慧和明智,它们也成为这一卷讨论的重点,而两相比较,亚里士多德在这一卷中花了更大的篇幅讨论明智这种德性。②

亚里士多德在讨论中举了一些例子,帮助听众或读者理解这两种德性。拥有明智这种德性的典型是雅典政治家伯里克利(Pericles),亚里士多德对他这样的人赞誉有加。③ 在将明智定义为:"一种有理性相伴的(*meta logou*)真的、和行动有关的状态,关乎对人而言好的和坏的东西"(VI.5.1140b5-6),之后亚里士多德接着说:

> 因此(*dio*)我们认为(*oiometha*)伯里克利和他那样的人是明智者(*phronimous*),因为他们可以看到(*theōrein*)对人类来说好的东西,在我们看来(*hēgoumetha*)家政的管理者们(*oikonomikous*)和政治家们(*politikous*)就是这样的人。(1140b7-11)

---

① 《尼各马可伦理学》中的引文依据 I. Bywater ed., *Aristotelis Ethica Nicomachea*, Oxford: Oxford University Press, 1894,参考了埃尔文的英译本(Aristotle, *Nicomachean Ethics*, trans. Terence Irwin, 2nd ed., Indianapolis: Hackett, 1999)。
② 在智慧与明智之间这种详略上的安排很可能是亚里士多德有意为之,因为他还将在 X.7-8 转回到关于智慧以及与之对应的沉思生活的讨论上去。因此这种安排并不说明明智比智慧更重要,但是在第六卷的范围内(也就是紧接着各种伦理德性的语境之下),亚里士多德强调的重点无疑是明智这种和伦理德性关系更为紧密的德性,而非智慧这种追求超越事物的德性。
③ 但有趣的是,在与《尼各马可伦理学》关系密切的《政治学》中,亚里士多德对伯里克利的评价却并没有那么正面,他称伯里克利和艾菲阿尔特斯(Ephialtes)像迎合僭主一样迎合大众,将雅典的政体变成民主制,并称他们为 *dēmagōgoi*(民众领袖或"政客");参见《政治学》II.11.1274a5-11。

另一方面，亚里士多德举出的拥有智慧这种理智德性的典型是他心目中的第一个自然哲学家泰勒斯（Thales）和曾经生活在雅典的哲学家阿那克萨戈拉（Anaxagoras）。亚里士多德这里讨论智慧的方式与前面讨论明智非常接近，还是在给出了智慧的定义——"智慧是关于依据自然（*physei*）最可敬的（*timiōtatōn*）事物的知识和理智"（VI. 7. 1141b2-3）——之后，给出例子帮助我们理解：

> 因此（*dio*）他们说（*phasin*）阿那克萨戈拉、泰勒斯，以及这样的人是智慧者（*sophous*），但不是明智者，因为他们看到（*idōsin*）他们［泰勒斯、阿那克萨戈拉那样的人］无知于（*agnountas*）那些对自己有好处的事情，他们说（*phasin*）他们［泰勒斯、阿那克萨戈拉那样的人］知道那些超乎寻常、令人惊异、非常困难，但是毫无用处的东西，因为他们追求的不是那些属于人的好东西。（1141b3-8）

这两段论述让一些亚里士多德的读者很自然地认为亚里士多德将明智与智慧对立起来，前者追求属于人的好——不管是个人的、家庭的还是城邦的；而后者只关注超乎人类的好，而忽略人类的好，甚至对什么是人类的好非常无知。① 因为明智关乎人类的好，因此那些具有哲学智慧的哲学家们没有明智这种德性；如果再推进一步，就是哲学家没有能力处理好个人、家庭和城邦的事务。

在本文中，我想从三个层次表明，这种观点失之偏颇，因为不管从（1）亚里士多德上面两段文本的内部，（2）亚里士多德其他地方对泰勒斯和阿那克萨戈拉的提及，还是从（3）亚里士多德就明智与智慧关系的正面论述这三个方面，我们都有足够的证据反对将明智与智慧对立起来的观点。下面的第二至四节分别从这三个角度提出对这一对立的反驳；在第五节我会将前面的讨论扩展到解决有关亚里士多德幸福问题中著名的"包容论"与"排他论"之争上；而在最后一节我会将结论推广到政治事务，表明亚里士多德很

---

① 比如 Aristide Tessitore, *Reading Aristotle' Ethics*, Albany: State University of New York Press, 1996, pp. 47-50（他强调了这个对立，并论证认为亚里士多德代表了这两个对立之间的"中道"）；余纪元：《亚里士多德伦理学》，北京：中国人民大学出版社，2011年，第107—108页（他指出了这个对立，并表达了对这个对立的保留态度，但并未做详细讨论）。

可能像他的老师柏拉图一样,认为哲学家应该成为君主。

二 "我们认为"与"他们说"

我们在上面注意到,亚里士多德对这两组例子的引入方式和结构完全一致,首先提出关于明智和智慧的定义,之后用一个连词"因此(*dio*)"引入伯里克利和阿那克萨戈拉、泰勒斯的例子,作为对普遍定义的说明。但是如果我们足够细心,就会注意到这里面还有一个非常关键的不同,在伯里克利的例子里,亚里士多德用的是"我们认为"(*oiometha*)和"在我们看来"(*hēgoumetha*),①而在阿那克萨戈拉和泰勒斯那里,他用的却是"他们说"(*phasin*)和"他们看到"(*idōsin*)。

这个差别绝不仅仅是从修辞意义上让语言变得更加丰富。我们知道,亚里士多德喜欢用"我说"(*legō*, *phēmi*)、"我们说"(*legomen*, *phamen*)、"让我们说"(*legesthō*)之类的说法引入自己的某个观点,甚至是严格意义上的对某个概念的全新定义;②而用"据说"(*legomena*)、"有人说"(*phēsin*),"他们说"(*phasin*)之类的说法引入他人的观点。③ 虽然这些他引述的观点并不

---

① 与此类似,在这一卷中谈到石匠菲迪亚斯(Pheidias)和铜匠波吕克莱图斯(Polycleitus)的例子时,亚里士多德也用了"我们称"(*apodidomen*)。
② 这样的例子在亚里士多德作品中随处可见,这里就《尼各马可伦理学》的语境给出几例:(1) I. 8. 1098b14,亚里士多德在给出了"好"的三类划分之后,用"我们说"(*legomen*)引出灵魂的好才是最完全的好。(2) II. 4. 1105a17 的"我们说"(*legomen*)显然是在表达亚里士多德自己的看法,因为他预见到别人会对他的说法产生疑问,于是说道"有人可能会感到困惑(*aporēseie*),我们说通过做正义的行动变得正义,通过做节制的行动变得节制是什么意思呢?"(3) II. 6. 1106a29 用"我说"(*legō*)引出对"事物里的中道"(*tou pragmatos meson*)和"对我们来说的中道"(*pros hēmas meson*)这两个并不为人熟知的概念。·(4) V. 1. 1129b17-19,亚里士多德说:"我们说(*legomen*)正义的东西是对政治共同体而言产生和维持幸福及其部分的东西。"这句话既肯定了某种流行的关于正义的看法,又对这个看法做出了重要的修正。
③ 我们还是结合《尼各马可伦理学》的语境给出几例:(1)在 I. 13. 1102b6-7:"他们说(*phasin*)幸福的人和悲惨的人(*tōn athliōn*)在半生中没有差别。"(2) VI. 9. 1142b4-5:"他们说(*phasi*)在思虑的结果之上我们必须行动快速,但是思虑要慢。"(3) II. 3, 1104b24:"他们将德性定义(*horizontai*)为某种非受动(*apatheias*)和不受干扰(*ēremias*),但是不对(*ouk eu*)。"(4) III. 2. 1111b10-12:"那些说(*hoi legontes*)它[决定]是欲望、血气、想望(*boulēsis*)或某种意见的人看起来说得不对(*ouk eoikasin orthōs legein*)。"(5) V. 9. 1137a4-10:"人们认为(*oiontai*)做不义在他们(*eph' heautois*),因此做正义很容易……与此类似,他们还认为(*oiontain*)知道正义和不义的事情不需要智慧。"前两个例子亚里士多德大体表示赞同,后三个例子他都明确表示反对。

一定是亚里士多德不同意的(因为亚里士多德的哲学论述往往是从这些"意见"[doxai]或"受到尊重的意见"[endoxa]开始的①),但是亚里士多德毕竟用这些标志性的说法在自己明确的见解和他人的观点之间隔开了某种距离,他人的观点可能经过一番审视之后被证明是正确的,但同样可能的是,他人的观点只是包含了一些真理的要素,并不完全正确,甚至就是错误的。考虑到这一点,这里形式上的对照关系就更显得更加突出,至少让我们不得不怀疑,亚里士多德在写下阿那克萨戈拉和泰勒斯拥有智慧而缺少明智时,是否真的像说伯里克利拥有明智那样,在表达自己真实的观点?而下面两节中的考察则能够帮助我们将怀疑变成更加明确的否定。

三 泰勒斯和阿那克萨戈拉是否真的缺少明智?

根据亚里士多德之前和之后的记载,我们知道,泰勒斯是古希腊著名的"七贤"之一,②拥有几乎包罗万象的知识,不仅有天文学(预言日食,发现冬夏至、春秋分,测量太阳的直径与运行轨道之间的比例关系)③、航海(比如发现小熊星座比大熊星座更能够帮助海员确定天极)④、几何学(将几何学从埃及引入希腊、发现两角夹一边确定全等三角形的方法等)⑤、地理学(用季风解释尼罗河水泛滥)⑥,还有工程学(通过引导水流帮助吕底亚国王克罗苏斯[Croesus]的军队渡过哈吕斯河)⑦和政治知识(劝阻米利都人与克罗苏

---

① 关于亚里士多德辩证方法的详细讨论,参见拙作《亚里士多德伦理学的两个起点:Endoxa 与良好的教养》,载《世界哲学》,2011.2。
② 参见柏拉图:《普罗泰哥拉》343a(柏拉图的引文依据 John Burnet, ed., *Platonis Opera*, 5 vols., Oxford: Oxford University Press, 1900-1907,同时参考了库珀编辑的《柏拉图全集》中的英译文[John M. Cooper ed., *Plato: Complete Works*, Indianapolis: Hackett, 1997]);第欧根尼·拉尔修:《明哲言行录》I.40-42(译文依据 Loeb 版中的希腊文,同时参考了对应的英译本[Diogenes Laertius, *Lives of Eminent Philosophers*, trans. R. D. Hicks, Cambridge, Mass.: Harvard University Press, 1972])。
③ 参见希罗多德:《历史》I.74;第欧根尼·拉尔修:《明哲言行录》I.23-24。
④ 参见第欧根尼·拉尔修:《明哲言行录》I.23。
⑤ 参见 DK11A20(普罗克勒斯[Proclus]的《论欧几里得》);第欧根尼·拉尔修:《明哲言行录》I.24,27。
⑥ 参见希罗多德:《历史》II.20;第欧根尼·拉尔修:《明哲言行录》I.37。
⑦ 参见希罗多德:《历史》I.38;第欧根尼·拉尔修:《明哲言行录》I.38。

斯结盟,建议伊奥尼亚城邦结成反波斯联盟)。①

那么说泰勒斯这样的"全才"缺少实践智慧的依据又是什么呢?一方面当然是因为柏拉图记载了那个著名的泰勒斯因为研究星星,抬头观看(*astronomounta…kai anō bleponta*)而落入井里,并遭到色雷斯侍女取笑的轶事。②但是另一方面,亚里士多德可能也是在记录一个他的同时代人普遍持有的看法,我们可以考虑两个同样来自柏拉图的例子:在《理想国》第六卷里,当苏格拉底给了哲学家一大通赞美之后,阿德曼图斯插话进来表示质疑:虽然可能没有办法反驳苏格拉底的论证,但是我们可以在现实生活中看到"大多数从事哲学的人……都变得非常古怪(*panu allokotous*),即便不说他们是十足的恶棍(*pamponērous*),即使那些看起来最正直的人(*epieikestatous*),如果按照你推荐的方式生活,也会变得对城邦毫无用处(*achrēstous*)"(Ⅵ.487c-d);这里虽然没有提名字,但是影射的对象似乎包括了那个掉入井里的泰勒斯。另一段文本则更加直白,在《大希庇阿斯》中,苏格拉底问希庇阿斯:"那么这是什么原因:有些在以前因为智慧而著名的人,比如皮塔库斯(Pittarchus)、比阿斯(Bias)、追随米利都的泰勒斯的人,之后一直到阿那克萨戈拉,我们看到,那些人中的所有或大多数都远离政治事务(*apeichomenoi tōn politikōn praxeōn*)?"智者希庇阿斯解释道:"苏格拉底,这难道不是因为他们无能,不能将他们的智慧(*phronēsei*)充分应用到公私两个领域吗?"(281c-d)。在这段话中,我们的两位主人公泰勒斯和阿那克萨戈拉都位列其中,显然反映了当时人们的普遍看法。

《大希庇阿斯》中的说法似乎也确证了第欧根尼·拉尔修对阿那克萨戈拉的记载:"他在出身和财富方面曾经非常出众,而且也非常慷慨(*megalophrosunēi*),将继承的财产分给了亲戚……最后他隐退了,致力于对自然的研究(*theōrian*),不关心政治。有人问他:'你难道不关心你的祖国吗?'他说:'你说得好,我非常关心我的祖国',而他指的却是天空。"(Ⅱ.7)③亚里士多德在《欧德谟伦理学》中也记载了一则类似的故事,有人问

---

① 参见希罗多德:《历史》Ⅰ.170;第欧根尼·拉尔修:《明哲言行录》Ⅰ.25。
② 参见柏拉图:《泰阿泰德》174a。
③ 类似的说法还可参见柏拉图《斐多》97b以下;《斐德罗》270a。

阿那克萨戈拉，一个人为什么要选择出生而非不出生，阿那克萨戈拉回答说："为了研究（theōrēsai）天空和整个宇宙的秩序。"（EE I.5.1216a10-14）①

那么亚里士多德是否也像"他们"一样，认为泰勒斯和阿那克萨戈拉缺少实践智慧或明智，从而不能管理好自己的事务呢？恐怕并非如此。

亚里士多德还讲过另一个关于泰勒斯的著名故事：有人因为他的贫穷嘲笑哲学无用，泰勒斯就利用自己的天文学知识，预见了第二年的橄榄丰收，于是提前用低价租下了米利都和旁边开厄斯岛上所有的榨橄榄机，等到第二年橄榄丰收之后，再以高价出租，挣了一大笔钱，由此表明"如果愿意的话哲学家想变得富有是多么容易，但这并非他们真正关心的事情（spoudazousin）"（《政治学》I.11.1259a5-21）。②

这样看来，哲学家有充分的能力像其他人那样关心自己的利益、追求其他人心目中的好，只是不屑于此而已。哲学家自己也很清楚，因为追求的东西和常人不同，自己往往被当作怪人，但是他们并不介意。这一点从亚里士多德在《欧德谟伦理学》中另一处对阿那克萨戈拉的提及看得非常清楚。在谈到不同人会选择不同的东西当作幸福时，亚里士多德用阿那克萨戈拉作为例子，当他被问到什么人最幸福时，阿那克萨戈拉回答说："不是你想象的那些，而是对你来说显得很奇怪（atopos）的人。"（EE I.4.1215b6-8）亚里士多德在《尼各马可伦理学》第二次提及阿那克萨戈拉时，不仅说到了"奇怪"的问题，而且更加直接地赞美了他那种投身于理论研究、不关心外在好（external goods）的生活。在完成了对沉思生活的礼赞之后，亚里士多德回到了日常生活所需要的外在的好，指出这些东西虽然对我们的幸福来说非常必要，但是却并不需要太多，并进而用梭伦和阿那克萨戈拉的话作为依据：

> 梭伦或许很好地描绘了幸福的人，他说他们只是适度地（metriōs）

---

① 《欧德谟伦理学》的引文依据 R. R. Walzer & J. M. Mingay eds., *Aristotelis Ethica Eudemia*, Oxford: Oxford University Press, 1991，参考了巴恩斯主编的《亚里士多德全集》中的英译文（Jonathan Barnes ed., *The Complete Works of Aristotle*, revised ed., Princeton: Princeton University Press, 1984）。

② 《政治学》的引文依据 W. D. Ross ed., *Aristotelis Politica*, Oxford: Oxford University Press, 1957，参考了 Carnes Lord 的英译文（Aristotle, *The Politics*, Chicago: University of Chicago Press, 1984）。在现存的亚里士多德著作中，他只在五个文本中提到了泰勒斯，其中《形而上学》（983b6-984a4）、《论天》（294a29）和《论灵魂》（405a19, 411a8）都只涉及泰勒斯的思想，只有《尼各马可伦理学》和《政治学》中的两次提及与生活方式或者对某种好的追求有关。

被给予了外在的好(*tois ektos*),做那些他认为最高贵的事情,节制地生活。因为只拥有适度的财产也可以做应该的事情。阿那克萨戈拉认为幸福的人既不富有又不是很有权力,他说,如果幸福的人在大多数人(*hois pollois*)看来是某种奇怪的人(*atopos*),他不会感到吃惊。因为大多数人通过外在的东西(*tois ektos*)来做判断,因为那些是他们唯一能感受到的。因此智慧者的意见(*hai tōn sophōn doxai*)看起来与[前面的]论证相符。(*NE* X.8.1179a9-17)

我们看到,在这里亚里士多德明确将智慧者(*hoi sophoi*)与大多数人(*hoi polloi*)对立了起来,前者认为幸福在于人合乎德性的活动(对梭伦来说强调的显然是伦理德性,而对阿那克萨戈拉来说强调的显然是理智德性);而对于大多数人来说,幸福在于外在的好,比如财富、荣誉、权力等等(参见 *NE* I.4,5,8)。后面这些标准正是大多数人认为("他们说")泰勒斯和阿那克萨戈拉并不拥有明智的原因。亚里士多德在《尼各马可伦理学》第六卷中暂时将伯里克利与泰勒斯、阿那克萨戈拉对立起来,以显示明智与智慧之间的差别,而在全书的最后,亚里士多德则更加明确地表达了自己的判断:通过将阿那克萨戈拉与雅典人最为敬重的梭伦并列起来,亚里士多德认为,哲学家可以像希腊历史上最伟大的政治家、七贤之一的梭伦一样讲出关于幸福的真谛,同时身体力行地实践它。① 那么这样的人又怎么可能缺少明智呢?在考察完亚里士多德的用词和例子之后,我们再从亚里士多德对明知与智慧关系的直接论述入手,审视拥有智慧的哲学家是否必然拥有明智的问题。

四 明智的作用与智慧的实现

在《尼各马可伦理学》中提到阿那克萨戈拉与泰勒斯例子的 VI.7,亚里

---

① 在亚里士多德的作品中,至少包括《物理学》、《论天》、《天象学》、《论灵魂》、《形而上学》等十三部作品中超过六十次提到了阿那克萨戈拉,其中绝大多数文本都仅仅涉及阿那克萨戈拉的学说,而且大都是批判的对象(有少数地方是中性的记录观点),只有本文中提到的《欧德谟伦理学》中的两个地方和《尼各马可伦理学》中的两个地方谈及阿那克萨戈拉的生活,并且有积极的评价。而这四次提及完全可以用统一的方式来理解:即在大众看来,阿那克萨戈拉这样的哲人缺少明智,并且非常奇怪,但是在真正有智慧的人看来,他的意见和行动都符合对人类幸福的追求。

士多德确实将明智与智慧对照起来考察,并且引用了大多数人的观点表明拥有明智的政治家和拥有智慧的哲学家有所不同。但是这种对照不可避免地带有临时性,因为《尼各马可伦理学》第六卷的整体结构是亚里士多德首先从总体上讨论理智德性(VI.1-2),之后开始以不等的篇幅讨论具体的理智德性(VI.3-13),在单独讨论了科学(VI.3)、技艺(VI.4)、明智(VI.5)、理智(VI.6)之后,亚里士多德处理智慧的一章(VI.7)与前面四章有所不同,他并没有将这一章完全用来谈论智慧,而是将智慧这种德性与明智进行对比,从而凸显出智慧的不同,比如,"智慧的东西总是相同的,而明智的东西则不同"(VI.7.1140a24-25);"他们[像泰勒斯、阿那克萨戈拉那样的人]追求的不是那些属于人的好。而另一方面明智关心的则是与人有关的东西,并且关于那些可以思虑的东西"(1141b8-9);"明智也不是仅仅关于普遍,它还必须要关注个别"(1141b14-15),等等。因此,这一章的目的是通过对比明智与智慧这两种最高的理智德性来界定智慧这种相比之下更高的德性,这样我们也就能够理解,亚里士多德为什么会利用大多数人的观点来进一步凸显它们之间的差别。但是这并非亚里士多德关于二者关系的最终论述,在接下来讨论了很多与明智相关、与具体事务相关的主题(VI.8-11)之后,亚里士多德在 VI.11 最后明确表示他已经结束了对明智与智慧的对比以及对二者区别的讨论:"我们已经说了明智和智慧是什么,它们各自关于什么,以及各自是灵魂不同部分的德性。"(1143b14-17)

随后亚里士多德从回应一些疑难(*aporiai*)入手,继续讨论明智与智慧的关系,而这里的讨论则更多是从**将二者结合起来的角度**进行的。亚里士多德提出的第一个疑难是:"有人或许会提出一个关于它们的问题(*diaporēseie*):它们有什么用(*chrēsimoi*)?因为智慧并不研究(*theōrēsei*)那些让人幸福的东西(因为它完全不涉及生成的问题),而明智拥有这个[特征],但是我们为了什么需要它呢?"(VI.12.1143b18-21)这里又是"有人"提出了智慧与人类幸福无关的问题(而这正是"他们"批评泰勒斯和阿那克萨戈拉的原因),并且认为明智对于那些已经是好人的人和那些不是好人的人都没有用(1143b21-28)。

在很大程度上,这个问题贯穿了 VI.12-13 的讨论。在回应智慧和明智无用的问题时,亚里士多德明确指出这个问题其实并不恰当:

> 智慧产生幸福,但不是像医术产生健康那样,而是像健康[本身]一样,因为智慧是整体德性的一部分,拥有和使用它使人幸福。此外,正是在拥有明智和伦理德性的意义上一个人实现了他的功能（to ergon apoteleitai）。（NE VI. 12, 1144a3-7）

这里的说法很显然是在呼应 I.7 中的功能论证以及幸福的形式定义"灵魂合乎德性的活动"（1098a16-17）。亚里士多德还只是相当温和和一般性地从德性整体的角度论证智慧对幸福的意义——只要是德性就对幸福有贡献,并且是在构成幸福的意义上具有实质性的贡献。只是到了全书最后的 X.7-8 他才充分展开地讨论智慧和沉思生活作为最高的人类德性和生活方式对人类幸福的独特价值。而在 VI.13 的最后,也就是第六卷关于理智德性讨论的最后,亚里士多德回到了前面讨论智慧作用时提到的医术与健康的例子,第一次明确谈论了明智与智慧关系:

> 明智既不是智慧的支配者（kyria）也不是[灵魂中]更好的那部分的支配者,就像医术并不是健康的支配者;因为医术并不利用健康,而是要产生健康,它为了健康之故做出规定（ekeinēs oun heneka epitattei）,但并不规定健康（ekeinēi）。此外,[说明智支配智慧]就像说政治科学统治诸神,因为它规定城邦中的一切。（VI. 13. 1145a6-11）

将这两个关于医术的类比放在一起考察非常有趣。亚里士多德首先说,智慧与幸福的关系不是医术与健康的关系,或者一个带来另一个的关系,而是健康与健康的关系,因为拥有智慧就是拥有幸福。当然,因为有了"包容论"和"排他论"这个棘手的问题,到底应该如何理解"拥有智慧就是拥有幸福"还是很大的问题,[①]但是就目前的这个语境看,亚里士多德的意思明显是智慧就其是一种德性而言,也是人类幸福的一部分。同样的论证也适用于明智,因为亚里士多德还说"正是在拥有明智和伦理德性的意义上一个人实现了他的功能",也就是实现了幸福。在这个意义上,智慧和明智同样是幸福的内在组成部分。

---

① 笔者对这个问题的理解参见拙文:"An All-Inclusive Interpretation of Aristotle's Contemplative Life", in *Sophia*, vol. 50.1 (2011), pp. 57-71,本文中的部分内容发展了使用或发展了该文中的材料。

亚里士多德接下来说，明智与智慧的关系是医术与健康的关系，也就是说就它们是两种不同的理智德性而言，它们二者没有一方是另一方的组成部分，而是（广义的）目的与手段的关系，也就是说明智的**目的之一**是实现智慧。① 医术为了健康之故规定每个人应该吃些什么、什么时间吃、需要什么样的生活规律、什么样的锻炼方式、如果生病应该怎样吃药、怎样调理，等等，这样看来，医术应该是健康的**必要条件**，有了医术的指导，一个人是否能够获得完全的健康，还要看他本身的身体状况如何、是否能够遵医嘱、生活中的偶然因素，等等。与此类似，明智同样是智慧的**必要条件**，想要追求智慧的人必然需要拥有明智来规划自己的生活，比如要如何给自己赢得沉思生活所需要的闲暇，如何坚持研究、如何与他人相处、如何处理与理智探求无关的事物，等等。正如《大伦理学》中的那个著名比喻说的："明智像智慧的某种管家（*epitropos…tis*）。"（*MM* I. 35, 1198b17-18）② 但是有了这些明智的规划之后，一个人是否能够享受沉思生活并最终拥有哲学智慧，当然还需要看他是否拥有那种理智才能，以及是否能够按照明智的要求严格执行，等等。但是既然明智是理智的必要条件，那么如果我们看到一个人真正拥有哲学智慧，比如亚里士多德笔下的泰勒斯和阿那克萨戈拉，那么我们就可以大胆地确定这个人必然同时拥有了明智这种作为手段的德性。

这样看来，智慧就绝不像"他们"认为的那样孤立于明智，而是与明智有着非常密切的关系。至此，伯里克利与泰勒斯、阿那克萨戈拉之间那个表面

---

① 在我看来帕卡鲁克错误地认为智慧无条件地给明智设定了目标，即一切明智都是要指向智慧的（参见 Michael Pakaluk, *Aristotle's Nicomachean Ethcis*, Cambridge: Cambridge University Press, 2005, pp. 226-232），而他错误的原因正在于没有考虑到亚里士多德此处讨论的语境。VI. 12-13 的讨论限定在明智与智慧这两种德性的关系上，而并不是从整体上讨论明智的目标。明智的目的当然还有实现伦理德性规定的目的，参见 VI. 12, 1144a7-8："[伦理]德性使目标正确，而明智使实现目标的事情正确。"如何理解这句话对于理解明智与伦理德性的关系至关重要，也引发了很多争论，笔者的立场大体上与莫斯相同，持某种反理智主义（anti-intellectualist）立场，参见 Jessica Moss, "'Virtue Makes the Goal Right: Virtue and *Phronesis* in Aristotle's Ethics", in *Phronesis*, vol. 56, pp. 204-261。
② 《大伦理学》的文本依据 Franz Susemihl ed., *Aristotelis Magna Moralia*, Leipzig: Teubner, 1883, 参考了巴恩斯主编的《亚里士多德全集》中的英译文。关于《大伦理学》的真伪和在亚里士多德著作中的地位，可参见 John M. Cooper, "*Magna Moralia* and Aristotle's Moral Philosophy", in *American Journal of Philology*, vol. 94 (1973), pp. 327-349; Christopher Rowe, "A Reply to John Cooper on *Magna Moralia*", in *American Journal of Philology*, vol. 96 (1975), pp. 160-172。笔者倾向于前者的观点，认为至少《大伦理学》的主体部分是亚里士多德的作品，并且对于理解他的伦理学有着重要的意义。

上的对立也就可以消解了。亚里士多德在 VI.7 中提出的那个对比,不过是暂时为了讲清明智与智慧之间的差别而引入的,他用"他们说"这样的说法将这种暂时性的特征标示出来。而直到这一卷的最后才将它们之间的关系用一种类比的方式并不完全明确地提示出来。

那么亚里士多德为什么要如此曲折地处理明智与智慧之间的关系呢?在我看来,这与整部《尼各马可伦理学》的辩证特征有关。统观全书,我们当然知道,亚里士多德的最终目的是要揭示沉思生活是最高的、最幸福的人类生活,而在某种意义上,前面的章节是为最终对沉思生活的礼赞做准备。智慧的崇高和神性在第六卷中有所提及,但是非常简略,在结束全卷的 VI.13. 1145a6-11 之前,只有 VI.7.1141a20-22 和 1141a34-1141b1 的两句话指向了这一点,但是这两句话首先受到了"他们说"的质疑(这个质疑直到 VI.12 才得到了明确的回应),之后又被淹没在关于明智的各种讨论之中,不再显现;直到 X.7-8 亚里士多德才再次提起智慧与沉思生活的问题,并且毫不掩饰地赞美了实现这种德性的沉思生活。亚里士多德似乎认为在第六卷的这个地方,他的听众或者读者还没有做好准备接受沉思生活乃是最高的幸福这个激进的结论,但又因为确实谈到了智慧这种最高德性的问题,不能不说,因此他就选择了非常克制地让这个主题偶尔闪现,略作提及,随即消失;直到讨论完自制、友爱、快乐这些主题之后,才将结论大白于天下。①

五　伦理德性的统一与哲学家的德性

确定明智与智慧之间的关系,除了让我们确定亚里士多德并非意在让泰勒斯与阿那克萨戈拉站在伯里克利的对立面上,再次体会亚里士多德论证过程的辩证特征,以及设计的用心良苦之外,还有更深远的意义。

我们知道,有关亚里士多德伦理学的"包容论"和"排他论"之争已经困

---

① 这里的基本预设当然是不管《尼各马可伦理学》的编辑出自谁手(亚里士多德本人、或者他的儿子尼各马库斯、或者安德罗尼科斯),这本书的整体结构反映了亚里士多德本人的意图。我相信在没有证据能够直接证伪这个预设之前,这或许是我们阅读古典作品最好的"前见"。

扰了学者们很久①,而这里面的一个核心问题就是哲学家是否能够拥有以及是否愿意实践伦理德性。我在这个问题上持一种完全包容的观点,认为在亚里士多德看来,一个哲学家必然拥有伦理德性,而且必然乐意实践这些伦理德性,而这里面的关键一环就是上一节谈到的明智与智慧的关系。

就在用医术与健康的类比揭示明智与智慧的关系之前(就好像是某种铺垫),亚里士多德花了很大的篇幅讨论为什么完全的德性(kyria aretē)必须要有明智,而且苏格拉底说一切德性最终归于 phronēsis② 在某种意义上讲也是有道理的,而他对这个问题的最终结论是:"只要有了明智,它是一,那么所有的[完全德性]就都有了。"(Ⅵ.13.1145a1-2)③伦理德性与明智的结合与两个事实密切相关。其一是在亚里士多德看来严格意义上的伦理德性必然有理智的要素,这一点从他对伦理德性的定义就可以清晰地看到:"[伦理]德性是决定的状态(hexis prohairetikē),在于相对于我们的中道,它**由理性决定**(hōrismenēi logōi),也就是**由明智者**(phronimos)**决定**。它是两种恶性的中道,一个是过度,另一个是不及。"(Ⅱ.6.1106b36-1107a3)而明智这种灵魂计算部分的理智德性给德性的决定提供了理性依据,正是由明智进行的思虑(bouleusis)使得行动者做出了正确的决定(prohairesis)(参见 Ⅲ.2-4)。因此正是在思虑—决定的意义上,明智将各种伦理德性统一了起来。其二是明智作为理智德性必然与伦理德性相伴而行,不能孤立运用,因为它的目

---

① 这个问题从 W. F. R. Hardie, "The Final Good in Aristotle's Ethics", in *Philosophy*, vol. 40 (1965), pp. 277-295 开始就成了讨论亚里士多德伦理学最核心也最棘手的问题,所涉及的文献非常多,比较有代表性的理智论(或排他论)观点可参见 John M. Cooper, *Reason and Human Good in Aristotle*, Cambridge: Harvard University Press, 1975; Richard Kraut, *Aristotle on the Human Good*, Princeton: Princeton University Press, 1989; Gabriel Richardson Lear, *Happy Lives and the Highest Good: An Essay on Aristotle's Nicomachean Ethics*, Princeton: Princeton University Press, 2004。比较有代表性的反理智主义(或包容论)观点可参见 J. L. Ackrill, "Aristotle on Eudaimonia", in *Proceedings of the British Academy*, vol. 60 (1974), pp. 339-359; David Keyt, "Intellectualism in Aristotle", in G. C. Simmons ed., *Paideia: Special Aristotle Issue*, 1978, pp. 138-157, Buffalo: State University College, 1978; John M. Cooper, "Contemplation and Happiness: A Reconsideration", in *Synthese*, vol. 72 (1987), pp. 187-216; Sarah Broadie, *Ethics with Aristotle*, New York: Oxford University Press, 1991。
② 在柏拉图对话中 phronēsis 的含义大体上与 sophia 相同,更都侧重理论性的一面。这两者之间的差别到亚里士多德那里才明确化,甚至在亚里士多德较早的作品《劝勉》(*Protrepticus*)中,这种柏拉图式的理智主义倾向依然非常强烈,参见 Chris Bobonich, "Aristotle's Ethical Treatises", in Richard Kraut ed., *Blackwell Guide to Aristotle's Nicomachean Ethics*, Malden: Blackwell, 2006, pp. 18-23。
③ 另参见 *NE* Ⅶ.2.1146a8-9:"明智者拥有其他的德性。"

的是由伦理德性确定的（VI. 12. 1144a7-8，VI. 13. 1144b30-32，参见注释24），否则便无法与另一种不管目的如何只管计算手段的灵魂能力——聪明（*deinotēs*）——区分开来了，而亚里士多德强调了这两者之间的区别（参见VI. 12. 1144a23-28）。

那么如果上面的推论是正确的，即明智是智慧的必要条件，那么一个拥有了哲学智慧的哲学家必然具有明智的德性，而如果他拥有了明智的德性，那么他也就拥有了所有的伦理德性。① 至于哲学家，以及普遍来说的人们，如何获得明智，亚里士多德并没有详细讨论，只是在从整体上评论两类德性如何获得时说："理智德性产生和增长大多数（*to pleion*）来自教学（*ek didaskalias*）……伦理德性来自习惯（*ek ethous*）。"（*NE* II. 1. 1103a15-18）在我看来，这里的"大多数"指的是除明智之外的其他理智德性，它们的获得似乎都可以通过教与学实现。② 而明智因其与伦理德性的密切关系，也因其同时涉及普遍和特殊（VI. 9. 1142a11-30），必然需要长时间的习惯培养加上一些指导和教育。

而就哲学家为何能够获得明智而言，我们可以考虑这样几点：第一，他们和其他学习伦理学—政治学的合格学生一样，一开始也需要良好的教养，从而使他们拥有良好的品格，可以抵御情感、激情的冲击，否则既不可能拥

---

① 而智慧本身包括了科学和理智（VI. 7. 1141a19："智慧就是理智加上科学"），那么拥有智慧的哲学家也就拥有了除技艺之外的所有其他德性。而因技艺关注的对象是活动本身之外的产品，所以与强调"符合德性的活动"本身的幸福相距最远，因此不拥有各种技艺并不会妨碍人们获得幸福（亚里士多德甚至认为，那些最低级的手工技艺甚至会因为剥夺了人们的闲暇而妨碍他们实践德性，从而妨碍幸福的实现。因此在理想政体中，要把那些最低级的手工匠人[*banausoi*]从公民之中排除出去；参见《政治学》III. 5. 1278a20-21，IV. 12. 1296b24-31，VI. 4. 1319a24-30，VII. 9. 1329a17-21 等处），而没有其他的德性则可能会妨碍幸福，至少是达不到"完全的幸福"（*teleia eudaimonia*；*NE* X. 7. 1177a17）。

② 或许有人会提出把握科学第一原理的理智（*nous*）不能通过教与学获得，因为那是一种直观性的把握（参见 *NE* VI. 6）。但是我们不能想象如果想要拥有科学知识，每个人都需要通过自己的理智把握这门科学的第一原理（比如说牛顿的三个运动的定律），这些第一原理当然也可以通过教与学活动，而学生必然是以某种直觉性的方式把握这些原理，因为它们不允许进一步的证明（参见《后分析篇》I. 2）。这样看来巴恩斯和麦克基拉汉将 *nous* 理解成对第一原理的把握状态，而非发现第一原理的理智直觉，并非没有道理，参见 Jonathan Barnes, *Aristotle: Poeterior Analytics*, 2nd ed., Oxford: Clarendon Press, 1994, pp. 259-271; Richard D. McKirahan, *Principles and Proofs: Aristotle's Theory of Demonstrative Science*, Princeton: Princeton University Press, 1992。

有伦理德性,也不可能投身于哲学生活(参见 I. 3. 1095a6-11, I. 4. 1095b4-8)。① 第二,沉思生活是最高的人类生活,不是所有人都可以轻易实现的,因此需要极高的理智能力,这种理智能力对于因果关系有着极高的敏锐性,因此对于判断目的与手段之间的因果关系必然也有类似的效果,至少是有一定的帮助。第三,有了前两点作为基础,哲学家当然完全可能在良好的成长环境下通过培养、习惯化和教育获得伦理德性以及明智。

即便我们承认哲学家因为拥有明智,从而拥有了所有的伦理德性,但这还仅仅是第一实现(first actuality)意义上的德性,②哲学家会不会将它们在行动中实现出来呢?他会不会认为这些行动干扰他的哲学沉思,从而尽可能避免有德性的活动呢?在亚里士多德看来,喜爱沉思生活的哲学家不会忘记他是人类的一员,因而也就会实践伦理德性:

> 沉思者不需要[外在的好],至少就这个[沉思]活动(energeian)本身而言,我们甚至可以说它们会对沉思造成妨碍。但是就他是一个人并且和很多人生活在一起而言,他**选择按照德性行动**(haireitai ta kata tēn aretēn prattein)。因此他就需要这些好来过人的生活。(X. 8. 1178b3-7)

亚里士多德的话很明确地告诉我们,过沉思生活的哲学家,首先**有能力**选择德性的活动,这说明他们已经拥有了处于第二潜能或第一实现状态的伦理德性,可以按照自己的意愿将它们运用出来,使他的行动成为"合乎德性的行动"③。其次哲学家也**有动机**按照德性的要求行动,而这个动机正是因为不管沉思生活多么接近神,进行沉思的哲学家都还是人,都还是政治的动物。从此回溯,亚里士多德在第一卷讨论幸福的两个标准(完全和自足)时

---

① 柏拉图在《理想国》VI. 489c-496a 对于拥有哲学天赋的青年如何被周围人腐蚀,以及这导致的哲学这位高贵的女子受到凌辱的生动描述始终是这方面最好的警告。
② 关于第一潜能、第二潜能(=第一实现)和第二实现之间的关系,参见亚里士多德:《论灵魂》II. 1. 412a6-11。
③ 关于拥有和运用的区别,参见 NE I. 8. 1098b30-1099a10。库珀曾经在他的著作《亚里士多德中的理性与人类好》(Reason and Human Good in Aristotle)中给出了不同的理解,认为这里说的是哲学家会假装做有德性的行动;但是在他之后的论文《沉思与幸福:再思考》(Contemplation and Happiness: A Reconsideration)中纠正了自己之前的错误,并回归到了最自然的理解方式。

说的一句话就显得至关重要：

> 我们所说的（*legomen*）自足（*autarkes*）并不是针对单个的、过着离群索居生活的人，而是针对父母、子女、妻子，以及普遍而言，对朋友和公民，因为人依据自然乃是政治的[动物]。（I. 7. 1097b8-11）。①

此外，在关于正义的讨论中也有一段话与此密切相关：

> 最坏的人（*kakistos*）是对自己和对朋友（*tous philous*）都做坏事的人；而最好的人（*aristos*）则不是对自己而是对他人做有德性的事情，因为这样的工作（*ergon*）更加困难。（V. 1. 1130a5-8）

这样看来那么，哲学家要过自足的人类生活，要成为严格意义上的好人，也同样需要履行自己的社会责任，承担起自己除了沉思者之外的角色，并对他人也做有德性的事情。他们因为了解伦理生活的本质，因此可以比其他人更清楚地认识到这一点，而这给了他们足够的动机去实践伦理德性。

那么，难道哲学家也会像政治家一样忙碌，或者整天想着实践他们的伦理德性吗？这难道不会妨碍他们的沉思生活吗？或者说，我们如何理解第欧根尼·拉尔修记载的阿那克萨戈拉从政治生活中隐退呢？这难道不正表明，哲学家不愿意像政治家那样实践伦理德性，宁可过一种与他人、与政治无涉的生活吗？

在我看来，亚里士多德对"灵魂伟大者"或"豪迈者"（*megalopscychos*）的有趣讨论似乎能够给我们提供解决这个问题的线索，尤其是这样的描述："他远离人们通常认为是荣誉的东西，或者其他人看重的东西，他并不积极，有些拖沓，除非是为了某个伟大的荣誉或事业，他的行动很少，但都是伟大的和让人牢记的。"（IV. 3. 1124b23-25）这似乎正是哲学家应有的行动方式：他们平日过着沉思的生活，很少参与政治事务，甚至像阿那克萨戈拉那样从政治事务中隐退，但是他们却完全有能力成就伟大的事业，并因此得到荣誉——虽然他们自己并不看重这种荣誉。如果城邦确有所需，他们作为共同的一员（或者一个政治的动物），也很乐意暂时从哲学生活中离开，投身政

---

① 类似的说法还可参见 *NE* VIII. 5. 1157b19-22；IX. 9. 1169b16-19。

治事务,为整个共同体实现伟大的事业,虽然这并不是他们的最高目标。①

这样看来,"包容论"与"排他论"之间的争论就在哲学家那里得到了消解。他们既拥有最高的理智德性,也同时拥有并且愿意实践明智以及其他的伦理德性。他们是名副其实的"完人"。那么,哲学家在亚里士多德的政治学中(毕竟伦理学是"某种政治学"[*politikē tis*;*NE* I.2.1094b11],并且以政治学最终的归宿[参见 *NE* X.9])又扮演者何种角色呢? 在最后一节中,我们还可以将前面的结论引申一步,推论出亚里士多德的"哲学家—王"。

六 亚里士多德的"哲学家—王"

我们知道,柏拉图虽然让笔下的阿德曼图斯对哲学家提出质疑,但真正的目的却是要打消这种质疑,论证哲学家的优越之处,而且柏拉图还要更进一步,论证哲学家才是真正拥有政治知识、**应该**拥有政治权力的人。对此航船的比喻给出了最好的说明(488a-489c)。我们在前面看到,《泰阿泰德》中的泰勒斯是因为抬头观天、研究星象(*astronomounta*)才落入井中的,而航船比喻中还有一个观天之人(*meteōroskopon*,英译作 stargazer[观星者]),一个被水手们斥为对航行"毫无用处"(*achrēston*)的人;但是柏拉图却明确称这个观星者为"真正拥有船长能力的人"(*alēthōs kybernētikon*)(488e)。与此平行的是,那些整天研究理念世界的真正哲学家被一般人认为对城邦"毫无用处",但实际上正是他们把握了"至善"的理念,从而把握了一切人类政治事务所追求的那个最高的"好",可以将这个好具体化到每个城邦成员和城邦政体之中。② 就像航海最需要的是对不变的天体的知识;城邦事务最需要的

---

① 充分讨论亚里士多德笔下的"豪迈者"到底是什么样的人,以及亚里士多德对他的描述是否前后一致,是需要另外撰文讨论的主题。我在此并不想象高梯尔和乔立夫(R. A. Gauthier and J. Y. Jolif, *L'Éthique à Nicomaque*, 2nd ed., Louvain: Publications universitaires, 1970, pp. 272-298)一样,说亚里士多德所描述的豪迈者**就是**哲学家;我想要指出的仅仅是,豪迈者处理政治事务的方式似乎最适合哲学家。如果豪迈是所有伦理德性的"桂冠"或"装饰"(IV.3.1124a1-2),也就是说豪迈者拥有了其他所有的伦理德性,那么哲学家也完全可以成为一个既拥有所有伦理德性又投身沉思生活的人,豪迈者处理政治事务的模式至少给我们思考哲学家的日常行为提供了很好的参照。

② 这当然是循着柏拉图的逻辑讲的,亚里士多德在 *NE* I.6 中花了很大篇幅批评柏拉图认为这个"好"的理念是人类伦理—政治应该追求的东西,对这个分离的好的把握可以帮助我们处理政治事务。

乃是对不变的理念（尤其是至善的理念）的知识。那么对这样的哲学家而言，人们**应该**做的就不是让他走街串巷去说服人们，他应该统治他们，而是应该像病人恳求医生一样，恳求哲学家来统治他们（489b-c）。在柏拉图看来，哲学家当然不愿意统治，因为他们宁可生活在洞穴之外，思考理念的世界，但是对于政治生活而言，这些洞见了永恒理念的人又是不可缺少的，因此人们应该恳求他们来统治。①

那么亚里士多德笔下的哲学家呢？我们可以从明智本身的政治性和哲学家的"神圣性"两个角度来看他**应该**在政治共同体中居于统治地位。②

在前面的讨论中，我们论证了哲学家必然拥有明智，而在亚里士多德看来，明智是与政治事务密切相关的德性，因为"政治学与明智是同样的状态（*autē hexis*），但所是（*to einai*）不同"（*NE* VI. 8. 1141b23-24），随后亚里士多德解释了这些不同的"所是"分别是什么，也就是明智的四种运用范围：第一种是个人层面的明智，另外三种分别是立法学（*nomothetikē*）、思虑具体事务的狭义的政治学（*politikē*），以及管理家庭的家政学（*oikonomia*）。他还说明了"与个体自身相关的明智似乎尤其被认为是明智，它独占了共同的名字——'明智'"（1141b29-31）。但是，亚里士多德特别强调，即便是个人意

---

① 哲学家不愿意统治，而城邦需要他们来统治的问题，构成了整部《理想国》最为悖谬的一环，这个复杂的问题笔者会另外撰文讨论。
② 反对亚里士多德认为哲学家应该成为理想城邦中君主的论证，可参见 P. A. Vander Waerdt, "Kingship and Philosophy in Aristotle's Best Regime", in *Phronesis*, vol. 30 (1985), pp. 249-273; W. R. Newell, "Superlative Virtue: The Problem of Monarchy in Aristotle's Politics", in Carnes Lord and David K. O'Connor eds. *Essays on the Foundations of Aristotelian Political Science*, Berkeley: University of California Press, 1991, pp. 191-211. 范德瓦尔特认为亚里士多德虽然喜欢某种王制，但是君主是纯粹的政治家，他牺牲自己的闲暇，保证其他公民获得闲暇，并以此修正柏拉图关于哲学家应该为王的结论。范德瓦尔特的主要问题在于他的主张与亚里士多德要求绝对王制的统治者拥有超凡的德性之间存在矛盾，他笔下的政治家帮助其他公民培养更高的德性，而他却可以一直处于统治地位，他所拥有的统治地位并不是因为他高于其他公民，而是让其他公民能够获得比他更多的德性和更大的幸福，这显然与亚里士多德政治正义的标准不符。此外，还在文中过于宽泛地界定了"哲学"，让这个最高的人类活动包括了诗歌、艺术、音乐等在闲暇之中从事的活动。而纽厄尔强调在亚里士多德那里明智与智慧的差别，因此与柏拉图不同，但是全文并没有明确界定亚里士多德所说的"超凡德性"到底指的是什么。他指出了在亚里士多德王制思想中的一个很深的矛盾，一方面，让具有超凡德性的人统治是政治正义的必然要求；但是另一方面，让一个人来永久统治会让政治生活退化为以家长制（人治）为依据的家庭生活。但是我下面会论证在哲学家成为君主之后，可以实现人治与法治（或政治统治）的结合。

义上的明智也不可能脱离城邦生活。在回答有人提出的问题——个人意义上的明智与政治无涉时，亚里士多德说，"但是个人的福祉没有家政学和政体是不可能的"（1142a9-10）。毕竟我们是政治的动物，政治共同体的建立就是为了我们能够实现幸福，而脱离了政治共同体，这个目标就无法实现（参见《政治学》I.1-2，VII.1-2）。因此严格说来，一个不懂得政治的人就不可能是一个真正的明智者。而明智正是统治者需要的德性（参见《政治学》III.4.1277a14-16，b25-29，VII.9.1329a8-17）。但是这种明智是不是只需要一般意义上的政治家就够了呢？哲学家的哲学智慧给他在政治事务中带来了什么与一般意义上的政治家不同的东西呢？一方面，像柏拉图的哲学家最好地认识善的理念，从而最好地认识了一切事物的秩序和好，亚里士多德的哲学家也最好地认识了万物的本质，认识了一切知识的第一原理（即便不是所有知识的每个细节），这些知识无疑会为他们的思虑或由明智进行的实践推理提供很多重要的前提。① 另一方面，他还最清楚地认识和体会了人类最高级的活动——沉思，这也是最好地利用闲暇的活动，因此只有他能够最好地安排共同体的生活，使之朝向闲暇，并最恰当地利用闲暇，而这正是亚里士多德伦理—政治学中整体的目的论所要求的结构。

如果哲学家确实既拥有与伦理政治实践有关的明智和伦理德性，也拥有人类所能追求的最高的卓越——哲学智慧，那么毫无疑问他是一个最具德性的人——不管我们在什么意义上理解"德性"一词。这也就将我们引向了亚里士多德关于"神圣德性"（theia aretē）的说法。亚里士多德在《尼各马可伦理学》VII.1展开了一个他在III.5中提到但未详细讨论的问题：在III.5中亚里士多德将德性的种（genus）界定为某种灵魂的状态（hexeis），但是并没有讲灵魂到底有哪几种状态。而在VII.1中他讲到了这些不同的状态，三

---

① 实践三段论的问题这里不可能展开讨论，但是我们可以很安全地认为明智会利用理论知识提供的材料构成实践推理的大前提（或普遍前提），关于这一点的讨论，参见 Paula Gottlieb, "The Practical Syllogism", in Richard Kraut ed. *Blackwell Guide to Aristotle's Nicomachean Ethics*, pp.218-233。亚里士多德与柏拉图在这个问题上当然也有这巨大的差别，毕竟亚里士多德对伦理学的一个重要贡献就是将明智与智慧明确区分开来。对柏拉图来讲，哲学智慧与政治的关系是直接的，正是因为哲学家认识了至善的理念，他们可以直接将这种知识应用到政治事务中来，因为政治所追求的好正是因为分有了至善的理念才是好的。而对亚里士多德来讲，哲学智慧并不会直接关注政治，与政治事务之间的关系也只能通过实践三段论的大前提间接地发挥作用。

种需要避免的坏的状态是恶性(*kakia*)、不自制(*akrasia*)和兽性(*thēriotēs*),亚里士多德很容易地确定了与前两者相对的状态分别是德性和自制(*enkrateia*),而与兽性相对的状态他称之为"超越了我们(*hyper hēmas*)的德性,某种英雄性的和神圣的德性",在提出了赫克托耳(Hector)的例子之后,亚里士多德接着说道,"如果像他们说的那样,人因为超凡的德性而成为神(*ginontai theoi di' aretēs hyperbolēn*),那么很显然这种状态与兽性相对。因为就像野兽没有德性或恶性,神也没有,但是神的状态比德性更可嘉(*timiōteron aretēs*),而野兽的状态则不同于恶性",随后又补充说"成为神圣的人是极其稀少的"(1145a19-28)。亚里士多德对神圣德性的讨论也非常稀少,仅此而已,有些学者据此认为在亚里士多德那里这种神圣的德性并不是重要的状态,而只是为了与"兽性"对立提出来凑足六种灵魂状态的,①但是我恰恰认为正是因为稀少,这种人才格外重要。而根据上面的分析,哲学家最有资格获得"神圣德性"的头衔,②一方面是因为他们拥有所有的德性,因而最为幸福——而神必然是最幸福的;另一方面也因为他们的沉思生活是最接近神的,他们最好地运用了灵魂中最高的和最神圣的部分——理智(*nous*),他们在进行沉思(*theōrein*)的时候就是在过神的生活(参见 *NE* X.7.1177a14-16,1177b26-1178a2,X.8.1178b7-32;《论灵魂》III.5),③他们与神的差别就在于不可能永远处于沉思活动之中,还是要回到人的生活状态之中。

那么这个"人中之神"在城邦中应该处于什么位置呢?亚里士多德下面的两段评论给了我们最好的答案:

>如果有一个人,或多于一个但还不能构成一个完整的城邦,因为德性的超凡(*kat' aretēs huperbolēn*)而与众不同,所有其他人的德性或政

---

① 参见 David Bostock, *Aristotle's Ethics*, Oxford: Oxford University Press, 2000, p. 123。
② 亚里士多德在这个上下文中提到赫克托耳作为例子或许会让读者认为这里的谈到的神圣德性与哲学智慧无关(比如 Vander Waerdt, "Kingship and Philosophy in Aristotle's Best Regime," pp. 267-268),但是一方面这里的语境毕竟太过简短,亚里士多德只是三言两句将这个问题带过,因此似乎不能那么仓促地排除他将神圣德性与哲学家的德性等同的可能性;另一方面,正如我们上面论证过的,在《尼各马可伦理学》的这个阶段,亚里士多德还没有充分展示哲学智慧和沉思生活的神圣性,因此对于哲学家最为神圣的结论避而不谈也是不无道理的。
③ 关于哲学家的理智就是神的理智,参见 Myles Burnyeat, *Aristotle's Divine Intellect*, Milwaukee: Marquette University Press, 2008。

治能力都无法与他们(如果多于一个)或他(如果是一个)进行比较(*mē sumblētēn*),那么这样的人就不再被认为是这个城邦的一部分。因为当他们在德性和政治能力上不平等时,认为他们配得到平等的东西,就是对他们不义。这样的人应该被合理地认为是人中之神(*theon en anthrōpois*)。因此显然立法必然是关于那些在出身和能力上平等的人,而对于这样的人则没有法律,因为他们本身就是法律(*autoi eisi nomos*)。(《政治学》III. 13. 1284a3-14)

就最好的政体(*aristēs politeias*)而言,有一个很大的问题,就是如果有人不是在其他好的方面杰出,比如力量、财富、朋友众多,而是在德性方面与众不同(*diapherōn kata aretēn*),那么该怎么做呢?当然不会有人说应该驱逐和排除掉这样的人,他们也不会说应该统治这样的人,那就好像认为可以通过划分官职来统治宙斯。那么剩下的,也就是看起来自然的[方式](*eoike pephykenai*)就是所有人愉快地服从这样的人(*peithesthai tōi toioutōi pantas asmenōs*),这样的人就是城邦中永远的君主。(《政治学》III. 13. 1284b25-34)

这两段话中有很多值得注意之处。第一,亚里士多德说城邦中出现了一个其他人在德性上**"无法与之比较"**的人,我们当然可以仅仅从"量"的意义上来理解"无法比较",即某个人在于政治统治有关的伦理德性和明智上远远超过了其他人,但是如果从"质"上来理解,似乎更能够体现这个超凡之人的特殊之处。我们知道,哲学家的智慧这种德性确实与其他伦理德性和明智在"质"上非常不同,因此这似乎最能够解释"无法比较"的含义。

第二,他们"不再被认为是这个城邦的一部分",似乎呼应了亚里士多德的那个著名说法,一个人如果依据自然脱离城邦,那么他非神即兽(参见《政治学》I. 2. 1253a26-29)。哲学家是最接近神的人,因此也就是最可能不被认为属于城邦的人。但是我们上面说了,哲学家与神的最大区别就在于他们虽然是最自足的,①但是却依然要在沉思之外过人的生活。这种人在一个糟糕的城邦中很可能成为放逐的对象,但是最好的政体当然不会放逐这个或

---

① 关于"自足"应该是君主的特征,参见 *NE* VIII. 10. 1160b2-6, 24-27, VIII. 11. 1161a11-15。

这些最杰出的人,而是会让他们继续留在城邦之中,而且要作为城邦的统治者留在城邦之中。①

第三,任何将所有人看做平等者的法律都不适用于这个与其他人并不平等的人,就像人间的法律和制度安排不适合众神之王宙斯一样。但这并不意味着他们统治的城邦没有法律,因为他们就是法律本身。根据亚里士多德的说法,法律是理性的化身,是"没有激情的理智"(aneu orexeōs nous;《政治学》III. 16. 1287a32)。虽然整体而言,亚里士多德主张法治胜过人治(参见《政治学》III. 15-16),但是这种普遍情况在"人中之神"出现时就不同了,或者说在他(们)那里,人治与法治达到了统一,因为哲学家是理性的化身,他们也就应该成为法律本身。他们为城邦立法,之后通过教育城邦中的公民和未来的公民,使得城邦达到理想的状态,并长久地维持下去,这正是亚里士多德(《政治学》VII-VIII)和柏拉图(《理想国》和《礼法》)作为**哲学家**要完成的任务。同时他们也具有足够的明智,可以判断何时情况发生了变化,何时需要修订法律,何时需要用人在个别事务上的判断代替过于普遍化的法律。

第四,亚里士多德和柏拉图一样,也认为哲学家大概不会喜欢统治,至少不会主动去寻求统治,他们更愿意过远离政治的沉思生活。哲学家做王当然也不应该是他们的主动要求,而应该是人民的要求,就像柏拉图说病人向医生求助一样,在亚里士多德这里,也应该是"每个人非常乐意地服从这个人"。如果其他人因为这个哲学家所具有的超凡德性,而选择主动将统治权交给他,自愿接受他的统治,他的统治又有法律作为辅助,那么他必然不需要像当时雅典的政治家那般忙碌,也不必完全牺牲他最热爱的沉思生活。

最后,我们还可以补充一个旁证,亚里士多德虽然在《政治学》第二卷中对柏拉图在《理想国》中的政治构想提出了很多批判,但是却对哲学家做王的问题保持了意味深长的沉默。②

---

① 在我看来这个最好的政体就是《政治学》第七八两卷那种描述的那个由有德性的公民构成的特殊的政制(politeia)。这个政体与我们目前讨论关系最为密切的特殊之处就在于它是可以培养哲学家—王的政体,并且欢迎这样的哲学家—王来进行统治。

② 柏拉图在《理想国》中构建"美丽城"的时候,提出了三个构想或"浪潮"——男女平等、共产共妻共子和哲学家—王。亚里士多德在《政治学》中对前两个"浪潮"都提出了明确的反对(参见《政治学》I. 12-13, II. 1-5),唯独对最后一个也是最大的"浪潮"保持沉默,而这最后一个"浪潮"在柏拉图看来却正是前两个"浪潮"得以实现的保证。

Prudence and Wisdom: Reflections Arising from Aristotle's Description of Thales and Anaxagoras

Liu Wei

Abstract: Aristotle in *Nicomachean Ethics* VI. 5 and VI. 7 seems to draw a contrast between prudence (*phronēsis*) and wisdom (*sophia*), and to elaborate this contrast, even separation, through the examples of Pericles the politician, and Thales and Anaxagoras the philosophers. I will challenge this apparent contrast and emphasize its temporariness by examining Aristotle's account in these two chapters, his description of Thales and Anaxagoras elsewhere, and his more explicit discussion of the relationship between prudence and wisdom in other texts. I will take this examination further to solve the thorny problem of "inclusivist" and "exclusivist" interpretations of happiness (*eudaimonia*). At last, I will argue that Aristotle may well have a similar ideal of "philosopher-king" as his teacher Plato did.

Key words: Aristotle, prudence (*phronēsis*), wisdom (*sophia*), happiness (*eudaimonia*), philosopher-king

《顾炎武全集》

[清]顾炎武 撰，华东师范大学古籍研究所 整理
上海：上海世纪出版股份有限公司、上海古籍出版社，2011年12月第1版

　　《顾炎武全集》共二十二册，由上海古籍出版社出版，该书全面收录了世传公认的顾炎武著作，并进行编排、点校。《全集》共收录顾氏著作三十五种，其中经部九种，史部十八种，子部五种，集部三种。

　　因顾炎武著作甚多，历史上多有散佚，导致很多著作真伪不分，《全集》编者在对传世顾炎武著述版本进行全面调查、搜集的基础上，系统考证了顾炎武著作的流转状况，辨别真伪，确定现存顾氏撰著和编纂的全部著作，按传统经、史、子、集四部分类法编排。在清理版本源流的基础上，比较优劣，精心选择底本和校本进行整理点校。

　　顾炎武是与黄宗羲、王夫之齐名的清初三大学者，其思想兼收并蓄、博大精深，具有极强的思辨、综合能力。对于清代学术思想的研究，顾炎武著作是首选之书。《顾炎武全集》的出版，将对顾炎武思想及清代学术的深入研究，起到重要的推进作用。（于文博）

《形而上学》Z 卷中的种（eidos）概念及其复杂性

吕纯山[*]

提　要：本文认为，亚里士多德在《范畴篇》中虽然用"主体"标准肯定了种属的第二实体的地位，但是已经用"这个"（tode ti）标准把种属排除出实体范畴之外。《形而上学》Z 卷其实已经明确否定种是实体和定义的对象，而且属加种差的定义方式并不是对实体的定义，也就是说，种根本不是实体。本文特别指出，亚里士多德在 Z4 已经说明了对 ti esti 的首要的回答就是 tode ti，是实体。同时本文也指出，因为 Z 卷成书的特殊性和论证的渐进性，种概念与实体概念还是有些藕断丝连的意味，所以本文还要一一指出文本中的模糊之处，指出如何因文本的原因造成了种概念的复杂性。

关键词：种（eidos）　主体　这个　形式

引　言

　　亚里士多德《形而上学》Z 卷中的种（eidos）是一个令人难以把握的概念。虽然根据亚里士多德在 Z3 中给实体所规定的两层意义——终极主体和"这个"——来考察，种和属已经从实体的范畴中被排除出去了，而且 Z3 提到形式（eidos）的时候跟着形状（mophe）这个词，似乎是有意为了避讳形式和种的混淆，而且 Z13-14 专门就普遍者和属不是实体进行了澄清。然而，我

---

[*] 吕纯山，1974 年生，中国人民大学哲学院博士后。

们知道,传统的解释中把 Z 卷中的定义的对象肯定为种,从而认为实体就是种,所以是普遍的,定义就是对种的定义。虽然说实体就是种的观点已经遭到了强烈的质疑,但是定义的对象和种究竟是一种怎样的关系,以及 Z 卷中不时提到的对"是什么(*ti esti*)"的回答能否是种,研究者们并没有达成一致。特别是整个 Z 卷强调最多的同一种下的个别事物具有相同的形式,那么如果说实体是形式不是种,"同一种下"和"相同的形式"究竟是一种什么关系呢?这样的形式究竟是什么?我们知道在《后分析篇》和《论题篇》中提到的定义方式主要就是为我们所熟悉的属加种差,也就是说定义的对象就是种,而且回答"ti esti"的一般来说就是种和属,于是有学者就为种争取实体地位,比如约翰·马克姆(John Malcolm)。他在《〈形而上学〉中濒危的种》(On the Endangered Species of the Metaphysics)一文中认为,《形而上学》中的种是第二性的实体,与《范畴篇》保持一致。他认为在《形而上学》中亚里士多德说到实体的地方,很多时候仅仅是指第一实体,他提出一个问题:如果说种在《形而上学》中不是实体,那么它还是不是范畴呢?这是个令人难以回答的问题。所以种虽然濒危,但仍然是第二实体,对于形式来说是第二的,对于质料和形式的个别的复合物来说也是第二的。说种不是实体,可被理解为种不是第一实体。对于 Z1 的观点他与弗雷德(M. Frede)/帕兹克(G. Patzig)恰恰相反,后者认为在 Z1 中的对 *ti esti* 的回答就是苏格拉底,而不是人(作为苏格拉底的种);① 而前者认为 Z1 是在《工具论》范围讨论问题,只在 Z3 才首次提到质料和形式,也就是说 *ti esti* 表明了实体的种类(kind),实际上整个 Z 卷提到的 *ti esti* 都是种,个别实体用的是 *tode ti*,而不是 *ti esti*。Z13 否认的只是第一实体是普遍的,在亚里士多德心中,这一章里的实体就是第一实体。Z3 中的个别的复合物不是第一实体,它相对于形式来说是第二的。因此在 Z13 中被认为不能是普遍者的实体一定不是只被限制在第一实体上。总之约翰·马克姆认为,整个 Z 卷中,种依然保持它们在《范畴篇》中的实体地位。在非第一实体之中,复合物,既有个别的,又有普遍的,即种和属。所以个别的和普遍的形式以及个别的和普遍的复合物都

---

① Frede, M. & Patzig, G. *Aristoteles*, *Metaphysik Z*. 2 vols. Munich: C. H. Beck. 1988. S. 14.

是实体。①

从文本来说,我们之所以把种和属与实体相联系,是因为亚里士多德在《范畴篇》中的观点。亚里士多德在《范畴篇》中用主体标准肯定了属和种是第二实体,个别的事物如个别的人或马是第一实体,而用"这个"(tode ti)标准来衡量实体的时候,把属和种都排除出实体概念之外,因为它们都谓述两个以上的事物,不是严格意义上的实体。但是我们在《形而上学》中,却似乎找不到这么明确的说法,也就是说,对第一实体和第二实体的区分似乎只限制在《范畴篇》中,而在《形而上学》中亚里士多德明确地肯定了属的普遍性,但是对种似乎有点暧昧:首先从 Z1 一开始,亚里士多德就认为对是(to on)的回答可以是是什么(ti esti)或这个(tode ti),然后是其他范畴如质和量,而对 ti esti 的回答是"人或神",似乎暗示了种也是实体;在 Z3 所罗列的实体的几个候选项中,令人奇怪的是亚里士多德列出了属和普遍者,却没有列出种;在 Z4 他还特别强调"只有属的种有本质",实体能回答 ti esti 的问题;Z7-8 更是把形式与种的关系搅得一塌糊涂②;Z12 举出的定义的例子是"人是两足动物",给人的印象似乎这就是我们要寻找的实体定义;作为普遍者和属以及柏拉图的相在 Z13-14 中被彻底排除出实体的范畴之外了,那么种是否也已经被彻底地排除出去了?人们似乎可以认为种与属类似,既然属是普遍的而被排除,那么种也如此;但是我们看到在具体的文本中亚里士多德还是多次提到属与种的区别,甚至把种与个别事物相等同。就整个 Z 卷所关注的问题来说,甚至苏格拉底的形式和人这个种是一种什么样的关系,我们似乎也还没有分析清楚。

鉴于以上种种,我们有必要对他的种概念进行一番梳理,以进一步理解种在 Z 卷中的地位。具体来说就是,鉴于研究者对种概念的争议,以及 Z 卷文本的复杂性,本文欲指出来,Z 卷其实已经明确否定种是实体和定义的对象,而且属加种差的定义方式并不是对实体的定义,也就是说,种根本不是实体,这也是与《范畴篇》一致的,亚里士多德在 Z4 已经说明了对 ti esti 的首

---

① John Malcolm, "On the Endangered Species of the Metaphysics", Ancient Philosophy 13 (1993). Pittsburgh: Mathesis Publications.
② 有兴趣的读者,参见拙文《论亚里士多德〈形而上学〉Z 卷第 7-8 章中的形式概念》。

要的回答就是 tode ti，是实体，也就是说他已经自觉地回答了这个问题。但同时我们也想指出来，因为 Z 卷成书的特殊性，特别是后来插入的 Z7-9 和 Z12，以及 Z13-14 否定得不彻底，实际上造成了问题的复杂性。如果我们能认清亚里士多德的论证思路，那么 Z 卷种的问题就不再是困扰人的问题了。

一 《范畴篇》中的实体与种

我们对种概念的重视，一般是源于《范畴篇》中的说法，亚里士多德给种冠以"第二实体"似乎已经明确定位了种。但是我们仔细阅读时会发现，在《范畴篇》中对种属与实体的关系其实有两种说法，一是根据主体(hypokeimenon)标准，个别事物和种属都是实体，只是前者是第一实体，后者是第二实体；二是根据这个(tode ti)标准，只有个别事物是实体，种属并不是严格意义上的实体，因为它们都是述说一个以上的事物，仅仅是比其他属性更能说明事物罢了。在对种和属的区别上，亚里士多德其实也是有明确态度的，也就是种比属更是实体，因为种更能说明事物的个别性。

我们来具体看看文本的说法。《范畴篇》首先提出事物可以分为十大范畴：实体、数量、性质、关系、地点、时间、姿态、状况、活动和遭受。指实体的如"人"或"马"(1b27)。而且，实体是既不存在于一个主体里面(en hypokeimenon)，又不可以用来述说一个主体(kath' hypokeimenon legetai)，例如一个个别的人(tis anthrôpos)和一匹个别的马(tis hippos)。亚里士多德对个别事物的解释就是不可分割的(ta atoma)和具有单一性的(hen arithmôi)东西，而个别事物绝不可以用来述说一个主体。(1b3-7)也就是说，亚里士多德首先给出了实体的第一个标准——主体标准：既不存在于一个主体之内又不述说一个主体。随之，他也区分了第一实体(prôtê ousia)和第二实体(deuterai ousiai)：

> 实体，就其最真正的、第一性的、最确切的意义而言，是那既不可以用来述说一个主体又不存在于一个主体里面的东西，例如某个个别的人或某匹马。但是在第二性的意义之下作为种而包含着第一性实体的那些东西也被称为实体；还有那些作为属包含着种的东西也被称为实

体。例如,个别的人是被包含在"人"这个种里面的,而"动物"又是这个种所隶属的种;因此这些东西——就是说"人"这个种和动物这个"属"——就被称为第二性实体。(2a11-19)①

这样便肯定了种和属也是实体,即第二实体。也就是说,种属之所以是实体,是因为能说明第一实体是什么,也就是 ti esti,这样,除第一实体之外,把"第二性实体"的称呼只给予种与属。因为正是由于说出种与属,我们才比较明确地说明了一个个别的人是什么;并且,如果提出他的种而非提出他的属,我们就会使我们的说明更确切。

接下来我们会注意到,亚里士多德用主体标准对同是第二实体的种和属又做出了进一步的区分:不仅种比属更是实体,而且第一实体是其他一切的实体,而种是属的实体,而且种属又是其他属性的实体。也就是说,根据这里的主体标准,实体是一个比一个更"是"的相对概念。

> 在第二性实体里面,种比属更真正地是实体,因为种与第一性的实体更为接近。在说明一个第一性实体是什么的时候,说出它的种比说出它的属,就会更有益、更中肯。例如,描述一个个别的人时,说他是人比说他是动物,就会说得更有益、更中肯,因为前一种说法在更大的程度上指出个别的人的特性(*idion mâllon toû tinos anthrôpou*),而后一种则过于一般化(*koinoteron*)。(2b7-13)

亚里士多德利用主体的相对性的标准区分了属和种,强调了属更为一般化,而种在更大程度上能够指出个别事物的特性。更进一步,亚里士多德认为种在一定意义上也是属的主体,甚至种属也是其他属性的主体:第一性实体之所以最恰当地被称为实体,是由于这个事实,即它们是其他一切东西的基础(*to toîs allois hapasin hyorkeîsthai*),……而存在于第一性实体与其他一切东西之间的关系,也同样存在于种与属之间:因为种对于属的关系正是主体对于宾词的关系。因为属被用来述说种,反之种却不能用来述说种。这样,我们就有了断定种比属更真正地是实体的另外一个根据。(2b15-22)

---

① 译文参考了亚里士多德:《范畴篇 解释篇》,方书春译,北京:商务印书馆,1959 年。个别字句有调整,下同。

而存在于第一性实体和其他一切东西之间的关系,也同样存在于第一性实体所隶属的种和属与不包括在属和种里面的一切其他属性之间。因为属与种乃是这些属性的主体(*kata toutôn gar panta ta loipa katêgoreîtai*)。(3a1-4) 亚里士多德利用主体的标准,肯定了种和属是第二实体,并且种比属更是实体。

但是,亚里士多德的实体标准还有一个,那就是"这个"(*tode ti*),根据这个标准来看,第二实体就不再被称为实体了,反而类似于性质:

> 所有的实体看起来都表示这个(*tode ti*)。在第一性实体那里,毫无疑问这是真的,因为所表示的是不可分割的(*atomon*)并且是一个单一性的(*hen arithmôi*)东西。在第二性实体那里,例如当我们说到"人"或"动物"时,我们的说话的方式也给人一个印象,使人认为我们在这里也是指这个(*tode ti*),但严格地说这并不是真的;因为,一个第二性实体并不是一个个体,而是具有某一性质的(*poion ti*)一类东西;因为一个第二性实体并不像第一性实体一样其主体是一(*ou gar hen esti to hypokeimenon hôsper hê prôtê ousia*);"人"和"动物"都可以用来述说许多事物。(3b10-18)

虽然根据主体标准,亚里士多德肯定了种属的实体地位,并且由于主体的相对性,个别事物、种、属和其他属性之间也具有这种实体的相对性,一个比一个更不是实体。但是我们同时应该注意到,这里亚里士多德重新提出了一个标准——这个(*tode ti*),"这个"标准是不同于主体标准的。虽然在这里亚里士多德根本没有说明这两个标准有什么区别,但是从主体的相对性上看,显然这个标准更严格一些:彻底排除了种和属,而只保留了像个别的人或个别的马这样的个别事物。在这里我们应该注意到,亚里士多德在否认种属是实体之余,也区别了种属与其他性质:但是种和属也不是像"白色"那样单单表示性质;"白色"除性质外不再表示什么,但种和属则是就一个实体来规定其性质:种和属表示那具有如此性质的实体。(3b20)

以上是《范畴篇》中有关种属的关键说法。也就是说,在《范畴篇》中,实体的标准是"主体"和"这个",按照主体标准,种和属是第二实体,而按照"这个"标准,它们就不再是了。而且我们注意到这里的主体标准是一个相对的概念,个别事物比种属更是主体,种比属更是主体,而种属又是其他性质的主体。我们知道,《形而上学》Z3 提出的实体标准之一是"终极主体"(*hypokeimenon eschaton*),注意,主体之前已经加了"终极"的字眼,不再是《范畴篇》中的相对概念,而是指终极的质料和形式。但是虽然"终极主体"标准比"主体"标准更为严格,然而就像在《范畴篇》中一样,这些标准都是在"这个"标准之下的,后者才是前者更为严格的标准,甚至我们知道后来在 Θ7 中亚里士多德需要用"这个"标准来定义"终极主体"标准,[①]也就是说,无论是在《范畴篇》还是在《形而上学》中,"这个"标准都是实体的根本标准,只是前者肯定的实体是个别事物,后者肯定的是形式。而终极主体也是指组成复合物的形式和质料,而最初质料因为是不确定的,实际上终极主体还是指形式,也就是说《形而上学》中的实体是终极主体和 *tode ti*,而形式就是符合标准的对象,质料只是潜在的 *tode ti*,种和属完全没有了地位。

二 Z1 中的种

然而,Z 卷第一章开篇就给我们造成了极大的困扰。因为这一章开篇就说"是"(*ton*)可以被多种方式述说,亚里士多德提到了两种意义,一种是"它是什么"(*ti esti*)或"这个"(*tode ti*),另一种是质或量或一些这样的述谓。(1028a10-13)这样 Z 卷一开始,亚里士多德就严格秉承哲学词典卷 Δ7"范畴之是"的阐释,解释了"是"被说的多种方式。而我们同时注意到,亚里士多德在这里的首要的"是"(*on*),就是指的与其他范畴所区别的实体,而没有在实体之内区分第一性和第二性。他既说首要的是"这个"(*tode ti*),同时又说是"是什么"(*ti esti*),而对这个"是什么"的回答就是"人"或"神"。(1028a16)

对于这里的两个词 *ti esti* 和 *tode ti* 的所指,一直是学者们争论的焦点。G. E. L. 欧文就直接从这两个词所指涉的含义的不同,认为它们决定了整个 Z 卷的矛盾,是造成整个 Z 卷钳形运动的直接原因,他明确地认为前者指

---

① 见《形而上学》Θ7,1049b25-37。

种,是定义的对象,是普遍的,后者指个别事物,是个别的。① 他说:"亚里士多德对实体的最强有力的和有影响的分析——也就是,(实体)是个别事物的普遍本性。"②而与此针锋相对的是 M. 弗雷德/G. 帕兹克,他们认为,亚里士多德反对苏格拉底的"什么(ti)"规定他的实体,因为他在 Z13 论证到,一个普遍的述谓被理解为普遍的,并不能表示实体。在苏格拉底的实体可能涉及如普遍者——人这样的东西,但是当人作为普遍的事物被理解时,不能表示一个实体,另外它也不能表示一个事物的"什么"。因为"某物是什么"应该正是我们寻找的实体。③ 他们认为"苏格拉底是一个人"有另一种理解方式:"苏格拉底是一个人并不是不涉及一个确定的个别的人,一个事物是什么也可以是这个事物本身。人既可以是述谓(Prädikatsausdruck),也可以是一个词(Ausdruck),它以一种普遍的方式与一个确定的个别事物有关,而这事物,它原本就是经验的对象。"④所以,涉及的是确定的、个别的某物,正好是"什么"和"实体"。M. 弗雷德/G. 帕兹克甚至直接否认了"什么"指涉种,而是只关系到个别的事物,是形式。他们认为亚里士多德的"什么",所关注的不是普遍的事物,而是普遍的方式,也就是说是个别事物本来是什么。⑤ M. 弗雷德/G. 帕兹克认为"这个"和"它是什么"不是实体的两个方面。因为如果实体是拥有所有属性的经验对象,那么实体总是已经同时是某物的实体。⑥ 我们知道 G. E. L. 欧文和 M. 弗雷德/P. 帕兹克在对整个 Z 卷的形式的理解上是截然相反的,前者坚持形式是普遍的,后者坚持形式是个别的,而我们看到,他们同时在 Z 卷开篇就严重分歧,前者肯定了种就是形式的本性,认为 *ti esti* 和 *tode ti* 这两个词构成了矛盾,后者决然地否认了种属在 Z 卷的实体地位。还有学者认为这两个词暗示了实体(*ousia*)的两个标志,将在后来变得很紧张,因为它们代表了不同的方向:形式和基质(质

---

① Owen, G. E. L. , "Particular and Genera", *Logic, Science and Dialectic*. edited by Martha Nussbaum, London: Gerald Duckworth & Co. Ltd. . 1986, p. 280.
② Owen, G. E. L. , "Particular and Genera", *Logic, Science and Dialectic*. p. 279.
③ Frede, M. & Patzig, G. , *Aristoteles, Metaphysik Z*. 2 vols, Munich: C. H. Beck. 1988. S. 12.
④ Ibid. , S. 14.
⑤ Ibid.
⑥ Ibid. , S. 15.

料）。①

也有学者相对温和一些，承认这两个词所指涉的对象不同，但他们都没有就此断定整个 Z 卷中形式的性质。如 W. D. 罗斯（W. D. Ross）认为："*ti esti* 和 *tode ti* 两个词表明在亚里士多德的实体理论的两面。一个 *ti esti* 总是某物的 *ti esti*，……它的本质只能是被规定为是一个普遍者或普遍者的一个结合。*ti esti* 实际上是指出了本质谓述和偶然谓述之间的区别。另一方面，*tode ti* 不是任何事物的 *tode ti*，它仅仅是一个个别事物，*tode ti* 并不是指偶然的和本质的区别，而是属性和实体之间的区别。对于亚里士多德来说 *ousia* 最初只不过意味着确定的"那最真正的最充分的是"。他有时把它想成事物中最真正的那个——*ti esti* 或本质；有时想成最真正的那个不是因为在任何事物中而是由于自身而存在——*tode ti* 或个别事物。② T. 伊尔文（Terence Irwin）认为在这里亚里士多德承认了实体的两个标准——基本的主体和本质。在某些情况之下，这两个标准会产生不同的后果。当我们知道白色是什么的时候，我们将知道它的 *ousia*（本质），但是我们仍然不知道关于一个 *ousia* 的任何东西（基本的主体）。这两个标准导致实体可以是个别的（在基本主体的意义上），也可以是普遍的（在基本本质的意义上）。③

大家争论最多的就是"是什么？"应该用什么来回答。或者更根本的问题是，种属究竟是不是我们所谓的"范畴之是"呢？我们注意到在哲学词典卷 Δ7 提到所要讨论的是"范畴之是"的时候，所提到的实体范畴也是 *ti esti*（1017a25），但是没有进一步的对实体范畴的发挥。在《范畴篇》最初提到十范畴的时候，所表达的也是："指实体的如人或马。"（《范畴篇》1a27）这样的表达的确很含混，这里我们也必须承认种属的位置存在，因为毕竟亚里士多德有"人"或"神"（1028a17）这样的回答。而对于这里 *ti esti* 所指是什么，我们可以根据亚里士多德本人的解释来理解。在这里他说回答 *ti esti* 就是说人或神，如《范畴篇》1a27 对实体范畴的解释一样。在《论题篇》A9 有一句话值得注意："如果是由于自身或它的属断定，那么就是指是什么。"

---

① Burnyeat, M. et al., *Notes on Zeta*, Oxford: Sub-Faculty of Philosophy. 1979, p.1.
② Ross, W.D., *Aristotle's Metaphysics*, Oxford: Oxford University Press. 1924. p.159.
③ Irwin, T., *Aristotle's First Principles*, Oxford: Clarendon Press. 1988. p.202.

(103b20-36)①换句话说，对于是什么的回答，可以是普遍的种属，也可以是个别事物本身。《论题篇》Ⅶ3.153a15-18 说："一个定义是一个表达式，表明一个事物的本质，而且定义中的谓词必然是唯一地谓述这个事物的 *ti esti* 的东西，且属和种差谓述 *ti esti*……"因为亚里士多德明确表示过对 *ti esti* 的回答可以是种属，所以 M. 弗雷德/P. 帕兹克的解释恐怕是过度解释。因为实际上亚里士多德对这个问题的解释不是在 Z1 而是在 Z4。

所以对于 Z1 这里的表述，笔者认为学者们判断有些匆忙了，而根本上是由于大家对 Z1 在整个 Z 卷的作用和地位认识不统一，大家都认为亚里士多德在第一章就已经明确了实体是什么。但是在笔者看来，实际上包括 Z1 和 Z2 在内还只是一个导论，仅仅是提出问题，告诉我们 Z 卷要探讨的是什么问题，Z1 仍然是在跟《范畴篇》相似的语境中讨论问题，Z2 也仅仅是罗列了当时流行的对实体的看法，并不代表亚里士多德本人的看法，而就像笔者在一篇文章②中已经表明的，Z3 才是整卷的核心，指出了实体的标准，并且暗示我们必须从我们熟悉的实体入手考察。实际上，亚里士多德在 Z3 指出实体是终极主体和"这个"，并暗示实体是形式以后，在 Z4 专门回答了 *ti esti* 和 *tode ti* 的关系问题，这也是许多研究者比较忽视的地方。所以我认为从这里我们还不能明确说亚里士多德要讨论的实体究竟是什么，而只是提到了实体概念，至于实体概念之下的第二实体是否在 Z 卷要讨论的范围之内我们暂且不做过多解释，因为这一章的内容还不足以让我们做出判断，匆匆忙忙地下结论显得草率。

三　Z4 中的 *ti ên einai*、*ti esti* 和 *tode ti*

Z4 开篇就解释什么是本质(*ti ên einai*)，因为亚里士多德将要以本质为线索来证明实体。他解释说："每一个事物的本质就是那看做是由于它自己(*kath' hauto*)的东西。因为你之为你并非是由于有教养，因为你并非由于

---

① Barnes. J., "Topics", *The Complete Works of Aristotle*, Princeton: Princeton University Press. 1984, p. 172.
② 参见拙文《〈形而上学〉中实体(ousia)标准及 Z3 在 ZH 卷中的地位》，《世界哲学》，2011 年第 2 期"古希腊哲学专刊号"。

你的本性而是有教养的。那么，你由于你自己而是什么，那就是你的本质。"(1029b13)①也就是说本质就是由于自己而是什么的那个东西。那么"由于自己"又怎么解释呢？我们看到在哲学词典卷中 18 章(Δ18)的解释是："由于它本身必定同样具有多种意义。它指明：(1)每个事物的本质，例如，卡里亚斯是由于他自身而是卡里亚斯，亦即卡里亚斯的本质。(2)呈现在'什么'中的东西，例如卡里亚斯由于他本身而是一个动物，因为'动物'呈现在他的定义中，卡里亚斯是一个特殊的动物。"(1022a25)②这样看来"由于自己"和"本质"其实就是一种循环定义，本质是"由于自己"而是的东西，"由于自己"就是每个事物的本质，还是没有能够解释本质是什么。但是我们从 Δ18 中的解释知道"本质"和"是什么"，即 ti ên einai 和 ti esti 并不相等同，似乎前者更偏重于个别事物，而后者不仅包括个别事物，也包括种属。W. D. 罗斯的解释是，*ti esti* 可以部分或完全地回答"XX 是什么？"的问题，比如属或属加种差，而 *ti ên einai* 总是意味着完全的答案。这样，每一个 *ti ên einai* 都是一个 *ti esti*，相反则不是真的。*ti esti* 有时候与 *ti ên einai* 相区别，如 An. Post. 82b31, 92a7, De An. 430b28；有时候在相同的意义上使用，如在 An. Post. 91a1, 93b29, A. 987a20, 988a21。③罗斯的这样的解释没有解决问题，即使说"每一个 *ti ên einai* 都是一个 *ti esti*，相反则不是真的"，那么 *ti esti* 的回答是种属，那么 *ti ên einai* 究竟是什么呢？种？属？反正是和个别事物无关了，而这显然与 Δ18 所表达的意思不相符合。

亚里士多德还没有解释清楚本质究竟是什么，却在 1030a11 说"只有属的种有本质"。正是这句话，把种概念与本质，并进而与实体联系了起来，似乎直接否定了个别事物与实体和本质的关系，引起研究者极大的争议，有些研究者甚至试图重新翻译 *genous eidos* 来使得思路的畅通。我们先看看这句话怎么说：

因此没有不是属的种的东西有本质，只有这些有，既然看来这些不

---

① 关于《形而上学》中引文的译文参考了李真和吴寿彭译文，个别地方有修改。
② 我们应该注意到，我所引用的两段话中对"什么"的回答，亚里士多德有时候说是种(*eidos*)，有时候说是属(*genos*)，本文还无法解释为什么会有不同。
③ Ross, W. D., *Aristotle's Metaphysics*, p.171.

是就分有和性状而言的，也不是作为偶性。(*Ouk estai ara oudeni tôn mê genous eidôn hyparchon to ti ên einai, alla toutois monon [taûta gar dokeî ou kata metochên legesthai kai pathos oud' hôs sumbebêkos].*)(Z4,1030a11)

W. D. 罗斯认为 *genous eidos* 就是指属的种。[①]一些研究者因此坚持认为既然只有种有本质，那么对本质的描述就是定义，就是说种就是定义的对象，从而也就是实体。但是也有学者提供另外的翻译，如 M. 弗雷德/P. 帕兹克，他们把这里的 *eidos* 翻译为 Form，但是他们解释成是种差。[①]而有的学者认为这里的 *eidos* 不是种，而是形式，认为是属的形式，如威丁。[①]他认为亚里士多德的追寻的 *ousia* 就是这里提到的 *genous eidos*，但是，他的翻译不是 species of genus，而是 form of genus，不是属的种，而是属的形式，他认为这个概念就是 Z3 中那个形式，并最终统治着整个 Z 卷，Z10-11 所说的形式就是这个形式，认为如果理解为种，按亚里士多德对种就是属加种差的说法，属是质料，那么种就包含有质料，那么种就和本质不同了，所以 *genous eidos* 不是种，而是种差，是定义中的 formal differentiae，因为它是首要的且由其自身的，而且这样在 Z6 中就等同于本质了。威丁反对把这里的 *eidos* 译为种，而坚持认为是形式，他花了很大的篇幅来证明按种来阅读会造成很大的错误。[①]但是笔者认为威丁的解释并不可取。如果说亚里士多德把"属的形式"当作核心概念，为什么文本中不再出现？以亚里士多德的风格，如果是一个核心词汇，他是会反复强调的。而且像笔者在另一篇文章[①]中已经明确指出的，Z12 是一个对定义的失败的尝试，用种差的方法无法找到实体，所以威丁用 Z12 来说明"属的形式"是没有说服力的。

我们注意到这句话括号中的话，似乎用不能被"分有"来说明种的特点。我们不由得想起《论题篇》中亚里士多德对种属的态度。我们知道，亚里士多德对柏拉图的相论批评最多的就是"分有说"(*methexis*)，认为柏拉图用分有说来解释个别事物与普遍的相之间的关系是不成立的，于是我们一般认为亚里士多德是反对"分有"这一概念的。但是在《论题篇》Δ1,121a10-19 和 Δ2,122a7-9，亚里士多德承认至少"分有"可以用到"属"概念上。"分有

---

① 《〈形而上学〉Z12 卷中的定义》，待刊。

被定义为接受被分有者的说明。很明显,种分有属,而不是属分有种。"(Δ1,121a11)紧接着亚里士多德就明确地表示:"如果属中的事物不分有任何种的话就不可能分有属(Δ1,121a28)",分有属的事物必定也分有一个种(Δ1,121a35),"因为个别事物既分有属又分有种,比如一个个别的人既分有人又分有属"(Δ1,121a37)。也就是说种属都是可以被分有的,显然与 Z4,1030a11 这里对种的说法相抵牾。但是这里可能只是把种与其他的属性相区别。

然而在笔者看来,这里的 *genus eidos* 也许并不那么复杂,因为我们必须注意到,亚里士多德在这里强调的是"种有本质",而不是"种是本质",联系他在整个 Z 卷的结论看,他从来没有否认过种是有本质的,也就是说,个别事物,或者准确地说个别事物的形式是本质,而同种的所有个别事物恰恰有相同的本质,也就是形式。事实上亚里士多德并没有否认种有本质。只是亚里士多德并没有进一步解释这相同的形式与种究竟是什么关系。恐怕这些亚里士多德没有回答的问题正是造成后人争论不休的原因吧。

细心的读者会发现,除了对本质的讨论,这一章里还有一个重要的观点,即,亚里士多德把"*ti esti*"和"*tode ti*"以及"*ousia*"三个概念相等同了起来,而且从此以后有关实体的提法中不再出现"*ti esti*"的字眼。笔者认为,起码在这里,其实亚里士多德是意识到这个问题的,并想办法把它排除了。在 Z4,1030a18 至这一章的结束,至少有两次直接提到"*ti esti*"类似于定义,在一种意义上是"*tode ti*",而在另外的意义上是其他范畴:

> 但是首先,定义(*horismos*),就像是什么(*to ti esti*),有多种含义;是什么(*to ti esti*)在一种意义上意味着实体(*ousia*)和这个(*tode ti*),在谓述的另外的意义上是量、质,等等。因为就像是(*to estin*)谓述所有的事物,但不是在相同的意义上,所以是什么(*to ti estin*)也简单地属于实体(*ousia*),但在一个有限的意义上属于其他范畴。(Z4,1030a18-24)
>
> 现在,是(*to on*)在一种意义上指一个这个(*tode ti*),在另一种意义上指一个量,在另一种意义上指一个质。(Z4,1030b11-12)

我们可以说,如果说 Z1 中亚里士多德尚且把"*ti esti*"和"*tode ti*"并列使用,给读者造成了很大的困扰,但是我们看到,在 Z4 中亚里士多德已经把"*ti* esti"和"*tode ti*"明确区分了,他把"是什么"和本质及定义相类比,认为它们都是有多种意义的,对"是什么"的回答可以是种属,也可以是个别事物,但是在首要的绝对的意义上实体和"*tode ti*",在这里就是指个别事物。如果弗雷德把他对 Z1 中"*ti esti*"的解释放在这里,那么我认为说服力会更大一点。顺便说一句,在笔者看来,亚里士多德在 Z 卷证明形式是 *tode ti* 的线索,就是以本质(*ti ên einai*)等同于个别事物、形式和现实一步步地得到结论的,也就是说是一个发展的过程,研究者没有注意到具体的论证过程,所以产生了前述的种种矛盾。只是,虽然这里似乎已经彻底排除了种与实体的联系,但是,我们知道 Z7-9 和 Z12 虽然作为后来插入的这一点已经得到了学界的共识,本来可以脱离开它们来考察 Z 卷,但是既然这几卷已经成为 Z 卷的整体,我们不得不谈谈由此带来的巨大困扰,因为可以说就是这几卷给读者造成了强烈的印象:种就是形式,定义的对象就是种。我们不得不继续讨论这些地方的说法。

四 Z10-11 和 Z13-14 中的种

关于 Z7-8 中的种,笔者已经专文论述①,在此不多讲了,只要讲一下文章得出的结论:Z7-8 亚里士多德第一次把本质和形式及实体对等起来,而对形式的第一次详细描述中,并没有用 Z3 中给予实体的重要意义——"这个"(*tode ti*)来描述,反而用了与其相反的词"这样的"(*toionde*),并进一步解释说是种:

> "铜球是什么?我们从两方面来描述,我们描述质料说它是铜,描述形式说它是如此这般的一个形状(*to eîdos hoti schêma toionde*),而形状就是它所隶属的最接近的属(*toûto esti to genos eis ho prôton tithetai*),那么,这个铜圈在它的描述中有质料。"(1033a1)

我们讲过这里的属在上下文中是种的意思,虽然我们不知道为什么亚里士多德有的时候对种属不作清晰的区分。于是,形式与实体第一次等同

---

① 参见拙文《论亚里士多德〈形而上学〉Z 卷第 7-8 章中的形式概念》,《哲学研究》2010 年第 7 期。

的地方，就直接引入了形式与种剪不断理还乱的关系。也正是从这两章中亚里士多德得出了同一种下的个别事物形式是相同的结论。说明同一种之下所有的个别事物具有相同的形式，只是由于质料的不同而不同。但是，究竟是其个别的质料决定本质还是这个与其他个体相同的形式呢？而且究竟这个形式与种是什么关系我们也未曾得知。虽然 Z7-8 给了我们一个含糊的结论，但是，我们紧接着在 Z10-11 就明确了亚里士多德对种和形式的区别：

> 但是人和马和这样被应用到个别事物之上的术语，却是普遍的，不是实体，而是由这个特殊的描述和这个特殊的质料组成被当作普遍事物的某物（ek toudi toû logou kai têsdi tês hulês ôs katholou）；但是当我们说到个别事物时，苏格拉底是由终极的个别质料组成的；在所有其他实例中也是相似的。（1035b27-31）

> 也很清楚灵魂是首要的实体而身体是质料，人和动物是由被看做普遍的这两者构成的；苏格拉底和卡里亚斯，甚至苏格拉底的灵魂是苏格拉底，是以两种方式被使用的（因为一种是在灵魂的意义上使用"苏格拉底"，另一种是在个别事物的意义上），但是如果简单地说灵魂和这个身体（phuchê hêde kai ⟨to⟩ sôma tode），那么既像普遍者又像个别事物了。（1037a5）

这两段话总是被学者们结合起来理解，因为这两段话的共同主旨就是形式、个别事物和种的关系的讨论。亚里士多德是很清楚的，普遍的人或动物肯定没有办法独立自存的，真实存在着的只有个别的具体的苏格拉底或卡里亚斯，所以我们说到人的时候，虽然有时候不是特指苏格拉底或卡里亚斯，但是我们不过是把这个特别的人作普遍看待罢了。而灵魂作为人的实体，当人们说到一个具体人的时候，可以指实体，也可以就是指具体事物，比如"苏格拉底"，我们既指苏格拉底的灵魂，又指苏格拉底这个人。当我们说到一个具体的人的时候，可以有两种方式理解，可能就是指这个具体的人，也可能只是普遍对待的人而已。同时我们注意到，这一段话最后说"灵魂和这个身体（phuchê hêde kai ⟨to⟩ sôma tode）"，亚里士多德强调的还是具体个别人的质料不同，似乎每个具体的人的个别性是由质料决定，而对于灵魂，所有人的灵魂与苏格拉底这个人的灵魂是相同的。而这个说法其实与 Z7-8 的结论是一样的。也就是说，在 Z10-11 亚里士多德虽然成功地论证了具体的个别人和被普遍地看待的人的区别，肯定了人或马不是实体，明确地表示每个人的质料是不同的，但是每个人的灵魂以及被普遍地看待的灵魂一样，还是暗示了每个人的灵魂都是相同的。虽然无论是 Z10 还是 Z11，都曾提到有"这个特殊的描述"或"这个形式"，暗示了形式的个别性，但是 Z11 关键的这段话中亚里士多德对于个别的人的形式或灵魂还是含糊其辞。不过，如果我们确实排除了形式与种的等同关系，所谓苏格拉底的形式与卡里亚斯的形式相同，并不是说他们都属于人这个种，而可能仅仅指的他们都是两足的，都是两个胳膊两只手，一个脑袋和两只眼睛这样的"形状"的。不过，这样的形状与种究竟有什么区别呢？还是一种普遍的描述，还是描述两个以上的事物的，还不是亚里士多德所要求的 tode ti。

Z12 笔者已有专文论述[①]，在此只讲结论。Z12 是一个失败的尝试，对实体的定义不仅不是属加种差，就是只包括种差的定义也是不可能的，因为在我们不知道实体之前，是不可能正确地划分种差的，所以虽然 Z12 给了许多人给出种的定义的一个极有力的证据，但是经过分析，我们才知道根本是误导。

Z13-14 专门就普遍者和属进行了论述，Z13 开篇就完全否定了普遍者是实体，因为普遍与其他事物是共同的。亚里士多德论证了为什么属这种普遍者不是实体。因为像人和这样的真正存在的事物作为实体，而它们的描述中各要素都不是任何事物的实体，也不能离开种或任何其他事物而存在。我们注意到，亚里士多德在这里明确地否认了属是实体，但是对于种的态度却不是十分鲜明。一方面，在 1038b21，亚里士多德说到动物在人或马之中，就像人这个实体在真正存在的人之中一样（hôs ho anthrôpos toû anthrôrou en hôi huparchei），在个别的人之中人作为一个普遍者而被包含，亚里士多德在这里明确地承认人是一个与动物相似的普遍者；另一方面，在 1038b30 亚里士多德又说道，一般来说，如果人和这样的事物是实体，那么它们的描述中的成分没有一个是任何事物的实体，也没有任何成分可以和

---

① 《Z12 中的定义与实体的关系》，待刊。

人或这样的真正存在的事物分离存在（*chôris huparchein autôn*），并举例说没有动物和一个个别的动物分离存在，也没有在描述中出现的其他成分分离存在。前一句的意思，人作为普遍者和动物是相似的，"*en hôi huparchei*"修饰人，指的是真正存在的人，既然人存在于 *en hôi huparchei* 的人之中，也就是说人存在于个别的人之中，存在于苏格拉底之中。而后一句话，同样的一个词"*huparchei autô*"恰恰修饰的是人和这样的事物，那么，人是在真正存在的苏格拉底身上的那个人还是指苏格拉底这个人？也就是说后一句话中，把人和这类的事物看做真正存在的，似乎只有动物才是普遍的，而人并不是普遍的。动物作为属概念，不能脱离一个特殊的动物如一个人或一条狗而存在，而人可以脱离一个特殊的人如苏格拉底而存在吗？亚里士多德在这里对人的态度实在是让人费解。

Z14 否认了相和属作为普遍者也不是实体。这一章里很奇怪的是，本来开篇亚里士多德是把相和种来类比，似乎想要否认种与相一样不是实体。但是我们看到，在具体的论证中，他否认了"动物本身"不是实体，而对于"人本身"是否实体却含糊其辞。

这一章里，亚里士多德专门否认了一般认为是普遍者的相是不是实体，他把相等同于属。然而，对于种是不是实体，他仍然没有解释。这一章里提到：

> 如果有某个人本身是 *tode ti* 且独立自存，那么其组成部分如"动物"和"两脚"就必然也是若干能独立自存的 *tode ti*，并且也各自成为实体。动物也和人一样。（1039a30-33）

在这句话中，人本身和动物本身显然是有某种相似之处，按亚里士多德的逻辑，它们都是不能独立存在的，那么否认了动物本身的存在，是否也同时否认了人本身的存在？我们本来认为以种和属作为普遍者，是有相似性存在的。否认了一个，另外一个自然被否认了。但是，我们发现在整个 Z14 亚里士多德只是否认了动物本身的存在，也就是说，他把柏拉图意义上的相和属对应起来，否认了相就是否认了属的独立自存，但是对于种，他并没有详细的论证。能否认为"人本身"的说法本身就是否定？也许可以认为有这样的暗示意味。然而，亚里士多德的否认重心依然在"动物本身"而不是"人本身"。进一步我们看他的论证逻辑：如果"人本身"是独立自存的"这个"，因为人等于两足的动物，那么"两足的"和"动物"就是独立自存的"这个"。可是，一方面，"两足的动物"是对人的一种描述甚至是定义，那么描述中的事物一定和实存的事物一一对应吗？亚里士多德对于属是谓述并没有否认过，没有理由认为谓述一定是实体；另一方面，即使因为人是"这个"，我们也只能推论出"两足的动物是这个"，而不是"两足的"和"动物"都是"这个"。事实上，即使我们承认这样的推论是成立的，证明了"动物自身"不是独立自存的，我们对于"人本身"是否独立自存仍然不置可否。我们详细分析了Z13-14，这几章亚里士多德明确否认了普遍者不是实体，但也不能和个别事物分离存在，特别强调了属和柏拉图的相不是实体。但是我们同时注意到，亚里士多德明确地否认了属不是实体，但是对于"种"的态度似乎一直比较暧昧，他有时把"种"和属相类比，认为是普遍的，有时似乎认为"种"与个别事物更相似，是真正存在的。

五　结　语

我们逐章考察了亚里士多德在 Z 卷各章中对种的描述。我们知道 Z7-9 和 Z12 是后来插入的，假如我们现在把这几章都去掉，那么实际上虽然 Z1 提出来 ti esti，隐含了种属的概念，但是 Z3 已经明确规定了实体的两个特征，而 Z4 已经把 ti esti 排除出实体的范畴，Z6 更是把本质与个别事物直接相等同，而 Z10-11 区分了形式与种，明确称呼种属为"普遍的复合物"，无论形式是什么，都不是像种这样的普遍物。虽然我们刚才也指出 Z13-14 中对种概念的模糊指出，但是实际上亚里士多德的确是要把普遍物排除出去的。这样我们就明确了亚里士多德本来的意图和实际上文本给我们造成的印象。虽然如此，但是只要我们仅仅抓住 Z3 中实体的 tode ti 的特点来理解，就会明白无论是 Z1 的提法，还是 Z7-8 中的说法，以及 Z13-14 中的不彻底，甚至是失败的 Z12 中的定义，都不足以撼动 tode ti 是实体的根本特征，也就是说，《形而上学》中种属不是实体其实是与《范畴篇》相一致的，因为都以 tode ti 为实体的根本标准，虽然在两个地方实体有一定的变化。因为最终定义实体的并不是属加种差，而是在 H 卷中提出的质料和形式，也就是说，亚里士多德或许曾经寻求要用属加种差来定义实体,但是他最终认为这样无法成功,从而选择了另外的定义方式。

The Complexity of Species (*eidos*) in *Metaphysics* Z

Lv Chunshan

Abstract: This paper tries to present the complexity of relationship between the concept of species and substance and the object of definition in Metaphysics Z. This paper argues that Aristotle has denied species as substance (*ousia*) in *Categories* and *Metaphysics* Z evidently in accordance with the criterion of a this (*tode ti*). And in *Metaphysics* Z4 Aristotle argues that a this (*tode ti*) and substance is the primary answer to "what is" (*ti esti*) instead of species for granted the answer. At the same time, this paper also points out that, because Aristotle confirms that substance or form in the same species is the same, and Because the writing particularity and the progressive discussion of Z volume, the relationship of form (*eidos/morphe*) and species (*eidos*) is complicated, also the object of definition. In addition, on the question of the university of definition, species is a hard conception. This paper will also point out Aristotle's gains and losses.

Key words: species (*eidos*), subject (*hypokeimenon*), a this (*tode ti*), form (*eidos*)

《清代经学著作丛刊》

[清]焦循等 撰,陈居渊等 点校

北京:北京大学出版社,2012 年 6 月第 1 版

《清代经学著作丛刊》由北京大学出版社出版,是国家古籍整理出版专项经费资助项目。

目前出版的第一辑包括《周易虞氏义》([清]张惠言撰)、《雕菰楼易学》([清]焦循撰)、《尚书后案》([清]王鸣盛撰)、《礼经释例》([清]凌廷堪撰)、《礼经学》([清]曹元弼撰)、《春秋公羊经传通义》([清]刘逢禄撰)、《春秋公羊经何氏释例》([清]孔广森撰)等清代经学著作的整理点校本。

中国传统经学在经历两汉、魏晋、隋唐、宋元明之后,在清代达到新的高峰。与前代相比,清代经学于考据训诂和义理探讨方面均有一定成就。近年来,重要的清代经学典籍不断被整理出版,但仍有一些研究清代经学的必读之书被遗漏。北京大学出版社新出版的《清代经学著作丛刊》收录了清代易学、尚书学、礼学和春秋学等领域的重要著作,精心选择底本和校本,所选著作均是首次在大陆校点整理出版,为清代经学的研究提供了可靠的文本资料。(于文博)

亚里士多德的质料概念[*]

曹青云[**]

提　要：质料概念是亚里士多德形而上学的核心概念之一，不过它自身的意义以及"质料是什么"的问题却不像人们以为的那样明晰。亚里士多德的质料概念既不是日常意义上的物体概念也不是现代科普中的物质概念，而是在他的变化理论，特别是实体生灭中得到理解和定义的。然而，尽管质料是实体生灭变化的"主体"(ὑποκείμενον)，也是实体生成中的"从之而来者"(that from which a thing comes)，但是这两者都不能定义质料，因为它们无法涵盖亚里士多德对"质料"的所有使用方式，也不能解释质料的特性。"质料是什么"的问题要由潜在性来回答，质料不属于任何一种范畴，而是一种存在方式。潜在性的本体论意

---

[*] 这篇文章讨论亚里士多德的质料概念的意义，但并未包含与质料概念有关的所有问题。这里有必要简单地提及两个未在文中讨论的问题。其一，原始质料的问题。对于亚里士多德是否承认原始质料有诸多争论。我认为如果"原始质料"是指"自身什么也不是的纯潜在性"或者某种抽象的物质，那么这个概念在亚里士多德的哲学体系中是不合法的。至于"原始质料"是元素转化中的基体而这个基体并非"光秃秃的载体"这一观点，还需要进一步的论证。对于"自身什么也不是的原始质料"的讨论参看 W. Charlton, *Aristotle's Physics I, II*, Oxford: Clarendon Press, 1970, pp. 129-145. 其二，"最近质料"(proximate matter)与"较远质料"(non-proximate matter)的问题。亚里士多德在《形而上学》H4 中提及这个问题，他说："即便所有东西都从某个作为第一原则的质料而来，但是每一物都有属于它自身的质料。"(1044a17-18)又说："我们必须研究最近的原因，什么是质料？不是火或者土，而是特属于人的质料。"(1044b2-3)我认为亚里士多德是在"最近质料"的意义上来谈质料概念的，"较远质料"并非他的术语，更不能被理解为某种类型的质料。人们有"最近质料"和"较远质料"的区分源于对亚里士多德"质形论"的某种误解，即某实体的质料是可以"分层"的。

[**] 曹青云，1984 年生，北京大学哲学系博士研究生。

义正是质料的意义和特征;"质料是潜在的实体"可以说是质料概念的描述定义,它回答了质料是什么并解释了质料如何作为基体和"从之而来者",为何"渴望形式",为何是"相对者",以及在什么意义上是"不可知的"和"不确定的",等等。亚里士多德也把"无限"、"属"等称为"质料",这些是质料概念的宽泛意义,因为它们以类比的方式也作为潜在者。

关键词:质料 变化 主体 潜在性

一 质料概念与变化

有人认为现代科学中的质料概念可以追溯到亚里士多德的质料概念。萨普斯(Suppes)在1974年的文章《亚里士多德的质料概念与现代质料概念的关系》中说"亚里士多德的质料概念是解释现代质料概念的基础"[①]。然而,情况是否如此却取决于亚里士多德有怎样的一个质料概念,这个概念与现代人的科学常识是否相近和融贯。我们将看到现代的质料或物质概念更接近亚里士多德时代的原子论者,而不是他自己的理论。亚里士多德在柏拉图和德谟克利特之间的"中间路线"的立场,在他的质料理论中表现得尤为鲜明。[②]

在讨论亚里士多德的质料概念之前,我们首先来澄清两个区分。第一,亚里士多德的质料概念并不等于日常意义上的物体概念。对亚里士多德而言,质料是物体,但并非所有的物体都是质料,因为有些物体是可感实体。他说:"实体被认为显然在物体中。因此,我们说动物、植物和它们的部分是实体,还有自然物体,例如火、水、土等也是实体,以及它们的部分和由它们构成的东西。"(1028b9-10)因此,物体既包含可感实体和可感实体的部分也包含质料。笛卡尔以降质料和物体的区分被取消,质料就是有广延的物体。

---

① P. Suppes, "Aristotle's Concept of Matter and Its Relation to Modern Concepts of Matter", *Synthese*, Vol. 28, No.1(1974). pp. 27-50.
② 我并非说亚里士多德是简单的"折中主义"。"中间路线"指的是亚里士多德既不是柏拉图式的观念论者(idealist),也不是德谟克利特式的物质主义者(materialist),而是区别于这两者的另一种立场。我认为亚里士多德最基本的哲学立场可以表达为:可分离的理念不是真正的存在,原子式的物质也不是真正的存在,真正的存在是驻于质料中的形式。而质料既不是"非存在"也不是"真正的存在"。

然而,在亚里士多德看来质料的本质却不是有广延的物体;质料当然有广延、质量、可感性等特征,但它却不是由这些特征定义的。"什么是质料"是个形而上学的问题,这与亚里士多德的实体理论,特别是实体的生灭和潜在性与现实性的问题有关。

其次,必须区分亚里士多德的质料概念和现代科普意义上的物质概念。现代科学中的物质(经典物理学)是指:"具有一定质量和占据空间的,与意识和心灵相区别的可感对象。所有物理对象都是物质构成的,即原子;而原子又由质子,电子和中子构成。"①然而,在亚里士多德看来,质料不仅仅是可感对象,也可以是不可感的理智对象——例如可思质料。他说:前提是三段论的质料;字母是音节的质料(195a16-21);属是种的质料;等等。所以亚里士多德的质料并不等于可感的有广延的对象。

亚里士多德的"质料"概念是一个技术化的哲学概念,对其准确含义的把握必须依赖于对亚氏哲学系统的全面理解。在《逻辑学》诸篇中并未有质料概念,它是在讨论变化和复合实体时出现的。亚里士多德常常将其描述为在变化中"某物从之而来的东西",并认为它是潜在存在者。可以说质料概念"天然地"与变化相关,而质料首要地指那些能够成为某物的质料因的东西。质料因是某物"由之而来"的东西,形式因是本质的公式和属,效力因是直接推动变化的原因,目的因是某物和其变化的目的(194b24-33)。亚里士多德认为对自然物的"四因"的探寻回答了某物是什么,为什么如此和如何生成等问题。他说:"知识是我们探寻的对象,人们不认为知道了某物,直到他们抓住了'为什么'是此物的答案,对于生成和毁灭以及任何别的自然运动我们都必须询问'为什么'这样的问题,以便在遇到问题的时候回到这些原因上。"(194b22)"四因"不仅仅是某种"解释"策略,更是对存在者,特别是自然存在者之由来和原因的追问。它们不是某些抽象的事件或事态而是某个具体之物。②例如这块铜是这个铜像的质料因,这个像是铜像的形式因,这个工匠是它的效力因,(成为)完备的像是铜像的目的因。对于可感实

---

① 参看《牛津词典》对这一词条的一般科普性解释 http://oxforddictionaries.com/definition/matter?region=us。现代量子物理学对什么是质料的理解与牛顿的经典物理学有相当的差异。
② E. McMullin, *The Concept of Matter: In Greek and Medieval Philosophy*, University of Notre Dame Press, 1965, pp. 173-176.

体而言,它的质料是可感之物,但对于不可感实体或非实体而言,质料因却不一定是可感之物。前提和字母能够称为"质料"是因为在一个较宽泛的意义上它们是结论和字母表"由之而来"的东西,它们是质料因。因此,前提和字母是三段论和音节的"可思质料"。质料因既包括可感实体的质料因也包括不可感之物的质料因,不过可感质料是核心,亚里士多德主要是在对可感实体的分析中使用质料概念的。

在自然变化和实体生灭的分析中亚里士多德引入了四因说,可以说"质料"是在变化特别是实体生灭的语境中得到定义的。事实上,质料概念是他回应巴门尼德对变化之否定,进而解释变化之存在和实体生灭之可能的基石。换言之,若无质料概念,亚里士多德无法成功解释变化问题,而若变化不存在,则不需要质料概念。他指出实体有生灭变化是因为它们包含质料(1032a21)。这意味着若某物没有质料,则它也没有生灭变化(1044b29-30)。上帝和永恒实体(天体)没有生灭变化是因为它们在某种意义上不包含质料。

以自然变化,特别是实体生灭为语境,亚里士多德在《物理学》第一卷第九章中说:我对质料的规定是这样:"质料是每一物的最近的'ὑποκείμενον',由之而生成该物。"(192a31)在《论生灭》中又说:"质料,在这个词的最恰当的意义上,与生成和毁灭的'ὑποκείμενον'是等同的。"(320a3)那么,"ὑποκείμενον"与质料的关系如何?它能否定义质料?

二 质料与 ὑποκείμενον

解释"ὑποκείμενον"在亚里士多德哲学中的意义并不是一个简单的工作,我们现在仅仅对《范畴篇》、《物理学》第一卷和《形而上学》Z 卷中的相关内容做分析。

亚里士多德在《物理学》第一卷第七章中讨论变化的 ὑποκείμενον,用的词与《范畴篇》中讨论的"主词"是同一个,在《形而上学》第七卷第三章中讨论 ὑποκείμενον 是否是实体用的也是这个词。"ὑποκείμενον"是带有介词 ὑπο 的复合分词,它具有动词的意义,但是在语法功能上是一个名词化的形容词,在英语中相当于动名词。

《范畴篇》中的"ὑποκείμενον"通常被翻译为"主体"或"主词"。亚里士多德首先是在语法意义上使用这个概念的,主谓结构句子中的主词称为"ὑποκείμενον"。不过亚里士多德在《范畴篇》中并未区分词和词所指的对象,它们是严格对应的。主词和谓词表示着现实世界的不同存在者,我们把主词指示的对象称为主体。在这里主词的例子是:灵魂(语法知识在灵魂中,或者灵魂是有语法知识的)、物体表面(白色在物体表面,或者物体表面是白色的)、个体的人(1a20-1b5)。

亚里士多德用与主词相关的两个标准来定义什么是实体:一,是否能谓述主词;二,是否在主词之中。某个词能谓述另一个词是指不仅它的名字可以做谓语,它的定义也可以做谓语,例如"苏格拉底是人"。"在主词之中"是指"在其中,但不是作为部分,离开在之中的东西它不能存在"(1a25)。对于如何理解这个"在之中"有不少的争论:在主词或主体中的属性究竟是只属于这个个体的特殊属性还是在个体上例示的普遍属性?① 普遍属性说以弗里德(M. Frede)为代表,特殊属性说以柯恩(S. Cohen)为代表。这里暂不能讨论这些争论,亚里士多德从这两个标准得出了他的实体定义,他说:

> 实体,在最严格和第一意义上,是既不谓述主词又不在主词之中的东西,例如,这个人和这匹马。第一实体所属于的种称为第二实体,种所属于的属也是(第二实体)。(2a14-15)

主词自身不在主词之中,不再做谓词的主词也不谓述其他东西,因此不再做谓词的主词所指示的东西是第一实体。第一实体是其他非实体的存在基础,亚里士多德说:"其他所有的东西要么谓述作为主词的第一实体,那么在主词之中。所以如果第一实体不存在,那么其他的东西也不可能存在。"(2b4-5)这个实体定义被称为实体的主体(主词)标准。

从《范畴篇》的讨论来看,"ὑποκείμενον"的基本意思非常明确,它是句子的主词和主词指示的对象;当这个主词满足既"不谓述其他主词"又"不在其他主词"之中时,它就指示实体,并且这个实体是可感的个体之物,例如苏格拉底和赤兔马。

---

① S. M. Cohen, *Aristotle on Nature and Incomplete Substance*, Cambridge University Press, 1996, pp. 10-11. 另外,参看 M. Frede 和 G. E. L. Owen 对于 trope theory 的争论。M. Frede, "Individuals in Aristotle", in *Essays in Ancient Philosophy*, Oxford: Clarendon Press, 1987, pp. 60-61.

《范畴篇》的主体标准在《形而上学》第七卷中重新得到检验。亚里士多德在考察"实体是什么"时列举了四个选项，υποκείμενον是其中之一。第七卷第三章的目标是要回答υποκείμενον是不是实体，而篇末的结论则是形式和质料与形式的复合物比起质料来更是实体，并未直接回答开篇的问题。学界对这一章的解释历来是众说纷纭，莫衷一是。①我们在这里不能详述这些争论的始末，只关注"υποκείμενον"在这一章中的意义。

首先，亚里士多德在《形而上学》第七卷第三章的开篇重复了"υποκείμενον"在《范畴篇》中的主词和主体意义：υποκείμενον是别的东西都谓述它，但它自身不再谓述别的东西（1029a1），并且申明实体首先被认为是"主体"。不过与《范畴篇》不同的是，他说："现在我们在一种意义上说质料是主体，在另一种意义上说形式或形状，在第三种意义上说形式和质料的复合物是主体。"（1029a2-3）无论是质料、形式还是形式质料的复合物被称为υποκείμενον，它们都不是《范畴篇》中所说的第一实体。形式和质料的复合物作为主体似乎与范畴篇的意义一致，但是在那里可感的个体实体并未被称为形式和质料的"复合物"。韦丁（M. Wedin）解释说在《范畴篇》中亚里士多德还未对可感实体作出结构上的分析，因此不说它们是复合物，《形而上学》研究的是可感实体的内部结构，是什么使个体实体成为实体，即什么是"实体的实体"。②

---

① 有的解释者认为实体的主体标准在《形而上学》中不再使用，而是用"这一个"和"分离性"作为实体标准。这个观点似乎证明了亚里士多德在晚期否认了早期《范畴篇》中的理论。但也有新的解释指出主体标准并未被否定，只是得到了重新澄清，满足主体标准的东西也满足"这一个"和"分离性"。例如 M. L. Gill 认为实体的主体标准在 Z3 中并未被抛弃，Z3 的批判对象是柏拉图的"容器"概念，而非亚里士多德自己的质料概念。参看 Aristotle on Substance：The Paradox of Unity, Princeton：Princeton University Press, 1989, pp. 31-38. M. Frede 也认为主体标准在《形而上学》中未被抛弃，实体除了必须满足主体标准，还要满足"这一个"和"可分离"的标准。参看 M. Frede, "Substance", in Essays in Ancient Philosophy, Oxford：Clarendon Press, 1987, pp. 73-79. 有些学者认为 Z3 的"剥离论证"讨论的是原始质料。例如 J. Owens, "Matter and Predication in Aristotle", in The Concept of Matter in Greek and Medieval Philosophy, E. McMullin（eds）, 1963, pp. 79-95. H. M. Robinson, "Prime Matter in Aristotle", in Phronesis, Vol. 19, No. 2（1974）, pp. 168-188. M. Loux, "Forms, Species, and Predication in Metaphysics Z, H and Θ", in Mind, Vol. 88（1979）, pp. 1-23.

② M. Wedin, Aristotle's Theory of Substance：The Categories and Metaphysics Zeta, Oxford：Oxford University Press, 2000, p. 157. Wedin 指出，Z 卷将形式作为实体与《范畴篇》将具体的可感个作为实体并不矛盾，相反，Z 卷是对《范畴篇》的实体理论的完善，即进一步探讨什么使可感实体称为实体。

尽管亚里士多德在不同的意义上把质料、形式和质形复合物都称为 ὑποκείμενον，他在这里对"ὑποκείμενον"意义的界定仍然与《范畴篇》一致，其最基本的意思仍然是主词和主词指示的东西，只不过质料、形式和质形复合物是不同意义上的主词。这一点，他在开篇就言明了，并在把这三者列为"主词"之后又重申（1029a9-10）。

其次，Z3 的主要论证显示的是主词意义上的"ὑποκείμενον"。这个论证是被称为还原论证或剥离论证的一个思想实验。这个思想实验证明了质料不是实体，因为它不满足"这一个"和"分离性"。且不论剥离论证中的质料是否是原始质料还是亚里士多德反对的柏拉图的"容器"概念，还是他自己对质料概念的某种表达，① 在这里主导剥离论证的思想实验的结构是主词和谓词的关系：主词必然是不同于谓词的别的东西。若把所有的谓词和能够描述主词的东西都剥离掉，最后这主词是什么？亚里士多德指出如果把偶性，产物和潜能，长、宽、高都剥离掉，最后剩下的是"什么也不是的质料"——即它不是十范畴的任何一个也不是它们的否定。他说："这里有某个东西，其他的东西都可以谓述它，但它的存在不同于所有谓述它的范畴的存在；因为所有的东西都谓述实体，而实体谓述质料。"（1029a23-24）

非实体范畴的东西可以谓述实体，而实体自身则可以谓述质料。Z3 提出的这两种形式的谓述关系在《形而上学》第七卷第十三章 Z13（1038b5-6）和第九卷第七章 Θ7（1049a27-36）中再次得到了指明。实体和质料都可以作为主词，但它们和谓词的关系是不同的，二者并不通约。亚里士多德说："我们说它在两个意义上作为主词（ὑποκείμενον），要么是个体之物，例如动物是它的属性的主词，要么是质料作为现实性的主词。"（1038b5-6）在 Θ7 中说："ὑποκείμενον 有两种，要么是个体之物，要么不是。例如，人、身体或灵魂是有教养的和白色的主词，……而当它不是这种情况时，谓词就是形式或个体，主词是质料。"（1049a28-36）因此，与《范畴篇》不同，在《形而上学》中主词根据是否为个体分为两种情况：一是个体作为主词——这与《范畴

---

① 我认为 Z3 是亚里士多德对自己的质料概念之意义的论证和指明。"剥离论证"或者说"还原论证"其实是"反证"，证明质料不能在"剥离"后独立存在，因此不满足"可分离"和"这一个"的标准，所以不是实体。

篇》一致,另一种是质料作为主词——这在《范畴篇》中是未出现的。个体做主词,它的谓词是非实体范畴的存在者,而质料做主词,它的谓词是形式和现实性。

Z3、Z13 和 Θ7 中谈到质料做主词的时候都没有给出进一步的解释。[①] 有人认为亚里士多德并没有真正坚持这个观点,不过我倾向于认为他已经提供了质料做主词的例子,这就是质料是潜在的实体,毕竟质料的谓词只能是现实性(或形式或实体),而不能是非实体范畴的存在者。裴奇(C. Page)指出只有在潜在性的意义上,我们才能真正理解质料自身如何作为形式的主词。[②] 难道我们说"这颗种子是一株潜在的橡树"时不是质料做主词,实体做谓词的例子吗?只不过这个主词与谓词的关系并非实体与偶性的关系罢了。

现在我们看到,无论是在《范畴篇》还是在《形而上学》中,"ὑποκείμενον"的基本意思都是主词和主词指示的对象,只不过《范畴篇》中只有可感的个体实体做主词的情况,而《形而上学》中则增加了质料做主词的情形。至于 Z3 还说形式也在一种意义上称为 ὑποκείμενον,亚里士多德在 H1(1042a29)中也说到形式是主词,弗里德对此提供了一个解释,他认为形式在本体论上优先于复合物,因此复合物做主词的情况实际上是形式做主词,各种属性描述的真正对象是复合物中的形式。[③]

因此,可以说在《范畴篇》和《形而上学》中"ὑποκείμενον"的意思并非含混不清,尽管亚里士多德区分了不同的类型,但因它们都可以作主词而被称为ὑποκείμενον。所以,ὑποκείμενον就是主词和主词指示的对象,并且它分为两种:个体实体和质料。在讨论变化的时候,亚里士多德说所有类型的变化都有"ὑποκείμενον",这与《范畴篇》和《形而上学》中的是同一个词。那么,在讨论变化时,这个词是不是在区别于"主词"的别的意义上使用的呢?例如博斯托克(D. Bostock)认为它是变化中的持存者,或者变

[①] J. Owens, "Matter and Predication in Aristotle", in *The concept of Matter in Greek and Ancient Philosophy*, McMullin (eds), University of Notre Dame Press, 1965, pp. 79-95.

[②] Page. C., "Predicating Forms of Matter in Aristotle's 'Metaphysics'", *The Review of Metaphysics*, Vol. 39 (1985), pp. 57-82.

[③] M. Frede, "Substance", in *Essays in Ancient Philosophy*, Oxford: Clarendon Press, 1987, pp. 75-76.

化的承载者。①

《形而上学》中的两种主词——可感的个体之物与质料,与非实体变化和实体生灭的ὑποκείμενον是相对应的。如果亚里士多德在讨论变化时是在另一种意义上说"ὑποκείμενον",他为何对此没有任何说明而是似乎在很明确的主词意义上使用这个词呢?希腊语表示谓述的系动词ἐστιν与变化谓词γιγένεται在搭配使用主词时相同的语法结构——用名词与格(第三格),似乎为这个观点提供了一个旁证。

《物理学》第一卷第七章指出所有类型的变化都有一个ὑποκείμενον,它是变化过程的起点,可以被描述为"复合的"或者"简单的",例如"不文雅的人变成了文雅的人"或者"这个人变成了文雅的人"。亚里士多德对"不文雅的人变成文雅的人"的例子中的"ὑποκείμενον"解释说:"我们看到变化必须有一个ὑποκείμενον,即那个变化者,它在数目上为一,在形式上至少不是一。因为什么是一个人与什么是不文雅的是不同的。"(190a15-16)这里对"ὑποκείμενον"的第一个说明是"变化者",我们难道不是把变化能够谓述的主词称为"变化者"吗?在这个例子中"不文雅的人"是主词,它是"变成如何如何"这个主谓形式的主词。对于非实体变化,亚里士多德非常明确地指出了ὑποκείμενον的主词意义,他说:"现在除了实体的情况,我们非常清楚变化必须有一个ὑποκείμενον,即变化者。因为当一个物体变成这样的数量,或性质,或在一种关系、时间、地点中,必然预设了一个主词,因为实体自身不谓述别的实体,而是别的东西谓述实体。"(190a33-36)后一个句子作为对前一个句子的解释明确地指示出非实体变化的ὑποκείμενον是在主词这个意义上说的。

事实上,在《范畴篇》中"变动"和"被动"是非实体范畴,而所有的非实体要么谓述实体,要么在实体之中。变化总是在实体、质、量或位置中的(200b32);而"变动"和"被动"显然也可以谓述个体实体,我们说"苏格拉底被晒伤了(被动)","这人变成了文雅的人"。《范畴篇》的主词意义上的可感个体正是《物理学》中非实体变化的ὑποκείμενον。

---

① D. Bostock, *Space, Time, Matter and Form: Essays on Aristotle's Physics*, Oxford: Clarendon Press, 2006, p. 31.

把非实体变化的ὑποκείμενον解释为主词有一个优势:它能够解释为什么亚里士多德将个体实体与某一属性的复合物称为"ὑποκείμενον"(它在数目上为一,但在形式上至少不是一),而不论在《范畴篇》中还是在《形而上学》中ὑποκείμενον都不是实体与属性的复合物。原因是这个"复合物"是变化的主词和主体。亚里士多德在"不文雅的人"的例子中区分过简单词和复合词的情况,复合词和简单词都可以做主词,对于复合词说:"不文雅的人变成文雅的人",对于简单词说"这人变成文雅的"。因此在非实体变化中,亚里士多德才既把复合体——即个体与属性的复合,也把非复合体——即个体实体,称为"ὑποκείμενον"。如果认为ὑποκείμενον意味着变化中的持存者,那么就无法解释亚里士多德为何多次强调变化的ὑποκείμενον是复合物(190b14,190b24),因为复合物无论在非实体变化中还是在实体生灭中都是不持存的。

对于实体生灭而言,也是在主词的意义上说ὑποκείμενον的。只不过这里的主词所指的是质料而非个体实体,《范畴篇》尚未指出质料做主词的情况,但在《形而上学》中质料是不同于个体实体的另一种主词——它的谓词是形式和现实性。我们说"种子长成了大树","这堆砖头变成了房子",种子和砖头难道不是生成(变成,长成)所谓述的主词吗?质料作为实体生灭的ὑποκείμενον仍然可以在主词意义上来界定。

因此,变化的ὑποκείμενον也是在主词和主体的意义上被界定的,只不过对于非实体变化和实体生灭ὑποκείμενον是不同的:非实体变化的主体是个体实体,而实体生灭的主体是质料。

有人把变化的ὑποκείμενον解释为变化由之开始的起点和变化中的持存者和变化结果中留存的东西,似乎变化从始至终需要某个持续的"承载者"、"站在下面的东西"。[①] 如果ὑποκείμενον是在变化中维持自身不变的某种东西,那么变化的发生倒像是与它无关或超越于它的,正如一个盒子里装载着空气,这个"承载者"支撑着变化,空气的流动与盒子无关,而"承载

---

① 这个观点的代表者 Alan Code, D. Bostock, T. Scaltsas 等,参看 T. Scaltsas, "Substraum, Subject, and Substance", in *Oxford Study of Ancient Philosophy*, Vol. 5(1986), pp. 215-240. A. Code, "The Persistence of Aristotelian Matter", in *Philosophical Studies: An International Journal for Philosophy in the Analytic Tradition*, Vol. 29, No. 6(1976), pp. 357-367.

者"并不参与变化。这个持存的"承载者",它的自身同一性与发生在它"之上"的变化无关,那么我们以什么理由判断说它是这个变化的起点,它处于变化"之中"以及它是变化的"原因"呢?① 亚里士多德恰恰是要反对这种"超越的变化"的。他指出变化不是在存在者之外或超越于存在者的东西,也不存在"变化的变化"。"变化总是要么就实体而言,要么就数量,质量或位置而言的那个变动者的变化。"(201b33-34)

所以,"ὑποκείμενον"的意思并非含混不清,无论在《范畴篇》、《形而上学》中还是《物理学》中,这个词的意思都是主词和主词所指示的对象。只不过主词的情况分两种:个体实体和质料。并且谓述可以是针对静态的主词,也可以是针对动态的主词。

因此,"ὑποκείμενον"就是主词概念,而"ὑποκείμενον"所指的对象也就是能够做主词的东西或称为主体;能做主词的东西又分为两类,一是可感的个体实体——这是《范畴篇》中的第一实体,另一类是质料——这是在《形而上学》中被指明的。因此,就做主词而言,质料是某种类型的主词,即质料是现实性和实体生灭的主体,而个体实体是偶性和非实体变化的主体。所以,ὑποκείμενον不能定义质料,质料只是ὑποκείμενον的一个子类。

三 "从之而来者"与质料概念

"ὑποκείμενον"不能定义质料,而亚里士多德经常这样解释"质料":"实体从之生成的东西,我称为质料。"(1032a18)在实体生成过程中,质料作为生成的起点,在被生成的实体之先而存在;被生成的实体从它而来。换言之,质料是实体生成的"从之而来者"(that from which a thing comes)。那么,这一观念是否能够"定义"质料概念呢?

我并不是在亚里士多德讨论的定义是"本质的公式"或者"属加种差"的意义上说"质料的定义"的,因为质料自身没有独立的本质,因此更谈不上定义;而是在"描述定义"的意义上来讨论"质料的定义"的。描述定义给出

---

① S. Kelsey 指出变化中总有某个持存的和不变化的东西,这一观念与这东西在变化中的观点是矛盾的。参看"Hylomorphism in Aristotle's Physics", in *Ancient Philosophy*, Vol. 30(2010), pp. 107-125。

被定义项的意义,并使这个意义能够充分涵盖被定义项的所有使用方式。①定义项和被定义项属于同一个逻辑范畴,并且它们能够互换而使包含其句子的真值不变。因此,对于质料的描述定义,我们需要寻找一个能够充分涵盖亚里士多德对质料概念的所有使用方式的意义,可以说这个"意义"给出了"质料是什么"的回答,它能够解释质料的特性。

那么,质料是否是实体生成中的"从之而来者"?回答是否定的。虽然质料是某种类型的"从之而来者",但"从之而来者"这一观念本身却不能定义质料。我们考虑的理由有如下几个方面。

首先,实体的"从之而来者"这个观点不能涵盖亚里士多德在某些时候所说的质料。例如,他说活着的身体是动物的质料。又说"卡里亚斯和苏格拉底在质料上不同,但在形式上是等同的。"(1034a8-9)这些地方的"质料"显然不能用实体生成中的"从之而来者"解释。动物的活的身体并非先在于动物的生成。卡里亚斯和苏格拉底作为可被区分的不同个体,从直观看来似乎是这里有两个不同的身体,而并未涉及他们的生成。

其次,"从之而来"的语义是多重的,而质料只是其中一种意思。亚里士多德在《动物的生成》第一卷第十八章中讨论精子的作用和地位时区别了某物从另一物而来的四种不同意义。他说:

> 我们在多种意义上说某物从另一物而来。一种意义是我们说黑夜从白昼而来或者一个成年男子从男孩而来,意思是一物在另一物之后。另一种意义是我们说雕像从铜而来,床从木头而来,那么在别的情况中我们说这东西是从某个材料制成的,意思是这整个东西是从某个先在的东西形成的,即先在的那东西被赋予了形式。第三种意义是一个人从文雅的变成不文雅的,从健康的变成生病的,一般说来这个意思是指某物从它的对立面而来。第四种意思是,……正如愤怒来自诽谤,而打斗从愤怒而来,在这个意义上的从什么而来是指它的效力因。(742a20-31)

---

① 参看《斯坦福哲学百科全书》对"定义"的解释,p. 5, p. 10. http://plato.stanford.edu/entries/definitions/。

质料是第二种意义上的"从之而来者",其他三种意义的"从之而来者"都不是质料。第三种和第四种意义上的"从之而来者"比较容易与质料意义相区分,可感实体的质料是某个物体,因此当然不会是作为对立面的状态或属性,而效力因是变化的启动者,例如,亚里士多德认为精子是生成动物的效力因。不过,第一种意义上的"从之而来者"却不太容易与质料相区分,因为第一种意义的"从之而来者"是时间上在先的,白昼在时间上先于黑夜,男孩在时间上先于成年男子;而质料作为实体生成的起点也是在时间上先于被生成的实体的。第一种意义和第二种意义都包含时间上的在先。考虑种子的例子,"植物从种子而生成"是在第二种意义上说的,但这个例子也满足第一种意义。那么,究竟是什么别的原因使我们从"时间上在先"中又区别出质料的情况呢?质料是时间上先于实体的,但却并不仅仅因为时间上在先而成为某实体的质料。

最后,亚里士多德认为质料自身是不确定的(αόριστος)、不可分离的和不可知的。如果质料的定义是"实体从之而来者",那么我们在什么意义上能够说质料是不确定的、不可分的和不可知的?例如,这雕像从一块铜而来,究竟有谁会认为铜作为质料是不可知的、不确定的和不可分离的?支持原始质料的学者会说亚里士多德用这些特性规定的是原始质料,而不是一般质料。但这种说法难以成立,这里举两个例子。《形而上学》第七卷第十章中说:"质料自身是不可知的。一些质料是可感的,一些是可思的(intelligible)。可感的,例如铜、木头和一切能变化的质料;可思的是指在可感之物中但并未就可感的方面说,例如数学对象。"(1036a10)这里所说的不可知的质料显然不是"原始质料"。另一个例子,《形而上学》第九卷第七章,"对于一个实体'是什么的'(这种形容词用法),属性和质料都应当被描述为这样的形容词。因为它们都是不确定的"(1049b1-2)。对于质料的形容词用法,亚里士多德的例子是箱子不是土或"土制的"而是"木制的"。(1049a24)这里说质料是不确定的也不是在"原始质料"的意义上。

所以,"从之而来者"这一观念自身是多义的,它既不能涵盖质料概念的所有使用方式,也不能解释质料的所有特征。因此,质料只是某种意义上的"从之而来者",这个观念自身却不能定义质料概念。

现在我们看到,尽管质料是实体生灭的"ὑποκείμενον",是实体生成中的"从之而来者",但这两者都不能定义质料;因为它们既未涵盖质料概念的所有使用方式,也未能解释质料的所有特征。那么,质料概念是如何被定义的呢?质料究竟"是什么"?

四 质料的形而上学地位与潜在者

对于质料"是什么"的问题,我们必须注意到质料在形而上学中的地位。读者也许会发现在亚里士多德"逻辑学"著作中没有质料概念①,而"质料—形式"却是物理学和形而上学中最基本的概念。抛开争论不议,"形式"在逻辑学中就出现了,至少亚里士多德用了同一个词。"Εἶδος"在《形而上学》中通常指"形式",而在逻辑学中一般被翻译为"种",被认为是《范畴篇》所指的第二实体。在那里,与"种"相对的是"属"(γένος)而不是质料。"质料"(ὕλη)一词从未在逻辑学中出现过。若我们问"质料是什么",则根据"是什么"的十范畴的划分,这个问题是无解的。在存在者的十范畴中并没有质料的地位。换言之,亚里士多德的范畴的本体论图景并不包含质料。

质料概念在"逻辑学"中缺失的原因不仅对于理解整个亚里士多德哲学是重要的,正如格雷姆(D. Graham)和克雷斯韦尔(M. J. Cresswell)指出的,这是因为逻辑学中并未考虑也未触及实体生灭变化的问题②,而且对于我们理解亚里士多德的质料概念本身亦是重要的。我要强调的是质料不是任何范畴的存在者。如果质料是某种存在者,而不是"非存在",那么它之所是并不是存在的范畴能够容纳和揭示的。

实际上,质料的形而上学地位并不在存在的范畴划分中,"质料是什么"的问题也并不能由存在之范畴来回答。然而,存在不仅可以在范畴的意义上说,也可以在潜在性和现实性的意义上说。亚里士多德指出"存在"的意义有四种划分:"'存在'意味着(1)偶然存在,(2)根据自身的存在,……(3)某物是真的或假的,……(4)潜在存在和偶然存在。"(1017a8-1017b9)其

---

① 参看 D. Graham, *Aristotle's Two Systems*, Oxford: Clarendon Press, 1987, pp. 152-154。
② D. Graham 指出在《物理学》第一卷讨论变化,特别是实体的生灭时才出现了质料概念。"Aristotle's Discovery of Matter", in *Archive der Geschichte der Philosophie*, Vol. 66-67, pp. 37-51. 同时参看 M. J. Cresswell, "The Ontological status of matter in Aristotle", in *Theoria*, Vol. 56-58(1992), pp. 116-130。

中(2)又被分为十个范畴,这是《范畴篇》的主旨。《形而上学》第七卷(Z)被认为是讨论"自身存在者"(per se beings)的问题,而第九卷(Θ)的主题是潜在存在者和现实存在者。

潜在存在和现实存在的划分与范畴的划分是相互独立的对存在意义的不同划分,潜在性和现实性的区分可以应用于任何一个范畴。例如,不仅实体可以看做潜在的实体和现实的实体,质也可以是潜在的质或现实的质,量也可以是潜在的量或现实的量。为了区别这两种独立的意义,维特(Witt)称范畴的划分为存在的种类,而潜在性和现实的划分为存在的方式。[①] 我同意维特(Witt)的这一观点,并采用她的"存在的种类"和"存在的方式"的术语。

质料的形而上学地位不在"存在的种类"中,却在"存在的方式"中。质料不是存在的种类,而是存在的一种方式。质料自身不是"这一个",也不是"质,量或其他范畴"(1029a21-22),而是潜在存在。所以,"质料是什么"和质料概念的定义问题必然与潜在性以及相应的现实性相关。亚里士多德说:"质料是潜在的个体实体。"(1042a28)"质料潜在地存在。"(1042b10, 1050a15)对于可感实体而言,质料就是潜在的可感实体。

对于潜在者和现实者的区分亚里士多德常用的例子是:某人拥有知识但并未运用知识时,他是潜在的知者,当运用知识时,他是现实的知者;一位拥有建房技艺的人是潜在的建筑师,当他正在建房时,他是实现的建筑师。梅恩(S. Menn)说"知者"和"建筑师"是亚里士多德解释潜在性和现实性的核心例子,因为"拥有某一能力"和对"能力的运用"是亚里士多德最初的也是从柏拉图那里继承来的对潜在性和现实性的理解,尽管这个区分在亚里士多德成熟的思想中有了更丰富和深入的运用。[②]

亚里士多德在《形而上学》Θ 卷中对潜在性和现实性有着系统的讨论,我们以 Θ 卷为中心来简要地分析潜在性概念的四个重要的本体论特征,以

[①] C. Witt, *Ways of Being: Potentiality and Actuality in Aristotle's Metaphysics*, Ithaca, NY: Cornell University Press, 2003, pp. 2-3.

[②] S. Menn, "The Origins of Aristotle's Concept of ἐνέργεια: ἐνέργεια and δύναμις", in *Ancient Philosophy*, Vol. 14(1994), pp. 73-113. 他认为亚里士多德对潜在性和现实性区分的最初的模型是能力的拥有和能力的运用,这体现在他早期著作 Protrepticus 中,并从柏拉图的《欧绪得墨》和《泰阿泰德》中继承来的。(*Euthydemus* 280b5-282a6, *Theaetetus* 197a81-b1)

便澄清质料的本体论意义,以及了解潜在性如何定义和解释了质料概念。

首先,潜在者具有存在上的双重性,我的意思是:潜在者在一种意义上存在,在另一种意义上不存在。潜在性和现实性的区分是对存在者的不同存在方式的区分,而不是非存在与存在的区分。一个特定的存在者F,潜在的F是某个存在者,而不是非存在者。例如这块木头作为潜在的赫尔墨斯是存在者,而这堆砖石作为潜在的房子也是存在者。潜在的F是某种程度的F而不是"非存在"。因此,在这个意义上,我们说潜在者存在,而某个潜在者是这个存在者的一种存在方式。

然而,潜在的F不是绝对意义上的F,只有现实的F能无条件地称为F。换言之,潜在者"不是"完备的存在者。潜在性和现实性是相互排斥的,它们不能同时存在。亚里士多德说:"现实性作为某物的存在方式不是我们说的潜在性。"(1048a31)若某物是潜在的F,则它就不能同时是现实的F。同一个对象不能在相同的时间和相同的方面既是潜在的又是现实的。潜在性自身是对现实性的否定,而现实性自身也是对潜在性的否定。然而,只有现实者才是真正意义上的"存在者"。亚里士多德指出:"潜在者属于不存在的范围,它们不存在是因为它们不具有完备性(Ἐντελεχία)。"(1047b1-2)因此,在这个意义上,我们说潜在者不存在,因为它"不是"现实者和完备的存在者。

说潜在者既存在又不存在似乎违背了逻辑矛盾律。但是,F的本质和名称只有运用在现实的F上才是最合适的和无条件的,而只在较弱的某种程度上以某种方式适用于潜在的F。潜在的F"不是完全的存在"或无条件的存在,而是较弱程度的存在。看起来,亚里士多德承认存在者自身有强弱程度上的区分[①],但他强调说只有最强程度的存在者是完备的存在和真正的存在。潜在者作为不完备存在,与现实者相比,是某种"不存在"。因此,我们说潜在者既存在又不存在并未违背逻辑,因为它在不同的意义上和以不同

---

① 亚里士多德究竟是否认为存在自身有强弱程度上的区分,从《范畴篇》和《形而上学》中似乎得到相反的观点。在《范畴篇》他说:"实体并不包含程度的多少。我并不认为一个实体比起另一个更是实体。"(3b34)但在《形而上学》中,特别是对潜在性和现实性以及变化的讨论,显示出他承认存在的不同程度。对这个问题的讨论,以及这里是否涉及亚里士多德后期思想对早期思想的否定,参看 D. Graham, *Aristotle's Two Systems*, Oxford: Clarendon Press, 1987, p. 206。

的标准而作为存在者和不存在者。作为"存在",潜在者是某个存在者;作为"不存在",潜在者不是现实者和绝对的存在者。所以,我们说潜在者具有存在上的双重性:它既存在又不存在。

正因为潜在者在某种意义上"不存在",亚里士多德强调说潜在者是不确定的。正如比伊尔(J. Beere)指出的:"潜在性是不确定的,至少部分原因是在某种意义上潜在者并非其所是:在某种意义上,潜在的人还尚未是人。"①

其次,潜在者具有目的论上的指向,即它"朝向"作为目的的现实者而运动;并且一个潜在者只有一个单一的目的,它与作为目的的现实者的关系是必然的。亚里士多德在《形而上学》Θ7 中讨论某物在何时是潜在者,并指出了判定潜在者的两个标准,这两个标准表明潜在者具有一个目的论上的指向。

《形而上学》Θ7 以这样一个问题开篇:"我们必须确定某物何时是潜在者,何时不是,因为它并非在任何时候都是潜在者。例如,土是潜在的人吗?或者不是,而是当它已经成了精子(才是),或者到那时也还不是。"(Πότε δὲ δυνάμει ἔστιν ἕκαστον καὶ πότε οὔ, διοριστέον. Οὐ γὰρ ὁποτέουν.)(1049a1-3)对于这个问题,亚里士多德给出了两个回答。我们写为标准 1 和标准 2。

标准 1:X 是潜在的 F,当且仅当,若 X 被工匠选中,并且没有外部因素阻止,X 将必然会变成 F。

标准 2:X 是潜在的 F,当且仅当,若没有外部因素阻止,X 将必然会自己变成 F。②

标准 1 的适用对象是所有需要外在施动者的变化,而且它考虑的潜在者是受动者。标准 2 与标准 1 不同,它适用于变化的原则是内在的情况。但这两个标准有两个共同点:"没有外部因素阻止"和"X 将变成 F"。这两点是相互联系的。一方面,"没有外部因素阻止"表明潜在者之为潜在者并不取决于外部环境的因素,而是某种"内在秉性",因此我们在判断某物是不是潜在者时必须排除外部因素。另一方面,只要排除了外部干扰,潜在者就能发挥这种"内部秉性",就必然变成现实者,否则它就不是潜在者。实际

---

① J. Beere, *Doing and Being: An Interpretation of Aristotle's Metaphysics Theta*, Oxford University Press, 2009, pp. 235-236.
② 对于这两个标准的归纳和表述我参考了 J. Beere 的表达,参见 J. Beere, *Doing and Being: An Interpretation of Aristotle's Metaphysics Theta*, Oxford University Press, 2009, p. 242。

上,我们可以把这两点组合起来,读作一个条件:排除外部干扰后 X 必然将会变成 F。我们看到决定某物是不是潜在的 F 在于排除外部干扰后它能否生成 F,这里的关键是"将生成 F"。现实的 F 是这个生成过程的终点和目的,而潜在的 F 是生成的起点。因此,我们说潜在者之为潜在者是因为它在排除外部干扰后必然变成现实者,它内在地具有一个目的论上的指向,为了作为目的的现实者而存在,它必定"朝向"现实者运动。而这个目的论上的"指向"就表达为"必然生成 F"。

潜在者在目的论上的指向是潜在者的本质特征。潜在者作为起点朝向作为终点和目的的现实者运动,这个方向是内在于潜在者的。潜在者"指向"现实者,而现实者却不"指向"潜在者,它们的关系是非对称的。正是在这个意义上,亚里士多德形象地说质料"渴望"形式,而潜在者"为了"现实者而存在。

第三,不同类型的潜在者和不同类型的现实者以类比的方式称为潜在者和现实者。潜在性和现实性概念是通过类比来把握的。亚里士多德在《形而上学》Θ6 中指出我们不能用定义或者别的方法来理解它们,只能用类比和归纳的方式来把握。"类比"作为一种方法源于数学中的"比例"概念,但亚里士多德把它发展为一个语义概念。类比中的各个项组成一个松散的统一体,它们之间的关系既不是同一个种之下的个体,具有"形式上的一",也不是"焦点意义"中的对象,涉及同一个核心意义。① 它们之所以具有类比上的统一是因为它们显示了某些共同的"关系"或"图示"。

现实性和潜在性的类比在 Θ6 中有两组例子。对于第一组例子,亚里士多德说:"我们称潜在性,例如,在木头中的赫尔墨斯,在整条线段中的半条线段,因为它们可以被分离出来,还有不在沉思中的人我们称为思者,如果他有能力沉思;与之对立的我们称为现实性。"(1048b31-35)第二组例子,他说:"所以,正如正在盖房子的人之于能盖房子的人,醒着的人之于睡着的人,正在看的人之于有视力但闭着眼的人,已经从质料中分离出来的东西之于质料,已经被完成的之于还未完工的。"(1048a36-1049b5)

---

① 类比作为一个语言概念的讨论,参看 J. Beere, *Doing and Being: An Interpretation of Aristotle's Metaphysics Theta*, Oxford University Press, 2009, pp. 178-179。

我们把两组例子合在一起,把这个类比写为:

现实性	潜在性
(a) 赫尔墨斯	木头
(b) 半条线段	整条线段
(c) 正在沉思者	能沉思者
(d) 正在盖房子的人	能盖房子的人
(e) 醒着的人	睡着的人
(f) 正在看的人	有视力但闭着眼睛的人
(g) 已经从质料中分离出来的	质料
(h) 已经被完成的	未完工的

这组对比的每一边都有一个名称,左边是现实性,右边是潜在性。所有现实者或潜在者只具有类比上的统一,亚里士多德总结这个类比说:"现实性并非在所有的例子中都是同一种方式,而是以类比的方式。正如这一个之于这一个,那一个也之于那一个。因为正如一些是变化之于力,而另一些是实体之于某一质料。"(1048b6-9)力和质料以类比的方式都称为潜在者;变化和实体以类比的方式都称为现实者。还有其他类型的潜在者:无限(在Θ6的最后单独讨论过)、虚空、可朽实体等等,它们对应于不同的现实者。

第四,潜在者以某种方式在生成和时间上优先于现实者,而现实者在本体论上或"在实体上"优先于潜在者。

对于潜在者在时间上优先于被生成的现实者,亚里士多德说:"(在时间上)优先于这个现实的人、小麦和实际看的东西是质料、种子和能看——它们是潜在的人、小麦和实际看;但是在时间上优先于这些潜在者的是别的现实者,这些潜在者从别的现实者而产生;因为现实者总是从潜在者而生成,并以某个现实者为原因——人因人而来,音乐家因音乐家而来。"(1049b20-25)

变化总是从某物开始,以某物为原因,以变成某物为结束。起点是潜在者,终点是现实者,而作为变化的原因和推动变化的某物是现实者——这个现实者与作为变化目的的现实者在形式上相同。潜在者在生成过程中在时间上早于现实者,因此它具有时间上的优先性;但是作为生成之起点的潜在者自身却来自另一个在时间上更早的现实者,这个现实者对之后的潜在者具有时间上的优先性。例如,种子是潜在的小麦,它在时间上优先于由它生成的成熟小麦,但这粒种子自身是从同种成熟的小麦而来的。这个作为父本的小麦是先在的现实者。又例如,演奏竖琴的能力在时间上优先于演奏,但是在这能力获得之先必须有实际的演奏练习。因此,对于某物 F 的生成,潜在的 F 在时间上优先于现实的 F,但是与 F 同形式的现实者 F′在时间上又优先于潜在的 F。

现实者在生成过程中是最晚出现的,但它在本体论上优先于潜在者。这意味着现实者之所是不依赖于潜在者之所是,而潜在者之所是必须依赖于现实者之所是。亚里士多德在 Θ8 中把这个关系称为"现实者在实体上优先于潜在者"①。他说:"现实性在实体上优先,首先因为在生成过程中在后的东西在形式和实体上是优先的。例如成年人对男孩(是优先的),人对种子(是优先的),因为前者已经有了形式,而后者却没有。再者因为任何生成都是朝向一个本源即目的而变化,因为'被为了'的东西是本源,而生成就是为了这个目的。并且现实性是目的,潜在性是为了这个目的。"(1050a5-10)

现实者之所是决定了相应的潜在者之所是。成年人之所是并不依赖于男孩之所是,但男孩之所是却必须依赖于成年人之所是,小麦之所是不依赖于它的种子之所是,但反之却不然。换言之,男孩和种子的本质取决于成年人和小麦的本质,但并非相反。例如,我们说男孩是朝向成年人发育的尚未成熟的人,种子是朝向小麦发育的尚未成熟的麦子。作为"尚未成熟的人"

---

① "现实者在实体上优先于潜在者"的意义是个复杂而富有争议的问题。一种解释认为 Θ8 中的"在实体上的优先性"是指《形而上学》Δ11,1019a3-4 的意义,(Τὰ μὲν δὴ οὕτω λέγεται πρότερα καὶ ὕστερα, τὰ δὲ κατὰ φύσιν καὶ οὐσίαν, ὅσα ἐνδέχεται εἶναι ἄνευ ἄλλων, ἐκεῖνα δὲ ἄ′νευ ἐκείνων μή.) 即"A 对 B 在实体上有优先性,当且仅当 A 能不依赖 B 而存在,B 不能不依赖 A 而存在"。我把这一解释称为"存在解释"。不过这种解释面临着许多困难,它并不符合 Θ8 中的例子,例如男孩能够不依赖于他将会成为的那个成年人而存在,实际上,男孩可能还未成年就夭折了,而成年人从未存在过。然而,我们把 Δ11,1019a3-4 中的"εἶναι"读作"所是"(being),而不是"存在"(existence),这样一来就可以避免"存在解释"中的困难。我们采用"所是解释"来理解 Θ8 中对现实者在实体上优先于潜在者的论证。而"所是"与"本质"有着密切的关系,在这里,我们粗略地用"本质"来理解现实者之所是如何决定潜在者之所是。持"存在解释"的学者,例如 C. Witt, D. Ross, T. H. Irwin, Aquinas 等。参看 C. Witt, *Ways of Being*: *Potentiality and Actuality in Aristotle's Metaphysics*. Ithaca, NY: Cornell University Press, 2003, p. 82, and p. 139. 对将 Δ11,1019a3-4 中的"εἶναι"读作"所是"(being)的讨论,参看 Michail. M. Permatizis, "Aristotle's Notion of Priority in Nature and Substance", in *Oxford Studies in Ancient Philosophy*, vol. 43(2008), pp. 187-249.

和"尚未成熟的麦子"它们的本质取决于"人"和"麦子"之本质。可以说潜在者的本质是"为了现实者的本质"。潜在者是什么已然预设了现实者是什么,它在本体论上不能独立存在,而从现实者那里"获得"了某种本质,或者说现实者把自身的本质以"为了"的结构投射到潜在者上去。潜在者在本体论上是现实者的"附庸",也正是在这个意义上,它并不在严格的意义上拥有独立的"本质"。

五　严格的质料概念与宽泛的质料概念

尽管质料概念自身并不等于潜在性概念,前者是实体和实体生成的原因之一,而后者是一种存在方式,① 但是我们可以认为潜在性概念在某种意义上是质料概念的描述定义,因为潜在性概念涵盖了亚里士多德对质料概念的所有使用方式,并解释了质料的特性,它回答了"质料是什么"的问题。

质料与实体是潜在性和现实性的一种例示。换言之,可感实体的质料是一种类型的潜在者,即它的现实者是可感实体。还有其他类型的潜在者:力或力的承载者、自然、可朽实体、无限和虚空。这些不同类型的潜在者对应于各自不同的现实者。它们在类比的方式上被统一地称为潜在者。例如,我们说质料和力都是潜在者,但它们之间的关系是类比。因此,可感实体的质料是一种类型的潜在者,即它的相应的现实性是可感实体。我把这个定义称为亚里士多德的质料概念的严格意义。

严格意义上的质料概念包含了潜在的可感实体的所有特征和本体论意义。因此,与潜在者一样,质料也具有存在上的双重性,即它不是现实的实体,但它以某种方式已经是实体。质料具有目的论上的指向,即它以实体为目的,并朝向实体而变化。在可感实体的生成中,质料在时间上优先于现实的实体,但它并不具有"在实体上的优先性"——即质料之所是在本体论上依赖于和取决于实体之所是。这些特征和意义都是严格意义上的质料概念

---

① 尽管对"形式与质料"和"现实性与潜在性"这两对概念谁更根本的问题还有争议,但我认为后者是更基础的,因为亚里士多德用它们来探究永恒实体和不动的动者——"神学"是他的形而上学的最高目标。参看 S. Menn 对这个问题的讨论,他认为"现实性和潜在性"概念是更基础的。S. Menn, "The Origins of Aristotle's Concept of Energeia", in *Ancient Philosophy*, Vol. 14(1994), pp. 73-114.

的内容。

现在我们能看出这个定义如何解释了质料的特征,又如何解决了之前遇到的问题。为什么质料概念不等于"ὑποκείμενον"?因为ὑποκείμενον概念并没有这些特征和形而上学意义,它不是潜在者也不具有存在上的双重性等等。为什么"从之而来者"不能定义质料?因为实体的"从之而来者"所指的东西并不都满足这些特征和意义,例如"黑夜从白天而来"(742a20),白天只在时间上优先于黑夜,但并不具有质料具有的其他特征和意义。为什么亚里士多德说质料自身是不确定的、不可分离的和不可知的?因为质料作为潜在者在定义上和本体论上依赖于现实者,被现实者所规定,它没有独立的本质。为什么质料是一个相对的概念(194b9)?因为不同的质料对应不同的现实者,一个质料只朝向一个目的。

亚里士多德的质料概念是一个技术化的哲学概念,这一点我们现在看得更清楚了。在论文的开始我们就辨析过亚里士多德的质料并不是日常意义上的物体,也不是现代科学中的物质。当然,质料也不是亚里士多德同时代的自然哲学家的始基——原子和元素。亚里士多德哲学中的四元素——水、土、火、气——是实体,而不是质料。对于可感实体而言,某个东西是不是质料必须由是否满足这个严格意义上的定义来判断,如果这东西不是能生成实体的潜在者,那么它就不是质料。

然而,我并不否认亚里士多德有时也称某些东西为"质料",尽管它们并不满足这个严格意义。这些类型我称为"宽泛意义的质料",它们在"类比"的意义上称为"质料"。实际上,它们是区别于潜在的实体的其他类型的潜在者。

力(或者"自然")的承载者也被称为"质料"。亚里士多德说:"有机身体(有器官的身体)相当于潜在者。"(413a1)动物的身体被认为是它的"质料"。当然,动物的活的身体并不是严格意义上的质料,因为活着的身体并不是潜在的动物。与动物的身体对应的现实性是这个动物的各种生命活动。身体有各种各样的能力能够引起各种变化和活动,例如,眼睛有看的能力,能够产生现实地看这个活动。我们说身体是"质料",因为它是潜在的生命活动的承载者,它的实现是各种生命活动。

无限有时也被称为"质料"。亚里士多德说:"无限像质料那样潜在地存在,并不像有限那样能够独立地存在。"(206b15)又说:"明显的是,无限是质料意义上的原因,并且它的本质是缺失。"(208a1)无限作为"质料"并不是严格意义上的,而是在作为某种潜在者的意义上。无限是一种特殊的潜在者,它只在过程中被实现着。① 在类比的意义上,"无限"也是"质料"。

属(γένος)有时也被亚里士多德称为"质料"。在关于定义的统一性的讨论中,例如"人是两足的动物",他把属看做"质料"。他说:"如果我们坚持说定义一部分是质料一部分是形式——一部分是潜在者另一部分是现实者。这个(关于定义的统一性的)难题就不存在了。"(1045a23-25)尽管"属"作为潜在者在Θ卷中并未得到独立的讨论,但是它被认为是定义中的潜在者。"定义的一部分是质料另一部分是现实性。"(1045a35-36)属因此也被称为"质料"。当然,属并不是严格意义上的质料,它并非是与实体生成有关的潜在实体。有些学者,例如罗蒂(R. Rorty),认为"属"就是可感实体的质料。② 这当然是荒谬的,正如格雷(M. Grene)指出的"属等于质料这个关系是类比的而非字面意义上的相等。"③我要再次指出,只是在类比的意义上,属也是潜在者,因此是宽泛意义上的质料。

Aristotle's Concept of Matter

Cao Qingyun

Abstract: The concept of matter plays a crucial role in Aristotle's phi-

---

① 无限并没有对应的现实者,也就是说无限不可能"实现"。无限的特殊的实现方式是不断的进程。对无限的讨论参看 D. Bostock, "Aristotle, Zeno, and the Potential Infinite", in *Space, Time, Matter and Form: Essays on Aristotle's Physics*, Oxford: Clarendon Press, 2006, pp. 116-127。
② R. Rorty, "Geus as Matter: a Reading of Metaphysics Zeta-Eta-Theta", in *Exegesis and Argument* [= Phronesis suppl. vol. 1], 1973, pp. 392-420.
③ Marjorie Grene, "Is Geus to Species as Matter to Form?" in *Synthese*, Vol. 28(1974), pp. 51-69.

losophy, but what it means is not so clear as people supposed. In this paper I argue that Aristotelian matter is neither the concept of body, nor the concept of mass or perceptible object in modern science; rather it is defined and understood within Aristotle's theory of change. Although matter is the ὑποκείμενον of substantial generation, and that from which a substance comes, neither ὑποκείμενον nor that from which a thing comes is able to define matter. The answer of "what is matter" relates to the concept of potentiality. Matter is not any categorical being, but a way of being. The descriptive definition of matter should be potential substance, because this definien explains the metaphysical meaning of matter and its various features: why matter could be ὑποκείμενον and that from which a thing comes, why matter desires form, why matter is indefinite, and why matter is relative, ect. Infinite and genus are called "matter" in an analogous sense, because they are kinds of potential being.

Key words: Matter, Change, ὑποκείμενον, potentiality

早期奥义书的主要思想及其影响

姚卫群[*]

提　要：奥义书是一批在印度哲学发展史上引人瞩目的文献。其中在佛教之前产生的几部早期奥义书的重要性则尤为突出。这些文献中提出了一系列明确的宗教哲学理论，包括梵我理论、轮回解脱理论、基本元素理论、体悟真理的方法理论等。这些理论对印度后世的婆罗门教六派哲学、佛教、耆那教等派别的思想观念有不同程度的影响，是印度历史上的许多流行哲学理论的主要思想源头。深入研究这方面的内容，对于把握印度哲学发展的基本线索，认识东方文化的特色具有重要意义。

关键词：奥义书　婆罗门教　耆那教　佛教　东方哲学

奥义书是古印度较早大量提出哲学思想的一批文献。这批文献种类很多，年代跨度大。较早的奥义书在佛教产生之前就存在了，而较晚的奥义书甚至在公元后才出现。在这些奥义书中，较早出现的奥义书尤其值得关注。这些文献在印度思想史上占有显要地位，对印度后世形成的宗教或哲学流派有重要影响。分析研究早期奥义书思想对于认识印度古代（甚至印度外的国家）的一些重要宗教哲学观念的来源或形成原因有明显的价值。

---

[*] 姚卫群，1954年生，北京大学外国哲学研究所研究员、哲学系教授。

一　早期奥义书的种类和基本内容

奥义书的梵语是"Upaniṣad",它的原意是"近坐"或"坐在一起",引申而成师生对坐时所传的"奥秘教义"。这些"奥义"最初是口耳相传的,但后来被人们整理成书面文字,流传下来。奥义书从广义上说,是印度最早的宗教历史文献吠陀的一部分,是吠陀中较晚出的文献。但奥义书与早期吠陀文献的内容有明显不同。早期吠陀主要展示印度古代宗教崇拜或信仰的内容,而奥义书则在表述宗教观念的同时开始大量探讨哲学问题。

印度历史上被称为"奥义书"的文献数量众多,大约有两百多种。但其中年代在佛教产生之前的奥义书现存的也不多。国际学界对各奥义书的年代问题有种种看法,观点不尽相同。通常认为年代较早(佛教产生之前)的奥义书至少有六部。它们是:《广林奥义书》(Bṛhadāraṇyaka Up.)、《歌者奥义书》(Chāndogya Up.)、《他氏奥义书》(Aitareya Up.)、《鹧鸪氏奥义书》(Taittirīya Up.)、《乔尸多基奥义书》(Kauṣītakī Up.)、《由谁奥义书》(Kena Up.)[①]。上述奥义书通常被认为是约公元前800年至公元前500年间产生的。以下分别将这六部奥义书的基本内容作一简要的归纳:

1.《广林奥义书》

这一奥义书是各种奥义书中最古老的,而且也是篇幅最长的。它在文献上属《耶柔吠陀》系统,也被认为是《百道梵书》的一部分。这一奥义书分为六章,每章下又分若干节[②]。第一章有六节,主要论述了世界的创造、生命现象的主体阿特曼(我)、气息、生主等问题;第二章也分为六节,论述了梵的本质、两种形态的梵、宇宙和自我等;第三章分为九节,论述了祭祀与果报、苦行与禁欲、轮回与解脱、认识梵的方法、梵的不可思议性和不可限定性(不

---

① S. Radhakrishnan 将上述六部奥义书列为公元前8至前7世纪的奥义书。同时也将《伊莎奥义书》(Isa Up.)和《迦塔奥义书》(Kaṭha Up.)也列为这一时期的奥义书(参见 S. Radhakrishnan, *The Principal Upaniṣads*, George Allen & Unwin LTD, London, 1953, p. 22)。黄心川及一些日本学者将这六部奥义书及《伊莎奥义书》列入佛陀以前的奥义书(参见黄心川:《印度哲学史》,商务印书馆,1989年,第53页)。

② 此奥义书中的"章"有的译文中作"分","节"有的译文中作"婆罗门书"。

可描述性)、多神与一梵等；第四章分为六节，论述了对梵的定义、身体中的我、睡眠中的我、死时与死后的我、最高我等；第五章分为十五节，论述了梵的不朽性、梵的真实性、对梵的冥想等；第六章分为五节，论述了身体的功能、气息、死后状态等。

2.《歌者奥义书》

这也是较著名的古老奥义书，篇幅仅次于《广林奥义书》。它在文献上属于《沙摩吠陀》系统，也被视为属《歌者梵书》的部分。这一奥义书分为八章，每章下也有若干节①。第一章有十三节，主要论述了唱赞"唵"字的神圣意义、气息、祭祀等；第二章有二十四节，论述了唱赞的好处、唱赞的场合、唱赞中一些音节的神秘意义、唱赞的不同方式、供奉祭品的回报等；第三章有十九节，论述了四吠陀、梵、众神、天界、梵我关系、宇宙金卵等；第四章有十七节，论述了一切皆梵、到达梵界之路、祭祀等；第五章有二十四节，论述了气息、自我在死后的行程、神道、一切的我等；第六章有十六节，论述了我的唯一性、内在的精神等；第七章有二十六节，论述了言语、思想、记忆、希望、真理、信念、行为、幸福、自我意识等；第八章有十五节，论述了世界中普遍的我、死后的状况、真实的自我、身体的自我、梦境中的自我、睡眠中的自我、作为精神的自我等。

3.《他氏奥义书》

这一奥义书一般认为在文献上属于《梨俱吠陀》系统，也被认为属《他氏森林书》的部分。《他氏奥义书》年代古老，但篇幅不长，只有三章②。第一章论述了世界的创造、宇宙的最高我及其力量、自我与身体；第二章论述了自我投胎后的种种形态；第三章论述了自我是生命现象的主宰者，并论述了五种物质元素(五大)，论述了意识或智慧(prajñāna)是各种事物的基础。

4.《鹧鸪氏奥义书》

这一奥义书一般认为在文献上属《耶柔吠陀》系统，也有人认为它属与其相应的《森林书》中的一部分。《鹧鸪氏奥义书》分为三章③，每章之下又

---

① 此奥义书中的"章"有的译文中作"篇"；"节"有的译文中作"章"。
② 此处根据 S. Radhakrishnan, *The Principal Upaniṣads* 书中所载版本。徐梵澄译著《五十奥义书》(中国社会科学出版社，1995年)，书中译文分为五章。
③ 此奥义书中的"章"有的译文中作"轮"或"卷"。

分若干节。第一章有十二节,论述了世界和个人的本质、"唵"字的神圣意义、人的义务等;第二章有九节,主要论述了对梵的认识、物质、生命、精神、觉悟、至喜、梵为一切事物的根源等;第三章有十节,论述了梵、元素、不同形式的冥想、神秘的唱赞等。

5.《乔尸多基奥义书》

这一奥义书一般认为在文献上属《梨俱吠陀》系统,也有人认为它属《乔尸多基森林书》中的一部分。《乔尸多基奥义书》分为四章。第一章主要论述了轮回和通过知识获得解脱、达到梵界的途径、与最高我的同一等;第二章论述了生命气息及其与梵的同一、祭祀、梵的表现形式等;第三章主要论述了生命气息、个人作用与存在体的相互关系、智慧的最高性、认识的主体和客体等;第四章论述了对梵的定义、在各种宇宙现象中的梵、心中普遍存在的我、我的一体性等。

6.《由谁奥义书》

这一奥义书一般认为在文献上属《沙摩吠陀》系统。它分为四章。第一章论述了个人中的真正实在者、作为一切事物存在基础的梵;第二章论述了梵的不可正面表述性、获得梵的知识的意义;第三章论述了梵高于众神等;第四章论述了梵智超越一切、梵是世界和个人的实在等[①]。

除了上述六部奥义书之外,早于佛教出现的奥义书应该还有一些,但由于各种奥义书的产生年代久远,相关的历史记载极少,在这个问题上有种种看法。这里提出加以叙述的仅是学界多数人认可的早期奥义书。由于这些奥义书的年代较早,对后世印度宗教哲学或其他文化思想有较大影响,因此从古至今都受到人们的重视。探讨这些早期奥义书的基本内容,特别是其中论述的主要问题,对于明了印度哲学思想的形成和发展过程有重要意义。

二 论述的主要问题

早期奥义书思想家关注的问题较多,其中对后世印度宗教与哲学思想影响较大的是关于梵我的理论、关于轮回解脱的理论、关于基本元素的理

---

① 以上关于这六部奥义书的章节及内容概述参考了 S. Radhakrishnan 上引书中的有关内容。

论、关于体悟真理方法的理论等。以下分别论述：

1. 梵我理论

"梵"（Brahman）是印度婆罗门教哲学中讨论的核心概念，也是各种奥义书中关注的主要问题。早期奥义书中即有大量关于梵的论述。

梵被奥义书思想家看做是一切事物的根本或事物的本体，认为事物在本质上就是梵，或来自梵。例如，《歌者奥义书》3,14,1中说："这整个世界都是梵。"①《广林奥义书》1,4,10中说："最初，此处唯有梵，他仅这样理解自己：'我是梵'。因此，他成为一切。哪个神领悟了这，就成为他。仙人亦如此，人亦如此。"②这里说的梵就是一切事物的根本。

"我"（Ātman，音译"阿特曼"）这一概念也是早期奥义书中经常提及的。这一概念一般被用在表示生命现象中的主体，大致类似于所谓"灵魂"。但有时也用来直接替代梵一词，被称为"大我"。这两种含义在奥义书中都有表述。例如，《广林奥义书》3,7,23中说："他不被看却是看者，不被听却是听者，不被认识却是认识者，不被领悟却是领悟者。除他之外，没有看者，没有听者，没有认知者，没有领悟者。他就是你的'我'（阿特曼），是内部的控制者，不朽者。"③这里说的我或阿特曼就是人生命现象中的主体，有时也称为"小我"或"个我"。再如，《广林奥义书》2,1,20中说："如同蜘蛛吐丝，火产生火花一样，从这我（阿特曼）产生一切气息，一切世界，一切神，一切存在物。"④这里说的"我"实际就是梵，是一切事物的本体。

奥义书中的主流思想认为，宇宙的本体梵与生命现象中的主体我是同一的，主张所谓"梵我同一"。例如，《广林奥义书》3,7,15中说："他位于一切存在之中，没有什么能认识他，他的身体就是一切存在物，他从内部控制一切存在物，他就是你的我。"⑤在这里，人的我和一切存在物中的控制者是同一的。也就是说，梵与我在本质上没有差别。奥义书思想家认为，我（无数小我或与我有关的种种事物）虽然表现为多种多样，但真正实在的只有

---

① S. Radhakrishnan, *The Principal Upaniṣads*, p.391.
② Ibid., p.168.
③ Ibid., pp.229-230.
④ Ibid., p.190.
⑤ Ibid., p.228.

梵。梵是一切的根本,是我(小我)的本质。若把梵与我看做不同的东西,或仅认为我是人的根本,而不认识梵,就是无明或迷误,就将陷入痛苦。

2. 轮回解脱理论

轮回与解脱观念是整个印度宗教哲学中讨论的基本内容,也是早期奥义书中经常谈及的问题。奥义书中的轮回解脱观念实际上与梵我的观念是密切联系在一起的。

奥义书思想家认为,各种生命现象中都有主体。这个主体在一般人看来就是自己的"我"。人或某种生命体死时,死的是自己的躯壳,但其身中的我是不死的,这我还要以某种形式附在新的身体中。奥义书中的轮回观念较著名的是"五火二道"之说。所谓"五火"是指人死后到再出生的五个轮回阶段,即人死被火葬后,先进入月亮;再变成雨;雨下到地上变成食物;食物被吃后变成精子;最后进入母胎出生。所谓"二道"是指"神道"(devāyqna)和"祖道"(pitryāna)。"神道"是人死后进入梵界,不再回到原来生活的那个世界中来的一种道路;"祖道"是人死后根据"五火"的顺序再回到原来生活的那个世界中来的道路①。

关于生物在轮回中出生的形式,奥义书中有所谓"四生"的说法,如《他氏奥义书》3,1,3 中提到了"卵生、胎生、湿生、种生"②。鸟一类动物属于卵生;人和一些走兽属于胎生;一些蚊虫等在潮湿处生;植物则一般属于种生。

奥义书思想家时常区分轮回状态的好坏,有了明确的业报观念③,而业报观念又直接与伦理观念相关。轮回状态的好坏,被认为与人此前行为的善恶有关。如《广林奥义书》3,2,13 中说:"行善者成善,行恶者成恶。"④《歌者奥义书》5,10,7 中说:"此世行善者将得善生:或生为婆罗门,或生为刹帝利,或生为吠舍。此世行恶者将得恶生:或生为狗,或生为猪,或生为贱民。"⑤但轮回状态中的所谓好或善,按照奥义书中的核心观念来看,实际上

---

① 参见《广林奥义书》6,2;《歌者奥义书》5,3 以下(S. Radhakrishnan, *The Principal Upaniṣads*, pp. 309-315,426-433);金仓圆照:《印度哲学史》,平乐寺书店,1963 年,第 33 页。
② S. Radhakrishnan, *The Principal Upaniṣads*, p.523.
③ 在吠陀时期,就已有初步的"业"的观念,但因轮回说不发达,这一观念不是很明晰或很有影响。
④ S. Radhakrishnan, *The Principal Upaniṣads*, p.217.
⑤ Ibid., p.433.

只能是一种相对的好或善,因为只要处在轮回中,生命形态中就必不可免地要有痛苦。因而,真正的好或善,只能是在解脱境界中的好或善。这就与对梵的认识有关。

奥义书思想家认为,要摆脱轮回,达到解脱,必须获得关于梵的最高智慧。因为所谓轮回状态也就是一种虚妄认识产生的状态。它的展现完全是由于人们不认识梵我同一,不认识作为现象界具体内容的无数我(小我)在本质上是梵。因而在本来唯一实在的梵之外错误地认为还有多样性的世间事物。由此产生对不实事物的追求,使众生不断在各种轮回状态中流转。《广林奥义书》4,4,19 中说:"世上无异多。那看到似乎存在异多之人,将从死亡走向死亡。"[①]《广林奥义书》4,4,20 中说:"这不可描述的永恒的存在只能被领悟为一,这大我(梵)是无垢的,超越空间的,不生的,伟大的,永恒的。"[②]为什么看到存在的"多"的人会陷入死亡等轮回状态呢?因为看到了所谓"异多"的人就会认为自身及与之相关的东西是独立存在的实有之物,就会去追求自己的长生不老和永恒富有等。有这种追求自然有相应的行为并产生业力,业力将推动新的生命形态不断产生及死亡,使人产生痛苦。而认为一切都是"一"(即认识到梵我同一)的人则明了梵之外的自我及相关事物之"多"不实在,自然不再去追求什么。无追求就无行为,无行为就无业力。这样就能跳出生死轮回,永远摆脱痛苦。因而,《广林奥义书》4,4,8 中说:"智者,即梵的认识者,在身体衰亡后,直升天界,达到解脱。"[③]

3. 基本元素理论

奥义书中的主流哲学思想是关于梵或我为一切根本的理论。但早期奥义书哲人在解释世界或宇宙现象时,也提出了一些关于构成事物的基本元素的理论。这些元素有物质性的,也有精神或意识性的。由于奥义书是众多思想家创作的,因而这方面的理论就不止一种。

奥义书中提到的基本元素多数属于物质性元素。如有所谓"四大"(地、水、火、风)或"五大"(地、水、火、风、空)等理论。这些元素有些是单独提

---

① S. Radhakrishnan, *The Principal Upaniṣads*, p. 277.
② Ibid., p. 278.
③ Ibid., p. 274.

及,有些则是合在一起提及。这方面的论述在早期奥义书中都能见到:

《广林奥义书》3,7,3 中说:"你的自我居于地中,虽居于地但地却不知。自我以地为身。"①《歌者奥义书》7,10,1 说:"水确实大于食物,正是水呈现出这地上不同的形态,呈现出大气、天空、群山、众神与人、牲畜与鸟、草与树、野兽与虫、蝇与蚁。水确实是这一切形态。应崇拜水。"②《歌者奥义书》7,11,1 则说:"火确实大于水。……人们说:有闪电,有雷,因而有雨。火确实先表明了这,并创造了水。应崇拜火。"③《歌者奥义书》4,3,1 中说:"风确实是一摄入者。火熄灭时归于风,太阳落时归于风,月亮没时归于风。"④这些都是在奥义书中分别论及物质元素的事例。

《他氏奥义书》3,1,3 中将五种元素一起提及,同时列举了"地、风、空、水、火"⑤。这之中的"空"(ākāśa)在古印度通常被认为是一种传播声音的物质元素。但奥义书中也常把它当作空间来使用,如《歌者奥义书》7,12,1 中说:"空(空间)确实大于火。在空中,存在太阳和月亮、闪电、星星及火。通过空人呼叫,通过空人听闻,通过空人回答。人在空中痛苦,在空中生,对着空生。应崇拜空。"⑥这里说的"空"主要指空间。也可能是空这种元素有不阻碍事物的特性,因而就将其混同于空间。

早期奥义书在提到物质性元素时,也论及了意识性或精神性的元素或概念。

例如,《他氏奥义书》3,1,3 中说:"一切都由识指引,由识确立。世界由识指引,支撑物是识。"⑦此处提到的"识",原文为"prajñā",有认识、识别、知识、智慧等义。这一词后来多被用于智慧之义,但在奥义书中,它的主要含义还是指广义的认识,也就是所谓"识"的观念。

再如,《歌者奥义书》7,5,2 中说:"心思确实是这一切结合的中心。心

---

① S. Radhakrishnan, *The Principal Upaniṣads*, p. 225.
② Ibid., p. 478.
③ Ibid., pp. 478-479.
④ Ibid., p. 404.
⑤ Ibid., p. 523.
⑥ Ibid., p. 479.
⑦ Ibid., p. 523.

思是阿特曼,心思是支撑者,应崇拜(或冥想)心思。"①此处提到的"心思",原文为"citta",有思考、思想、想象、意识等义。在这部奥义书中,它被说成是一切的基础或根本,被等同于我,实际上也就是作为事物本体的梵了。

因此,可以说,在早期奥义书中,虽然提到种种物质元素,但应当承认的是,无论是单独提及的这些元素,还是同时提及的这些元素,在用其作为事物基础时,一般不是十分明确,或缺少较坚决的认定或确认。在多数场合,提到这些元素时往往也提到梵,而梵的地位又一般被置于这些元素之上。因而,在奥义书中,物质元素作为世界基础的观念还是不如梵作为世界基础的观念影响大。或者说,在早期奥义书中,物质性元素和精神性元素往往与梵或大我的概念掺杂在一起。

4. 体悟真理方法理论

奥义书哲人追求的根本目标是跳出轮回,达到解脱。而他们实际最为关注的问题是如何获得最高真理。获得最高真理也就是得到关于梵的智慧。因为只有这样才能真正达到解脱。这就涉及获得真理的方法问题。

在奥义书哲人看来,梵是一切事物的本体。这种本体是超言绝相的,因而用一般认识方式不能认识。对于梵,只能采用否定或遮诠的方式来体悟。这在早期奥义书中有明确的论述。

《广林奥义书》3,8,8 在描述梵时说:"(梵)不粗、不细,不短,不长,不(似火)红,不(似水)湿,非影,非暗,非风,非空,无粘着,无味,无嗅,无眼,无耳,无语,无意(心),无光,无气,无口,无量,无内,无外。"②在这里,出现了一系列的否定,或是说梵不具某种性质,或是说梵不是某物。总之,是要通过否定梵有种种具体的属性或特性,来突出梵作为最高本体的不同一般。

《广林奥义书》4,5,15 中又说:"阿特曼(应被描述为)'不是这个,不是这个'。(阿特曼)不被领悟,因为不能被领悟;不被毁灭,因为不能被毁灭;不被系缚,因为不能被系缚。(阿特曼)是自由自在的,不遭受痛苦的,不被伤害的。"③这里直接概括出了表述大我或梵的常用句式(不是这个,不是这

---

① S. Radhakrishnan, *The Principal Upaniṣads*, p.473.
② Ibid., p.232.
③ Ibid., p.286.

个)。即无论是何种正面陈述的修饰语,都要被否定。进行这种否定并不是要表明大我或梵不存在,而是要表明这种最高实体不能用一般的言语来正面描述,只能通过不断的否定来体悟。或者说,关于梵的最高真理不能用表诠的方式来显示,而要用遮诠的手法来直觉。此处所谓"不能被领悟"是指不能用一般认识方式领悟;所谓"不能被毁灭"是指大我或梵是一种永恒存在的实体;所谓"不能被系缚"、"自由自在"、"不被伤害"是说大我或梵是唯一真正存在的,是事物的本质,一切试图附加给它的东西对大我或梵本身不会有任何影响,都是人自身的问题,来自人的无知。通过不断的否定,消除了无知,就能看到大我或梵的本来面目,就能得到最高的真理。

《由谁奥义书》2,3 中说:"那些(说他们)理解了(梵或阿特曼)的(人)并没有理解(它);那些(说他们)没有理解(梵或阿特曼)的(人)却理解了(它)。"[1]这句名言精辟地表明了认识事物本来面目的方法。它告诉人们,如果试图正面描述事物的本质或最高实在,是不能达到目的的,只有用否定的方式来体悟,才能获得关于事物的最高真理。

奥义书中论及的哲学或理论问题极多,但上述四个方面的表述较为突出,对印度后世的影响也最大。有关奥义书在这些问题上的表述详略不一,观点有时也有一些差别。但主要的理论倾向基本还是清楚的。这些理论受到后世思想家越来越多的重视,不断得到发展和补充,成为印度哲学中的特色理论。

三 对后世宗教哲学派别的影响

早期奥义书的思想对印度后世的宗教哲学有着深刻影响。印度历史上的主要宗教哲学流派都或多或少地吸收借鉴了奥义书中的一些重要观念。

奥义书中的主流思想是婆罗门教的观念。因而,印度历史上的正统派哲学,即婆罗门教六派哲学,对早期奥义书思想的吸收最为广泛和直接。

婆罗门教哲学流派中最全面系统继承奥义书思想的是吠檀多派。吠檀多派哲学的核心理论也是围绕梵我观念展开的。此派的思想家都把奥义书

---

[1] S. Radhakrishnan, *The Principal Upaniṣads*, p.585.

中的论述作为理论依据,大量引用奥义书中的言论,并加以解释说明。吠檀多派的众多思想家由于对奥义书中关于梵我关系理论的理解不同,因而形成了不少分支。其中影响最大的是"不二一元论"。这种理论认为,梵或大我是万有的根本,一切事物在本质上都是梵或大我,没有独立于梵或大我的事物存在。众多的小我既不是梵的部分,也不是梵的变异,它们的关系就如同瓶中的小虚空和瓶外的大虚空的关系一样。即:瓶中的小虚空与瓶外的大虚空本是一个东西,仅仅由于瓶子的限制,它们才显得不同。与此情形类似,作为人生现象的无数小我与大我本是一个东西,仅仅由于身体的限制,它们才显得不同,两者实际上是同一物[1]。吠檀多派的这一思想显然是对奥义书中"梵我同一"思想的继承和发展。此外,在认识论上,此派也继承了奥义书的思想,如吠檀多派中不二一元论的代表人物商羯罗认为,梵这种实体是不能用世间人们认识一般事物的手段来把握的。对梵只有采用一种不断否定的方式才能真正体悟。商羯罗在《梵经注》3,2,22 中说:"说梵超越言语和思想当然不是说梵不存在……梵超越言语和思想,不属于物体的范畴……'不是这样,不是这样'这种短语并不绝对地否定一切事物,而是仅仅否定除了梵之外的一切事物。"[2]此派在这里显然是吸收借鉴了奥义书中倡导的体悟最高真理的方法。

婆罗门教哲学中的胜论派和正理派在分析世间事物时,都使用了一些基本元素的观念。如胜论派的根本经典《胜论经》1,1,5 中说:"地、水、火、风、空、时、方、我、意是实。"[3]这九个实体中的前四种是典型的物质元素。这在早期奥义书中就经常提到。而空、我等在奥义书中也经常提到。正理派的主要经典《正理经》2,1,36 中说:"极微具有超越根之感知的特性。"[4]该经 2,2,25 中说:"极微是常住的。"[5]这里说的极微是事物的最小单位,极微就是在地、水、火、风四大元素分析至最小体积后的形态,极微说也是元素论发展出来的理论。正理派与胜论派在古印度是十分推崇极微理论的,但其较

---

[1] 参考乔荼波陀《圣教论》3,1-10(据巫白慧译释《圣教论》,商务印书馆,1999 年,第 103—113 页)。
[2] Gambhirananda, *Brahma-Sūtra Bhāṣya of Śaṅkarācārya*, Sun Lithographing Co. Calcutta,1977, pp.624-627.
[3] 姚卫群编译:《古印度六派哲学经典》,商务印书馆,2003 年,第 2 页。
[4] 同上书,第 75 页。
[5] 同上书,第 82 页。

早的思想来源,都应追溯到奥义书中的元素理论。

婆罗门教哲学中的数论派和瑜伽派也与奥义书有思想关联。如数论派认为世间事物都是由带有三种性质的成分(指喜、忧、暗这"三德")构成的。数论派的主要文献《数论颂》12 中在谈到三德时说:"喜、忧、暗为体,照、造、缚为事。"①数论派认为各种事物形态的差别是由三德在事物中的不同构成产生的。而奥义书中也有类似的思想,一些奥义书在论述物质元素时提到了"三相",如《歌者奥义书》6,4,1 中说:"红色是热的火之相,白色是水之相,黑色是地之相。火的性质从火中消失,改变的只是来自于言语的名称,而实在的唯有这三相。"②一般认为数论派的三德说吸收了奥义书中的这种三相观念③。瑜伽派与数论派关系紧密,两派在理论上有许多相通的内容。奥义书中也有瑜伽修行方面的内容,对印度后世的瑜伽派也有影响。

婆罗门教中的弥曼差派主要以祭祀为研究对象,而在奥义书以及早于奥义书的梵书等文献中,这方面的内容是大量的,弥曼差派是在吸收借鉴这些内容的基础上发展起来的。

顺世论、耆那教和佛教在印度属于三大非正统派。奥义书虽然主要表述婆罗门教的思想,但由于早期奥义书在这些派别正式形成前就存在,因而对这三派实际也有影响。

顺世论的理论是以主张"四大"为万物因作为基础的。如现存主要记述此派观念的文献《摄一切悉檀》1 中说:"根据顺世论者的观点,唯有四元素——地、水、火、风是最终的本原,不存在其他的可作为本原之物。"④《杂阿含经》卷第七中记载顺世论认为:"诸众生此世活,死后断坏无所有。四大和合士夫身。命终时,地归地,水归水,火归火,风归风。"⑤这种元素理论与早期奥义书中的元素观念有一定关联。早期奥义书在谈到有关元素时,经常与梵一类概念掺杂在一起,很少将有关物质元素明确作为世界的根本因。这和顺世论的理论有不同。但奥义书中毕竟在提到元素时也谈到能产生世

---

① 姚卫群编译:《古印度六派哲学经典》,第 376 页。
② S. Radhakrishnan, *The Principal Upaniṣads*, p.451.
③ 参考 S. Radhakrishnan, *The Principal Upaniṣads*, p.452.
④ Radhakrishnan and C. A. Moore, *A Source Book in Indian Philosophy*, Oxford University,1957,p.234.
⑤ 高楠顺次郎等编:《大正新修大藏经》第 2 卷,大正一切经刊行会,1930 年,第 44 页。

间事物,这给后世哲学派别的元素论提供了继续向前发展的基础。

耆那教与佛教产生的时间基本相同,对于正统婆罗门教的主要理论也持一些不同看法,但在理论上仍然与奥义书有某些关联。如此教也认为无论在生命现象中还是在一般事物中都存在着某种主体,耆那教称为"命我"(jīva)。这种命我作为生命现象中的主体,类似于奥义书中的"阿特曼",但也与其不同。奥义书中的阿特曼在本质上是唯一实在的主体,而耆那教则并没有说一切事物在本质上就是"命我"。另外,耆那教与奥义书一样主张轮回与解脱的理论,如耆那教的代表性经典《谛义证得经》10,2-4 中说:"解脱就是摆脱一切业的物质。因为已不存在缚的因,还因为灭了业。""当命我解脱时,仅保持完美正确的信仰、智慧和见解。这是一种达到圆满成就的状态。"① 在反对对事物贪恋和执著,认为这种执著的行为会导致轮回方面,耆那教与奥义书是一致的。但关于最终的解脱,耆那教与奥义书还是有差别,奥义书认为真正的解脱是认识梵我同一,而耆那教则认为解脱是命我完全摆脱物质的束缚,处于一种最高状态。耆那教没有说外部事物在本质上与命我完全同一。然而,由于二者之间存在类似处,因而不能排除耆那教在构筑其理论体系时借鉴过奥义书的一些思想。

佛教虽然不属婆罗门教哲学系统,理论体系的基本倾向与奥义书的主流思想不同,但在一些问题上也还是受到了奥义书的影响。这在不少方面有体现,最突出的是在轮回解脱思想和体悟真理的方法这两方面。

在奥义书中,轮回观念与业报或报应思想是结合在一起的,如《广林奥义书》3,2,13 中说:"行善者成善,行恶者成恶。"②《歌者奥义书》5,10,7 谈到了具体的投生形态③。这种报应观念在佛教中是完全认可的。如佛教文献《杂阿含经》卷第三十七中说:"杀生,乃至邪见,具足十不善业因缘故……是非法行,危崄行,身坏命终,生地狱中。……十善业迹因缘故,身坏命终,得生天上。"④ 佛教中的善有善报,恶有恶报思想与奥义书中的这方面思想是有关联的。佛教和奥义书都认为轮回中充满痛苦,应当跳出轮回,达到解

---

① Radhakrishnan and C. A. Moore, *A Source Book in Indian Philosophy*, p. 260.
② S. Radhakrishnan, *The Principal Upaniṣads*, p. 217.
③ Ibid., p. 433.
④ 高楠顺次郎等编:《大正新修大藏经》第 2 卷,第 272 页。

脱。而且，二者都认为轮回的根本原因与人的无知（无明）有关，只有摆脱无知，获得最高的智慧，才能不再追求不实在的东西，消除业力，进入解脱的境界。但二者对于什么是最高智慧以及解脱境界的实质是有不同看法的。在奥义书看来，解脱就是认识梵我同一，认识到没有梵之外的其他独存事物，这样人就不再去追求根本不实在的东西，停止造业，进入解脱。而在佛教的主流思想看来，解脱则是认识到一切事物都是缘起的，是无自性的，因而不再追求不实在或性空的东西，停止造业，进入解脱。或者说，奥义书的最高境界是获得梵的智慧，而佛教的最高境界则是获得缘起无自性的智慧。然而，尽管二者在这方面观点有区别，但十分明显的是，二者在通过智慧达到解脱的思路上是相近的。这方面佛教应该是多少吸收借鉴了奥义书中的有关思想。

佛教与奥义书同样都重视探讨获得最高真理的方法问题。虽然二者理解的最高真理或智慧有不同，但获取的方法则类似。如奥义书中认为把握梵的方法主要是一种遮诠法，对梵只能说"不是这个，不是这个"，只有在不断的否定中才能体悟出梵究竟是什么。佛教实际也认为把握事物的实相要用遮诠法，不能用一般的方法来认识佛教的最高真理。如佛教中《摩诃般若波罗蜜经》卷第二十四中说："第一义实无有相，无有分别，亦无言说。"[1]这表明，在佛教中，根本道理被认为是超言绝相的。佛教的著名经典《金刚经》中说："如来说世界，非世界，是名世界。……如来说三十二相，即是非相，是名三十二相。……如来说第一波罗蜜，非第一波罗蜜，是名第一波罗蜜。"[2]《金刚经》不长，里面却有大量这种"说……，即非……，是名……"的句式。这种句式很明显地表明了佛教对遮诠认识方式的重视。在佛教看来，这种方式否定的仅是事物的"相"的实在性，并未否定事物的真实本质。否定只是手段，通过这种手段体悟事物的真实本质或最高真理才是目的。应当说，佛教中倡导这种认识方式也多少受到了早期奥义书中有关思想的影响。

早期奥义书中的思想极为丰富，对印度后世宗教哲学的影响是多方面的。以上论及的奥义书的主要思想及其对各派理论的影响是其中较为突出

---

[1] 高楠顺次郎等编：《大正新修大藏经》第8卷，第397页。
[2] 同上书，第750页。

的。这方面还有进一步探讨的余地。更深入地研究这类问题,对于把握印度哲学发展的基本线索,认识东方文化的特色具有重要意义。

The Main Thought in Early Upaniṣads and Its Influence

Yao Weiqun

Abstract: Upaniṣads are a group of conspicuous literature in the history of Indian philosophy development. Among them, several early Upaniṣads produced before Buddhism are very important and prominent. In these literature, a series of clear religious philosophy theories are put forward, such as the theories of Brahman-Ātman, transmigration-deliverance, basic elements, and the method of obtaining truth etc. These theories have influence of different degree to the thought of six philosophy schools of Brahmanism, Buddhism and Jainism etc. They are the main root source of many popular philosophical theories in Indian history. To deeply research on this aspect is of great significance for grasping the basic clues of Indian philosophy development, and knowing the characteristics of Oriental culture.

Key words: Upaniṣads, Brahmanism, Jainism, Buddhism, Oriental philosophy.

《形式逻辑与先验逻辑——逻辑理性批评研究》

〔德〕埃德蒙·胡塞尔 著，李幼蒸 译

北京：人民大学出版社，2012 年 10 月第一版

李幼蒸先生同中国人民大学出版社合作，计划在近年内完成 8 卷本"胡塞尔著作集"的翻译与出版，本书则是该选集中最先同读者见面的一卷。

《形式逻辑与先验逻辑》是胡塞尔于 1929 年出版的专著。在 1911 年修订完《逻辑研究》后，胡塞尔就未曾进行过专门的逻辑学研究。直到 1920 年代末，胡塞尔意识到他有必要"把逻辑学概念在一种普遍科学理论的意义上重新加以整理"，而《形式逻辑与先验逻辑》则是这一工作的宝贵成果。胡塞尔在该书导论中指出：我们今天的"科学"实际上产生于由柏拉图奠定的逻辑学中，"纯粹观念辩证法"为科学提供了原则可能性，并在实践中为科学提供引导。但自近代以来，科学开始出现危机，从根本上体现在科学方法本身获得了独立性，不再回到以纯粹规则为引导的纯粹观念，从而失去了自己的明见性基础。胡塞尔的努力正在于重新发现为科学奠定基础的逻辑学，实现一种"在现象学意义上完成先验阐明和证明的科学"，也就是先验逻辑学。

胡塞尔的著作以概念繁复，语言晦涩著称，这也为一般读者和研究者的理解造成了很大困难。李幼蒸先生的翻译根据本书初版的 1981 年重印本，并参考了巴什拉的法译本和肯恩斯英译本，为我们理解胡塞尔提供了一个极有助益的参考。（韩　晓）

早期《诗》学视野下的天命惟德观念

孟庆楠[*]

提　要：在《诗经》中，天命突出表现为主宰之天以命令的形式赐予有德者以至高的权力和福禄。摄于天命的权威并出于对权力、福禄的祈盼，周王遵循天命的道德要求，通过自身的德行修养来顺承、保有天命。在早期《诗》学的视域中，天命惟德始终是一个重要的思想观念。同时，这一观念也随着时代思想的发展不断进行着调整。天命施予的对象从天子扩展为普通的道德行为的主体。天帝作为天命授予者的权威也会在某些语境下让渡给必然性的法则。此外，为了维系德行与受命之间的关联，成鱄将由心所制的德行作为受命的必要条件，儒家《诗论》则将时命的观念引入天命授受的关系中。

关键词：《诗》学　天命　德行　心　时

　　天命观念起源于何时，是一个无法完全确定的问题。但至少在西周时期的文献材料中，天命观念已经获得了充分的表述，并具有了重要的意义。既有的哲学史、思想史研究中不乏对西周天命观念的讨论。实际上，这些研究最重要的文献依据之一正是《诗经》。《诗经》中所包含的天命观念构成了后世《诗》学所面对的基本的思想资源，而《诗》学对这一观念的不断诠释也在很大程度上影响、乃至引导了天命观念的演变。因此，本文将尝试在《诗》学的视野下探讨早期天命观念的内涵及其演变。

---

[*]　孟庆楠，1982年生，北京大学中国语言文学系博士后。

一　天命惟德

首先,我们还是先借由今本《诗经》来了解一下天命观念原初的内涵。不过,一个众所周知的问题在于,今本《诗经》的成书过程漫长而复杂,不同时期创作的诗篇在思想上存在着显著的差异。因此,为了更准确地把握《诗》所表达的天命观念,我们有必要对诗篇的创作时代做出一个基本的划分。当然,由于缺少足够的证据,我们不可能对众多诗篇的创作时间做出精确论断。但是结合诗篇内容及学者们有关诗篇断代的研究,我们可以大致推知,今本《诗经》的《周颂》、《大雅》中《文王》到《卷阿》的近20篇和《小雅》中个别诗篇应该是西周中前期、亦即西周繁盛阶段的作品,而《大雅》中《民劳》以降的诗篇和《小雅》、《国风》、《鲁颂》、《商颂》中的绝大部分诗篇则可能是西周开始走向衰落以后的作品。①

在西周中前期创作的诗篇中,有很多与天命相关的诗句。如《周颂》中的《维天之命》:

　　维天之命,於穆不已。②

《昊天有成命》:

　　昊天有成命,二后受之。③

《敬之》:

---

① 参见夏传才:《诗经讲座》,桂林:广西师范大学出版社,2007年,第41—69页;刘毓庆、郭万金:《从文学到经学——先秦两汉诗经学史稿》,上海:华东师范大学出版社,2009年,第1—18页。需要说明的是,关于《商颂》的作者、著作年代及其性质的问题乃是《诗》学史上的一大公案,至今日仍然聚讼纷纭,一说其是商诗,一说是宋诗。张松如先生曾总结道,"过去把问题绝对化了。说它们是商诗,不见得春秋时人没有加工或改写;说它们是宋诗,不见得没有依据前代遗留的蓝本或大补资料。"真实的情况或许正如张先生所说,商颂"从内容到形式,有前代的东西,也有春秋时代的东西"。(转引自夏传才:〈诗经学四大公案的现代进展〉,载于《思无邪斋诗经论稿》,北京:学苑出版社,2000年,第336页。)而无论《商颂》是商诗还是宋诗,其内容较之周诗,都更显著地表达了殷商或殷商遗存至周代的观念。即便《商颂》是春秋时期的宋诗,殷商遗民所表达出的思想也只是一个已经衰落的思想传统的余绪,并不能代表西周思想的发展走向。所以以下的讨论,我们暂不考虑《商颂》中的天命问题。
② 《诗经·周颂·维天之命》。
③ 《诗经·周颂·昊天有成命》。

> 敬之敬之,天维显思,命不易哉。①

《桓》:

> 天命匪解,桓桓武王,保有厥士,于以四方,克定厥家。②

以及《大雅》中的《文王》:

> 有周不显,帝命不时。……假哉天命,有商孙子。……上帝既命,侯服于周。侯服于周,天命靡常。……殷之未丧师,克配上帝,宜鉴于殷,骏命不易。③

《大明》曰:

> 天监在下,……有命既集。有命自天,命此文王,于周于京。……笃生武王,保右命尔,燮伐大商。

《文王有声》曰:

> 文王受命,有此武功,既伐于崇,作邑于丰。

《既醉》曰:

> 其胤维何?天被尔禄。君子万年,景命有仆。

《假乐》曰:

> 宜民宜人,受禄于天。保佑命之,自天申之。

上述内容充分表现了周人对于天命的信仰。在这些诗句中,"天"、"帝"是一种有人格的主宰。而"命"的基本含义就是命令。天帝以命令的形式实现对人事的控制和影响。这里需要注意的是,天命所施予的对象,除了泛指殷、周外,其他情况下一般都指向周王,而且特别集中于文王、武王。换言之,只有人世的君王或上天属意的未来君王才有资格受纳天命。很显然,这种对受命者身份的限制,一方面强化了上天的权威,另一方面也提高了受命

---

① 《诗经·周颂·敬之》。
② 《诗经·周颂·桓》。
③ 《诗经·大雅·文王》。

者、亦即是周王的地位,周王因分享天帝的权威而享有人世间至高无上的权力。至于上天授命的具体内容,在一些诗句中并不十分明确。不过,结合部分诗句的上下文,我们还是可以知道天命的大致内容。在《文王》回顾殷周更迭的旧事时,诗文明确地讲到,当殷商还没有丧失民众之时也能匹配上帝。但时至纣王,上天革殷之命,授命文武,使殷商子孙皆为西周所有、服从于周。商朝的终结与周室的兴起正是帝命所在。此处的天命无疑指向了对王朝更替的推动与控制。而在有具体授命对象的诗文中,上天的命令则表现得更为具体。在《大明》一诗中,天命文王发显于周京之地;在《文王有声》中,上天则命文王讨伐崇国,建作丰邑。在《桓》诗中,天命武王定立周家基业;在《大明》中,上天又保佑武王讨伐殷商。这些授命都指向着王权转移的大势。而对于《既醉》、《假乐》所赞颂的文武之后的时王而言,天命则表现为上天赐予福禄。周王对于福禄的长久享有可以被认为是文武最初受命的延续。

相较而言,在西周后期创作的诗篇中,天命的表现形式发生了一些变化。随着周王朝从繁荣走向衰落,周王长久享有天赐福禄的愿望被现实打破了,时人对此多有感叹,如《小雅·小宛》曰:

> 各敬尔仪,天命不又。①

所谓"天命不又",就是讲上天之命不复来。在这样的表述中,天命仍然具有积极意义,"保佑命之"的天命仍然是人们所追求和期待的。实际上,即便是在西周后期的诗篇中,我们也很少见到直接针对"天命"一词的负面表述。偶见的诸如"疾威上帝,其命多辟"的说法,毛传以为是借"上帝以托君王也",②后人对此多无异议。因此,从严格意义上讲,天命就是指上天赐予王权或福禄。而"天降丧乱"则可以看做是这一积极意义的天命不又、不再的某种表现形式。如《大雅·桑柔》:

> 天降丧乱,灭我立王。③

---

① 《诗经·小雅·小宛》。
② [汉]毛亨传:《毛诗正义·大雅·荡》。
③ 《诗经·大雅·桑柔》。

又如《小雅》中的《节南山》：

> 天方荐瘥，丧乱弘多。①

《雨无正》：

> 浩浩昊天，不骏其德。降丧饥馑，斩伐四国。②

总而言之，《诗经》时代的天命观念突出表现了主宰之天以命令的形式对人事所施加的控制和影响。在后人对周初历史的回顾与塑造中，天命集中地表现为上天对王朝更替的强力推动。而对文武之后的周王而言，天命则更多地表现为降予或剥夺福禄。上天通过这样的方式主宰着人事，构成了人事的决定性因素。而正如许多哲学史、思想史研究所指出的，天命观念的这种基本内涵或许继承自殷商，而周人在此基础上为天命思想赋予了新的特色：即天命惟德。在《诗》中，天命固然体现着主宰之天的意志，但是天意并不是喜怒无常的，也不会因为人们祈福禳灾的献祭行为而受到左右。天帝的好恶是有着固定取向的，上天青睐于有德者。天帝因商王失德而改命岐周，文武二后因其大德而受命。上天赐予权柄与福禄，乃是对君王德行的奖赏，而革命的发生和天降丧乱，则是上天对君王失德的惩戒。摄于天命的权威并出于对福禄的祈盼和对灾祸的畏惧，周王遵循天命的道德要求，通过自身的德行修养来顺承、保有天命的权力与福禄。

当然，我们也注意到，在《诗经》中，尤其是那些表现天降丧乱的诗篇中，确实包含有某种程度的怨天色彩。但是，诚如陈来先生分析指出的，诗句中对于天或天命的抱怨，仍然笼罩在对天的敬畏与信仰之中，因而不可能构成对天命观的根本怀疑。③

二 天命惟德的影响

天命观念在《诗经》时代所呈现出的这样一种德行与受命的关联，在随

---

① 《诗经·小雅·节南山》。
② 《诗经·小雅·雨无正》。
③ 参见陈来：《古代宗教与伦理：儒家思想的根源》，北京：三联书店，2009年，第234—239页。

后很长一段历史时期内都发挥着显著的影响。

首先我们来看一下春秋时期卿大夫对于《诗》中所言天命观念的理解和态度。《左传·襄公二十六年》记声子答对楚令尹子木之言：

> 《商颂》有之曰："不僭不滥，不敢怠皇。命于下国，封建厥福。"此汤所以获天福也。

引诗为《商颂·殷武》之篇，所引四句之前还有"天命降监，下民有严"两句。按毛传、郑笺之意，此诗乃言，成汤赏不僭、刑不滥，又不懈怠政事，上天因其有此明德而命之由七十里之地而王天下也。① 声子特引诗句以赞商汤不僭不滥之德，并明确指出商汤正是因为有德才获享天命之福。声子对诗文的评述很明确地表达了对天命惟德观念的认同。而声子对天命观念的这种理解与认同，在春秋时期是颇具代表性的。傅斯年先生就曾分析指出，"天眷无常，依人之行事以降祸福"的天命观，在《左传》、《国语》中多有记述，可以说是周人的正统思想。②

进入诸子时代以后，儒家及其《诗》学亦鲜明地承续了这一思想传统。上博楚简《诗论》论说《小雅·天保》一诗曰：

> 《天保》其得禄蔑疆矣，巽寡德故也。③

《天保》其诗反复唱诵"天保定尔"，是讲上天长久保有你的王权与福禄。《诗论》言"其得禄蔑疆"，是对这种天命的解读。"禄"，意为福，即诗中所谓"得天百禄"、"诒尔多福"。"蔑"者，《大雅·板》有"丧乱蔑资"之句，毛传曰："蔑，无。"④ "蔑疆"，意为"无疆"，即诗中所谓"万寿无疆"之类。此言得上天赐予的福禄无尽。其后"巽寡德故也"则指明了得禄无疆的原因。不过相关的释读，分歧甚多。马承源先生读作"馔寡，德故也"，意为"孝享的酒食不多，但守德如故"，因此能得上天青睐。⑤ 周凤五先生则将其连读作"赞寡

---

① 参见[汉]毛亨传、[汉]郑玄笺：《毛诗正义·商颂·殷武》。
② 参见傅斯年：《性命古训辨证》，桂林：广西师范大学出版社，2006年，第103页。
③ 释文参见马承源主编：《上海博古馆藏战国楚竹书（一）》，上海：上海古籍出版社，2001年，第127、134—135页；李零：《上博楚简三篇校读记》，北京：中国人民大学出版社，2007年，第25页。
④ [汉]毛亨传：《毛诗正义·大雅·板》。
⑤ 马承源主编：《上海博古馆藏战国楚竹书（一）》，第138页。

德故也","谓臣下能助成寡君之德也,故君臣上下'得禄无疆'"①。廖名春先生读作"选寡德故也","'选'有善义","此是说《天保》'得禄蔑疆',是以君德为善的缘故"②。如果搁置上述释读中细节上的分歧,我们其实可以看到诸说的一个共识:《诗论》此处乃是认为,《天保》所言得天禄无疆的原因在于有德。这与《诗》所固有的天命惟德观念是一致的。

由此来看,我们并不能简单地认为,传统的天命惟德观念在春秋或战国时期即已消亡。当然,一个不容忽视的事实是,随着时代的发展,原初的天命惟德观念确实开始暴露出一些问题,遇到了越来越多的挑战。天和命的概念在不同的理路中衍生出了非常丰富的新内涵。这些新元素经由不断的阐发,逐渐在"天"与"命"的旧称下演变出与传统天命观念迥然不同的新思想。因此,更合乎史实的描述或许是,天命惟德观念在很长一段历史时期内,与各种有关天、命的观念并存;同时,天命惟德观念也在各种新思潮的刺激与挑战下,不断进行着调整与改变。

三 授受关系的调整

天命惟德观念的一个重要变化在于受命者范围的扩展。在《诗经》中,天命授予的对象主要是天子,授命的内容是赐予至高的权力及福禄。这一授受关系在天命惟德的原则下,构成的只是对天子德行的鼓励与要求。换言之,天命奖罚由于受命者身份的限制,无法形成一种更具普遍意义的对德行的激励。

针对这一问题,春秋时人即已开始做出某种程度的调整。我们之前提到,声子借《殷武》一诗来强调商汤有德而获天福。而声子强调这一天命奖罚机制的目的,是要借以警示楚国的弊政。楚子失德,滥用刑罚,以致贤大夫逃于四方,长此以往楚国必受其害,亦即是楚子丧失天福。声子的这一引用,将原本仅针对天子的有德而承天禄、背德而遭天罚的逻辑转移到了诸侯

---

① 周凤五:《〈孔子诗论〉新释文及注解》,载于上海大学古代文明研究中心、清华大学思想文化研究所编:《上博馆藏战国楚竹书研究》,上海:上海书店出版社,2002年,第159页。
② 廖名春:《上海博物馆藏诗论简校释剳记》,载于《上博馆藏战国楚竹书研究》,第262—263页。

国君那里。当然,诸侯所能受纳的不可能是至高的王权,而只是国君权力的稳固与一国的繁荣。又如,《左传·僖公二十二年》载:

> 邾人以须句故出师。公卑邾,不设备而御之。臧文仲曰:"国无小,不可易也。无备,虽众,不可恃也。《诗》曰:'战战兢兢,如临深渊,如履薄冰。'又曰:'敬之敬之!天惟显思,命不易哉!'先王之明德,犹无不难也,无不惧也,况我小国乎!君其无谓邾小,蜂虿有毒,而况国乎!"弗听。

邾国出兵来犯,鲁僖公轻敌而无备,臧文仲引《小旻》、《敬之》二诗以谏。其中,《敬之》三句言天命难为,周王敬慎为国以保有天命。诗后所论亦发明此义,言先王明德尚且忧惧不堪天命,今鲁君更当谨慎。这里很显然是在用周王敬德以承天命的逻辑来劝诫鲁君。类似的情况在早期儒家那里也可以看到。孟子曾引述《大雅·文王》"永言配命,自求多福"之句以论国政:

> 孟子曰:"仁则荣,不仁则辱。今恶辱而居不仁,是犹恶湿而居下也。如恶之,莫如贵德而尊士,贤者在位,能者在职。国家闲暇,及是时,明其政刑。虽大国,必畏之矣。《诗》云:'迨天之未阴雨,彻彼桑土,绸缪牖户。今此下民,或敢侮予。'孔子曰:'为此诗者,其知道乎!能治其国家,谁敢侮之?'今国家闲暇,及是时,般乐怠敖,是自求祸也。祸福无不自己求之者。《诗》云:'永言配命,自求多福。'《太甲》曰:'天作孽,犹可违。自作孽,不可活。'此之谓也。"①

《文王》诗云,长久匹配上天之命以求福禄。福禄虽上天所命,但能否配命则取决于自身的德行修养,故言福禄是自求之。② 诗句强调了天命惟德观念下人自身修德承命的能动性。孟子引之以批评今日治"国家"者,贪图享乐,背德妄为,是"自求祸也"。而从"虽大国必畏之"的说法来看,孟子在这里所劝诫的并非周天子,而只是诸侯国君。

通过上述引《诗》的材料我们可以了解到,春秋战国时人在借重《诗》中

---

① 《孟子·公孙丑上》。
② 参考《毛诗正义·大雅·文王》,[汉]郑玄笺;[宋]朱熹:《孟子集注·离娄上》,北京:中华书局,1983年,第278页。

的天命观念的同时,将天命施予的对象从天子扩展到了诸侯国君,天命降赐的也不再是至高的王权,而只是保佑诸侯权力的稳固以及封国的昌盛。实际上,这样一种受命者范围的扩大和授命内容的转换还只是改变的第一步。沿着这一调整思路继续发展下去我们就会看到,追求道德行为的普通个体也将有资格直接与天命相交接。《论语》载:

> 子见南子,子路不说。夫子矢之曰:"予所否者,天厌之!天厌之!"①

"予所否者"指失德之言行,若德行有亏则上天厌弃之。这即是以一种普通的道德主体的身份来承受上天的赏罚。孔子以此起誓,可知这一观念在孔子时代已经获得了普遍的认同。在天命惟德思想的发展过程中,受命主体的扩展意味着诸侯国君以至于士庶人的道德行为都可以直接受到天命的鼓励与约束。通过这样的改变,天命惟德逐渐从原始的君权神授的意义中解放出来,开始更切近、更广泛地参与到人世的德行与礼法的建构中。

除了受命者范围的扩大,天命观念还呈现出了其他一些变化。在天命惟德的逻辑中,天命所赐予的权力和福禄构成了人的德行的最直接的动力与依据。而这一命令的成立则取决于主宰之天的意志及其所具有的超越性的权威。但这种对于神灵意志的依赖,显然有悖于时代思想发展的要求。尽管我们不能接受徐复观先生有关人格神的命令在西周后期已经垮掉的论断,②但主宰之天的意义确实在某些论述中呈现了弱化的趋势。《礼记·中庸》论曰:

> 《诗》曰:"嘉乐君子,宪宪令德!宜民宜人,受禄于天!保佑命之,自天申之!"故大德者必受命。③

所引《大雅·假乐》诗句表达了君子有美德而受天命之义。当然,从原诗"宜君宜王"等词句来看,这里所谓的"君子"还是指周王而言的。不过,《中庸》

---

① 《论语·八佾》。
② 徐复观先生即认为,"西周末,人格神的天命即逐渐垮掉,于是过去信托在神身上的天命,自然转变而为命运之命。"徐复观:《中国人性论史》,上海:华东师范大学出版社,2005年,第25页。
③ 《礼记·中庸》。

的关注点显然不在于受命者的身份。《中庸》要特别解释的是德行与受命之间的关系。有德者之所以得享天禄,原本取决于主宰之天对有德者的青睐,而《中庸》则意在用必然性的因果链条将有德与受命连结在一起。有大德是因、是前提,具备了这样的前提,就必然能受命于天。我们或可认为,《中庸》的这一解读是用必然性的因果链条取代了主宰之天的意志;当然也可以有温和一些的理解,即认为此说是在天帝意志之上设置了一种更高层级的必然性原则,主宰之天的意志也要服从于这一原则。实际上,主宰之天一旦被纳入必然性的约束之中,主宰的意义也即瓦解了。

四 心能制义

上述这些调整虽然在很大程度上改变了原初的天命惟德观念,但这些调整所针对的问题并没有触及天命惟德这一基本逻辑,即受命者获享权力或福禄是因于自身的德行。但现实的情形却是,有德者往往遭遇丧乱,而背德之人却未必会丧失福禄。面对这样的情形,人们自然会对德行与受命之间的关联产生怀疑。实际上,天命惟德观念正是在应对这种质疑的过程中发生着更为深刻的改变。

《左传》所记述的成鱄对帝命的理解,或许可以构成一种应对挑战的思路:

> 魏子谓成鱄:"吾与戊也县,人其以我为党乎?"对曰:"何也!戊之为人也,远不忘君,近不偪同;居利思义,在约思纯,有守心而无淫行,虽与之县,不亦可乎!昔武王克商,光有天下,其兄弟之国者十有五人,姬姓之国者四十人,皆举亲也。夫举无他,唯善所在,亲疏一也。《诗》曰:'唯此文王,帝度其心。莫其德音,其德克明。克明克类,克长克君。王此大国,克顺克比。比于文王,其德靡悔。既受帝祉,施于孙子。'心能制义曰度,德正应和曰莫,照临四方曰明,勤施无私曰类,教诲不倦曰长,赏庆刑威曰君,慈和遍服曰顺,择善而从之曰比,经纬天地曰文。九德不愆,作事无悔,故袭天禄,子孙赖之。主之举也,近文德矣,所及其远哉!"①

---

① 《春秋左传·昭公二十八年》。

魏献子掌晋国之政,因知徐吾、赵朝、韩固、魏戊四人不失职、能守业,故授之以县。其后,魏献子问于晋大夫成鱄,他人是否会因他授县给魏戊而认为他有所偏私?成鱄则告之曰,他人断不会有此误解。魏戊为人贤德,理当受县。又举武王分封旧事,强调举用贤德无分亲疏。之后便引述《皇矣》之诗并为之解,以说文德,并赞魏献子之举近于文德。

这里有关《皇矣》的解读对后世儒家《诗》学有着显著的影响,汉代《毛传》训"帝度其心"等句基本沿用了成鱄之说。从所引《皇矣》诗句来看,其中并没有明确的"天命"之称。但全诗所表现的天帝对于王权更替的诸多影响具体而直接,实与《诗》所常言之天命无异。程冠英、蒋见元先生就曾评述道,"诗中如'皇矣上帝,临下有赫'、'乃眷西顾,此维与宅'、'维此王季,帝度其心'、'帝谓文王,予怀明德'等句,都是所谓'精语',构成了全诗的主题和骨架,使得诗人歌颂的人物虽多,但'受天命而得天下'的精神始终不散。"① 且孔颖达《毛诗正义》、《春秋左传正义》解"帝度其心"一句亦都以命令之义释之。因此,对于所引《皇矣》章句的解读应能为我们呈现出时人有关天命思想的更多细节。

此外,有一处异文需要略作说明。《左传》引诗曰"唯此文王,帝度其心",但《毛诗》此句作"维此王季"。胡承珙、马瑞辰、陈奂、王先谦等辨析此句,皆认为应从《左传》作"文王"。② 如此,则该章十二句在语意上构成了一个描述文王受命的连贯的整体。

语意的连贯性在成鱄的解说中变得更加清晰。在成鱄看来,自"帝度其心"至"比于文王",乃是在描述文王"九德"。文王因此"九德"而袭受天禄。这很显然是依循了有德而受天禄的逻辑。但在这样的基本逻辑下,成鱄对天命授受的理解呈现出了某种变化。变化的关键就在于对"帝度其心"一句的阐释。如果仅从字面意思来看,"帝度其心"的含义似乎并不复杂。孔颖达疏曰"天帝开度其心"③,正是对此句的一种平实的解释。据此而言,"度"字意为开度,表现着天帝对文王之心所施加的影响。但有关"度"字的开度

---

① 程俊英、蒋见元:《诗经注析》,北京:中华书局,1991 年,第 776 页。
② 参见《毛诗后笺·大雅·皇矣》,[清]胡承珙笺;《毛诗传笺通释·大雅·皇矣》,[清]马瑞辰通释;《诗毛氏传疏·大雅·皇矣》,[清]陈奂疏;《诗三家义集疏·大雅·皇矣》,[清]王先谦集疏。
③ [唐]孔颖达等疏:《毛诗正义·大雅·皇矣》。

之义并不见于成鱄的解说。成鱄乃是以"心能制义"来解释"度"字。从语法来看,"心能制义"四字已具有完整的句子结构,但原诗中的"度"字所需要的却只是支配"其心"这一宾语的某种动词义。因此,"心能制义"之说显然不是在简单地阐释"度"字作为谓语动词的含义。在这里,孔颖达的解释或许有助于我们理解成鱄的意图,其疏曰:"天帝开度其心,令之有揆度之惠。"①在孔颖达看来,作为谓语动词的"度"字就是开度之义,而"令之有揆度之惠"则是对天帝开度之效的补充说明。成鱄所言"心能制义"或许就相当于孔疏所言"揆度之惠",是"帝度其心"的结果。所谓"心能制义",是指心能够决定所当为之事。而"帝度其心"作为九德之首,暗示着其后八德都是由心所制的当为之事。心在这样一种决制诸德的设计中,构成了德行的内在依据,或者说,德行成了人的自主选择。这也意味着,如果仅有外在的符合道德规范的行为,并不足以获享天命的福禄;只有依内心意愿而达致德行,才有可能袭受天禄。因此,有德而失天禄的情形就可以被解释为,表现出的德行缺少某种自主的意愿,亦即缺失内心的根基。这在客观上缓解了德行与天命福禄之间的紧张关系。

五 命也时也

成鱄通过制义之心的设定,使作为受命条件的德行具有了更复杂的内在结构,这也就使得天命惟德具有了更充裕的解释空间。除此之外,我们在上博楚简《诗论》中还可以看到另外一种解读德行与天禄关联的思路。

《诗论》第 2 简、第 7 简在马承源先生最初的编联中并不相接。② 但是学者在后来的讨论中,多将第 2 简缀于第 7 简之后。③ 两简编联后,为我们呈

---

① [唐]孔颖达等疏:《毛诗正义·大雅·皇矣》。
② 参见马承源主编:《上海博古馆藏战国楚竹书㈠》,第 127、134—135 页。
③ 参见李零:《上博楚简三篇校读记》,第 32 页;廖名春:《上博〈诗论〉简的形制和编连》,载于《孔子研究》2002 年第 2 期;李学勤:《上海博物馆藏楚竹书〈诗论〉分章释文》,载于"简帛研究网"2002 年 1 月,http://www.jianbo.org/Wssf/2002/lixueqin01.htm;姜广辉:《古〈诗序〉复原方案》,载于"简帛研究网"2002 年 1 月,http://www.jianbo.org/Wssf/2002/jiangguanghui04.htm;李锐:〈孔子诗论简序调整刍议〉,载于《上博馆藏战国楚竹书研究》;曹建国:《论上博〈孔子诗论〉简的编连》,载于"简帛研究网"2003 年 4 月,http://www.jianbo.org/Wssf/2003/caojianguo02.htm。

现出了一段有关天命的论说。按照重排的简序,简文如下:

> ……怀尔明德"曷,诚谓之也"。"有命自天,命此文王",诚命之也,信矣。孔子曰:"此命也夫。文王虽欲已,得乎?此命也时也,文王受命矣。……"①

就补字释文方面而言,第 7 简上端残缺,残简以"怀尔明德"为始。此应是《大雅·皇矣》之句,而又与今本《毛诗》有别。今本作"予怀明德"。结合"帝谓文王,予怀明德"前后章句来看,《皇矣》中有句式上类似的"帝谓文王,无然畔援"、"帝谓文王,询尔仇方"之辞。这两处"帝谓文王"之后所接续的都是天帝对文王的告诫、命令。由此推知,"予怀明德"也应是天帝对文王的诫命。因此,为了回避字面上可能出现的天帝自道"我怀有明德"之义而符合诫命之旨,历代注疏多将"怀"字训作"归"②,意为馈、给,并在"怀"字之后补上宾语"文王",即郑笺所言"我归人君有光明之德"③。而简本"怀尔明德"的出现使得有关此句的解释出现了若干变化。一种意见认为,简本"怀尔明德"前应补"帝谓文王,予"五字,诗作"予怀尔明德",正合郑玄笺诗之意。④ 另一种意见则认为,简本只补"帝谓文王"四字即可,诗作"帝谓文王,怀尔明德"。"怀尔明德"不必遵毛郑旧说,而当参同诗中"询尔仇方"、"同尔兄弟"之句,直解作"怀有你的明德"。⑤ 如果我们考虑到天命惟德观念一贯的影响的话,那么德行应该是文王受命的前提,"帝谓文王"的诫命就不应该是赐予其明德,而应是告诫文王保持你固有的德行。因此简首补字之后作"帝谓文王,怀尔明德"为宜。此外,还有一处释文存在异议。"此命也夫"后一句,最初由马承源先生释作"文王隹谷也","谷"或当读为"裕","裕"有宽义。⑥ 但依此释文,文意颇难通顺。后李零、庞朴先生将此句改释

---

① 释文参见马承源主编:《上海博古馆藏战国楚竹书(一)》,第 127、134—135 页;李零:《上博楚简三篇校读记》,第 32 页。
② 参见[汉]毛亨传、[汉]郑玄笺:《毛诗正义·大雅·皇矣》。
③ [汉]郑玄笺:《毛诗正义·大雅·皇矣》。
④ 参见李零:《上博楚简三篇校读记》,第 32 页;李学勤:《上海博物馆藏楚竹书〈诗论〉分章释文》。
⑤ 参见庞朴:《上博藏简零笺》,载于"简帛研究网"2001 年 12 月,http://www.jianbo.org/Wssf/2002/pangpu01.htm。
⑥ 参见马承源主编:《上海博古馆藏战国楚竹书(一)》,第 135 页。

作"文王虽欲已"①,或可从之。

据上述释文来看,该段材料首先引述了《皇矣》、《大明》的诗句。所引《皇矣》章句言天帝告谓文王,保持你的明德,这表现了天帝对文王德行的要求;而引《大明》章句则着重强调了上天对文王的授命。两诗并举,鲜明地表达了天命惟德之义。对于所引诗文的内涵,《诗论》简单明了地以"诚谓之"、"诚命之"之辞,强调了天帝确实有诚命加诸于文王。同时,还通过"信矣"这样一种主观态度的表述,再次表明了对引《诗》中包含的天命惟德之义的认可。其后孔子所论,即在这一天命惟德的构架下展开。同时,也正是在这一旧有框架的衬托下,让我们看到了《诗论》独特的解释方向。

"文王虽欲已,得乎"以反问的语气表明,即便文王有意终止受命亦不可得。天命是超越于文王的意愿而施加于文王之身的。对于受命所表现出的这种不可抗拒的意味,我们可以有不同的理解。一种可能的解释是,不可抗拒之义旨在强化上天授命的权威,亦即是强化德行与受命之间的不可动摇的联系。但如果参考后续的论说来看,我们或许会倾向于另外一种解释。后续一句"此命也时也",是用"时"来解释不可抗拒的受命。而"时"与不可抗拒之义的结合,很容易让人联想到与《诗论》约略同时期的另一篇出土文献《穷达以时》中的"时"。② 所谓"穷达以时",就是讲人的穷困或显达在一定程度上是由"时"所决定的。在《穷达以时》中,"时"表现为一种不可抗拒的遇或不遇的遭际。这也即是时运、命运。《穷达以时》列举了舜、邵繇、吕望、管夷吾、百里奚等一系列历史或传说中人物的际遇,来证明时运、命运对人事的影响。这也即是后来荀子所讲的"夫遇不遇者,时也"③。"时"构成了超脱于人力之外的对人的限制。带着这样一种"时"的观念反观《诗论》,我们可以认为,《诗论》以"时"来解释天命授受,是要强调文王受命乃时运、时命所至,因此即便是文王自己亦不可阻止。

---

① 参见李零:《上博楚简三篇校读记》,第 32 页;庞朴:《上博藏简零笺》,载于"简帛研究网"2001 年 12 月,http://www.jianbo.org/Wssf/2002/pangpu01.htm。
② 参见荆门市博物馆:《郭店楚墓竹简》,北京:文物出版社,1998 年第 1 版,第 145 页;李零:《郭店楚简校读记》,北京:中国人民大学出版社,2007 年,第 111—112 页。
③ 《荀子·宥坐》。

虽然我们在这里借鉴了《穷达以时》的时命之义,但必须指出的是,《诗论》所强调的时命与《穷达以时》所论有很大不同。在《穷达以时》那里,我们完全看不到因有德而获福报的表述。实际上,《穷达以时》很明确地否定了功利的报偿对于德行的激励,强调"动非为达也"。在不可逃脱的际遇中,德行是通过"反己"来获得动力或根基的。但是,《诗论》对于时运、命运的强调却是在德行与天禄的关联下展开的,或者说是将时运、命运之义引入了对天命惟德观念的理解中。对天命惟德而言,时运之义的引入意味着,天命、天禄的授受不再仅仅取决于受命对象是否有德,还受制于时运。如果时运不济,有德者也未必会受命。这显然已有别于《中庸》所言"大德者必受命"的解释思路。

六 结 语

通过上述分析我们可以看到,在《诗》和《诗》学的视域中,天命惟德始终是一个重要的思想观念。这一观念随着时代思想的发展不断进行着调整。天命施予的对象从天子扩展为普通的道德行为的主体。天帝作为天命授予者的权威也会在某些语境下让渡给必然性的法则。而透过这些细节的变化,也让我们更清楚地看到了天命惟德观念始终不变的基本内涵:有德者能够袭受天命的权力或福禄。周人为了享有天禄、避免天罚而自修其德以匹配天命的道德取向。天命所赐予的王权或福禄构成了人的德行的动力,天命对德行的青睐为人的德行树立了明确的努力方向。不过,德行与受命之间的这种联系在现实的境遇中也面临着严峻的挑战。天命惟德观念的承续者必须要解释,为何会出现有德而遭丧乱的情形。春秋战国时人以不同的思路回应了这一质疑。成鱄将由心所制的德行作为受命的必要条件,儒家《诗论》则将时命的观念引入天命授受的关系中。

On the Thought that Mandate of Heaven Depends on Morality in the Early Poetics

Meng Qingnan

Abstract: In *The Book of Songs*, the Mandate of Heaven manifested itself as giving power and happiness to the virtuous person by an order form. The kings of Zhou Dynasty complied with the moral requirements of Heaven in order to pursue the power and happiness given by Heaven. It was always an important thought that the mandate of Heaven depended on morality in the early Poetics. That thought also constantly changed with the development of the ages. The range of the person to whom Heaven gave power and happiness was extended from the king of Zhou Dynasty into the ordinary moral agent. Heaven passed authority to the law of necessity. Furthermore, Cheng-Zhuan as a senior official in the Spring and Autumn Period set the morality controlled by the heart as the necessary condition for acquiring the power and happiness given by Heaven. The Confucian drew the concept of destiny into giving and receiving the power and happiness in the Chu bamboo *On Poetry*.

Key words: poetics, mandate of heaven, morality, heart destiny

传心与儒家道统传承

李春颖[*]

提　要：儒家之道统，自唐代韩愈以来备受重视。到了宋代，道学者普遍以"传心"来指称儒家道统传承。虽然"传心"作为儒家道统传承受到宋明道学者的广泛认同，但其中涵盖的问题却一直隐而未发：首先，儒家言"性善"，宋明理学认为"性即理"，那么为何儒家道统传承被称为"传心"而非"传性"？其次，心学和理学都接受"传心"这一概念，但其内涵在心学与理学之间却存在本质上的差异，这点学界关注较少。本文通过对二程、朱熹、张九成、胡宏思想的分析，来展现"传心"在宋代道学中的丰富内涵。特别是通过张九成与朱熹的对比，彰显出儒家道统传承的内容和方式在理学与心学间的差异。

关键词：传心　人心　道心　天理　人欲　道统

对儒家道统的讨论始自韩愈，陈寅恪在《论韩愈》一文中评价韩愈"建立道统，证明传授之渊源"[①]。韩愈建立道统并追溯其传承谱系，主要体现在《原道》中："曰：斯道也，何道也？曰：斯吾所谓道也，非向所谓老与佛之道也。尧以是传之舜，舜以是传之禹，禹以是传之汤，汤以是传之文、武、周公，文、武、周公以是传之孔子，孔子传之孟轲，轲之死不得其传焉。"韩愈认为儒家道统自尧、舜、禹、汤、文武、周公、孔子，一直传至孟子，孟子之后道统断

---

[*] 李春颖，1985年生，中国政法大学国际儒学院讲师。
[①] 陈寅恪：《论韩愈》，《金明馆丛稿初编》，北京：三联书店，2001年，第319页。

裂,直至韩愈承起孟子不传之学。陈寅恪认为韩愈"道统之说,表面上虽由孟子卒章之言所启发,实际上乃因禅宗教外别传之说所启发"①。当时禅宗盛行,影响颇重,受到禅宗的刺激和启发,韩愈仿照禅宗道统之说,建立儒家道统。对道学谱系的追溯,一方面确立了儒学的正统,以匡正时学,对峙禅宗思想的泛滥;一方面为自己学说思想的合法性寻找历史依据;更为重要的是韩愈为宋代道学的产生奠定了思想基础,开启了此后儒学对道统、正统的讨论。

宋代道学虽然不认同韩愈继承孟子之后不传之学的说法,但是对韩愈建立的儒家道统极为重视。宋代道学者以道统来维护儒学的纯粹性,甚至发展到道学内部不同派别间互相排斥,纷纷以正统自居,斥其他派别为伪学。这种趋势直接导致了南宋道学范围越来越狭窄,最后独以程朱一脉的理学为正统。

宋代道学用"传心"来指称道统传授。古文《尚书·大禹谟》中"人心惟危,道心惟微,惟精惟一,允执厥中"一语,在宋代受到道学者的极力推崇,称之为十六字传心诀。这十六字为宋代的道学添入了新的内容,不仅使人心、道心自洛学开始成为道学讨论中的重要问题,而且使"传心"一词进入道学话语,作为儒家道统的传承,被宋明两代广泛使用。二程称《中庸》为"孔门传授心法"②,胡安国称《春秋》"乃史外传心之要典也"③,张九成指《孟子》为"此皆千圣秘奥传心之法"④,张九成语录也命名为《心传》。在宋明两代的《易》注中,"传心"的使用更为灵活,元亨利贞、乾卦等都曾被称为"传心之要"⑤。

就"传心"一词的来源看,"传心"在禅宗中指传法,在唐代就已经作为禅宗中的重要概念被广泛接受。如希运在《传心法要》中写到:"初祖达摩来

---

① 陈寅恪:《论韩愈》,《金明馆丛稿初编》,第321页。
② [宋]程颢、程颐著,王孝鱼点校:《河南程氏外书》卷十一,《二程集》,北京:中华书局,2004年,第411页。
③ [宋]胡安国:《春秋传·自序》,文渊阁四库全书本。
④ [宋]张九成:《孟子传》卷九,文渊阁四库全书本,第331页上。
⑤ 例如[明]来知德《周易集注》卷一"学者能于此四字(元亨利贞)潜心焉,传心之要不外是矣。"[清]孙奇逢《读易大旨》卷三"圣人以敬为传心之法"。

华,不立文字,直指人心,谓法即是心,故以心传心,心心相印。"①王维在《同崔兴宗送瑗公》诗中写到:"一施传心法,惟将戒定还。"齐己在《荆渚逢禅友》诗中写到:"闲吟莫忘传心祖,曾立阶前雪到腰。"从以上引文可以看出,在唐代"传心"一词大都作为禅宗用语来使用。"传心"作为儒家的道统传授,并广受重视,始自二程。二程认为"人心惟危,道心惟微,惟精惟一,允执厥中"是尧、舜、禹三帝传心的要诀,并对此作了道学意义上的阐释。程颢说:"'人心惟危',人欲也。'道心惟微',天理也。'惟精惟一',所以至之。'允执厥中',所以行之。"②就是说"传心"既要求保存天理之道心,又要防范人欲之人心,以"精"、"一"的工夫体悟道心,并执守道心,道心即"中"。

那么该如何看待"传心"一词的儒释归属问题?道学者使用"传心"是源于对古文《尚书·大禹谟》中十六字的阐释,"传心"也正是在此意义上才被作为儒家的道统传授。因而即便是"传心"一词可能更早出现于禅宗,但"传心"作为道学中的概念被使用,其经典来源和意义却完全是儒家的。正如钱穆先生所说:"今专为研讨宋儒理学思想,当探问理学家如何解释与运用此诸语,却不必过重在此诸语上辩论其出处。"③对于"传心"的归属问题,赵伯雄在《春秋学史》中也指出:"此语(传心)虽然可能来源于释家,但经儒者解释,已成为理学家的重要范畴,所谓'道心',也已具有了理想境界、政治原则、道德规范乃至自然规律等种种涵义。"④

本文之所以选择张九成为中心,通过与二程、朱熹、胡宏等人的对比,来展现"传心"的丰富内涵,主要是因为张九成思想的代表性以及其所处时代的特殊性。张九成作为杨时弟子、程门再传,其思想是对洛学的继承和发展。时人"家置其书"的盛况也说明了两宋之际学者对张九成思想的肯定,对于张九成作为程门弟子、渡江大儒尊崇。随着朱熹思想的逐渐成熟,朱熹在维护道统的名义下,对程门弟子及其思想进行清理,逐渐确立了程朱一脉的正统地位。在这一趋势下,张九成的思想最终被排斥在正统之外。张九成作为理学道统之外的儒者,分析他对"传心"的理解,对儒家道统传承的理

---

① [唐]希运:《传心法要》,《大正藏》,第48册。
② [宋]程颢、程颐著,王孝鱼点校:《二程遗书》卷十一,《二程集》,第126页。
③ 钱穆:《朱子学提纲》,北京:三联书店,2002年,第88—89页。
④ 赵伯雄:《春秋学史》,济南:山东教育出版社,2004年,第502页。

解,可以为我们研究宋代道统的发展提供一点补充。

张九成对"传心"的重视,不单单因为十六字传心诀在宋代受到广泛重视,"传心"已经成为被道学者普遍接受的概念,更是因为他自己独特的心学思想。着眼于九成思想内部,会发现他强调"传心"一方面源于他注解《尚书》的影响,另一方面源于他的心性论,"心即理"的思想从根本上决定了张九成必须将"传道"等同于"传心"。这种等同是直接的、无条件的,不同于二程、朱熹、胡宏等在"传道"与"传心"之间需要加入过渡环节。下文将借助传统对十六字传心诀的阐述方式,分为人心与道心、传道与传心两个部分来阐释张九成之心学与朱子之理学对儒家道统传承的不同理解。

一　人心与道心

道学自二程起,大力宣讲"人心"、"道心"的问题,与其说这是出于对古文《尚书》中"人心惟危,道心惟微,惟精惟一,允执厥中"十六字的重视,不如说是出于道学自身理论构架的需要,借助《尚书》内容进行的阐发。以理节情、以理节欲,本是孔子以来儒家哲学的固有思想[①],从伦理学角度讲,人的意识活动不是全部合乎社会普遍认同的道德原则,那么以人在社会生活中形成的稳定道德观念制约情欲就成为个人德性修养中的必要内容。但是到了宋代,这种外在的对道德活动的评判、制约就不能满足道学所要求的主体的高度自立和自觉。道学以人的本然之性或者本心等同于天理,这就使本来外在的必然、根据、规范实际上化归为内在于人的性或者心。实际上,在人的内心中感性欲念和道德意识并存,这两者甚至时常发生冲突。仅仅强调本然之性、本心来源于天理,强调主体的自觉,人在现实活动中内心仍然可能产生违背道德的欲念。因此,在人的意识活动中区分道德意识和非道德意识,并且以道德意识来支配人的行为,就成为了道学理论内部的必然要求。

关于"人心"、"道心"的讨论正是对上述问题的解答。如孟子所言"心之官则思",人的一切思维活动无论善恶都是由心所发,人心、道心就是对人

---

① 陈来:《朱子哲学研究》,上海:华东师范大学出版社,2000年,第231页。

思维活动的区分。程颢说:"人心惟危,人欲也;道心惟微,天理也。惟精惟一,所以至之;允执厥中,所以行之。"①又说:"人心私欲,故危殆;道心天理,故精微。灭私欲则天理明矣。"②简要来说,人心乃人欲,容易流荡;道心乃天理,微妙难见,故言人心危殆、道心精微。深入追究的话,道心与天理究竟是何种关系?这涵盖了此后发展出两种解读可能:(1)人心即是人欲,道心即是天理。人心、道心的讨论与天理、人欲讨论是一致的。(2)道心、人心是将人的意识活动区分为两种,由性体之私而发的感性欲念称为人心;由天理而发的道德意识称为道心。第二种解读的优点在于,将人意识活动中符合伦理道德的部分定义为自天理而发,在现实生活中以发自天理的道德意识为主宰,去除私欲,这就使得强调人的主体自觉性和以理节欲两方面在道学内部都获得了肯定和安顿。

随着道学的发展,人心、道心的讨论更趋于细致精微。朱熹是第二种解读思路的代表:

> 此心之灵,其觉于理者,道心也;其觉于欲者,人心也。③
> 只是这一个心,知觉从耳目之欲上去,便是人心;知觉从义理上去,便是道心。④
> 必使道心常为一身之主,而人心每听命焉,则危者安,微者著,而动静云为自无过不及之差矣。⑤

如果说程颢的解读中还存在将人心等同于人欲、道心等同于天理的可能,朱熹则清晰明确地将人心道心规定为人的知觉活动。符合道德原则的知觉是道心,出自于个人私欲的知觉是人心。这不同于道心即是天理、人心即是人欲的思想。朱熹认为道心、人心都属于已发层面,是人知觉活动的不同种类。道心本身不是天理,而是人从天理而发的意识,或者说人的意识符合天理。这样强调人以道心为主,去除过分的私欲,就使得心性论更为完

---

① [宋]程颢、程颐:《二程遗书》卷二十四,《二程集》,第126页。
② 同上书,第312页。
③ [宋]朱熹:《答郑子上十》,《晦庵先生朱文公文集》卷五十六,《朱子全书》第二十三册,上海:上海古籍出版社,合肥:安徽教育出版社,2002年,第2680页。
④ [宋]黎靖德编,王星贤点校:《朱子语类》卷七十八,北京:中华书局,1986年。
⑤ [宋]朱熹:《中庸章句序》,《四书章句集注》,北京:中华书局,2005年,第14页。

备:不仅有天理在形而上层面上保证人性之善,而且有道心保证现实生活中人德行修养的方向。

以上关于人心道心的讨论是基于理学①的,九成基于心学对人心道心的阐释与理学不同。人心道心的讨论源自于对《大禹谟》中十六字的解读,那么我们先看九成对《尚书》原文的注释:

> 夫天下之大,四方万里之远,事之不一,物之不齐,宜不可以一言断之矣。然而使圣人见天下见四方万里若大若远,见事见物不一不齐,窃意圣人之心亦已不给矣。惟圣人知天下四方万里、若事若物之本,执而绥之,所以天下四方万里、事物之情无不灼然布于几席之上,而发号施令,靡然自当于天下四方万里事物之心,使无冤苦失职之叹者,则以得其本也。夫所谓天下四方万里事物之本何物也?曰:中而已矣。盖天下此心也,四方万里此心也,若事若物此心也。此心即中也。中之难识也久矣,吾将即人心以求中乎?人心,人欲也。人欲无过而不危,何足以求中?又将即道心以求中乎?道心,天理也。天理至微而难见,何事而求中?曰:天理虽微而难见,惟精一者得之。精一者何也?曰:精则心专入而不已,一则心专致而不二。如此用心,则戒谨不睹恐惧不闻,久而不变,天理自明,中其见矣。既得此中,则天下在此也,四方万里在此也,若事若物在此也。信而执之以应天下四方万里事物之变,盖绰绰有余裕矣。②

九成的阐述重点明显不在于人心、道心之别,也不在于如何使道心为主宰。他论述的重心是"天下四方万里事物之本"。这个讨论重点本来也是《尚书》原文中所蕴涵的,"人心惟危,道心惟微,惟精惟一,允执厥中",舜对禹反复叮咛的是"心",希望其"惟精惟一,允执厥中"。张九成依此认为,舜叮嘱禹所求之"中"就是万物之本,得万物之本应该从道心而入。万物之本体,九成在天称之为天、天心、天理,在人称之为本心、固有之心、中、一德等。圣人得此本体方能识天下万物一致之理,发号施令自然合于万里万物之心。

---

① 本文采用狭义的"理学",即程朱理学,也包括认同理气二分思想的湖湘学派等。宋明新儒学则以"道学"统称之。
② [宋]黄伦:《尚书精义》卷六,文渊阁四库全书本。

张九成此段注释在当时影响广泛,朱子门人曾引用此段与朱子讨论,朱子也专门针对此段进行批评。九成的注释可以从以下两点来理解。

(一) 道心与天理

张九成对人心、道心的阐述继承了程颢的思想。上面引文中"人心,人欲也。人欲无过而不危……道心,天理也。天理至微而难见"与程颢"人心私欲,故危殆;道心天理,故精微。"文字上基本一致。与朱熹不同,张九成显然选择的是第一种解读思路,人心就是人欲,道心就是天理。针对九成的解读,《朱子语录》中记载了两则朱熹与门人的讨论①,摘录其一:

> 窦初见先生,先生问前此所见如何?对以"欲察见私心"云云。因举张无垢"人心道心"解云:"'精者,深入而不已;一者,专志而无二。'亦自有力。"曰:"人心道心,且要分别得界限分明,彼所谓'深入'者,若不察见,将入从何处去?"窦曰:"人心者,喜怒哀乐之已发,未发者,道心也。"曰:"然则已发者不谓之道心乎?"窦曰:"了翁言'人心即道心,道心即人心。'"曰:"然则人心何以谓之'危'?道心何以谓之'微'?"窦曰:"未发隐于内,故微;发不中节,故危。是以圣人欲其精一,求合夫中。"曰:"不然。程子曰'人心,人欲也;道心,天理也。'所谓人心者,是气血和合做成,嗜欲之类,皆从此出,故危。道心是本来禀受得仁义礼智之心。圣人以此二者对待而言,正欲其察之精而守之一也。察之精,则两个界限分明。专一守着一个道心,不令人欲得以干犯,譬如一物,判作两片,便知得一个好,一个恶。尧舜所以授受之妙,不过如此。"②

朱熹对张九成批评的焦点集中在道心、人心的判别上。在朱熹看来,"惟精惟一"的前提是必须正确了解何者为道心,何者为人心?朱熹认为,张

---

① 另一则为《朱子语类》卷七十八:问:"曾看无垢文字否?"某说:"亦曾看。"问:"如何?"某说:"如他说'动心忍性,学者当惊惕其心,抑遏其性。'如说'惟精惟一,精者深入而不已,一者专致而不二。'"曰:"'深入'之说却未是。深入从何处去?公且说人心、道心如何?"某说:"道心喜怒哀乐未发之时,所谓寂然不动者也。人心者喜怒哀乐已发之时,所谓感而遂通者也。人当精审专一,无过不及,则中矣。"曰:"恁地,则人心道心不明白。人心者,人欲也;危者,危殆也。道心者,天理也,微者,精微也。物物上有个天理人欲。"因指书几云:"如墨上亦有个天理人欲,砚上也有个天理人欲。分明与他劈做两片,自然分晓。尧舜禹所传心法,只此四句。"([宋]黎靖德编,王星贤点校:《朱子语类》卷七十八,第2017页。)
② [宋]黎靖德编,王星贤点校:《朱子语类》卷七十八,第2017—2018页。

九成恰恰对道心、人心分判不正确,因而其对"精"、"一"的阐述也就不足道也。从引文中可以看出,用已发未发来分判人心道心是当时普遍的观点。道心为未发,为性,为天理,这与朱子思想相违背。前文已经说明,就朱子学而言,天理、性都是形而上的本体,属于未发层面,而现实生活中的一切思维意识都属于已发层面。如果将道心直接等同于天理,一方面混淆了已发、未发,另一方面天理、性、道心都属于未发之本体,就使得现实生活中人的念虑行为缺乏道德意识的主宰和裁制。将道心规定为人由天理而发的意识,才可以有效地解决以上问题。

实际上,张九成基于其心学思想而言"人心,人欲也""道心,天理也"不需要面对朱熹这些问题。在张九成,没有截然区分理与气、心与性,"此心即中",此心即天理。言"道心",并非对人心加以分别,取某个侧面而命名为道心。道心就是本心,不过是依《尚书》原文而有的另一种称谓。正因为没有心性二分,等同于天理的道心就不是牢牢固定在未发层面,不可越雷池一步。此道心可以自然地发为思维念虑,进而指导人的行为活动。在个人而言,道心既是人性善的形而上保证,也是现实生活中个人德行的指导;在万物而言,道心既是万物一致之理,也是圣人施令能够"靡然自当于天下四方万里事物之心"根本。

> 故吾意之所在,理之所在也,圣人之所在也。①
> 文王不闻亦式,不谏亦入,不显亦临,无射亦保,皆天心也。②
> 乃知不为己甚天理也,真仲尼之心也。③
> 然而孟子之言非私意也,乃天理也。④

张九成心学思想中,本心具有即本体即活动的特性,这使得形而上与形而下、未发与已发,是一贯的,而非截然分属两个层面。他将道心等同于天理之后,道心仍然可以在现实生活中施发出念虑、行为,并且这些念虑、行为自然合乎天理。这些由道心而发,符合天理的念虑、行为也可以称为天理、本

---

① [宋]张九成:《孟子传》卷十九,第424页下。
② [宋]张九成:《孟子传》卷十八,第417页下。
③ 同上。
④ [宋]张九成:《孟子传》卷二十七,第494页下—495页上。

心、道心。如引文中文王不闻亦式,不谏亦入,不显亦临,无射亦保,孔子不为己甚,孟子之言,显然是已发之行为,因其合于天理,故称为天心、天理。反之,当道心受到遮蔽或阻碍,不能够正常地施发出来时,念虑、行为多与天理相悖,这就是人心、人欲。

(二) 人欲与已发

上文道心与天理的关系根源在于心同于天理还是性同于天理,此处讨论"一心"还是"两心"的问题则出于对人欲的不同规定。"人心,人欲也。人欲无过而不危……道心,天理也。天理至微而难见"仍然是对十六字传心诀的注释,着眼于人心、人欲,我们发现张九成对人欲的规定是"无过而不危"。参照程颢"人心私欲,故危殆",朱熹"所谓人心者,是气血和合做成,嗜欲之类皆从此出,故危","有知觉嗜欲,然无所主宰,则流而忘返,不可据以为安,故曰危。"①虽然都强调人欲之危,但九成认为"危"的原因在于"无过而不危",此"过"当解为"知者过之,愚者不及"之义,即不符合本体之"中"。也就是说,人欲都是不符合本体之"中"的,因此是危殆的。张九成对人心、人欲的规定,有以下几点需要说明:

第一,将人欲解释为对本体的过或不及,从根本上取消了人欲的独立性。意识活动违背天理,就是人欲,没有独立的人欲与天理并存。以个人而言,只有一个禀赋于天的道心,此道心同于天理,道心自然施发出的意识活动符合天理;当此道心受到遮蔽或阻碍,不能自然施发出来的时候,意识活动就与天理之间存在偏差,由此造成的"过"或"不及"就称为人心、人欲,是危殆的。在张九成看来,人欲不是与天理对等、在心中分判为二的。这与朱熹"物物上有个天理人欲"②,将天理、人欲并举的思想不同。

第二,人心即是人欲,都是对天理的违背,都是恶的。在张九成看来,人心就是人欲,都是对本体的过或不及,根本不存在符合天理的人心。朱熹则认为人心根源于血肉之躯的形气,包括了一切耳目口腹男女之欲,是人生存所不可缺少的,因而不都是邪恶的。"人心亦不是全不好底,故不言凶咎,只

---

① [宋]黎靖德编:《朱子语类》卷六十二。
② [宋]黎靖德编:《朱子语类》卷七十八。

言危。"①

第三，就人欲与天理的关系来看，人欲也是本体的发用。天理属于形而上、未发层面，但本体的能动性决定了它是贯通已发未发的。天理发而为意识活动，这些属于已发层面的意识活动中符合天理的部分仍然可以称之为天理、道心；另外一部分不符合天理的意识活动，则称之为人欲。从本源看，人欲没有单独的形而上来源。如水流变浊，并非本源即分为清水、浊水两个，本源只是一脉清水，遇泥沙才浑浊，不能说浑浊之水不是源于清水。人欲便是从本体而发，被污染浑浊之水。那么在张九成的思想中，人心、道心便不是一组对等的概念，道心乃本体，贯通已发未发，人心都是已发，是道心之发而不合天理者。

第四，人心、道心只是一心。就未发层面来说，只有本体之道心；就已发层面来说，符合天理则为道心，不符合天理则为人心。在已发层面，不可能同时存在人心、道心两者，也根本谈不上以道心为主，或者以道心来主宰人心的问题。"惟学问之深者，人欲不行，惊忧之迫者，人欲暂散，故此心发见焉。"②学问之深者本心常在，故无人欲；惊忧之迫者，人欲暂时消除，则意识活动均为道心。"一心之微，其可不慎？稍堕人欲即为禽兽，一明天理即是人伦。"③在已发层面，人心、道心是本体发用的两种相反状态，人只有一心，是人心，则不是道心；是道心，则不是人心。

正是因为对人心、人欲以上的规定，使得张九成不需要特别讨论和强调人心道心如何统一，怎样在一心中区分出人心、道心，道心如何主宰人心等等理学所面对的问题。在九成的思想中，人心与道心界限明确关系清晰，不烦曲折纷说，直接明了地融在其心性论中。

二 传道与传心

前文已经指出，对十六字传心诀的注释中，张九成与程颐、朱熹最明显

---

① [宋]黎靖德编：《朱子语类》卷七十八。
② [宋]张九成：《金滕论》，《横浦集》卷九，第352页下。
③ [宋]张九成：《孟子传》卷十九，第425页下。

的区别在于他更注重后两句"惟精惟一,允执厥中",而程朱更重视"人心惟危,道心惟微"。这出于他们对传心的理解不同。

传心是指儒家道统的传承,其内容则是对天下之大本的体认。宋代自二程对"人心惟危,道心惟危"的重视之后,儒家道统之传承一般都称为"传心"。如《龟山志铭辩》中"自孟子既没,世无传心之学,此一片田地,渐渐抛荒"①,孟子之后,道统不传,也成为宋代儒者普遍认同的观点。所以宋代儒者多以承续孟子后不传之道统为己任。宋学以形而上之天理为性善提供根据,就使得本然之性同于天理,是天下之大本,道统传承应该称为"传性",但在儒家圣人,他们前后相传所叮嘱的都是"心"而不是"性"。② 这就需要道学者提供合理的解释。

这与道心、人心的阐释是一致的。理学对道心的重视,在于道心属于已发层面又符合天理的特点,可以使道心在现实生活中约束人的念虑行为,切实地保证人的德行符合普遍的道德规范。这就弥补了天理、性作为形而上本体,只能属于未发层面的不足。这不足一方面在于虽然人人具有本然之性,但现实中本然之性不是现成地呈现出来,需要人通过"尽心"的工夫才能"成性";另一方面在于性属于未发,稍涉思虑即为已发。

因而对此隐而不发的本体,很难通过任何言传身教的现实形式传承。心则能弥补这一不足,无论认为心统括已发未发,还是认为心属于已发,人体认和实现本然之性都要通过心。性虽然同于天理,但现实生活中,经由心的思维主宰能力才能实现人的念虑行为符合天理,需要经由"尽心"才能"成性"。牟宗三认为:"明道《定性书》,实在讲的是心。心是主观性原则,理是客观性原则。而主观性原则就是实现原则:必须通过心觉才能说到理之体现。"③在这个意义上,道统传承只能通过"传心"来实现。钱穆总结朱熹思想,言"尧舜禹之相传授,虽曰传道,实亦只是传心,主要乃在传此心之道心。"④强调所传乃"道心",是因为在朱熹人心道心的区分中,认为道心才是人思维念虑符合天理者,才是性在现实生活中的实现。这一点胡宏的论述

---

① [宋]朱熹:《伊洛渊源录》卷十,《朱子全书》第十二册,第1054页。
② 向世陵:《理气性心之间——宋明理学的分系与四系》,北京:人民出版社,2010年,第126—127页。
③ 牟宗三:《宋明儒学的问题与发展》,上海:华东师范大学出版社,2004年,第34页。
④ 钱穆:《朱子学提纲》,第90页。

颇为精到:

> "天命之谓性"。性,天下之大本也。尧、舜、禹、汤、文王、仲尼六君子先后相诏,必曰心而不曰性,何也?曰:心也者,知天地,宰万物,以成性者也。①

尽心是成性的道路,成性是尽心的结果。② 胡宏"万事不论惟论心"③也是在此意义上而言的。心不是最终的本体,心的重要性和价值来源于它对性的实现作用。"传心"之"心"是道路、方式,"传心"本质上是传承实现"性"的方式。既然性是隐而未发的,那么道统所传即是如何体认和实现本体之性。

张九成则认为,道统传承的内容直接就是本体,而非实现本体的道路。他对"允执厥中"之中的理解为:

> 夫所谓天下四方万里事物之本何物也?曰:中而已矣。盖天下此心也,四方万里此心也,若事若物此心也。此心即中也。④

> 精则心专入而不已,一则心专致而不二。如此用心,则戒谨不睹恐惧不闻,久而不变,天理自明,中其见矣。既得此中,则天下在此也,四方万里在此也,若事若物在此也。信而执之以应天下四方万里事物之变,盖绰绰有余裕矣。⑤

中、道心、本心、固有之心以及天理、天心在张九成思想中异名而同指,都指称形而上本体。舜对禹叮咛传授之"中",以及"此心"之"心",就是万物之本体。后面两句"惟精惟一、允执厥中"才是实现本体的方式:"惟精惟一"是说工夫,使心专入而不已、专致而不二,即保持内心"敬"的状态,以体认本体之"中";"允执厥中"是说体认到"中"之后,信而执之,使此中常在,即万物之本体在我,应对万事万物自然绰绰有余。"惟精惟一"讲对本体的体认,"允执厥中"讲本体在现实生活中的实现。

---

① [宋]胡宏:《附录·知言疑义》,《胡宏集》,北京:中华书局,2009年,第328页。
② 向世陵:《理气心性之间——宋明理学的分系与四系》,第126—127页。
③ [宋]胡宏:《绝句二首》,《胡宏集》,第72页。
④ [宋]黄伦:《尚书精义》卷六。
⑤ 同上。

张九成认为"惟精惟一,允执厥中"、"敬"都是传心之法,即实现本体的道路;而本体就是所传之"心"或者"中"。

> 伊尹以告归,故历举传心之法以付太甲,犹尧之禅舜,舜之禅禹,以一言相付曰:"允执厥中"是也。"中"即伊尹所谓"一德"也。君天下之法,止于此而已矣。①

> 自后稷至文武,传心之法止在此一字乎? 呜呼! 后世人主以敬而得天命,不敬而失天命者亦多矣。②

> 惟精惟一,惟时惟几,一旦恍然雾除,霍然云消,思虑皆断,而心之大体见矣。然后知吾之所以为天者在此。③

精一、允执、敬都是工夫,通过这些工夫来实现和传承本体之心。"(圣人)垂法天下,使后之人举其心以行其法,传其仁心,使亿万斯年而不已,何所存之远乎?"④圣人以本心垂法天下,使后人得以传承此心,既得本心则行为施令自然与圣人相同,并且张九成强调本心作为万物之本体,超越时空,不因时间流转而消磨。传心就是对儒家最终本体的直接传承。这明显不同于朱熹"虽曰传道,实亦只是传心"的思想。

总结而言,对于儒家道统传承,朱熹和胡宏认为,本体之性在心的活动中才能实现和传承,因此传心是儒家道统传承得以实现的方式,"人心惟危,道心惟微"揭示了实现本体的道路;张九成则直接明了,认为儒家之道与心本来就是同一的,传心就是儒家道统的传承,"惟精惟一,允执厥中"才是实现本体的道路。在"传心"问题上,朱熹、胡宏二人与张九成的差别,正是理学和心学对儒家道统理解的不同。

---

① [宋]张九成:《咸有一德论》,《横浦集》卷九,第 338 页上。
② [宋]张九成:《召诰论》,《横浦集》卷九,第 335 页下。
③ [宋]张九成:《孟子传》卷二十七,第 494 页下—495 页上。
④ [宋]张九成:《四端论》,《横浦集》卷五,第 323 页上。

Inheriting Mind and Neo-Confucian Orthodoxy

Li Chunying

Abstract: Han Yu, who was an important thinker in the Tang Dynasty, proposed the Confucian orthodoxy. Then the Confucian orthodoxy turned into a significant conception. In the Song Dynasty, most Neo-Confucians regarded Inheriting Mind as inheriting the Confucian orthodoxy. Even then, there are some outstanding problems about what Confucian orthodoxy is, and how to inherit it. First, Confucians insist that people are created good. Neo-Confucians developed this doctrine and insisted that human nature was the principle of nature. Why Neo-Confucians didn't consider inheriting human nature but Mind as inheriting the Confucian orthodoxy? Second, although both Mind school(心学) and Li school(理学) consented to inheriting Mind, they did not agree with each other. The differences are worth noting. In this article, author focus on the thoughts of Cheng brothers, Zhang Jiucheng, Zhu Xi, Hu Hong, and analyses how they think about inheriting Mind. This article pays more attentions to comparing Zhang Jiucheng with Zhuxi's thoughts. Because this comparison could show the obviously differences between Mind school and Li school, which is about what Neo-Confucian orthodoxy is, and how to inheriting it.

Key words: Inheriting Mind, human mind, mind of Dao, the principle of nature, human desires, Neo-Confucian orthodoxy

被发明的传统

——晚明佛教宗派的复兴与佛教谱学的成立

张雪松[*]

提 要：明代中后期，以独立派辈诗为其特征标志的佛教法派大量涌现。笔者将佛教宗派法派谱系编织的方法称为佛教谱学，佛教谱学是明代中后期新"发明"出来的一种重要的佛教"传统"，时至今日，对于佛教组织制度仍旧有着至关重要的影响。

关键词：晚明佛教　佛教谱学　宗派

一　晚明佛教宗派的复兴：大量佛教宗派法派的涌现

许多被我们认为历史悠久的传统，其实很多都是非常晚近的"发明"。中国传统佛教宗派谱系纷繁复杂，让人感觉，似乎从佛祖出世、祖师西来，历代莫不如此。虽然佛教各宗派法系的始祖可以追溯得十分久远，但实际上真正的"开基祖"，大都只能上溯到明代中后期。

明代中叶以后，法派以及各法派的派辈诗大量涌现，这是中国佛教史上一件引人注目的大事件：

1. 禅宗。南宋以后，禅宗最盛行的主要是临济宗，其次是曹洞宗。（1）近代临济宗祖师，皆上溯至明龙池幻有，"明龙池幻有老人有四大弟子，曰密云悟、天隐修、雪峤信、抱璞连。密云、天隐，道行于长江流域；抱璞，道行于黄河流域；雪峤，道行于珠江流域，并及南洋……明末至今，三百余年，

---
[*] 张雪松，1980年生，中国人民大学佛教与宗教学理论研究所副教授。

临济宗派繁衍,皆自幻有一派流传"①。这段议论是对教内流传的临济谱系一个很好的总结。(2)曹洞宗最重要的法脉传承,按教内说法,是嘉靖四十五年(1562)少林小山禅师被传入京,传法常忠、常润。常润下开江西云居山系及赣中支系。常忠传无明慧经,开寿山系,其下又分出(广丰)博山系、(福建)鼓山系、(南京)天界系和东莞系。今日曹洞多是寿山系子孙。

2. 律宗(千华派)。万历四十二年(1614)明神宗延请古心如馨赴五台山永明寺开建皇坛,结束了嘉靖四十五年(1566)明世宗皇帝对僧尼开坛传戒的禁令。古心圆寂后,明神宗诏古心的第二法嗣愍忠寺(今北京法源寺)大会海律师绘古心遗像,加以供奉,后世称为南山律宗第十三世,古林开山第一代,中兴律祖。按照教内说法,古心一共有法嗣十二人,分灯十一处。古心之后律宗主要有四大谱系:古林、千华、西园、愍忠,其中古林与千华的矛盾最大,主千华派第七代法席的福聚,雍正十二年(1734),奉诏入京。上谕将愍忠寺改为法源寺,命庄亲王送福聚主持,福聚成为法源寺第一代律祖,千华派分灯北上,进入鼎盛。特别是福聚编《南山宗统》,意在确立千华派"宗统"。他创立了千华派派辈诗,明确隆昌寺律宗祖庭的地位,并将古心冠以天隆寺而非古林寺。由此引起了自己的祖派古林派传人的不满,如北京潭柘寺住持源谅律师,撰写《律宗灯谱》,与之针锋相对。不过福聚一系势力很大,宝华山前三代祖师的五部律著入龙藏,逐渐取得了正统地位。古心如馨被后代推举为唐代南山律宗在明末的"中兴祖",遥承为第十三代祖师,其弟子三昧寂光创建南京宝华山寺,为宝华山第一代祖师,以"如寂读德真常实,福性圆明定慧昌,海印发光融戒月,优昙现瑞续天香,支岐万派律源远,果结千华宗本长,法绍南山宏正脉,灯传心地永联芳"演派。

3. 天台宗(高明寺系)。万历年间传灯大师中兴高明寺,以"真传正受,灵岳心宗,一乘顿观,印定古今,念起寂然,修性朗照,如是智德,体本玄妙,因缘生法,理事即空,等明为有,中道圆融,清净普遍,感通应常,果慧大用,实相永芳"传宗。以往中日学界普遍承认的传法系统是"灵峰支"(由民国时期谛闲法师提供):传灯-灵峰智旭——古虚谛闲(四十三世)。近年来,又发现了《天台宗法卷》(已故李德生居士藏),从而出现了"午亭支":传灯-

---

① 达本:《禅七开示录序一》,《来果禅师广录》,上海:上海古籍出版社,2006年,第567页。

午亭正时……寂圣万荣(六十世)。该支主要流传在温、台地区。① 灵峰支"智"旭的名字与"真传'正'受"的名派不合,恐系派辈诗成后,重新加入的,且智旭宗派意识很淡,似午亭'正'时支更符合历史真实。

4. 贤首宗(宝通派)。宝通系是清代贤首宗的重要派系。明清之际的不夜照灯北游通州宝通寺,弟子玉符印颗(1633—1726),为贤首第二十八世,开宝通一派。印颗的弟子耀宗圆亮、滨如性洪、波然海旺、有章元焕,分别传法于河北,称为"宝通四支"(《宝通贤首传灯录》)。元焕的法嗣通理(1701—1782,字达天,宝通派下观衡系)雍正末年奉旨入圆明园勘藏,乾隆十八年(1753)奉命任管理僧录司印务,被称为"清代中兴贤首第一人"(《新续高僧传》②卷十本传)。印光法师在北京多年,他言北方贤首最盛,并非虚言,北京"拈花寺自达天开山后,传有怀仁、体宽、洞天、性实、圆明、德明、秀山、全朗、量源共九代。由达天传贤首宗三十世开始到量源和尚共为贤首宗三十九世"。"达天之僧号在贤首宗僧家来说是无人不知、无人不晓的。现在德胜门外牝牛桥塔院,达天为开山第一代,也是贤首宗的祖师之一,而京师贤首宗寺庙的塔院,也多以达天为开山,建筑有衣钵塔。"③

明清之际禅宗最为引人注目的事情是类似族谱的"灯录"大量编纂,"明末仅仅六十年间,竟比任何一个时期所出的灯录都多,而且此一趋势,延续到清之乾隆时代的一七九四年时……自一五九五至一六五三年的五十八个年头之间,新出现的禅宗典,包括禅史、语录、禅书的辑集编撰批注等,共有五十种计三八六卷,动员了三十六位僧侣及十位居士,平均不到十四个月即有一种新的禅籍面世"④。长谷部幽蹊在明清之际禅宗灯录上用功最勤,按照他的搜集分类,明代灯史类著作 17 部,清代灯史类著作 47 部,明清编年史类著作 4 部,明清宗派图世谱类著作 12 部。清代成书的著作主要集中在

---

① 朱封鳌:《天台宗高明寺法系考析》,见《天台宗史迹考察与典籍研究》,上海:上海辞书出版社,2002年。
② 喻昧庵:《新续高僧传四集》,台北:广文书局,1977 年。
③ 圣泉:《拈花寺的生活见闻(1933—1941)》,《文史资料选辑》(第 20 辑,总一二零),北京:中国文史出版社,1990 年,第 201 页。另外,笔者在北京五塔寺内见到几通关于拈花寺的碑文,对拈花寺的创建和重修有所记叙,亦可参考。
④ 释圣严:《明末中国的禅宗人物及其特色》,《华冈佛学学报》第七期,1984 年 9 月。

顺治、康熙年间,顺治年间 12 部,康熙前 30 余年间 34 部。①

在明代中后期,佛教的宗派性质突然彰显,虽然各个宗派都以复古、重振为名,但从本质上来讲并不亚于二次创立。佛教宗派在明中后期的再度高涨,应该说同当时官方默许私建祠堂,宗族在各地兴起的中国历史大背景密不可分。我们知道,明初制定的礼仪制度,品官之家可以依朱熹的《朱子家礼》祭祀四代,但庶民只可祭两代(后改为三代),实际上普通百姓将远祭始祖作为敬宗收族的主要方式,在明中前期是非法的。但是到了嘉靖皇帝时,由于他本人就出身小宗,在当时的礼仪之争中,是支持民间祭祀始祖的。"允许祭祀始祖,即等于允许各支同姓宗族联宗祭祖,此举在社会上产生了巨大影响。"②可以说,此后明清社会"宗祠遍天下"的局面,是由此开始的。修订族谱,订立族规,也是在嘉靖以后开始大规模流行起来的,并得到官方的认可与支持。根据历史学家常建华先生对明代族规的研究,"明代族规的兴起更是明代宗族组织化的产物。明代嘉靖以后宗族修谱并制定族规盛行,这与当时宗族建立的兴盛一致,是宗族组织化以宗族法控制族人的反映。"③

当然,宗族的兴起,本是中国历史文化各方面因素长期发展的结果,嘉靖朝的礼仪改革只是为其崭露头角提供了一个合法的环境。佛教僧侣祭拜佛、祖,本就不受政府太多干涉,明中后期整个中国社会,宗族兴起的大潮,更加刺激了中国佛教宗派的勃兴。而政府对度牒控制的失效,乃至到清中叶将实行千余年的度牒制度废除,也使得佛教自身不得不进行自我规范,这在客观上不断要求佛教各派别强化法统谱系上的规范管理。

晚清民国以来,"正宗道影"、"列祖联芳集"、"星灯集"、"某某堂宗谱"这类类似族谱式的东西还在不断编辑、刻印。当然近代佛、道教并不是完全演习世俗宗族家谱的做法,其重要特色在于,其族谱不一定要全部收入全族(全派别)的人名,这样做即使不是不可能,也成本太大、更新周期要求太高。

---

① 长谷部幽蹊:《明清佛教史研究序说》,台北:新文丰出版公司,1979 年,第 382—386 页。
② 赵克生:《明朝嘉靖时期国家祭礼改制》,北京:社会科学文献出版社,2006 年,第 207 页。
③ 常建华:《试论明代族规的兴起》,《明清人口婚姻家庭史论:陈捷先教授、冯尔康教授古稀纪念论文集》,天津:天津古籍出版社,2002 年,第 144 页。另外可参考常先生的《乡约的推行与明朝对基层社会的治理》,载朱诚如、王天有主编:《明清论丛》第四辑,北京:紫禁城出版社,2003 年。

派辈诗的使用，是近代佛、道教各宗派谱系的重要特点，这样做既起到了收族合异的作用，又最大限度地降低了成本；在不丧失辨别真伪、保持宗派认同的前提下，带有很大的灵活性，为自身谱系的编织发展留下了很大的空间。

上述做法不仅流行于佛教、道教等"正统"宗教之中，民间教派、民间仪式专家，往往也有自己的本门派的派辈诗，作为传承的标识。比如台湾学者林振源先生在福建诏安对"香花和尚"的研究，发现他们也都各自拥有谱系派辈，而且这些派辈有时也有渊源关系：福善庵，"该传统仍保有204个字的辈序：'智慧清净、道德圆明、真如性海、常演权宏、永继祖宗。'前12个字与上述古来寺辈序完全相同，后8字则有出入。（香花和尚）李兴林给了一个耐人寻味的解释：'我们是福善庵派，清师他们是东山（古来寺）派。在世的时候不同派，但过世之后都归'凤山'变成同一派。'这也是首次听到的说法，凤山位于旧三都与四都的分界，前文也曾提到凤山报国寺，陈拱辉并表示师祖死后葬于此。目前该寺仍保存一座'宗公墓塔'：正面上方横刻'九座宗派'，正中央为'第三代师祖无智宗公普同塔'，右边小字为'康熙辛巳岁冬吉旦'（1701），左下方为'五房徒子孙同立'。综合这两条讯息，加上辈序的前12字完全相同，可以推测所谓福善庵派与东山派的传统在早期应该来自同一个源头，到了后期才另外分出一派。"① 根据林先生的调查研究，"古来寺"的派辈诗与所谓"香花僧密典"《泽安抄本》（"嘉庆戊寅年[1818]阳月，僧泽安书于凤山报国禅寺忠祖墓"）中的"九座法脉字辈"完全相同："智慧清净、道德圆明、真如性海、寂照普遍、悟本正觉、继祖绍宗、广开心印、宏定宽容。"②

"正统"佛教普遍承认的临济宗十九代碧峰性金禅师下传六世至突空智板禅师演派十六字："智慧清净、道德圆明、真如性海、寂照普通"，这十六字在佛教僧侣内部广泛流传，我们前面提到的《续藏》所收《宗教律诸宗演派》，虚云所编《星灯集》都记录了这个派辈，这个派辈诗之下，有两种续派

---

① 林振源：《福建诏安的香花僧》，载谭伟伦主编：《民间佛教研究》，北京：中华书局，2007年，第149—150页。
② 参见谭伟伦主编：《民间佛教研究》，第146页。

诗,普陀山前寺、峨眉山、五台山等依一种续派("心源广续、本觉昌隆、能仁圣果、常演宽宏、惟传法印、证悟会融、坚持戒定、永纪祖宗");普陀山后寺(即法雨寺)等依另一种继派。前一种续派晚清民国最为通行,虚云又再续六十四字,这便构成了现今临济正宗通行的剃度派辈。我们将此与香花和尚的派辈诗对比就会发现,最前十六字,诏安的香花和尚与"临济正宗"大体不差,福善庵派前十二字同,"九座法脉字辈"则仅有"普遍"、"普通"这一微小的书写差异,但后续派别则完全不同。而杨永俊先生对江西万载地区香花和尚(当地称香花"道士")的调查发现,当地高城乡、康乐镇等地香花和尚现在还是依据"智慧清净、道德圆明、真如性海"排辈;而株潭、黄茅等地香花僧人的字辈次序有:昌、隆、能、仁、圣、果,显然按照"本觉昌隆、能仁圣果"的上述前一种续派。杨永俊先生在考察中,多次从手抄本与访谈中得到的从"智慧清净"到"永纪祖宗"48字派辈诗,杨先生还提到:"万载香花和尚统一的48字是什么时候派定,由谁派定,各处说法不同。按照万载西片株潭-黄茅香花道士说法,这48字是碧峰禅师旁出派立的,碧峰是谁,他是什么时代的人,西片的香花僧们自己也弄不清楚。……万载中部的余道士则以为这48字是清朝年间由万载县佛僧司统一派定。另根据万载北片高村的张道士的科书,48字乃是由福建福昌寺派定的,由客籍北徙带来的,时间也大概是清康乾年间。这三种不同的说法应该以源于碧峰禅师旁出更接近史实。"①

实际上万载香花和尚所说这48字就是佛教临济正宗的派辈诗,香花和尚说的"碧峰禅师"应该就是"临济宗十九代碧峰性金禅师"。在前人对香花和尚的调查研究基础上,笔者推测,香花和尚的方式原本用巫教色彩比较明显的"郎号"较多,如赖五十九郎、杨心三郎、周显三郎等,但后来受到建制性佛教的影响,开始采用"正统"佛教的派辈。建制性佛教的影响是多渠道的,可能是当地僧录司的推行(为了规范香花和尚),也可能是丛林寺院的影响传播,故杨先生采访所得的三种说法,笔者认为都可能是事实,林振源先生研究的诏安地区,受福建著名丛林鼓山的影响很大,林先生也多次提到,鼓山可能是该地临济正宗派辈诗的来源地。

---

① 杨永俊:《南泉普祖门下的客家香花和尚:江西万载》,《民间佛教研究》,第200页。

宗派法系组织构建，在明清时代，是中国佛教、道教、乃至各种民间教派、仪式专家组织构建的重要方式，值得我们重视与更加深入的研究。

二 一项重要的发明：中国传统佛教谱学在明代的成立

如上文所述，一个佛教宗派法系的建立，关键在于其有被教界认可的独立的派辈；而民间仪式专家能够被认可为正统僧人，关键也在于其能进入正统佛教法派的派辈之中。可见佛教法派的成立，与普通民间信仰区别，乃至民间教派谋求正统地位，都与谱系的编织，尤其是派辈诗的确立，有着重要的关系。

中国传统世俗社会，宗族谱系的编织，族谱的编纂方法被称为谱学，有欧式、苏氏等不同的方式；笔者在此借用此名称，也将中国佛教法派谱系的编纂方法称为谱学。由于长期以来僧人已经统一以"释"为姓，那么区别僧人谱系的标志姓氏就被宗派法派名称取代，同时各宗派法派的派辈诗也显得尤为重要，如上文已述，派辈诗的使用，是佛教宗派谱系的重要特点。

（一）佛教法派派辈诗成立的时间

佛教谱学对于佛教宗派法派有着至关重要的作用，然而它本身的历史并不久远，甚至可以说是在明代新发明出来的一种传统。北京法源寺住持福聚在乾隆九年（1744）说：

> 今海内列刹如云，在在僧徒，皆曰本出某宗、某宗，但以字派为嫡……余尝考诸古者，僧依师姓而命名，故有支氏、竺氏之分，帛氏、于氏之异。至弥天安法师则以大海之本，莫尊释迦，乃以释命氏；后验经果悬符，遂为永式。然而法派之称无有也！其起于中古之世乎？按一往世之所谓鹅头祖师派、贾菩萨派、碧峰祖师派，及云栖等派，各各遵行已久；若临济所谓"祖道戒定宗"；曹洞"广从妙普"云云，但不知来自何代，立自何人……即禅宗源流派，亦起自宋圆悟、大慧二祖，然未之前闻也。①

---

① 福聚：《千华法派说》，《南山宗统》，台南：和裕出版社，2001年，第5—7页。

福聚认为，东晋道安将僧侣姓氏统一为"释"，当时并无法系派辈，法派大约始于中古。他所举"遵行已久"的法派，实际上历史也并不十分悠久，如"鹅头祖师派"，按福聚本人所编的《南山宗统》卷二的说法，鹅头祖师因其额头突出，明正统年间被皇帝御赐为"凤头祖师"，后自改为"鹅头祖师"，由此可见鹅头祖师派的成立更应晚于明正统年间。与此相比，"但不知来自何代，立自何人"的法派恐更晚出。临济宗"祖道戒定宗，方广正圆通，行超明实际，了达悟真空"这一派辈诗按现通行的《禅门日诵》是始于龙池幻有"龙池幻有正传禅师，剃度密云圆悟、天隐圆修禅师，传法亦用此派。今天童磐山后哲，均用上派传法者，遵龙池意也。"①福聚当时还不知此说，即便按此说法，龙池是明末僧人，该派辈的历史也并非十分古老。总之，法派出现历史并不久远，明中后期方开始大行其道。近年来田野考察工作中挖掘的一些材料也证实了这一点，如法国学者劳格文先生收集到江西慈化寺版藏《禅门日诵》，其在五家宗派之前有按语："按自达摩大师以迄五宗，皆以世数纪班辈，并无字派之说，自元明后各枝等始立法派偈，视上下字为尊口口天下法派，枝分流别，广搜在各尊师授可也，至如五大宗乃天下分宗之口，故录之。"②认为派辈诗开始于元明之际。

中国佛教谱系，特别是现今大量流行的派辈诗产生时间，笔者倾向于产生于17世纪明清之际。明代以前，无论佛教内外，似都无派辈诗。俞樾《春在堂随笔》卷五："徐诚庵见德清蔡氏家谱有前辈书小字一行云：元制庶人无职不许取名，止以行第及父母年齿合计为名，此于《元史》无征。然证以明高皇所称其兄之名，正是如此，其为元时令甲无疑矣。"近代著名历史学家吴晗先生也认为："宋元以来的封建社会，平民百姓没有职名的一般不起名字，只用行辈和父母年龄合算一个数目作为称呼。"③明以前，佛教内，笔者亦未见到派辈诗的出现，元代全真道教也无派辈诗，而是各代弟子皆以"道"、"德"、"志"等字为自己名中第一个字；元代白莲教的情况与此类似，普遍采

---

① 镰田茂雄：《中国の仏教仪礼》下册（东京：大藏出版株式会社，1986年）所收录《禅门日诵》，第434页。教内有人认为传法发卷即始于明末的龙池，笔者对此曾有讨论，参见拙作《明清以来中国佛教法缘宗族探析》，《辅仁宗教研究》第十九期，2009年秋。
② 转引自谭伟伦：《印肃普庵（1115—1169）祖师的研究之初探》，《民间佛教研究》，第233页。
③ 吴晗：《朱元璋传》，北京：人民出版社，1985年，第2页。

用"普"、"觉"、"妙"、"道"几个字,此外田海(Ter Haar)在当时的地方志中发现了"道"、"智"、"圆"、"普"、"妙"、"觉"等几个字用于白莲道人名中第一个字。① 可见在元代无论世俗社会中,还是宗教派别中,派辈诗都不流行。佛教宗派法派的派辈诗大量出现不早于明代,是符合中国历史大环境的。

(二) 佛教谱学基本规则的形成

明代最先出现的各种派辈诗,主要用于剃度时起名。僧人出家最先跟随一位剃度师,削发为僧,学习基本佛教教义礼仪;在明代,僧人受具足戒,或被名僧大德印可后接受法卷(被传法)②时,若为了长期追随受戒师或传法师,就会按照受戒师、传法师所在法派的派辈诗更改自己名字中表示辈分的第一个字。到清代中叶,按照受戒师的派辈改名的做法逐渐消失,僧人剃度时按照剃度师的派辈诗起名,授法时按照传法师的派辈起新名。派辈诗也逐渐形成分工,有专门用于剃度的派辈诗(所谓"剃派"),有专门用于传法的派辈诗(所谓"法派")。僧人称谓变化极其复杂,需另文专述;现就大体来讲,僧人传法时的名称与佛教宗派有直接的关系,故维慈认为:

> 了解寺院的名字体系很重要,因为它展露了中国佛教宗派的本质。隶属一宗不一定具有任何教义上的意义。它可能只关系到宗系。在剃度上,几乎所有的中国和尚非属临济宗,即属曹洞宗。只有在传法上,才有部分属于天台或者贤首。没有人能属于净土宗,因为没有净土名偈。③

维慈这一论述,主要是指剃派、法派分工定型后的法派而言,然未言及历史发展过程。下面我们就以明末复兴的律宗宗派组织演变为例,探讨一下佛教谱学发展演变到最终定型的历史过程。

明末复兴的南山律宗,虽然有严格的师徒谱系传统,但到清中叶尚未有独立的派辈诗:

---

① Haar, B. J. Ter, *The White Lotus Teachings in Chinese Religious History*, Leiden;New York:E. J. Brill, 1992, p. 39.
② 关于传法及法卷问题,可参见 Welch, Holmes, *Dharma Scrolls and the Succession of Abbots*, in *T'OUNG PAO*(《通报》), V50, 1963,以及拙作《明清以来中国佛教法缘宗族探析》。
③ Welch, Holmes, *The Practice of Chinese Buddhism*, Cambridge:Harvard University Press, p. 281.

盖自律祖慧云馨老人,派依摄山栖霞山圆通寺素庵节法师下第十"如"字,所谓"智慧清净,道德圆明,真如性海,寂照普通"云云。至昧祖依瓜渚净源大师下"寂"字,又去"如"三字。慧祖未尝立派,昧祖于匡庐衍十九字曰"寂戒元尝定"云云。至见祖派依亮如法师,即鹅头孚祖第九"读"字,所谓"成佛弘道本,兴儒广读书"云云。定祖因检见祖《日录》:"有香师开示余同戒,求和尚改法名,以便常随任事。众同戒,依言诣方丈,竞先礼拜求名。惟余独退于后,顶礼和尚,跪云:某因披剃师指示方得离滇,南询和尚,乞受大戒,若无披剃师,则不能剃发出家,亦不能受具为僧;恳求和尚大慈,允听仍呼旧名,令某不忘根本,愿终身常侍座前。和尚语云:吾初受戒已,诸上座亦劝求律祖更名,思律祖讳'如'字,吾是'寂'字,披剃师讳'海'字,亦不敢忘本,改'性'字超于'海'字;吾弘戒三十余年,今见汝存心与吾同,不自欺也,作善知识,唯重行德,不在乎名,许汝仍称旧名"云云。所以定祖以下,凡四世俱未立派,派各从其剃度也。①

从上段史料,我们可以得知,明末复兴后的南山律宗,在很长的一段时间内,受戒的戒子,若欲跟从受戒师"常随任事"(实即加入律宗),就需要根据受戒师的法派字辈,重新起名;而受戒师的派辈名字是其出家剃度时其剃度师所起,律宗自身并无独立的派辈诗。这种模式,有其明显的缺陷,因为由于历代律宗祖师的剃度师,辈分不一,直接造成律宗祖师之间在派辈上的混乱。如中兴后的律宗二祖三昧寂光,出家时他的剃度师是"智慧清净,道德圆明,真如性海,寂照普通"中的"海"字辈,故寂光是"寂"字辈;但律宗中兴初祖是慧云如馨他的剃度师是素庵真节,是"真"字辈,故如馨是"如"字辈。在律宗中,既然初祖是"如"字辈,依"真如性海,寂照普通"的派辈,二祖应该是"性"字,但现在二祖寂光是"寂"字辈,变成了初祖如馨的重孙辈(即成为了四世而非二世)。寂光不愿意改名"性"光,将其在律宗的辈分调整顺畅,是因为一旦他改成"性"字辈,就会超过"海"字辈,比他的剃度师还

---

① 福聚:《千华法派说》,《南山宗统》,第6页。

要长一辈。① 由此可见,这种谱系编织模式,很容易造成混乱,亟待改进。北京法源寺富聚在乾隆九年,制定了律宗千华派的派辈诗:

> 窃观方今天下,凡一剃度,莫不有派,及问其所自,茫然不知。又两浙或有无派,及剃度时,随立一字,凡有志参学者,于秉戒时,请定派于得戒和尚,往往如是。他处有不得知其所以然也……千华为律学渊源,若不准行字派,一任各嗣其嗣,复子其子,将来法流泛滥,浩然无归。若随人紊立,则变乱自生……千华法系,从慧云如馨律祖下,出三昧寂光祖,为此山重兴,开千华律社第一代,原以"如""寂"为始,"福"字下拟四十八字,乃为千华法派,偈曰"如寂读德真常实,福性圆明定慧昌,海印发光融戒月,优昙现瑞续天香,支岐万派律源远,果结千华宗本长,法绍南山宏正脉,灯传心地永联芳。"②

僧人以释为姓,不能再像俗人那样以姓氏作为彼此区别,故独立的派辈诗尤为重要。但由于僧侣有剃度、受戒、传法,僧侣生涯中三种重要的"过渡仪式",这就极容易造成派辈混乱,这种类似"乱伦"的情况,会直接导致僧侣之间财产权利义务关系不清,后果极其严重,故佛教谱学必须解决这一难题。

可能解决的办法之一是:剃度时不立派辈,僧侣等到受戒或传法时再由受戒师或传法师依其派辈起名字。如引文中提到的"又两浙或有无派,及剃度时,随立一字,凡有志参学者,于秉戒时,请定派于得戒和尚,往往如是。"由于大多数普通僧人并不能得到高僧大德的印可传法,故单靠传法时立派辈,会使得大量僧人终生无派辈,同样造成混乱。由于绝大多数僧人都会受戒,故等到受戒时从受戒师起名安立派辈,似乎可行,但由于僧人更多的是与剃度师关系紧密,而短时期大规模的受戒,除了少数授戒后常年追随受戒师的戒子(即律宗成员),大多数戒子与受戒师关系往往淡薄,故从受戒师得

---

① 道教中也有类似情况,如全真龙门派以"道德通玄静,真常守太清。一阳来复本,合教永圆明。至理宗诚信,崇高嗣法兴……"衍派,清末大太监刘诚印,皈依受戒时为龙门第二十四代"诚"字辈,但被尊为律师,北京白云观方丈法号则继承"明"字辈,变为第二十代"刘明印",参见拙作《清代以来的太监庙探析》,《清史研究》,2009年第4期。
② 福聚:《千华法派说》,《南山宗统》,第6—7页。

派辈,对大多数僧侣意义不大。再者,受戒是一项技术性很高的专业活动,只能由少数人掌握;随着律宗独立的派辈诗出现,不想致力于加入律宗的僧侣,已经不可能在受戒时获得派辈。

由于受戒时获得派辈,无论在使用功能上,还是在可操作性上,对于非律宗成员已不可能,故剃度时获得派辈法名,对于广大普通僧人几乎是唯一的机会,不可或缺。这样最终形成了两套传递派辈法名的系统,一是剃度时的派辈(剃派),一是传法时的派辈(法派),律宗独立的派辈,实际上也融入后者之中。这两套系统并行不悖,僧人通过使用不同的名字进行标记区别。这些不同的剃派和法派,汇编定型在晚清出现的《宗、教、律诸家演派》这一文献中,后者因被编入影响极大有所谓"天下和尚一本经"之称的《禅门日诵》中,故在教内广泛流传。大约同时,道教内部也出现了类似《诸家演派》的同类著作,如沈阳太清宫咸丰十一年(1861)重新抄写的《宗派别》①等。

中国佛教谱学,逐渐成熟于晚明,最终定型于清中叶,是明清以来中国佛教新"发明"的一项重要"传统",是晚明佛教宗派复兴的一大成果。

三 余 论

明清是试经制度、度牒制度的衰亡期,明代中后期度牒甚至成为一种"有价证券"在市面上流通,清代初年废除试经制度,清乾隆年间最终废除了度牒制度。由于社会经济发展等多项复杂原因,政府原有对僧道的管理制度已经不能适应,形同虚设,这就需要制度创新来解决这一问题。

佛教(道教很大程度上也如此)通过建立起一套谱学,严格界定了法派谱系辈分,实际上建立起一套宗教职业人员的准入制度,填补了原有制度崩溃后的空白,应该说就当时的情况来看,其功绩是主要的,晚清民国佛教改革家对剃派、法派的口诛笔伐,那是另一个时代的问题,需另当别论。

明末以来,佛教新发明出来的传统,笔者认为最重要的有三种:一是以三坛大戒为标志的新的受戒制度(道教的三坛大戒,也开始于王常月为代表

---

① 见五十岚贤隆:《道教丛林太清宫志》,东京:国书刊行会,1986年,第77—108页。白云观所藏《诸真宗派总谱》,共记86派,比太清宫《宗派别》所记101派略少。

的明清之际），二是与丛林寺院住持继承权密切相关的法卷与传法制度，三是中国佛教宗派法派谱系编织方法（谱学）的确立。佛教谱学与前两者都密切相关，又直接关系到每一位僧人的切身利益，可以说是晚明以来佛教内部最为重要的一项发明。法派谱系看似是中国佛教的老问题，但实际上以派辈诗为特征的佛教谱学，在晚明是一项非常新的发明，以至于我们在晚明佛教史上津津乐道的"四大高僧"，也大都"法系不明"。

当然新传统的"发明"，也并非一帆风顺的，明中后期，度牒作为一种"有价证券"来交易，显然僧侣的准入制度就不能过于严格，否则直接影响到购买度牒的客户群规模，明中叶长期废止戒坛就是一个很好的证明。但是，僧侣泛滥，管理失控也会带来严重的社会问题，因此对僧侣的准入制度又不能不作出一种制度性安排，法派谱系逐渐成为一种新的制度性选择。清雍正年间摊丁入亩，取消人头税，乾隆最终废除度牒制度，政府最终放弃了对僧人准入制度的管理；而佛教内部则通过受戒、传法，以及最为重要的谱系性编织，最终确立了新的佛教僧侣准入规则。这套规则，看似古老，实则是一项创新，与明末"大礼议"以来"祠堂遍天下"的整个中国社会发展相联系，值得在明清佛教上大书特书。

"被发明的传统"这一概念诞生于西方学术界，原本主要指第一次世界大战前几十年，为确立民族国家认同，新发明出许多今人认为十分古来，实则是崭新的风俗制度。[①]"被发明的传统"原本与宗教学研究关系不大，而且为民族国家认同新发明出来的许多"传统"，可以说本身就是宗教传统仪式的现代替代品；但笔者认为，将"被发明的传统"引入宗教研究，特别是社会急剧变化时期的宗教史研究，是有启发意义的。以往，我们对宗教史上新发明的传统，常常斥之为造假，最为典型的就是唐代禅宗的研究；现今这种"只破不立"的研究方式已有很大改观。如果我们从"被发明的传统"这一视角来看待所谓"造假"，我们应该会发现更多的历史真相和功能意义，会发现旧瓶之中的新酒。

---

① 参见〔英〕霍布斯鲍姆主编：《传统的发明》，顾杭、庞冠群译，南京：译林出版社，2004年。

The Invented Tradition
—the Revival of Buddhist Sects and the Establishment of Buddhist Genealogy in Late Ming Dynasty

Zhang Xuesong

Abstract: Various Buddhist Lineages emerged in large numbers in Late Ming Dynasty. All of them had separate genealogies, as their own distinctive symbols. The author names the way to construct genealogy of Buddhist Lineages as "Buddhist Genealogy". It is an important "tradition" of Buddhism, which was "invented" in Late Ming and still has great influences on the organizational system of Chinese Buddhism up until now.

Key words: Buddhism in Late Ming Dynasty, Buddhist Genealogy, lineages

钱穆与张君劢"直觉"思想之比较

王晓黎[*]

提　要：重视直觉思维是五四以来文化保守主义所共同强调的，这一特点既与回应西方科学与理智的时代背景有关，也是现代儒学与传统儒学相衔接的枢纽。钱穆和张君劢作为20世纪初中国知识分子的代表人物，对于直觉的讨论也显现出某些共同的特点。他们都受到西方生命哲学思潮的影响，都认识到人文科学认识方法的特殊性，都赋予直觉方法道德本体论的内涵。二人在直觉主义上的共同点来源于文化认同上的一致性，无论人生经历和致力领域有多大的不同，最终却是殊途同归。

关键词：钱穆　张君劢　直觉

一

钱穆认为，思想可以分为两种：一种是用语言文字思想的，一种是不用语言文字思想的。前一种是理智，后一种是直觉。钱穆所谓的直觉，就是不借助语言文字思想的动物的本能。"心理学上则只叫它做本能，又称为直觉。"[①]直觉与理智相比具有以下特点：理智是平铺放开的，直觉是凝聚卷紧

---

[*] 王晓黎，1982年生，首都师范大学哲学系讲师。
[①] 钱穆：《湖上闲思录》，北京：三联书店，2000年，第128页。

的;理智是分析的,直觉是混成的;理智是较浅显的,直觉是较深较隐的。[1] 说理智是"平铺放开"的,是因为理智可由逻辑的方法层层推演得出结论,而直觉却不能用逻辑的方法展开,所以是"凝聚卷紧"的。说理智是分析的,而直觉是混成的,是因为理智必借助于时空观念来思维,而在直觉里,没有时间,也没有空间,一切混成一片,直觉只是"灵光一闪"、"灵机一动"。因为直觉是凝卷的、混成的,所以也是较深较隐的。

在直觉与理智的关系上,理智是后天形成的,而直觉则是自然的、先天的,"理智根源于直觉"[2]。由于理智是分析的,所以理智也是科学和冷静的,但是这在人文界根本难以做到,理智和科学难以把握变动不居、与日俱新的人生事态。人类生命是融本体与认知能力和情感为一体的,所以单凭理智和科学的分析是无法认识的,只有直觉才能体悟到人生最本质和最有价值的道德和情感。钱穆认为东西方思维的根本区别之一正在于东方人重直觉,西方人重理智。他说:"人生最真切可靠的,应该是他当下的心觉了。"[3] 又说:"理智应属最后起。应由情感来领导理智,由理智来辅导情感。即从知的认识言,情感所知,乃最直接而真实的。理智所知,既属间接,又在皮外。"[4] 这里,钱穆又用"情感"二字来代替"直觉",可见钱穆的直觉必须包含着情感,是一番极真挚的感情由心坎深处的突然流露。人类正是有此直觉的本能,才能由内直觉到外,成万物一体的浑然之感,由现在直觉到将来,有直透未来之事变的先知。

钱穆提出,正是由于直觉思维的存在,引发了人类哲学上两个"极神秘极深奥"问题的发生。"第一是万物一体的问题,第二是先知或预知的问题。"[5]

西方文化中,自我与宇宙对立,而在中国文化中,自我是人类求知之唯一最可凭据之基点。人在茫茫宇宙中可谓有限之有限,然而这不妨碍其成为宇宙的中心。故《大学》言正心、诚意、修身、齐家、治国、平天下。以人自

---

[1] 钱穆:《湖上闲思录》,第120页。
[2] 同上书,第132页。
[3] 同上书,第13页。
[4] 钱穆:《双溪独语》,台北:台湾学生书局,1983年,第172页。
[5] 钱穆:《湖上闲思录》,第130页。

身为基点,层层生发开去。中国人的人生观,乃非个人,非全体;亦个人,亦全体,而为一种群己融洽天人融洽之人生。此乃一种道德人生,亦即伦理人生。伦理人生亦称人伦。于人伦中见人道,亦即于人伦中见天道。无个人,即无全体,而个人必于全体中见。

中国文化的基本精神,简要言之,就是教人做一好人,做天地间一完人。中国社会有五伦。父子与兄弟为天伦,君臣与朋友为人伦。从天伦有家庭,从人伦有社会。而夫妇一伦,则界在天人之际。夫妇如朋友,属人伦,而天伦由此一人伦而来。故就自然言,先有天,后有人。就人文言,实先有人而后有天。钱穆认为,中国人的所谓修身,既不是个人主义的,也不是全体主义的,乃是一种"个人中心之大群主义",也可说是"小我为中心之社会主义"。因中心必有其外围始成一中心,故若无大群,即无小我。因小我实为此大群中心,故小我的地位也并不轻于大群。会合五伦而通观之,以自我为中心,以社会群体为自我之外围,则外围与中心,合成一体。推此到人生世界,以宇宙为外围,以世界为中心,一如以世界为外围,以自我为中心,如是则天人合一,有限与无限融为一体。从这个意义上讲,中国文化的基本精神,也就是以有限中之有限个人——小我为中心,而完成其对于无限宇宙之大自然而融为一体。

个人的生命是有限的,而整个宇宙人生是无限的,如何以有限的生命,预知无限的将来?其关键点,就在"万物一体"的观念。因为具有万物一体的观念,才可以由内直觉到外,由现在直觉到将来,这是钱穆所说的"先知或预知的问题"。钱穆认为中国文化也提供了使有限与无限融合为一的方法。这种融合,钱穆分为以下的步骤:

首先,必于有限中求知,而所知者亦必仍然是有限。中国所长不在宗教,不在科学,也不在哲学,而在注重讨论人生大道上。宗教、科学、哲学探求的是宇宙真理,宇宙真理无限不可穷极。而人生属于有限世界,向有限世界体验,可以当体即是。"人若面向无限宇宙,不免有漆黑一片之感。但返就自身,总还有一点光明。即本此一点光明,逐步凭其指导,逐步善为应用,则面前之漆黑,可以渐化尽转为光明。"[①]人生乃宇宙一中心,那么人生真理

---

① 钱穆:《如何探究人生真理》,《人生十论》,桂林:广西师范大学出版社,2004年。

亦即宇宙真理之一基点。人生真理虽然有限,但有限中包含着无限。比如,二加二等于四,这是一真理。二和四是无限数字之中的两个有限的数字,然而二加二等于四却是无限真理,这就是有限之中包含无限的一例。但是这里的无限不是指无限的本体。无限本体必是不可知的,而人类可知的,仅限于这有限中之无限。所以,人类从无限中求真理,只能划定一范围。"故人类当于此无限不可知中寻求一切有限可知之真理。……故人必于有限中求知,而所知者亦必仍然是有限。"①人类求知如果跳出有限性的范围,就无此能知,无此能知则必无所知。所以人类求知应该首先就能知而求。西方宗教、科学、哲学的贡献就在于不断扩大可知的范围,向不可知的外围不断前进。

其次,转有限之知为无限真理。西方文化中,自我与宇宙对立,而在中国文化中,自我是人类求知之唯一最可凭据之基点。人在茫茫宇宙中可谓有限之有限,然而这不妨碍其成为宇宙的中心。故《大学》言正心、诚意、修身、齐家、治国、平天下。以人自身为基点,层层生发开去。中国人的人生观,乃非个人,非全体;亦个人,亦全体,而为一种群己融洽天人融洽之人生。此乃一种道德人生,亦即伦理人生。伦理人生亦称人伦。于人伦中见人道,亦即于人伦中见天道。无个人,即无全体,而个人必于全体中见。

"万物一体的境界"与"先知先觉的功能",是直觉思维包含的奥秘,也是自然赐予人类的礼物。"人类理智,纵然是日进无疆,愈跑愈远了,但万物一体的境界,与夫先知先觉的功能,这又为人类如何地喜爱羡慕呀!其实这两件事,也极平常。只要复归自然,像婴儿恋母亲,老年恋家乡般。东方人爱默识,爱深思,较不看重语言文字之分析。在西方崇尚理智的哲学传统看来,像神秘,又像是笼统,不科学。但在东方人来说,这是自然,是天人合一,是至诚。"②可惜的是,随着理智的"日进无疆",人类这种"万物一体的境界"与"先知先觉的功能"却在日渐丧失。正如钱穆所言:"把他的直觉平铺放开了,翻译成一长篇说话。把凝聚成一点卷紧成一团的抽成一线,或放成一平面。然而混沌凿了,理智显了,万物一体之浑然之感,与夫对宇宙自然之一

---

① 钱穆:《如何探究人生真理》,《人生十论》。
② 钱穆:《湖上闲思录》,第132页。

种先觉先知之能,却亦日渐丧失了。"①

重视直觉思维是五四以来文化保守主义所共同强调的,这一特点既与回应西方科学与理智的时代背景有关,也是现代儒学与传统儒学相衔接的枢纽。现代新儒家学者对直觉的讨论也非常多,例如梁漱溟有"本能的直觉",熊十力有"超知的证会",冯友兰有"负的方法"等。对直觉的激烈讨论始于20世纪初由张君劢发起的"科玄论战"。在这场论战之前,梁漱溟在其成名作《东西文化及其哲学》中就曾提出过对于"玄学"、"直觉"等问题的看法。经过"人生观论战"这场声势浩大、旷日持久的文化战争,直觉问题迅速扩大为一个全国范围的论题。对于梁漱溟、冯友兰等人的直觉思想,学界讨论颇多,而对于首先发起"科玄论战"的张君劢,人们则多有忽视。

张君劢在"人生观论战"中最为著名的命题就是"玄学为人生观立法",他也因此被丁文江冠以"玄学鬼"的头衔。20世纪初的"人生观论战",张君劢认为不能简单、狭隘地理解为一场关于人生观或者人生哲学问题的论争,他说:"实际上,它更准确的名称应该是'科学与玄学的论战'。进一步说,论战中所谓'玄学'指的就是经典意义的'哲学'或曰'形而上学',所以,这场论战的实质是哲学与科学的冲突;并且……这是一场'认知'与'意向'的交锋、'知识'与'价值'的交锋、'理智主义'与'意志主义'的交锋、'工具理性'与'目的理性'的交锋,科学主义与人文主义的交锋。"②科学的方法即是理智的方法,而玄学的方法正是直觉的方法。

张君劢提出"科学不能支配人生观"的论断,成为近代史上公开向科学宣战之第一人。张君劢通过对知识的重新划界,将科学发挥作用的范围限定于物质世界,而在精神领域,只能用玄学的方法——直觉的方法,才能把握人文世界的真理。"柏氏断言理智之为用,不适于求实在。然而人心之隐微处,活动也,自发也,是之谓实在,是之谓生活。既非理智之范畴所能把捉,故惟有一法,曰直觉而已。是柏氏玄学之内容也。"③张君劢把"直觉"直接与"玄学"挂钩,把直觉的方法等同于玄学的内容。这里不想对玄学做更

---

① 钱穆:《湖上闲思录》,第131页。
② 黄玉顺:《超越知识与价值的紧张》,成都:四川人民出版社,2002年,第12—13页。
③ 张君劢:《中西印哲学文集》,台北:台湾学生书局,1981年,第958页。

深的讨论,只想借下面一段话来阐述我的观点。

记得做过玄学大家汤用彤先生研究生的许抗生在《魏晋玄学史》的序言中写道:"一般说来,玄学乃是一种本性之学,即研究自然(天地、万物)和人类社会(人)的本性的一种学说。它的根本思想是主张顺应自然的本性。它是先秦道家崇尚自然主义思想的继承与发展。……玄学为本性之学,它探求宇宙与人类的本性,则是对汉代理论思维的一次升华。"有人把玄学称为"本体之学",认为玄学是一种"形而上学"。本文更倾向于采用许抗生先生的说法,即玄学乃是"本性之学"。若从"本性之学"的角度来看张君劢对直觉的定义:"所谓直觉,依各直接所感所知之能(faculty)推定外界事物之理曰如是如是。孔子所谓己所不欲,勿施于人。孟子所谓良知良能,即自此直觉之知(Intuition)来也"[1],则不难理解张君劢之直觉,最终还是落实到中国传统文化中之"良心"、"性命"与"道德"诸端。

孟子是张君劢最为推崇的思想家之一,而且张君劢说自己继承的正是孟子和阳明心学一派的思想路线。"心"是可以辨别善恶是非的,因而在"直觉观"上,张君劢直接赋予直觉以判别是非善恶的"良知良能"的功用。具体说来有以下两点:

首先,人有四端。"恻隐之心,仁之端也;羞恶之心,义之端也;辞让之心,礼之端也;是非之心,智之端也。"(《孟子·公孙丑上》)孟子认为,四端与生俱来,如同人有四肢,四端乃为天赋。张君劢认为"人之四端"乃是直觉所具有的价值评判功能的人性论基础。

其次,作为道德准绳的善,应该出于情理自然,完全以是非为标准,不可以参以利益的动机。人有此四端,辨别是非善恶,直接诉诸于个人之良心。孔子说"行己有耻"、"克己复礼",都是直接针对主体个人耳提面命。直觉思维超越经验的特点,保证了作为道德准绳的善不受利益的干扰,从而保证了行善动机的纯洁性。

---

[1] 张君劢:《中西印哲学文集》,第235—236页。

二

钱穆所论之直觉和张君劢所论之直觉具有以下共同点：

（一）都受到西方生命哲学思潮的影响

生命哲学对钱穆的影响主要体现在两个方面：重视心生命和重视客观经验。

从对生命的理解来看，钱穆提出生命最重要的两个方面。他认为，生命最重要的两个方面是身生命与心生命。身生命赋自地天大自然，心生命则全由人类自己创造。故身生命乃在自然物质世界中，而心生命则在文化精神世界中。由身生命转出心生命，这是生命中的大变化，大进步。动物尽管已有心的端倪，有心的活动，但不能说它们有了心生命。只有人类才有心生命。人生主要的生命在心不在身。身生命是狭小的，仅限于各自的七尺之躯。心生命是广大的，如夫妻、父母、子女、兄弟，可以心与心相印，心与心相融，共成一个家庭的大生命。推而至于亲戚、朋友、邻里、乡党、国家、社会、天下，可以融成一个人类的大生命。身生命也是短暂的，仅限于各自的百年之寿，心生命是悠久的，常存天地间，永生不灭。孔子的心生命两千五百年依然常存，古人心后人心可以相通相印，融合成一个心的大生命。

心生命的意义与价值就在于人类的历史文化是由人类心生命创造而成的。动物只有身生命，没有心生命，因此不能创造文化。原始人由于没有进入心生命阶段，也不能有历史文化的形成。人既然在历史文化中产生，也应在历史文化中死去。人类的心生命应该投入到历史文化的大生命中去，这样才能得到存留。在历史长河中留下美名的人的心生命，是在心生命中发展到最高阶层而由后人精选出来，作为人生最高标榜的。人们应该仿照这种标榜与样品来制造各自的心生命。

在身生命和心生命发生矛盾和冲突时，钱穆援引孔孟遗训"杀身成仁"、"舍生取义"，教人牺牲身生命来捍卫心生命。他说："心生命必寄存于身生命，身生命必投入于心生命，亦如大生命必寄存于小生命，而小生命亦必投入此大生命。上下古今，千万亿兆人之心，可以汇成一大心，而此一大心，仍必寄存表现于每一人之心。中华四千年文化，是中国人一条心的大生命，而至今仍寄存表现在当前吾中国人之心中,只有深浅多少之别而已。"①这个心,是把每个人的个别心汇通成一个群体的共同之心,这个心能上交千古,又能下开后世,一贯而下来养育中华民族之大心,这是一种历史心与文化心。唯有如此,才能使各人的心生命永存不朽于天地之间。

  从认识方式看,钱穆认为,在经验与思维这一对矛盾中,人文的认识方式更重经验。西方人认为经验是主观的而思维是客观的,由此引起了主客对立。而中国的儒家摄知归仁,讲爱敬之心,通过思辨达到客观经验的境地,实现了主客统一。钱穆将人的爱敬之心,即仁的思维称为客观经验。他说这种客观经验不是个人的主观经验,也不是主体对外在事物做出反映的客体经验,而是融合了主客体经验为一体的经验,它是人类生命的本体。生命的存在根本上便在于有爱敬之心,即情感,类似于柏格森所说的"绵延"。客观经验就是宋明理学所说的"理",唯有中国儒家经验思维皆有情,把私人小我经验扩大绵延到人类经验之总体,从而超越了私人小我之主观性而成为客观经验,故儒家才为中国文化之大宗。钱穆进一步指出,儒家寻求客观经验的思辨,并不主张彻底排除思维而导入纯经验之路,而只是想以一种客观经验来容纳思维,可见,钱穆所谓的客观经验论是容纳思辨又超越思辨的经验直觉主义。虽然钱穆没有留过洋,而且对于西学一直采取拒斥的态度,但不能因此说他对西学没有了解。事实上,在他的论著中多处提到柏格森,不论钱穆本人是否承认,"绵延"、"客观经验"、"历史心"、"文化心"、"历史大生命"之类的提法显然是受到了生命哲学的影响。

  张君劢接受生命哲学思潮的影响,始于他随梁启超第二次欧游期间。张君劢师从德国唯心主义哲学家倭伊铿攻读哲学,可以说是他一生思想的一个重要分水岭。1920年6月27日,在致林宰平的信中,张君劢对倭伊铿的学说进行了概括,他也因此成为系统介绍倭氏哲学的第一人。张君劢认为,倭伊铿的思想与孔子的"惟天下至诚,为能尽其性;则可以赞天地之化育"的思想"极相类":"孔子之所谓诚,即倭氏所谓精神生活也;孔子之所谓以诚尽人性物性者,即倭氏所谓以精神生活贯彻心物二者也。倭氏之所谓

---

① 钱穆:《灵魂与心》,桂林:广西师范大学出版社,2004年,第114页。

克制奋斗,则又孔子克己复礼之说也。"①

张君劢主要接受了倭伊铿的"精神生活说"和"精神生活奋斗说"。倭氏所谓精神生活,张君劢认为,就人而言,则人之所以为人;就世界之大而言,而为浩瀚宇宙之真理,其义至广大而精微。精神生活,就是自我生活;自我生活扩充及于世界,就是世界生活。倭伊铿所谓"人",所谓"宇宙的真源",二者同属于精神生活的范畴。倭伊铿的精神生活哲学是因反抗主智主义、自然主义而起的。张君劢指出,自然主义,只知所谓物,不知所谓心,且其末流之弊,降为物质文明,所以自然主义不能满足人生的要求;主智主义,虽知所谓心,又仅陷于思想一部,而不能概生活全体,所以也需要求一立足点;只有倭伊铿的精神生活哲学,既不偏于物,又不偏于旧唯心主义之思想,而兼心物二者,推及人生全部,以人类生活之日进不息为目标,外则无所不包,内则汇归于一,可以使人生发达,归于"大中至正"之途。

倭伊铿的精神生活哲学之所以能调和心物超脱主客之上,原因就在于他提出的"精神生活奋斗说"。张君劢根据用力方法的不同将倭伊铿的所谓奋斗分为三个阶段:第一个阶段是确认精神生活的存在,并且在个人心中体验它的存在,他把这一阶段称为"立定脚跟之境";第二个阶段是因体验而产生怀疑,他把这一阶段称为"交争之境";第三个阶段是因怀疑而产生精神上超越一切的要求,它把这一阶段称为"克胜之境"。但是精神生活境界并非止于克胜之境,在倭氏看来,人生是无止境的,真理亦无止境,真理无止境,奋斗亦无止境。

在张君劢的思想渊源中,柏格森生命哲学也是非常重要的一方面。张君劢在与丁文江的论战中,多次援引柏格森的思想甚至原话作为论证。胡适在《孙行者和张君劢》一文中就明确指出:张君劢所宣扬的观点,来自柏格森哲学。丁文江也认为张君劢的人生观,一部分是来自于玄学大家柏格森。柏格森的哲学具有神秘主义、唯意志主义和贬低理性、崇尚直觉的非理性主义的特点。张君劢的直觉观念最初来源于柏格森,"柏氏断言理智之为用,不适于求实在。然而人心之隐微处,活动也,自发也,是之谓实在,是之谓生活。既非理智之范畴所能把捉,故惟有一法,曰直觉而已。是柏氏玄学之内

---

① 张君劢:《致林宰平学长函告倭氏晤谈及德国哲学思想要略》,《中西印哲学文集》(下),第1117页。

容也"①。在人生观这样一个特殊的论域,科学的方法是无效的,是"非理智之范畴所能把捉的",只有"玄学"才能为人生观立法。玄学的方法就是直觉的方法,因此他又提出"人生观起于直觉"的论断。"科学为论理的方法所支配,而人生观则起于直觉。……若夫人生观,……初无论理学之公例以限制之,无所谓定义,无所谓方法,皆其自身良心之所命起而主张之,以为天下后世表率,故曰直觉的也。"②随着张君劢思想的逐步深入,他逐渐对生命哲学感到不满,而转向康德哲学,这里不做更多讨论。

(二)都认识到人文学科认识方法的特殊性

钱穆是中国近代史学史上儒家人文主义史学家的代表,他继承和发展了中国传统哲学的认识论思想,提出人文科学的认识方式和自然科学的方式是完全不同的。钱穆认为建立人文科学必须具备价值观和仁慈心两个条件,不仅要有智识上的冷静与平淡,而且要有情感上的恳切与激动,纯理智决不能把握世界人生的真相。所谓仁慈心就是道德与情感。他说,近代西方人文科学从自然科学的认识方式出发来揭示人类社会和建立新的人文科学是错误的。要建立新的人文科学,应该把它建立在价值观和仁慈心的基础上。因为自然科学研究的客体可以是无差别的,也不是人类自身,因而可以是纯理智和无情感的。而人文科学研究客体是一个个不同的人,这就不能不有一种价值观。"抹杀了价值,抹杀了阶级等第而来研究人文科学,要想把自然科学上的一视平等的精神移植到人文科学的园地里来,这又是现代人文科学不能理想发展的一个原因。"③我们要建立的新的人文科学,既不乞灵于牛顿与达尔文,也不乞灵于上帝或神。真正的人文科学家,不仅要有知识上的冷静与平淡,也应该有情感上的恳切与激动。这并不是说要喜怒用事,爱憎任私,而是说要对研究的对象,有一番极广博极诚挚的仁慈之心。

要寻求一种心习,富于价值观,又富于仁慈心,而又不致染上宗教色彩的,又能实事求是向人类本身去探讨人生知识的,而又不是消极与悲观,如

---

① 张君劢:《中西印哲学文集》,第 958 页。
② 同上书,第 909—913 页。
③ 钱穆:《湖上闲思录》,第 152 页。

印度佛学般只讲出世的,那只有中国的儒家思想。现代人都知道儒家思想不是宗教,但同时又说它不是科学。其实儒家思想只不是自然科学、物质科学与生命科学,却不能说它不是一种人文科学。至少它具备想要建立人文科学的几个心习,那就是重直觉与经验,寓价值观与仁慈心。

从所关注的对象来看,科学关注客体,而人文关注主体。科学当然也关注人,但是当它把人作为一个对象来研究时,它是把人看做一个物质存在物,即便是研究人的精神,也是要寻找其客观规律。人文态度则不同,它眼中的人是道德的主体,它关注的是人的尊严和意义,它关注的是善和美,而不是真,即便是真,也不是规律的真,而是情感的真。人文精神的判断是:善的就是真的;而科学精神的判断是:真的才是善的。正是从这一点出发,张君劢分析了人生观问题与科学的五大差别:(1)科学为客观的,人生观为主观的;(2)科学为论理学方法所支配,而人生观则起于直觉;(3)科学可以从分析方法下手,而人生观为综合的;(4)科学为因果律所支配,而人生观则为自由意志的;(5)科学起于对象之相同现象,而人生观起于人格之单一性。①而正是人生观的上述特点,规定了科学的限度:"科学无论如何发达,而人生观问题之解决,决非科学所能为力,惟赖诸人类之自身而已。而所谓古今大思想家,即对于此人生观问题,有所贡献者也。……彼此各执一词,而决无绝对之是与非。……盖人生观,既无客观标准,故惟有反求之于己,而决不能以他人之现成之人生观,作为我之人生观者也。"②由于人生观具有主观的、直觉的、综合的、自由意志的、单一的五大特点,所以对于人文学科的认识方法决不能是科学的、理智的方法,而只能是玄学的、直觉的方法。

张钱二人对于科学的限度以及科学精神与人文精神的不同都有清醒的认识。概言之,人文精神具有以下特点:(1)反功利性。人文精神有超出目前的状况、不计较当前的得失——尤其是物质利益得失而为信仰、目标或价值献身的倾向。对于永恒价值的追求使得人文精神常常表现出反功利主义的特点。(2)模糊性。人文精神所追求的多与科学精神相反,不是精确化,而是模糊化,这是因为它的对象是不可能精确化、定量化的。我们无法严格

---

① 张君劢:《中西印哲学文集》,第909—912页。
② 同上书,第913页。

确定哪一种价值更具有真理性、哪一个民族的道德更道德。换句话说,在人文领域不存在严格的因果性,相应的输入不一定有相应的输出,因而无法控制。这与遵循因果规律的科学领域不同。(3)价值多元性。人文精神就是多元精神。它追求人的多元化发展,主张每个人都应当是有个性的。多元精神坚持价值和意义的多样性,反对统一化、普遍化的要求,因为人的本性就应当是多元的,而不应当是千篇一律的雷同,人性的,就意味着多样的。所以人文精神就意味着要打破各种严格的、非人性的清规戒律,它追求的恰好是不确定性,而不是确定性。(4)自由意志性。这也是由人文精神追求多元的倾向决定的。要发展个性就必须打破对人的种种限制,这就要求有自由。这种自由与自然科学所理解的自由迥然不同,自然科学上的自由是指对自然规律的控制,就是说只是对自然规律的利用,它是有前提条件的,这种自由只在自然规律允许的范围内和前提下才存在。这种自由从人文精神的角度看不是自由,真正的自由是按照自由意志行事,用康德的话说,叫做"实践理性",还原为中国传统文化的表述,叫做"为仁由己"。

对于科学与人文的区别的自觉直接导致了认识方法上直觉与理智的二分。张君劢和钱穆虽然都重视直觉,却也没有因此否定理智的作用。钱穆并不是绝对反对理智,他反对的只是纯理智的以科学的心习去研究人文科学。张君劢受到康德哲学的影响不仅表现在"道德论"方面,而且表现在"知识论"方面。在知识与德性的关系上,钱张二人都表现出调和理智与直觉、知识与德性并重的倾向。

钱穆提出,人的存在是有理想和目的的,学习知识是人之生存和发展所必需的,是为追求理想和目的服务的。所谓以知识融通德性,即主张做学问要师之积学,博涉多方,做人要从历史里探求本源,在大时代的变化里肩负维护历史文化的责任,与中国传统儒家"尊德性而道问学"的学术精神相一致。"为学与做人,乃是一事之两面。若做人条件不够,则所做之学问,仍不能达到一种最高境界。但另一方面,训练他做学问,也即是训练他做人。如虚心,肯负责,有恒,能淡于功利,能服善,能忘我,能有孤往精神,能有极深之自信等,此等皆属人之德性。具备此种德性,方能做一理想人,方能做出理想的学问。真做学问,则必须同时训练此种种德性。若忽略了此一面,便不能真到达那一面。"①钱穆继承了朱熹"格物致知"的治学方法，同时坚持了王阳明"致良知"的致思方向，体现出融合程朱理学和陆王心学的思想风格。

在思想资源的汲取方面，张君劢和钱穆有所不同，除了共同的儒家思想渊源，张君劢还受到了康德哲学的影响。随着张君劢思想的逐步深入，他不久就对倭氏柏氏哲学感到不满，他认为这二人的学说侧重于所谓生活之流，归宿于反理智主义，将一二百年来欧洲哲学系统中之知识论弃之不顾。而康德的知识论综合了欧洲的经验主义认识论和理性主义认识论。康德主张德知并重，"与儒家之仁智兼顾、佛家悲智双修之途辙"，则别无二致。②受康德哲学的影响，张君劢的"唯实的唯心主义"哲学体系也主张调和西方哲学中的理性主义和经验主义、中国儒家哲学中的孟子与荀子、陆王与程朱的分歧，实现心物平衡，理智与直觉并重，道德与知识并举。

（三）都赋予直觉的方法以道德本体论的内涵

钱穆认为，心和精神既有认识的功能，又是认识的对象，因而对于人文世界的认识具有"体用不二"的性质与特征。在西方思想中，经验与思维是主客对立的，而能够融情感于经验和思维，恰当处理好三者关系的只有中国的儒家。在这里，钱穆所说的经验与思维不仅是一认识论问题，还包括本体论和价值论。他认为中国儒家思想的长处就在于以价值论来限定和统摄认识论，将本体论和认识论融合为一。人类生命是融本体与认知能力和情感为一体的，所以单凭理智和科学的分析是无法认识的，只有直觉才能体悟到人生最本质和最有价值的道德和情感。在这里，他特别强调情感在认识当中的作用。直觉不仅不排斥情感，而且以情感作为基础。只有情感最丰沛的人，才是直觉最敏锐的人。"故中国人生彻头彻尾乃人本位，亦即人情本位之一种艺术与道德。"③在情感问题上，钱穆不再采用李翱的"性善情邪"说，而认为本然之性和天赋的情感是统一在心体之内的，这与朱熹"心统性情"的观点相一致。他把传统哲学中性与情的对立，转换为情与欲的对立，

---

① 钱穆：《新亚遗铎摘抄》，《钱穆纪念文集》，上海：上海人民出版社，1992年，第205页。
② 张君劢：《我之哲学思想》，《中西印哲学文集》（上），第44页。
③ 钱穆：《晚学盲言》，桂林：广西师范大学出版社，2004年，第399页。

他说:"情以理节,欲以法制,两者之别,实有深意之存在。"①他认为,中国人看重道德,是重情轻欲的;西方人崇尚权力,是重欲轻情的,这是中西方文化的一大区别。把情感上升到道德本体论的高度,乃是直觉由认识论而本体论的理论基础。

钱穆认为,真实而丰富的情感是一个有道德的人最应具备的品质。他对孔子推崇备至,而最为看重的,乃是孔子的真情挚性。人必有哀乐之情感,否则不能称之为人。孔子虽在后世获得了光芒万丈的荣耀,但孔子亦是一平凡人,哀乐之流露处,乃见其真性挚情。"子食于有丧者之侧,未尝饱也。子于是日哭,则不歌。"(《论语·述而》)"见齐衰者,虽狎必变。"(《论语·乡党》)虽然丧葬以为日常习见,但孔子见到有穿丧服之人,仍为之动容。又言:"凶服者式之。"(《论语·乡党》)可见孔子对死者,有一份敬悼的哀情。同时他也有他的乐趣,"子在齐闻韶,三月不知肉味"(《论语·述而》),"子与人歌而善,必使反之,而后和之"。孔子对于音乐乃有深挚的趣味,一个具有艺术气质的人,必也是热爱生活的人。总而言之,孔子是一个感情恳挚而浓郁的人,其哀乐之情,皆沉着而深厚。正是以这种沉着而深厚的感情为基础,才有了孔子一生事业之成就。"仁"为儒家道德本体论最重要的观念。子曰:"巧言令色,鲜矣仁。"(《论语·学而》)人与人相处,贵在直心由中,以真感情相感通,巧言令色以求取悦于别人,非仁也。孔子之"仁"完全是发于真情挚性,没有任何虚伪与应付。仁者,二人也。仁字的本意就是人与人相处之道,自内部言之,人与人相处所共有之同情曰"仁心",自外部言之,人与人相处所躬行之大道曰"仁道",凡能具仁心而行仁道者,曰"仁人"。钱穆言:"人群当以真心真情相处,是仁也。"②在钱穆的勾勒下,孔子不再是几缕檀香背后那张泛黄的圣人像,而是一个促膝谈心的朋友,一位耳提面命的师长。怀着这种心情,进入到孔子的学说当中来,仿佛置身于圣人谆谆教诲的学堂之上,所受所感必不相同。只有以真实的情感相沟通,才能成为具仁心而行仁道的"仁人",这是直觉的方法所具有的道德本体论的内涵。

---

① 钱穆:《晚学盲言》,第397页。
② 钱穆:《论语要略》,《钱宾四先生全集》,台北:联经出版社,1998年,第85页。

张君劢在哲学本体论上既是二元论的,也是唯心论的,一方面,他认为心与物是宇宙间的根本元素,两相对立,二者都是本原,"既非由甲生乙,亦非由乙生甲"①。但是他又说:"心者应视为宇宙之根本也,非自物质流出者也,非物质世界中寄宿之旅客也。申言之,心之地位,至少应与物同视为宇宙之根本与实在。惟如此,宇宙观之不以心为根本或特殊物者,则其说终无以自圆。"②他一方面强调心物并重,认为一切事物都是理性与经验的共同组合,但同时又强调心或理性永远处于主宰地位。在张君劢看来,本体是超时空的绝对精神,它超绝神秘,不是感觉的对象,也不是思维的内容,因此知识对于本体是无能为力的,本体只能在道德界中由人们作神秘主义的领会。张君劢对直觉的解释是:"所谓直觉,依各直接所感所知之能(faculty)推定外界事物之理曰如是如是。孔子所谓己所不欲,勿施于人。孟子所谓良知良能,即自此直觉之知(Intuition)来也。"③从这个定义中也可以清楚地看到,张君劢将直觉理解为中国哲学智慧中的"价值理性"(道德),已经不仅仅是从认识方法上来讲直觉,而也是从道德本体论的角度来讲的。

无论是钱穆的"本能"还是张君劢的"本性",讲直觉的方法,其实质都是在讲中国人的文化人生和道德生活,这是钱穆和张君劢的共同特点。二人的不同点在于张君劢只将直觉用于人生观领域,而钱穆则把它看成整个中国哲学区别于西学的独特的方法。直觉即功夫即本体的观点,不是张钱二人独有,冯友兰也有类似的论述。冯友兰认为"正的方法",即逻辑分析的方法不能达到人生的最高境界,只有"负的方法"才能进入最高的"天地境界"。"天地境界"是圣人的境界,天地境界的人具有理、气、道体、大全的概念,以这些概念来看万事万物,则我与万物融为一体。引导人入圣域的"负的方法"便是直觉的方法。冯友兰的直觉,同样是在本体论的层面上讨论,但冯友兰的本体论不能称为道德本体论,而应称之为"形而上学"本体论。因为在冯友兰那里,道德境界是比天地境界低一级的精神境界,冯友兰不满足于传统儒学的道德本体论,而是以理、气、道体、大全等概念建构了一个形

---

① 张君劢:《中西印哲学文集》,第 91—92 页。
② 同上书,第 100—101 页。
③ 同上书,第 235—236 页。

而上学的体系,直觉的方法正是透过道德境界到达形而上学境界的方法。钱穆和张君劢则更钟情于传统儒学的路子,将本体、天人合一都确定在人文世界当中,钱穆多次提到:"中国传统文化,彻头彻尾,乃是一种人道精神、道德精神。""修身齐家治国平天下,全只是在人圈子里尽人道。人道则只是一善字,最高道德也便是至善。因此说,治国的文化精神,要言之,则只是一种人文主义的道德精神。"①"故中国传统文化精神,乃一切寄托在人生实务上,一切寄托在人生实务之道德修养上,一切寄托在教育意义上。"②张君劢也是将直觉直接定义为"孔子所谓己所不欲,勿施于人"和"孟子所谓良知良能",所以我们说这是一种"道德本体论"的直觉观。

三

钱穆和张君劢二人在直觉主义上的共同点来源于文化认同上的一致性。

张君劢和钱穆在近现代哲学中的处境同样是尴尬的。"张君劢是一个徘徊于政治和学问之间"的人物,一般而言,海内外学术界肯定张君劢作为政治家、新儒家在中国文化建设、宪政建设方面的重要贡献与影响,但对其作为思想家的学术理论体系往往研究不多,评价不高。这无形中削弱了张的影响,也泯灭了其作为新儒家所阐发的人生哲学智慧对于我们当下的文化建设所应有的借鉴意义。学界研究张君劢,无论港台或大陆,更注重其"外王"事业,即其宪政思想和作为政治家的影响,至于其"内圣"之心性学,尤其是其内圣外王自然贯通之理论体系,学界研究还远远不够,评价亦有失中肯与公正。当今学者论及新儒家人物,往往都会跳过张君劢,其在学界之吊诡地位可想而知。

钱穆作为20世纪最一流的学者,被称为"最后一位国学大师",其在国学方面的造诣是领袖群伦的,把他称为历史学家、国学大师都不会有太多异议。但对钱穆的哲学思想,特别是人生哲学思想却很少有人问津。人生观

---

① 钱穆:《民族与文化》,香港:新亚书院,1962年,第29页。
② 同上书,第33页。

问题是近代中国文化的核心问题,钱穆先生作为20世纪中国知识分子的代表人物,同样肩负着救亡与启蒙的双重历史使命,他一生以弘扬和传承中国传统文化为己任,并且认为文化是历史的内容与归宿,而人又是文化的中心,人生、人类生活才是文化的本质。因此,他不可能不关注人生的问题。他不仅有讨论人生的专著《人生十论》,而且他的人生观思想贯穿于他的整个学术体系,与他的历史、文化、哲学、政治、宗教、艺术、文学思想相始终,散见于著述各处的关于人生的论述数量众多。这与对钱穆人生哲学的研究现状形成强烈的反差。

张君劢和钱穆两人在哲学理论方面共同的缺失是显而易见的,没有系统的体系建构,也缺乏深入全面的理论分析。张君劢早年追随梁启超从事立宪活动,是政闻社的骨干人物,自30年代又组建或者参与组建过中国国家社会党、中国民主政团同盟和中国民主社会党,参加过两次宪政运动,是国防参议会参议员,国民参政会参政员,1946年政治协商会议代表,并为《中华民国宪法》起草人之一。张君劢这种既搞政治,又搞学术的生涯对他的学术研究有一定的消极影响。从事政治活动,必然耗费大量的时间和精力,而且在1950年以前,张君劢的主要时间和精力是用在政治活动上面。没有一定的时间和精力作保证,很难在学术上取得巨大成就,所谓"鱼与熊掌无法兼得"。冯友兰和贺麟成名要晚于张君劢,冯友兰创立了新理学新儒学思想体系,贺麟创立了新心学新儒学思想体系,而张君劢的"唯实的唯心主义"体系并没有真正地创建起来,一个重要的原因,就是他的政治活动耗费了过多的时间和精力。但政治活动带来的影响也并非完全是负面的,正是这样一个"志于儒行,期于民主"的张君劢,对道德人生和民主宪政、对"德法合一"和"内圣外王",有着象牙塔里的学者不可能获得的独到体悟。

钱穆的学术之路是以研究子学肇始,以史学研究成名,其历史名家的地位毋庸置疑。其实,钱穆学术思想涉及十分宽广的领域,其在历史、哲学、宗教、政治、经济、文学、教育以及中西文化比较等学术范畴,都有十分重要而引人注目的建树,他以一生心力凝结而成的人文思想,更是现代中国思想史上的一座精神丰碑,是振兴民族文化的富矿。在20世纪文化学者中,钱穆所走的是一条与众不同的学术之路,他没有留学经历,但学贯中西,他终身致力于国学研究,又突破了传统国学的治学范式,他坚守民族文化立场,其学术眼界却明显超越了五四时期单纯固守本土文化的"国粹派"的视线。钱穆一生治学反对门户之见，杏坛教学生涯以造就"通学"和"通人"为目标，在文化建设上更是秉持立足于整个文化传统的大文化观。钱穆试图打通各个学科门类的界限，所以哲学与人生连言，人生与文化连言，没有过多的理论抽象和逻辑推理，对人生问题的讨论都是博而返约，心有所感、兴之所至，信手拈来，语句随和娓娓道来，全然是中国学问切几体察、虚心涵泳的味道。与其说这是钱穆的失误处，不如说是其动人处。

　　作为同辈学人，钱穆与张君劢似乎也谈不上什么私交。1958年元旦，张君劢、唐君毅、牟宗三、徐复观在香港《民主评论》上发表《中国文化与世界——我们对中国学术研究及中国文化与世界文化前途之共同认识》的宣言，被认为是新儒家的形成标志，当时曾邀钱穆联署，而钱穆拒绝了。许多学者以这则材料为依据，将钱穆和新儒家划清了界限。但是不能因此而否定的是，二人对于文化和人生的深切关注是共同的。面对内忧外患的民族危亡，他们都以一种历史的担当感来捍卫中国文化，重振民族精神。张君劢认为"人生观是文化的核心"，钱穆也提出"文化就是人生"。在以新文化来领导新民族，以新人生观来重塑"新人"这一点上，二人是没有分歧的。这种看似最低限度的一致，却是最本质的文化认同的一致。如果用"民主"和"法治"来标注张君劢，用"史学"和"教育"来标注钱穆，那么他们的不同是明显的。但回顾20世纪的中国知识分子，他们却有共同的关键词："文化"和"人生"。

　　钱穆毕生从事教育事业，从乡教十年到北大讲学，从流转西南到定居台湾，为文化建设培养了大批优秀的学术人才。钱穆怀抱着对传统文化的"温情与敬意"，开创了"大器通学"的一派学风，为中国学统的建设作出了贡献。张君劢是一个"徘徊于学术和政治之间"的人物，他对儒家内圣强而外王弱的不足有着充分的认识，投入大量的精力在民主法治体制的建构上，为中国现代政统的开出而孜孜不倦地努力着。钱穆一生最为推崇孔子和朱子："在中国历史上，前古有孔子，近古有朱子，此两人，皆在中国学术思想史及中国文化史上发出莫大声光，留下莫大影响。旷观全史，恐无第三人堪与伦比。孔子集前古学术思想之大成，开创儒学，成为中国文化传统中一主要骨干。北宋理学兴起，乃儒学之重光。朱子崛起南宋，不仅能集北宋以来理学之大成,并亦可谓乃集孔子以下学术思想之大成。此两人,先后矗立,皆能汇纳群流,归之一趋。自有朱子,而后孔子以下之儒,乃重获新生机,发挥新精神,直迄于今。"①

张君劢则最为看重孟子和阳明。他称赞孟子不仅是"继承中国道统之孔子的继承者"②,而且"实为一有过于孔子之伟大哲学家"③。孔子的贡献是为儒学奠定根基,孟子则是"阐明其原理,深究其意蕴"④,从而建立起明晰的儒学体系。孟子给予后世哲学家的基准是:称尧舜、道性善、主能思之心、养崇高之德。⑤ 此等基准为后世哲学家特别是陆王心学所继承,对中华民族的民族精神和思想特点的形成,起了非常重要的作用。

钱穆在气象上近孔子,为由"书斋"而"讲坛",为弘扬学统的一代儒师;张君劢在气象上近孟子,由"仁心"而"仁政",为兼济天下的一代儒仕。无论选择哪一种方式,他们最终关注的仍然是中国传统文化的复活和中华民族精神的延续。这使我想起了牟宗三先生提出的"三统并建"。中国社会的现代化应当道统、政统、学统"三统并建",以道统来领导政统与学统,以政统和学统来实现道统。如果将道统做一个"钱穆式"的广义的理解——"整个中国文化传统即是道统",那么钱穆和张君劢两人正是这个道统上,并蒂而开的两朵奇葩,无论他们的人生经历和致力领域有多大的不同,他们最终的落脚点却是殊途同归的。

---

① 钱穆:《朱子新学案》,台北:联经出版社,1998年,第3页。
② 郑大华:《张君劢学术思想评传》,北京:北京图书馆出版社,1999年,第68页。
③ 同上书,第68页。
④ 同上。
⑤ 同上。

A Contrastive Study on Qian Mu and Zhang Junmai's Intuition Ideology

Wang Xiaoli

Abstract: Attaching importance to intuition is common in culture conservatism which originates from the May 4th period. This character is related to the responses to the western science and reason and is the connection of traditional and modern Confucianism. Zhang Junmai and Qian Mu as representatives of intellectuals in the early 20th century also have many common points on intuition. Firstly, they are both affected by western life philosophy. Secondly, they both realize that the epistemic methods of humanities are particular. Thirdly, they both consider that intuition is also ontological in the sense of morality. These same viewpoints on intuition come from cultural identity. No matter how different are their life experience and study domain, their foothold is the same destination from different paths.

Key words: Qian Mu, Zhang Junmai, intuition

章太炎革命时期的儒教思想(1900—1911)[*]

彭春凌[**]

提　要：近代因基督教的挑战，儒教陷入深度的生存焦虑。章太炎革命时期儒教思想的重心，在以"齐物"的态度，处理儒教与其他各教包括民间信仰的关系。将章太炎的思想转变置入儒教自我认知变迁的历程中考察时，可以说，他某种程度上超越了戊戌时期儒教界整体的激进自卫姿态，回归传统中国以儒为正、儒释道三教互相容受的文明常态。章太炎"齐物平等"的理论总结又并非是对儒教"敷教在宽"传统的简单重提。他在中西学、新旧知之间进行了艰难的择选、汇通，这既包括与同属东亚儒教圈的明治日本思想界交流对话，又意味着重审佛、道经典，以扩充自身的理论资源。而亲身参与革命实践、体验革命动力、思索革命策略，则推动他重新界定儒教的正淫、文野观念。章太炎革命时期的儒教思想拥有深邃的现代性与丰厚的历史性。

关键词：章太炎　儒教　明治日本　齐物　革命

一　总论：回归敷教在宽的传统

基于偏见的认知，对历史的遮蔽，其弊端有时甚于对历史的一无所知。

---

[*] 本文系国家社会科学基金青年项目的阶段性成果，项目批准号：12CZS042，项目名称：中国近代"国学"构想的建立：章太炎与明治思潮。

[**] 彭春凌，1981年生，中国社会科学院近代史研究所助理研究员。

研讨章太炎革命时期(1900—1911)的儒教思想,最初的困难即在清扫层层偏见笼罩下的认知迷雾。

首先,是审视章太炎思想时"儒教"视角的适用性问题。

虽然"儒教"(孔教)之名由来有自①,周予同更指"儒教"的"发展线索",是"自殷周到'五四'以前"的"中心问题"②;然而,由于近代 Religion 一词输入中国被翻译为"宗教",现代语汇中为"避讳传统'教'字的称谓有误导为'宗教'的可能",故传统中国的常用语"儒教"一词,"几乎为'儒学'、'儒家'、'儒道'所取代,似乎已成为传统文化迈向现代文明之际遭到扬弃的历史名词"③。具体到章太炎,他本人斥责"孔教"("儒教")的言论亦加剧了后人对该语词适用性问题的怀疑。1913 年章太炎于《示国学会诸生》中称:"世相称,皆以儒术为之题署,云儒教者无有也;及佛法被于东方,天师五斗之术起,佛道以教得名,由是题别士人号以儒教,其名实已不相称,犹未有题名孔教者也。"④他最满意"儒术"一词,认为历史上的"儒教"是因佛教、道教相对应而得名,不算准确,"孔教"更是未曾见过。事实上,如果考虑到章太炎在民初以康有为为精神领袖的孔教运动;他诟詈提倡祭天的孔教为"淫祀之首"、"狂惑之宗"⑤,有政治上抵制袁世凯政权,思想上坚决与康有为相抗衡的背景,此言属声明立场的政治话语,其言说的学术性就需要打折扣了。

因为,同样是章太炎,1906 年在《民报》社的演说中称"若说孔教,原有好到极处的,就是各种宗教,都有神秘难知的话,杂在里头,惟有孔教,还算干净"⑥。他当时不仅不惮使用"孔教",还赞其有"好到极处"的成分。章太炎对"孔教"的接纳和拒绝,跟他与康有为思想亲疏关系的移易、对宗教认知的转变有关,不能因其 1913 年的一句判断就一概而论定"孔教"或"儒教"不

---

① 如据刘师培《论孔教与中国政治无涉》考证,东汉时"牟融始言儒道"(按指以"儒道"与"佛道"并称),至南朝,顾欢、张融之辈"遂有儒、道、佛三教之称","是则孔教之名,由与老、释相形而立,故唐宋以降,多以孔教与老、释并衡"。(《左盦外集》,《刘申叔遗书》,南京:凤凰出版社,1997 年,第 1503 页。)
② 周予同:《经学史诸专题》,《周予同经学史论著选集》,上海:上海人民出版社,1996 年,第 874 页。
③ 陈熙远:《"宗教"——一个中国近代文化史上的关键词》,《新史学》第 13 卷第 4 期(台北),2002 年 12 月,第 64 页。
④ 章太炎:《示国学会诸生》(1913 年),《章太炎政论选集》,北京:中华书局,1977 年,第 694—695 页。
⑤ 章太炎:《原教》,《检论》,《章太炎全集》(三),上海:上海人民出版社,1984 年,第 522 页。
⑥ 太炎:《演说录》,《民报》第 6 号,1906 年 7 月 25 日,第 5 页。

适于描述晚清包括康有为、章太炎等不同派别的传统思想学问。

尤其是考虑到奠定其革命时期思想基础的《訄书》(重订本)(1904)一书,几乎全文翻译了日本宗教学家姊崎正治(1873—1949)《宗教学概论》附录《宗教概念的说明契机》的段落,撰成《原教》(上),称"宗教者,人类特性之一端"①,承认宗教的普世性价值。

更意味深长的是,与《原教》(上)相并列的《原教》(下)篇,除删掉"孔子"之名、代之以汉代儒者"董无心"等个别语词的修改外,全文几乎原封不动地承继自《訄书》初刻本(1900)的《榦蛊》篇;而《榦蛊》篇与1899年的《儒术真论》内容上有深刻的互文性。它们的宗旨皆是倡导"真儒术"的核心在"以天为不明及无鬼神"②,儒家的正确祭祀观念乃是"孔氏之于祭宗祢,重之矣;其于上天及神怪祇鬼者,则皆摈之以为椎愚之言";并坚称如此的孔子"其圣足以榦百王之蛊"③。

由此可知,革命时期的章太炎"齐物论而泯贵贱"④,在承认其他宗教的同时,更将"儒术"纳入"教"之范畴进行讨论;在不同层次的"教"中,认定儒教足以矫正历代帝王统治中的异端力量,尽管它的代表者不一定是孔子。"儒教"观念,不仅适用于审视章太炎革命时期的思想,而且,通过考察章氏革命时期的观念,并参稽以康有为的"孔教","儒教"本身在近代的多元内涵,亦将获得历史性的敞开。

其次,是儒教在章氏革命时期思想中的位置问题。

《訄书》重订本中,《订孔》篇斥责孔子乃"支那之祸本"⑤,于近代思想史上产生了重要影响。《订孔》之后,章太炎续发《诸子学略说》等多文,持续诋孔,令时风大变,"孔子遂大失其价值,一时群言,多攻孔子矣"⑥;《订孔》和梁启超的《保教非所以尊孔论》,成为"孔子之于当世,顾若是其易为轩轾也"⑦,是儒教地位在近代瓠落的转折点。与此同时,章太炎在1906年的《民

---

① 章太炎:《原教》(上),《訄书》重订本,《章太炎全集》(三),第283页。
② 章氏学:《儒术真论》,《清议报》第23册,1899年8月6日,第1507页。
③ 章太炎:《榦蛊》,《訄书》初刻本,《章太炎全集》(三),第35页。
④ 章太炎:《原教》(上),《訄书》重订本,《章太炎全集》(三),第283页。
⑤ 章太炎:《订孔》,《訄书》重订本,《章太炎全集》(三),第134页。
⑥ 许之衡:《读国粹学报感言》,《国粹学报》第6期,1905年6月20日,"社说"第1页。
⑦ 郭象升:《宗圣汇志绪言之二》,《宗圣汇志》第1卷第2号,1913年6月,第1页。

报》社演说中呼吁以佛教之宗教,"发起信心,增进国民的道德"①,后更自承革命时代有"转俗成真"的学术走向,其标志即是从早年"独于荀卿、韩非所说,谓不可易",到"继阅佛藏"后青睐"释迦玄言"②。直到1910年修治"一字千金"③、以佛释庄的《齐物论释》,轩佛而轻儒,乃是太炎革命时期思想最明显的表象。对儒学传统之冲击、佛教于章氏的影响,遂长期成为研讨太炎革命时期思想的重心。

事实上,太炎"订孔"很大程度上是为了"订康",革命时期的章太炎在政治上和"保皇"的康有为划清界限后,在思想上也急需冲破"纪孔"④的制约,因感觉康有为"附会"孔子之道,"深恶长素孔教之说,遂至激而诋孔"。这些意气之争、负气之言毕竟违背一个思想家的理性与良知,也造成太炎晚年频发"前声已放,驷不及舌"⑤的忏悔。

而且,如果将被后人的放大镜反复窥测的《订孔》篇,还原回《訄书》重订本以《原学》、《原人》、《原变》、《原教》四"原"领衔,共计63篇的整体格局中时,其确实可视为章氏蕴涵政治性考量的思想浪花。因为,不仅承继孔子"鞑百王之蛊"之《鞑蛊》篇而来的《原教》(下)弘扬儒教正信、丝毫未有转移。而且,从太炎一生思想变迁的长线考索,1915年其增订《訄书》重订本为《检论》时,《原教》(下)篇仍旧纹丝不动,稳稳进入《检论·原教》,构成其主体内容。倒是《订孔》被增补为(上)(下)两篇,(下)篇检讨革命的十余年中自己贬低孔子,乃是未知"道术崇库";太炎声明在"始甄爻象,重籀《论语》"之后,"夥然若有窹",文王、孔子等"圣人之道",亘古皆"罩笼群有"⑥。

可以说,对儒教的尊奉与信仰,构成了太炎思想的沉稳底基,其他种种的思想试验、探索均是在此底色上的绘饰。

由于《訄书》重订本《原教》(上)(下)及篇名涉"教"的《争教》、《忧教》诸篇均或隐或显地聚焦点是,在自视"文明"的基督教于全球宣教的局面下,

---

① 太炎:《演说录》,《民报》第6号,1906年7月25日,第4页。
② 章太炎:《菿汉微言》,《菿汉三言》,沈阳:辽宁教育出版社,2000年,第60页。
③ 章太炎:《自述学术次第》,《菿汉三言》,第165页。
④ 章太炎:《与陶亚魂等》(1903年),称自己和"曾以纪孔、保皇为职志"的陶亚魂、柳亚子"同病者亦相怜也"。马勇编:《章太炎书信集》,石家庄:河北人民出版社,2003年,第69页。
⑤ 章太炎:《与柳翼谋》(1922年),《章太炎书信集》,第741页。
⑥ 章太炎:《订孔》(下),《检论》,《章太炎全集》(三),第426页。

如何看待各地被其视为"野蛮"的信仰方式。具体到中国，就成为传统以儒为雅、为正，其他各种信仰并存的局面又怎样调整的问题。因此可以说，章太炎革命时期儒教思想的重心，大部在处理如此背景下，儒教与其他各教、包括民间信仰的关系。而最具思想史价值的是，一旦将太炎以"齐物"的态度宽容各种宗教、极力表彰佛教等实践，置入近代因基督教的入侵挑战，而陷入深度生存焦虑的儒教之自我认知变迁的历程中考察时，毋宁说，革命时期的章太炎，以自身思想发生"变态"的方式，反倒某种程度上超越了戊戌时期儒教界整体的激进自卫姿态，从而回归传统中国以儒为正，儒释道三教"互相容受"①的文明"常态"。章太炎革命时代以佛教为基础立宗教的信心、对涉及信仰的文野观念之多维思考。与其说他批判与解构了儒教以自我为"正"，以他者为"淫"的传统，不如说他更沉潜更透彻地思辨了中国以儒教为中心的信仰传统本身"敷教在宽"的主流特性，亦同时是更深层次地反思了中华文明应对基督教挑战的问题。

概括地讲，晚清各地频发的教案，致使割地累累，"民畏泰西也如天地"②；1898年即墨县文庙孔子圣像被毁、子路像双眼被挖，"天下哗然，攘臂奋起"③，加剧了儒生们同仇敌忾之心。康有为戊戌变法期间上奏《请商定教案法律、厘正科举文体、听天下乡邑增设文庙、谨写〈孔子改制考〉进程御览、以尊圣师而保大教折》，认为儒教"敷教在宽"④的主流传统，致使中国名义上定儒教为一尊，实质上却多教并存、淫祀泛滥。在儒教中国被动卷入基督

---

① 鲁迅：《中国小说史略》，《鲁迅全集》九，北京：人民文学出版社，2005年，第160页。
② 章太炎：《忧教》，《訄书》初刻本，《章太炎全集》（三），第92页。
③ 《阅报纪毁圣讥言一则率书其后》，《申报》，光绪二十四年四月初十。
④ "敷教在宽"，是康有为对儒教主流性质最重要的归纳。其1898年《请商定教案法律、厘正科举文体、听天下乡邑增设文庙、谨写〈孔子改制考〉进程御览、以尊圣师而保大教折》中虽并未出现"敷教在宽"四字，但若"外侮之来，亦有所自，我中国名虽尊圣，然尊而不亲；天下淫祀，皆杂他鬼神"等语表达的正是此义（康有为：《康有为全集》第四集，北京：中国人民大学出版社，2007年，第93页）；而类似孔子"敷教在宽"的表述，频频出现于康有为各时期文章中，如早年《民功篇》曰"古之敷教在宽，自宋儒后，敷教在严"（康有为：《康有为全集》第一集，第82页）；《意大利游记》（1904年）谓"孔子敷教在宽，不尚迷信，故听人自由，压制最少"（康有为：《康有为全集》第七集，第375页）；《以孔教为国教配天议》（1913年）称"盖孔子之道，本于无我，敷教在宽，而听人之信仰，信佛信回，各听人民之志意，儒生学士，亦多兼信，绝无少碍"（康有为：《康有为全集》第十集，第94页）等等，可以发现，戊戌之后，康有为对孔教"敷教在宽"的传统多持正面表彰态度，这其实也跟他从在朝到在野，自身地位的转变有关。

教世界营造的全球体系之际,内部抵抗能力极为虚弱。康氏《孔子改制考》等作重提儒教历史上曾有的"平僭伪"、"攘异端"、"一统大教"①的经验,指出要张"正"与废"淫"并举,"变法之道,在开教会,定教律"②,同时收紧信仰政策,将乡邑淫祠改为小学堂,开启了近代的庙产兴学运动③。

彼时的章太炎,"与工部论辩者,特左氏、公羊门户师法之间耳,至于黜周王鲁、改制革命,则未尝少异也"④。《榦蛊》篇倡导在"笃于亲"的情感,"察于物"的理性支撑下,"必无怠庙享,无废祫禘","必无建大圜与群神祇之祭",才是"繇孔氏之道,行孔氏之制"⑤的正确信仰方式。实际上,太炎亦由此发表了他本人的"王鲁改制"方案。虽然,在是否开教会,是否祭祀上天等举措上,章太炎与康有为还有"门户师法"的不小差异,但于废黜淫祀异端的儒教自卫立场上,太炎坚决声援康氏。他还特为创作《鬻庙》⑥,支持其排击佛道、打击淫祀的号召,声援庙产兴学运动⑦。

革命时期的章太炎,由"鬻庙"转而力主用佛教之宗教"增进国民的道德",佛教俨然化"淫"为"正"。不惟如此,他对淫祀之大部,怪力乱神之民间宗教亦由严拒而宽容,如《答铁铮》称"若愚民妇子之间,崇拜鬼神,或多妖妄,幸其蒙昧寡知,道德亦未甚堕坏,死生利害之念,非若上流知学者之迫切也,若专为光复诸华计,或不必有所更张"⑧。淫祀、异端地位的相对上升。而这一切的实现,皆发端于在抵制基督教以文明为口号的入侵时,反身而诚,重审儒教文明自身内部的文野、正淫关系。

章太炎1904年出版的《訄书》重订本,从文字、义理上整合了看似歧义参差的《原教》(上)(下)两篇。《原教》(上)替"异端"正名,倡言"羾法鬼神之容式,芴漠不思之观念,一切皆为宗教,无宗教意识者,非人也",并断然申

---

① 康有为:《孔子改制考》,《康有为全集》第三集,第203页。
② 康有为:《请商定教案法律、厘正科举文体、听天下乡邑增设文庙、谨写〈孔子改制考〉进程御览、以尊圣师而保大教折》(1898年),《康有为全集》第四集,第92页。
③ 康有为:《请改直省书院为中学堂乡邑淫祠为小学堂令小民六岁皆入学折》(1898年),《康有为全集》第四集,第317页。
④ 章太炎:《〈康有为复章炳麟书〉识语》,《台湾日日新报》,1899年1月13日。
⑤ 章太炎:《榦蛊》,《訄书》初刻本,《章太炎全集》(三),第35页。
⑥ 章太炎:《鬻庙》,《訄书》初刻本,《章太炎全集》(三),第98页。
⑦ 章太炎戊戌时期支持康有为保教废淫举动,与康氏思想的异同,笔者另有别文详述,此处从略。
⑧ 太炎:《答铁铮》,《民报》第14号,1907年6月8日,第122页。

明"宗教之有棚除,高高下下,其自为也,终于犬牙相错,无奈之何","高下之殊,盖足量乎哉"!①《原教》(下)则坚守"正信",即儒教"笃于亲"、"察于物"积极合理的信仰蓝图。而整合《原教》(上)(下)的持续思想动能,一路艰难探索的思想成果,最终融汇到1910年修治的《齐物论释》中。《齐物论释》创作的主要目的是使"大秦之豪丧其夸,拂菻之士忘其齐";章太炎倡言,"世法差违,俗有都野,野者自安其陋,都者得意于娴,两不相伤,乃为平等"。儒教文明文野各异其趣、"敷教在宽"的主流传统,可以从理论上对抗"志存兼并者",阻止他们"寄言高义"、借口"使彼野人,获与文化"②来蚕食他者。

以上即是章太炎革命时期儒教思想之大略。当然,"齐物平等"的理论总结,并非对"敷教在宽"传统的简单重提,而是章太炎于知识上,在中西学、新旧知之间艰难地择选、汇通的结果——这既包括与同属东亚儒教圈、共同面对西方文明、具有相似而又差异的近代化历程之明治日本思想界的交流对话,又意味着重审佛道经典,以扩充自身的理论资源;而亲身参与革命实践,体验革命动力、思索革命策略,则推动他重新界定儒教的正淫、文野观念。这一切,都赋予了章太炎革命时期的儒教思想深邃的现代性与丰厚的历史性。

二 《原教》(上)(下)之整合与东亚思想的交流

如上文所言,《訄书》重订本《原教》(上)几乎全文译自日本宗教学家姊崎正治《宗教学概论》附录《宗教概念的说明契机》中的段落,《原教》(下)则承继自《訄书》初刻本的《榦蛊》篇。《原教》(上)主张宗教乃是人类精神生活的普遍现象,"天下凡从生而不毛者",由于内心的"嗜欲祈冀",都会以"贞信荧惑"的观念或"弸法鬼神"的方式来表达他们的欲求。文章以此来批驳基督教传教士—由于"视察之疏","涂见负贩,而遽问以信造物之有工宰不",二由于"专己黜人",将"以造物为人格之神"视为宗教的唯一标准,

---

① 章太炎:《原教》(上),《訄书》重订本,《章太炎全集》(三),第285页。
② 章太炎:《齐物论释》,《章太炎全集》(六),上海:上海人民出版社,1986年,第7、6、39页。

从而以为"禜法鬼神"或"祖祢崇拜"①者无宗教。《原教》(下)则从梳理"生民之初,必方士为政"、"上天之祭,神怪魑头之禓祓"的起源开始,描述人类祛除巫魅的理性化过程。章氏认为中国历史上儒家抛弃"上天及神怪祇鬼"的祭祀,仅重视"祭宗祢",并明确祭祀祖先为的是满足现实人生的情感需求,这乃是文明发展的里程碑,也是儒教"其圣足以幹百王之蛊"②的原因。

所谓章太炎整合《原教》(上)(下),是相对于有所扞格的两篇文章各自之"本原"而言的。一方面,章太炎通过翻译姊崎正治《宗教学概论》之部分内容,从戊戌时代对"巫妄之思"的决绝反感转变为逐步理解、认同宗教的普世性价值,进而也深化了其对儒教"祭宗祢"宗教性特征的确认;如此的调整,不仅令他将《幹蛊》篇更名为《原教》(下),亦影响到具体文意微调时的构思及表述。

另一方面,章太炎于《幹蛊》中早就坚定了儒教祛除"巫方相",而专事祖先的正确信仰乃是中华文明的标志,姊崎正治从日本知识人的立场,抨击基督教言日本崇祀人鬼为"无教",当然能激起同属东亚儒教圈知识人章太炎的共鸣。但无论姊崎以浪漫主义、个人主义姿态崇尚宗教,这背后试图回应明治日本自身问题的历史动力,还是姊崎从价值上等齐各种宗教形式的趋势,又是章太炎不能与之投契的,由此,他通过精选语词、加入中国事例等巧妙的"翻译",赋予了本源于姊崎的文章来自中国的经验及立场。而考虑到姊崎正治作为日本宗教学第一人③以及章太炎于中国近代思想史上的关键位置,两位大师的"过招",使得《原教》(上)(下)的整合更成为近代东亚思想交流的重要案例。

从 1902 年发表于《新民丛报》的《文学说例》、《周末学术馀议》,到《訄书》重订本中包括《原学》、《清儒》、《通谶》、《订文》附《正名杂义》(即《文学说例》的增补文)、《原教》(上)等多篇文章对姊崎正治著作进行翻译援用,

---

① 章太炎:《原教》(上),《訄书》重订本,《章太炎全集》(三),第 284、283 页。
② 章太炎:《原教》(下),《訄书》重订本,《章太炎全集》(三),第 286、287、288 页。
③ 姊崎正治的相关情况、明治思想史的背景,可参姊崎正治著、姊崎正治先生生誕百年記念会編:《わが生涯》;姊崎正治先生生誕百年記念会編:《姊崎正治先生の業績:伝記・姊崎正治》,东京:大空社,1993 年。磯前顺一、深澤英隆編:《近代日本における知識人と宗教:姊崎正治の軌跡》,东京:东京堂出版,2002 年。

章太炎翻译姊崎所涉之广、所论之深,使其成为章氏思想塑型过程中,以明治日本为中介了解西洋近代思想最核心的部分;深入分析以上诸文并体察太炎之革命历程,章氏以部分接受姊崎观念为基础,其自身知、情、意多方面的思想因由、历史渠道及演变轨迹就凸显出来。就此,笔者另有专文详论,此不重复①。

简单地说,一则,太炎通过小学六书的"假借"概念,以此来认知姊崎正治吸纳的叔本华"表象主义"(symbolism)的观念;通过嫁接"假借"与"表象主义"两个概念,他理解了"宗教"的特性。章太炎认为"假借"就是"引申"。"人事之端、心理之微"等大量抽象事物,需要借助表事物本义的符号之引申义进行命名(如本为测度水的形容词"深",被引申来描述人的思想)。这致使作为能指的"言语"与"文学"最终难以与所指之物完全吻合。依此类推,"人间之精神现象、社会现象"都具备能指与所指不能完全吻合的表象主义的特点,或曰"病质"②。宗教以具体的感性经验来表征超验的神性体验,亦是表象主义的体现,罹患具体的感性经验不能追逐到超验之神的"病质"。宗教同文学一样,普遍存在于人类社会生活之中,无论是信人格神的基督教还是其他"祠法鬼神"的信仰,在表象主义的层面上可等而视之。再则,姊崎正治《宗教学概论》极为重视人类"热情憧憬"的理想,认其"动生人最大之欲求","理想虽空,其实力所掀动者,终至实见其事状,而获遂其欲求,如犹太之弥塞亚,毕竟出世"③,这迎合了革命青年章太炎内心涌动的革命欲求,其赞赏宗教之伟力,背后亦蕴涵着晚清革命党人的集体意识与联络会党的现实考量。

从《訄书》初刻本的《榦蛊》,到《訄书》重订本的《原教》(下),文章修改体现了章太炎思想的变迁,即在政治上与保皇的康有为对抗、呼应《订孔》,思想上又与姊崎正治对话、整合《原教》(上)。

---

① 笔者对章太炎与姊崎正治思想关系的研究,受到小林武《章炳麟と姊崎正治——〈訄書〉より〈齊物論釋〉にいたる思想の關係》(《東方學》第107期,东京:东方学会,2004年1月,第90—104页)、《章炳麟と明治思潮:もう一つの近代》(东京:研文出版,2006年)等论著的启发;但无论是文献整理,还是从章太炎主动性地接受明治思潮之角度探究问题,均有别样的开拓。
② 章氏学:《文学说例》,《新民丛报》第5号,1902年4月8日,第76,77页。
③ 章太炎:《通讖》,《訄书》重订本,《章太炎全集》(三),第164—165页。

《原教》（下）呼应《订孔》，抹掉《榦蛊》"孔子"痕迹的证据如下：

① 人死而为枯骼，其血之转邻，或为茅蒐；其炭其盐，或流于卉木；其铁在壮；其肌肉或为虫蛾蜇豸。曰："精气为物。"……曰："游魂为变。"[《原教》（下）]①

笔者按：两个"曰"前均删掉了《榦蛊》"仲尼"二字②。

② 故董无心、王充之于祭宗祢，重之矣；其于上天及神怪祇鬼者，则皆摈之，以为椎愚之言。[《原教》（下）]③

笔者按："故董无心、王充"，《榦蛊》为"孔氏"④。

③ 繇董氏而上，颛顼之圣，绝地天使不通，顾犹立重黎以司神事。大智如周、孔，于巫方相，故未尽去也，时为之也。祝禷不通，讁祷不举，必始于董氏。董氏者，其圣足以榦百王之蛊，于丧躬亡嗣，谓之"不孝之疣"，其表曰绝祀，其中坚曰丧先人之智。于胪大山、祀爰居，谓之"渎乱"，其名曰僭越，其实曰恧愚而蔑。繇董氏之道，行董氏之制，笃于亲者，必无废庙享，无弛祫禘。察于物者，戴天而履地，必无建大圜与群神祇之祭。[《原教》（下）]⑤

笔者按：凡五处"董氏"，《榦蛊》均为"孔氏"；"大智如周、孔"，《榦蛊》为"大智如公旦"；"必无废庙享，无弛祫禘"，《榦蛊》为"必无怠庙享，无废祫禘"；"戴天而履地"，《榦蛊》为"主日而亲地"；《原教》（下）删掉了《榦蛊》篇末一句"凡祭天，皆主日，若虚祭上天，则哲人所诃也"⑥。

在内容几乎原封不动的前提下，《原教》（下）或完全删除《榦蛊》中的"仲尼"，或将"孔氏"全改为"董氏"，彻底擦拭孔子的所有痕迹。其使用的文章修改方法近似于"抠补"或曰"挖补"。古人往往在避忌文字狱时会采用这种修改方式。章太炎这里将"孔氏"全部删改为"董氏"，即董无心。董

---

① 章太炎：《原教》（下），《訄书》重订本，《章太炎全集》（三），第286—287页。
② 章太炎：《榦蛊》，《訄书》初刻本，《章太炎全集》（三），第34页。
③ 章太炎：《原教》（下），《訄书》重订本，《章太炎全集》（三），第288页。
④ 章太炎：《榦蛊》，《訄书》初刻本，《章太炎全集》（三），第35页。
⑤ 章太炎：《原教》（下），《訄书》重订本，《章太炎全集》（三），第288页。
⑥ 章太炎：《榦蛊》，《訄书》初刻本，《章太炎全集》（三），第35页。

无心的著作《董子》早就亡佚不可见,他的名字、事迹也仅于《汉书·艺文志》及《论衡》中有寥寥数语。太炎挖掉孔子之名而代以董无心,当然不是为了避祸,而是为了"订孔"。选择董无心,原因也很简单,他是"儒家",与"墨子之徒缠子,相见论道"①,非难墨家的右鬼神之说。这非常类似章太炎在《儒术真论》里选择《墨子》中非议墨学的公孟子成为"真儒术"的代言人,既是早期儒家,又不右鬼神,这两个条件就足以使史籍中的小人物"雀屏中选",担当在《訄书》初刻本中原由孔子肩负的"其圣足以斡百王之蛊"的历史伟业。

《订孔》一篇为了"订康",太炎有意扭曲或夸大远藤隆吉、白河次郎等日本学者对孔子的评价②。他论定就政治而言,孔子乃"支那之祸本",孔子以"合意干系为名,以权力干系为实"、令儒术"为奸雄利器";就道术而言,孔子"闻望过情",诸子皆知"六艺"、却"不降志于删定",使孔子独享修订之功;就儒家内部而言,"孟、荀道术皆踊绝孔氏",只是"才美弗能与等比"、"无鲁相之政"、"三千之化",才令孔子独享高名。在全面否定孔子的同时,太炎指出,孔子值得尊重的地方在于他是"辅以丘明而次《春秋》"的"古良史",不过这个功绩,汉代的刘歆足以和他抗衡比肩。③《原教》(下)为了配合《订孔》,完全消磨孔子痕迹自在情理之中。但比较两文,却发现太炎思想中那些由于"意气之争"而发表的过激言论与其真心的信仰之间的冲突和矛盾。

《斡蛊》中太炎视孔子为里程碑式的人物。在他之前的儒家圣人尽管已经在尽力扫除巫魅、塑造理性的精神,然而受时代限制,仍旧以鬼神信仰作为人间治理之术,"大智如公旦,于巫方相,故未尽去也";孔子则超越以往的圣人、主张坚决扫清一切的鬼神妄信。如此的孔子,不失为《订孔》所塑造的、无征不信的"古良史"。《原教》(下)却称"大智如周、孔,于巫方相,故未

---

① 关于董无心的记载:《汉书·艺文志》列《董子》于儒家,称"《董子》一篇,名无心,难墨子"([汉]班固:《汉书》,北京:中华书局,1962年,第1726页);王充《论衡·福虚》:"儒家之徒董无心,墨子之徒缠子,相见讲道。缠子称墨家右鬼神,董无心难之。"([汉]王充:《论衡校释》,北京:中华书局,1990年,第268—269页)
② 详细分析,参见王汎森:《章太炎的思想(一八六八—一九一九)及其对儒学传统的冲击》,台北:时报文化出版事业有限公司,1985年,第177—183页。
③ 章太炎:《订孔》,《訄书》重订本,第134—135页。

尽去也,时为之也。祝䄙不通,禜祷不举,必始于董氏"。他将儒教历史上驱逐蒙昧的关键人物下延至董无心,而把孔子上推和周公旦并列,认为他们虽有大智慧,却依然未尽去"巫方相"。从太炎的角度,如此固然贬低了孔子,打击了康有为;然而,从对孔子认知的角度,太炎未尝不是接受了由康有为今文经学"改造"及重新阐述的所谓"巫师"①的孔子形象。一则接受康有为对孔子"宗教家"形象的塑造,如《原教》(下);一则坚持自己对孔子"古良史"形象的打造,如《订孔》。左支右绌,敲打对手的同时又受制于对手,太炎营造的孔子形象即便在同一本书中都难免不现出破绽。

如果说,太炎描述孔子的形象前后跳跃,颇有戏剧性,那么,如《原教》(下)对儒教正信的判断则显得波澜不惊,不管代表正信的人物姓"孔",还是姓"董",都不影响信仰的实质。

《原教》(下)延续《榦蛊》,均将"察于物"、"笃于亲"作为支撑儒教的真理及伦理认知的基础,认为儒教的正确祭祀应当是"祭宗祢,重之矣;其于上天及神怪祇鬼者,则皆摈之以为椎愚之言"。略微有别的是,就"察于物"来说,《榦蛊》篇尚有"凡祭天,皆主日,若虚祭上天,则哲人所诃也"一语,并不否认祭祀上天,但却希望人们明白祭祀上天是为了感恩太阳对人类生命繁衍的作用,《原教》(下)删去此句,只说"必无建大圜与群神祇之祭",言外之意,祭祀上天无论"虚"、"实",均在摒弃之列。决绝否定祭祀上天,分外看重"祖祢之享尝",无疑是扩大基督教和儒教在祭祀问题上的分歧,特别彰显儒教文明自身的独特价值。这与太炎《忧教》篇的思路一致,因为担忧基督教以"吾有仲尼之遗计籍"②,通过教义上通过接近儒教而最终征服中国,所以主张根本否认两者信仰形式上任何的相似性。这也意味着他愈加增大与信仰"祭天"的康有为之思想距离。

关于儒教的祖先崇拜问题,章太炎从《榦蛊》到《原教》(下)都极力澄清人死后并无灵魂,如谓祭祀的馨香之气"足以感魂魄,诬矣";"荐祭之设"乃是出于丧亲之人"死而不忍致死之"的感情。至于祭祀后,志念中出现先人

---

① 章太炎《学隐》中分析清代经今文学的脉络,称"延及康有为,以孔子为巫师",《检论》,《章太炎全集》(三),第481页。
② 章太炎:《忧教》,《訄书》初刻本,《章太炎全集》(三),第93页。

的形象,则是人主观的精神现象,与魂魄之到来无涉,太炎引郑玄《礼记·大学》之注称,"故曰知于善深,则来善物;知于恶深,则来恶物";"物不必来,而吾形备之,谓之致知以格物"①。结合《原教》(上)对姊崎正治《宗教概念的说明契机》的创造性翻译,事实上,章太炎于儒教本身的宗教性特征亦有更深刻的体认。《原教》(上)曰:

> 因于专己黜人,二矣。宣教师者,皆以造物为人格之神,以是表旗,故凡信䍐物䍐法者,必排摈以为无教,虽祖祢崇拜,犹黜之。诸言日本无教者,语嚣庶不胜条,何者?彼以崇祀人鬼、信诸仪式为最贱,其摈之也则宜。……要之,惑于祕怪神力,与信䍐法有效,虽群予之为宗教,犹将夺而废之。守其一师,形谍成光。猗欤那欤! 拉备科为渠帅,而是为其钲铎鼓角也。②

"故凡信䍐物䍐法者,必排摈以为无教",姊崎正治原文是"故に、咒物咒法の信仰は、單に迷信を貶し去り"③。太炎将"迷信"译为"无教",一词之差,深究起来却并不简单。

姊崎原文批评基督教的传教士将䍐物䍐法的信仰和仪式贬斥为"迷信"。在姊崎看来,一切"䍐法鬼神之容式,芴漠不思之观念"都体现着宗教表象主义的本质,"迷信"这个表示"异端"的词语,不过是自以为"正信"的基督教强加给其他诸种文化的话语,根本不能成立,信仰上无所谓正与邪。而太炎则是抨击传教士将信仰䍐物䍐法的文化贬斥为"无教",他并没有否定教化上有高下之分。太炎对"迷信"仍旧保留着儒家士大夫精英的价值判断。全文其他地方姊崎描述"迷信",太炎皆翻译为"荧惑",这处涉及评价问题,改动为"无教"。对太炎来说,承认民间其他信仰形式存在的合理性,并非意味着认同此类信仰价值上的合理性。

而联系后一句"虽祖祢崇拜,犹黜之"可知,祖祢崇拜在同属东亚儒教圈的姊崎和太炎心中,皆具有不可动摇的地位,所以他们都愤慨宣教士甚至将

---

① 章太炎:《榦蛊》,《訄书》初刻本,《章太炎全集》(三),第34—35页。
② 章太炎:《原教》(上),《訄书》重订本,《章太炎全集》(三),第284页。
③ 〔日〕姊崎正治:《宗教学概论》,《姊崎正治著作集》第6卷,东京:国书刊行会,1982年(该书原版复刻自1900年东京专门学校出版部发行的《宗教学概论》),第560页。

祖祢崇拜者视为无教。

然而,章太炎批评传教士"彼以崇祀人鬼、信诸仪式为最贱,其摈之也则宜";姊崎原文为"されば彼等が無宗教なりといへる人民が、諸の儀禮迷信を有し、或は幽鬼の信仰ある事は、多く其報告に存せり"①,并未出现"人鬼"一词。

太炎修改"幽鬼"为"人鬼"同样包含对中华文明习惯的尊重。韩愈《原道》曰,"郊焉而天神假,庙焉而人鬼飨"②;"人鬼"与祖祢及人物祭祀相关,而"幽鬼"似乎承认体外别有灵魂,深为太炎所不喜。以"人鬼"替"幽鬼",亦是捍卫自己心目中合宜的信仰方式,抨击传教士"专己黜人",太炎意犹未尽,欣欣然加入姊崎原文中没有的评论,"守其一师,形谍成光。猗欤那欤!拉备科为渠帅,而是为其钲铎鼓角也"③。基督教的传教士固守自己的师法和成见,"内诚不解",内心没有对宗教本质的真切体会,反而将基督教信仰的外形宣泄于外,赋予其无上的光环,以其作为唯一的标尺"外镇人心",来衡量其他一切信仰的有无与是非。这是"拉备科为渠帅",将预备队视为主帅,并且以军乐为之壮行而已。

值得注意的是,章太炎在跟随姊崎格外痛快地责备宣教士之余,实际上亦暗中认可了儒教的祖祢崇拜、祭祀具有与其他弥法鬼神或崇尚人格神的"教"同样的宗教性特征。即从表象主义角度讲,都是以有限追求无限,以感性现象来理解超验的神的存在,亦都患有表象主义"能诠"与"所诠"间不能完全贴合的病症④。章太炎能将《斡蛊》爽快地改名为《原教》(下),附属在《原教》(上)之后,主要原因就是他承认了儒教属于姊崎所定义的宗教。

前文谈到,章太炎是从语言文学"假借"的普遍性出发,领悟到表象主义对于宗教的意义,从而体认宗教的价值。太炎坦承"言语不能无病",人们只要用作为符号的"文"(能诠)去指代"质"(所诠),"文"与"质"就不可能完

---

① 〔日〕姊崎正治:《宗教学概论》,第560页。
② 韩愈:《原道》,《韩昌黎文集校注》,上海:上海古籍出版社,1986年,第18页。
③ 此典出自《庄子·列御寇》曰:"夫内诚不解,形谍成光,以外镇人心。""形谍"可释为"宣渫","谍"通"渫","渫"为"发散"之意,章太炎《庄子解故》引孙诒让云:"谍借为渫,谓形宣渫于外,有光仪也。""渠帅"则是"首领"的意思。徐复:《訄书详注》,上海:上海古籍出版社,2000年,第672页。
④ 《齐物论释》中章太炎颇欣赏佛经《摄大乘论》以"能诠"与"所诠"两个理论来表述"言与义不相类"的特点。见《章太炎全集》(六),第25—27页。

全贴合。文之"病"亦好像人之"病"一样不能消灭,只是期望它减少而已。太炎以为,文学上减轻表象主义疾病的方法是"斲雕为朴","尚故训求是之文"①,寻求"文"与"质"间最大的贴合性,所以他的文学标准是"修辞立其诚"、"立诚存情"②、"辨名实,知情伪"③。

回到宗教层面,既然所有的信仰形式都具有表象主义之病质,那么什么样的信仰是在理性的思想、恰当的情感与适宜的表达之间探寻到了减少"病质"的最大可能性呢?相较而言,太炎依旧认为儒教"笃于亲"的"祖祢之享尝"是"立诚存情"、积极合理的信仰。正因为以自身的知识消化了姊崎的思想,译写《原教》了(上),所以不同于《榦蛊》,《原教》(下)在用郑玄注解的"致知以格物"解释祭祀祖先时生人之志念为何会出现先人形象之后,增加了如下一段文字:

> 必若责以祖祢之享尝,商旅之寿其君者,张权火于万里之外,缀而成文字,旌旐狄风,鸣鐺吹角,便旋百卉,规之以为容阅,此皆去王庭远矣,其君宁能视听之哉!于彼不责,于此则责之,亦见其颇也。颇与滥者,君子皆不为也。④

太炎暗指四时祭祀亦含有宗教表象主义的病质,但认为这并不应该被责备。因为相对于商旅在万里之外为了谄媚君主而高举燎火、飘舞旌旗、鸣鐺吹角为之祝寿等更加偏颇与过度的表象主义病症,"祖祢之享尝"符合"立诚存情"的宗旨,其表达方式既不"偏",也不"滥",已经是尽可能少的表象主义病态了,在君子可以作为的范围之内。"故董无心、王充之于祭宗祢,重之矣;其于上天及神怪祇鬼者,则皆摈之以为椎愚之言",儒教将祭宗祢视为重要而正当的祭祀。

此时再回过头来理解本文开篇所言的,"儒教"视角适宜于研讨章太炎之思想,就更加明晰了。"儒教"之"教"在革命时期章太炎的观念中层次非常丰富。一是传统上即具备的"教化"意味,是在国家治理层面与"立法以齐

---

① 章氏学:《文学说例》,《新民丛报》第5号,1902年4月8日,第78页。
② 章太炎:《与人论文书》,《章太炎全集》(四),上海人民出版社,1985年,第167页。
③ 章太炎:《与王鹤鸣书》,《章太炎全集》(四),第151页。
④ 章太炎:《原教》(下),《訄书》重订本,《章太炎全集》(三),第287—288页。

物"之"政"相对应的"训诱以感心"①之"教化"。如《原教》（上）开篇称"一方部成而有政教"，《争教》曰"王者致教而宪政，政不乂则教尊"②。一是礼俗层面的"风教"意味，如《订礼俗》谓"十祀不同风，百里异教"③。除此以外，革命时期章太炎"儒教"的"教"还明确包含着从西方传入、经日本转译、表象主义意义上的"宗教"意味。"儒教"之"教"在各种层面均可与基督教形成实质性的对话。

尽管章太炎不能认同康有为的孔教观④，即以孔子为"四通六辟，无所不在"、不能以"哲学家、政治家、教育家"之专名称之的"中国之大教主"。但是，参照康有为戊戌政变后流亡海外时期的思想，他对"儒教"的理解与章太炎的认知十分相似，体现了晚清儒教知识界面对基督教传播压力下共同的问题意识。康有为同样震怒于西人以为中国"无教"；怒斥，"岂有数千年文明之中国而可无教？又可无主持教化之人乎"？并批评"日人以神道为宗教，乃日人之妄定名词耳；因是之故，佛、耶、回之言神道者，则以为教；儒不如佛、耶、回之专言神道，则以为非教"。康氏认为儒教"早扫神权"，儒教之"教"含义十分丰富，它包括但绝不限于日人所翻译的、表示神道之"宗教"面相。

这里，再返归章太炎整合《原教》（上）（下）与东亚思想交流的问题。章太炎通过翻译姊崎正治，明确了儒教表象主义意义上的"宗教"特征，此为《原教》（上）对《原教》（下）的渗透；而他在《原教》（上）的翻译文本中，又特为灌注儒教"祭宗祢"为正祀的思想，此为《原教》（下）对《原教》（上）的影响。

相对来说，随着对宗教普遍性价值的确认，章太炎复活了中国自身多元的民间宗教习俗记忆，同时调整自己作为儒教精英知识人的胸怀，既承认姊崎"齐物论、泯贵贱"的思想，又将文野异尚的"不齐之齐"视作真正的齐物

---

① 黎翔凤撰，梁运华整理：《管子校注》，北京：中华书局，2004年，第636页。太炎于《原教》（上）中接受了《管子·侈靡》对"教"的理解，所谓"教者，摽然若秋云之远，动人心之悲，蔼然若夏之静云，乃及人之体"，"荡荡若流水，使人思之"。
② 章太炎：《争教》，《訄书》重订本，《章太炎全集》（三），第289页。
③ 章太炎：《订礼俗》，《訄书》重订本，《章太炎全集》（三），第293页。
④ 比如章氏早年极度反感"康党诸大贤"，"以长素为教皇，又目为南海圣人，谓不及十年，当有符命"的态度（章太炎：《与谭献》[1897年4月20日]，《章太炎书信集》，第3页）。

与平等。

《原教》(上)批评传教士的粗暴,"大氏欲谍知宗教者,宜入其乡井,睹其翁姬,则浸知其神圣,所以謹儳。夫宣教师则不然,涂见负贩,而遽问以信造物之有工宰不?"①姉崎正治原文汉字为"地方农民"、"未开无教育的人民"②。章太炎将这一描述予以在地形象化的具象描摹,"乡井"、"负贩"、"翁姬",笔锋触处,尽是中国乡土社会的人物与风情。

姉崎正治说"宗教者,人类特性之一端也",并引用众多人类学家的研究证明这一判断。太炎译为"然则虽在犷顽至愚之伦,而其征伈于神也,如璋圭壎篪取携矣"③;"如璋圭壎篪取携"语出《诗经·大雅·板》"天之牖民,如壎如篪,如璋如圭,如取如携",意识是上天导育百姓,如同乐器中的壎篪,玉石中的璋圭般相合无间。用《诗经》的典故形容人世间无论智愚,普遍拥有惊悚于神的体验。这些加入自我主观意志的翻译说明,在基督教传入的大背景中,广大乡土中国子民的精神生活,都在章太炎关怀的范围之内。

《原教》(上)篇特为根据中国民间存在的多神信仰,来描摹民族文化中那些"鬼神"的经验,如:

① 天下凡从生而不毛者,其所趋向无问为贞信荧惑,其事无问为殃法鬼神不也。人心不能无嗜欲祈冀,思之至于热中,饮冰不寒,頯然征伈,若有物焉,……凡有血气心知者,孰不具斯机能矣!人乍遇者谓之邐,鬼髟被发乍遇者谓之豔,诶诒而始,倪视而中,感接而终,客之有无情伪亡足论,而主必受其满触也。

② 幽灵之崇拜,与一神之崇拜,则不可辨章已。况其内容与民间宗教附丽者,往往而有。若景教以使徒为守护神,或为驱除疠疫者,中夏之所谓禓也。④

上引两句加横线部分均为姉崎《宗教概念的说明契机》原文本无,太炎翻译中所添加者。第①条"人乍遇者谓之邐,鬼髟被发乍遇者谓之豔,诶诒

---

① 章太炎:《原教》(上),《訄书》重订本,《章太炎全集》(三),第283页。
② 姉崎正治:《宗教学概论》,第559页。
③ 章太炎:《原教》(上),《訄书》重订本,《章太炎全集》(三),第283页。
④ 同上书,第284、285页。

而始,倪视而中,感接而终,客之有无情伪亡足论,而主必受其湍触也"。章太炎比较"遻"、"覒"两字意义的差异,人与人之间乍逢而两相惊愕称作"遻"("遻"《说文》作"遻",云"相遇惊也"),人与披散着头发的鬼怪乍遇则称作"覒"("覒",《说文》训为"忽见"),遇见鬼神人最初的表现往往是"诶诒而始"("诶诒"典出《庄子·达生》"诶诒为病,数日不出",据陆德明《释文》"诶诒,失魂魄也"),神魂不宁、失魂落魄、口出呓语;既而"倪视而中"("倪视"或典出《庄子·天运》"夫白鶂相视,眸子不运而风化"①),出现目有斜视或眸子不动等神态,最终则有与鬼神真实接触之感。

作为感受客体的"鬼神"之有无、真伪暂且不论,这种如湍急的水流所带来的触动,对于感受的主体来说,是真切的。也许是虚拟、臆构的客体,真实冲击人的心灵,变成一种心理的现实。这就是"凡有血气心知者,孰不具斯机能"的宗教经验。

章太炎发挥看家工夫,从《说文解字》开始爬梳汉字背后中国人丰富的鬼神经验,略显艰涩古奥。但那位因遭遇鬼怪,而失魂落魄、眼眸不动的人,在现代文学上其实能找到十分真切的对应,这就是鲁迅《祝福》中的祥林嫂。"五年前的花白的头发,即今已经全白,全不像四十上下的人;脸上瘦削不堪,黄中带黑,而且消尽了先前悲哀的神色,仿佛是木刻似的;只有那眼珠间或一轮,还可以表示她是一个活物。"②当祥林嫂一直处于鬼神经验中,既渴望与逝去的孩子阿毛见面,又害怕被阎罗大王锯开分给两任丈夫,沉浸在对地狱的想象时,眼珠是迟滞不动的,"间或一轮"才表明她的心智转换到现实世界。

第②条"若景教以使徒为守护神,或为驱除疠疫者,中夏之所谓禓也"。章太炎以中夏文明中"禓"的经验来类比基督教"以使徒为守护神"、"或为驱除疠疫"的驱厉鬼(exorcise)仪式。禓,古指强死鬼。亦指驱逐强死鬼之祭。《礼记·郊特牲》曰,"乡人禓",郑玄注:"禓,强鬼也。谓时傩,索室驱疫,逐强鬼也。禓或为献,或为傩。"③"禓"属古字,现代人更为熟悉的是与

---

① 徐复:《訄书详注》,第 673—674 页。
② 鲁迅:《祝福》(1924 年),《鲁迅全集》二,第 6 页。
③ 《礼记正义》,北京:北京大学出版社,1999 年,第 786 页。

"禓"相似的"傩"。傩,袭自古代迎神以驱逐疫鬼的风俗,广泛流行于我国西南地区。如现代作家沈从文在他的代表作《边城》中为男主人公取名为"傩送"。而其小说《凤子》曾描述位于黔北、川东、湘西极偏僻角隅上的小城"镇筸""傩"的风俗:"年末则居民装饰红衣傩神于家中正屋,捶大鼓如雷鸣,巫者穿鲜红如血衣服,吹镂银牛角,拿铜刀,踊跃歌舞娱神。"①太炎在中国民间传统的禓与傩中,找到与"景教"守护神驱厉鬼仪式相似的因素。基督教那样有组织的宗教与禓、傩等中国民间的宗教"观其气类濡染,亦可见其相因互通也";基督教面对中国民间宗教,并无骄傲的资本。太炎对鬼神经验及民间宗教的描述,与鲁迅、沈从文两位现代乡土文学大家作品的契合,更证明《原教》的理论并不"灰色",而实在根植于全球化背景下乡土中国自身的现代性问题。

现代中国的语言及语言背后的"物之序",从概念范畴到价值秩序,相当部分经日文转译。直接使用日文翻译西文所使用的汉字,对现代中国的认知和思想产生深远影响,这已是周知的事实。清末的翻译大家中,梁启超为此类直接运用日文汉字的代表。有意思的是,章太炎似乎和梁氏走着悖反的道路。他既主观上质疑"若梁启超辈"的新文体,"有一字入史耶"②,客观上又以不采日文汉字,而加入自身文化经验的翻译,诠释着翻译者以文化的主动性来接受及转化新思想、新观念的过程。就《原教》(上)(下)整合的效果来看,尽管太炎相对理解如鲁镇祥林嫂般的生活、如镇筸的傩神傩戏等民间宗教存在的意义,认为"社会相处之间,稍有信仰,犹愈于无执持","或不必"对愚民妇子"崇拜鬼神,或多妖妄"的习俗"有所更张"③。但是,他从来没有将愚夫愚妇的鬼神信仰和儒教建立在察于物、笃于亲基础上的正信、正祀,等齐在同一层面。如此的认知,辅助他升华出《齐物论释》中的理论概括。

---

① 沈从文:《凤子》(1932年),《沈从文全集》七,太原:北岳文艺出版社,2002年,第107页。
② 孙至诚:《谒余杭章先生纪语》,陈平原、杜玲玲编:《追忆章太炎》,北京:三联书店,2009年,第331页。
③ 太炎:《答铁铮》,《民报》第14号,1907年6月8日,第122页。

三 齐物理论与革命构想

《原教》(上)(下)内容的整合,必然产生章太炎如下的"齐物"理论,即"非独等视有情,无所优劣"①,并非完全等齐所有信仰的价值,亦并非否认各种信仰所属知识结构、所隶人群、趣味的差异性,乃至在价值上的分歧;而是强调儒教文明内部本身就"敷教在宽",已经具备都野分途,雅俗各安其趣的多元信仰状态,士人精英宣扬"正信"导引社会思潮理所当然,妇孺庶民偶有尊奉"淫祀"亦无伤大雅;尊重"世法差违"、"两不相伤"才是中华文明的特质。《孟子·滕文公上》曰"物之不齐,物之情也",章太炎亦并非不知"不齐而和"始终是儒家的理想境界,而他革命时期却宁愿选择道家"辅万物之自然,成天下之亹亹"②来阐述此一思想。基督教传入背后复杂的帝国主义政治,及其企图以彼之"一元"取代我以儒为雅为正之多元,这是太炎不能接受的,也是他着力要破除的"文野之见"。

《齐物论释》虽不局限于宗教与信仰问题,但其以"不齐而齐"破"文野之见",却尤其适合解释章太炎处理"儒教"与"淫祀","正信"与"异端"关系的见解。

庄子《齐物论》"尧伐三子"的寓言太炎最有心得,称其"精入单微,还以致用,大人利见之致"③,"庄子只一篇话,眼光注射,直看见万世的人情。大抵善恶是非的见,还容易消去,文明野蛮的见,最不容易消去"④。尧欲讨伐"存乎蓬艾之间"的三个简陋小国宗、脍、胥敖,内心却"若不释然",隐隐不安。太炎由此得出庄生之旨:

> 原夫《齐物》之用,将以内存寂照,外利有情,世情不齐,文野异尚,亦各安其贯利,无所慕往,飨海鸟以大牢,乐斥鴳以钟鼓,适令颠连取毙,斯亦众情之所恒知。然志存兼并者,外辞蚕食之名,而方寄言高义,

---

① 章太炎:《齐物论释》,《章太炎全集》(六),第4页。
② 章太炎:《对二宋》,《检论》,《章太炎全集》(三),第601页。
③ 章太炎《〈齐物论释〉序言》,《章太炎全集》(六),第7页。
④ 章炳麟:《论佛法与宗教、哲学以及现实之关系》(1911年10月),《中国哲学》第6辑,北京:三联书店,1981年,第309页。

若云使彼野人，获与文化，斯则文野不齐之见，为桀跖之嚆矢明矣。①

在 20 世纪初帝国主义争霸的世界格局中，"言文明者，非以道义为准，而以虚荣为准"②，世界许多野心家，"不论东洋西洋"，不管是西洋的基督教世界，还是包装忠孝等儒教伦理、宣传"王道"的东洋日本，"没有一个不把文明野蛮的见横在心里"，"有意要并吞弱国，不说贪他的土地，利他的物产，反说那国本来野蛮，我今灭了那国，正是使那国的人民获享文明幸福，这正是尧伐三子的口柄"③。太炎指出，"世情不齐，文野异尚"才是天地间万物的真实存在状况。也就是说，祥林嫂、鲁四老爷、鲁迅、湘西小镇镇篁的乡下人与上海都市的读书人，知识结构、风俗习惯、内心欲求本有差别，他们获得心灵慰藉的方式也自不同。个体之间将"我"认为合适的观念强加给他人，于解决他人的心理困境并无助益。所以，章氏弟子鲁迅写到，当祥林嫂询问《祝福》的叙事者"我"有无魂灵的问题时，这位明显相当理性的读书人吞吞吐吐的回答是"也许有罢，——我想"④。而在帝国主义瓜分世界的背景下，谈文明对野蛮的征服，不过是存兼并之心、欲蚕食他人的野心家的借口而已。

太炎主张"诚欲辩别是非者，当取文明野蛮之名词而废绝之"⑤；"第一要造成舆论，打破文明野蛮的见，使那些怀挟兽心的人，不能借口"⑥。事实上，"文"与"野"两个字何错之有？太炎打破文野之见，并非要消除文、野两个字乃至它们分别指涉的生活地域、礼俗仪式、文化习惯等各方面的差异，太炎自己也常使用"文野异尚"等说法。太炎真正要打破的，是附着在这些名号背后的人们各种主观的"有情想"，《人无我论》曰：

> 方见五事，不应遽起五有我想。一，见形色已，惟应起形色想，不应起有情想；二，见领纳苦乐诸心行已，惟应起领受想，不应起胜者、劣者、

---

① 章太炎：《齐物论释》，《章太炎全集》（六），第 39 页。
② 太炎：《定复仇之是非》，《民报》第 16 号，1907 年 9 月 25 日，第 29 页。
③ 章炳麟：《论佛法与宗教、哲学以及现实之关系》（1911 年 10 月），《中国哲学》第 6 辑，第 309 页。章太炎对明治日本包装儒学忠、孝伦理之国体论的反思，构成其早期批儒的部分背景。可参拙文：《思想史视野中的章太炎与台湾》，《台湾研究新视界：青年学者观点》，台北：麦田出版社，2012 年。
④ 鲁迅：《祝福》（1924 年），《鲁迅全集》二，第 7 页。
⑤ 太炎：《定复仇之是非》，《民报》第 16 号，1907 年 9 月 25 日，第 29 页。
⑥ 章炳麟：《论佛法与宗教、哲学以及现实之关系》（1911 年 10 月），《中国哲学》第 6 辑，第 310 页。

各种有情之想;三,见言说名号已,惟应起言说名号想,不应起支那人、日本人、印度人等想;四,见造作染净诸业已,惟应起造作事业想,不应起愚者、智者、善人、恶人等想;五,见转识随境变迁已,惟应起心识想,不应起有我能见、有我能取等想。如上五事,皆由先不思觉,以瞬息间而起五种有情之想。①

现代所谓文明社会不能从"现量",即事物本身呈现出的形状之差异来理解"形色、领受、名号、作业、心识",而偏执地以为"形色、领受、名号、作业、心识"背后蕴涵着人与人之间胜败、优劣、民族国家、愚智、善恶、文明野蛮的本质区别。这其实是基于遍计所执性的"有情想"。在各种"有情想"中,"文野之见,尤不易除,夫灭国者,假是为名,此是梼杌、穷奇之志尔","故应务之论,以齐文野为究极"。章太炎一定要打破的文野之见,正是"人我"与"法我"两种"我执"观念主导下野心家们的文野之见。

《齐物论释》以"尧伐三子"的故事破文野之见,阐发王弼的《易》说,再次回应《原教》(上)姊崎正治"齐物论、泯贵贱"的宗教观念:

> 王辅嗣《易》说曰:"以文明之极,而观至秽之物,睽之甚也。豕而负涂,秽莫过焉。至睽将合,至殊将通,恢恑憰怪,道将为一,未至于治[治]②,先见殊怪,故见豕负涂,甚可秽也,见鬼盈车,吁可怪也。先张之弧,将攻害也,后说之弧,睽怪通也。"辅嗣斯义,岂所谓庄生之素臣邪!③

《易·睽》上九之爻辞曰:"睽孤。见豕负涂,载鬼一车;先张之弧,后说之弧。匪寇婚媾,往,遇雨则吉。"意思是说,"睽违之极,孤独狐疑,恍如看见丑猪背负污泥,又见一辆大车满载鬼怪在奔驰,先是张弓欲射,后又放下弓矢。原来并非强寇,而是与己婚配的佳丽。此时前往,遇到阴阳和合的甘雨就能获得吉祥。"④章太炎认为王弼的分析捕捉到了庄子不齐而齐的意境,可谓"庄生之素臣"。从文明的眼光看那些极端污秽之物,颇为乖离狐疑,比如

---

① 太炎:《人无我论》,《民报》11 号,1907 年 1 月 25 日,第 2 页。
② 太炎《齐物论释》与《齐物论释定本》的原文"未至于治",似乎有笔误,应是"未至于治"(《周易正义》,北京大学出版社,1999 年,第 164 页)。
③ 章太炎:《齐物论释》,《章太炎全集》(六),第 40 页。
④ 黄寿祺、张善文:《周易译注》,上海:上海古籍出版社,2004 年,第 294 页。

丑猪背负污泥,一辆大车满载鬼怪奔驰等等,但是最乖离歧义的事物与最文明的事物,在差别迥殊,"恢恑憰怪"的背后,"至睽将合,至殊将通","道将为一",共有相似的部分。此处亦可谓从理论上总结了《原教》(上)对各宗教相通性的分析,"夫组织宗教与民间宗教,非宣教师所谓贞信荧惑者邪? 观其气类濡染,亦可见其相因互通也"①。

在"尧问"章之后,《齐物论》进入"啮缺问乎王倪"讨论"至人"之道的部分。只有将章太炎分析"尧伐三子"一节与他对"至人"的阐述结合起来,才能理解《齐物论释》如何体现《原教》(下)对"察于物"、"笃于亲"的儒教(无论代表人物是"孔子"还是"董无心"为之代表)的"道"与"制"的坚持。太炎曰:

> 能觉者既殊,则所觉者非定,此亦所以破法执也。……不应说彼是野人,我有文化,以本无文野故。转复验之同时同地者,口之所适,则酸腐皆甘旨也,爱之所结,虽嫫母亦清扬也,此皆稠处恒人,所执两异,岂况仁义之端,是非之途,而能有定齐哉。但当其所宜,则知避就取舍而已。必谓尘性自然,物感同尔,则为一觊之论,非复《齐物》之谈。若转以彼之所感,而责我之亦然,此亦曲士之见。是故高言平等,还顺俗情,所以异乎反人为实,胜人为名者也。若夫至人者,亲证一如,即无歧相,现觉无有风雷,寒热尚何侵害之有。《大毗婆沙论》三十一云:"倾动大捨,故名大悲。若佛安住大捨法时,假使十方诸有情类,一时吹击大角大鼓,或见雷霆电辟历,诸山大地倾覆动摇,不能令佛举心视听。"此乃所谓至人。郭云:"夫神全形具而体与物冥者,虽涉至变,而未始非我,故荡然无蘁介于胸中也。"②

所谓"至人",不要求对方屈从于自己的我见,但并不等于我来顺从他者的观念。一个完备的自我认知,"神全形具而体与物冥者",一方面尊重万物本身的差别性,"荡然无蘁芥",胸中没有芥蒂,"不应说彼是野人,我有文化,以本无文野故";另一方面又不会为外界的冲击随俗转移,即使"一时吹击大

---

① 章太炎:《原教》(上),《訄书》重订本,《章太炎全集》(三),第285页。
② 章太炎:《齐物论释》,《章太炎全集》(六),第43—44页。

角大鼓,或见雷霆电辟历,诸山大地倾覆动摇",也"不能令佛举心视听"。尤其在面临新的人所同然之"众同分"之时还能坚持自己,所谓"或云众所共见为真,己所别见为妄,然则漂播南州,乃至冰海,倏见异兽,而他人不窥者众矣,何见彼之必真,此之必妄"①。不以众口之言改易自身,是太炎特别强调的。基督教文明与东方的儒教、佛教文明在近代的激烈碰撞。太炎并不否认基督教"西人用了原是有益"②。但中国本就是政治学术灿烂之文明国;作为国粹的承担者,章太炎认为自己也是"不齐"万物中的一端,身为儒教的精英知识人,必须要为"自国自心"③的文明说话、发声④,惟此方能保持文明间"不齐"的状态,"离绝相见对待之境,乃是真自证尔"⑤,亦才是真正的"齐物"。

揆诸传统中国,儒教追求"察于物"的理性、"笃于亲"的情感来规范社会的正信。儒教与释道及诸民间宗教大部分时间和平相处,士人精英与乡野村民,雅俗各安其趣。这正是戊戌时期包括康有为、章太炎在内的儒教知识界曾"深恶痛绝"的"敷教在宽"之特点。从《訄书》重订本到《齐物论释》,革命时期的章太炎借助新的理论语言及方式,重新阐发这一传统的光彩。太炎《释戴》篇一再强调"行己"与"长民"的区别,"行己"、对待自己的立身之术,不妨用"洛、闽诸儒"之言严格要求;"长民",管理百姓则宜选用道家"辅万物之自然,而不敢为"的方式⑥。评价是非时应坚持"存乎己者"、"系乎他者"两种不同的标准。追求"真谛"或是解决"俗谛",不同目的的知识、学术都有合理性。"齐物之至,本自无齐"⑦。《原教》篇必须分为"行己"——代表士人精英坚守理性文化的(下)篇,与"长民"——阐述民间淫祀存在理由的(上)篇之道理,也正在于此。

---

① 章太炎:《齐物论释》,《章太炎全集》(六),第 54 页。
② 太炎:《演说录》,《民报》第 6 号,1906 年 7 月 25 日,第 5 页。
③ 章太炎:《教育的根本要从自国自心发出来》,陈平原选编:《章太炎的白话文》,贵阳:贵州教育出版社,2001 年,第 88 页。
④ 如太炎在《演说录》中称"究竟甚么国土的人必看甚么国土的文,方觉有趣。像他们希腊黎俱的诗,不知较我家的屈原、杜工部优劣如何。但由我们看去,自然本种的文辞方为优美。"(《民报》第 6 号,1906 年 7 月 25 日,第 11 页)这恐怕并非基于文化的傲慢感,而恰恰是拯危继绝的使命感。
⑤ 章太炎:《齐物论释定本》,《章太炎全集》(六),第 107 页。
⑥ 章太炎:《释戴》,《章太炎全集》(四),第 122—124 页。
⑦ 章太炎:《齐物论释》,《章太炎全集》(六),第 36 页。

行文至此，须得澄清一个疑惑，即革命时期章太炎"齐物"的理论话语主要取自道、佛两家，与传统的儒学语言似无甚关涉。此类观察，实皆目以皮相。

儒家本就强调及尊重万物之不齐、世法之差违。《孟子·滕文公上》曰，"物之不齐，物之情也；或相倍蓰，或相什百，或相千万，子比而同之，是乱天下也"。戊戌时期的章太炎崇儒辟佛道，称"佛必以空华相喻，庄子间以死沌为词，斯其实之不如儒者"①，更视荀卿为"仲尼而后"②之圣，推崇荀子合群明分的学说。章太炎根据儒家"夫父子夫妇之间，不可引绳而整齐之"的分析，得出"平等难"的结论，称"以不平平，其平也不平"，"平等之说，非拨乱之要"③。"不齐而齐"的齐物观念早就沉淀于"尊荀"的太炎胸中。革命时期他以庄子《齐物论》阐述该思想，更多是在现实政治的考量下，于拥有相似理论的儒道两家中选择一家予以发挥的问题，并非意味着其思想根源就在道家。

太炎有意忽视《孟子》"物之不齐"的言说，其原因，除早年尊荀黜孟及与康梁派对话的情结外④，更有他思考现实，对《孟子》中"葛伯仇饷"典故深层的忧虑。

《孟子·滕文公下》举葛伯仇饷之事，汤居亳，与葛为邻，葛伯放肆、不守礼法、不祭祀鬼神。针对葛伯先后提供的两个理由——无牛羊做祭品、无粢盛做祭物；汤先赠以牛羊，被葛伯食之，后"使亳众往为之耕"，葛伯不但率其民抢夺了老弱为耕田者所送之酒食，还杀掉了一个送黍肉的童子。汤以此为理由征伐葛，天下人都赞汤"非富天下也，为匹夫匹妇复雠也"。

比照当时东、西洋自诩文明之国侵略所谓野蛮国的现实，章太炎对号入座，反复咀嚼"葛伯仇饷"背后成汤、伊尹叵测的居心。他在《齐物论释》中批评成汤、伊尹"藉宗教以夷人国"，"诚知牛羊御米，非邦君所难供，放而不

---

① 章氏学：《儒术真论》，《清议报》第29册，1899年10月5日，第1903页。
② 章太炎：《后圣》(1897年)，《章太炎政论选集》，第37页。
③ 章太炎：《平等难》，《訄书》初刻本，《章太炎全集》(三)，第38页。
④ 章太炎早年的学术笔记《子思孟轲五行说》根据《荀子·非十二子》对子思、孟子的批判，将五行思想的源头上溯到子思《中庸》，认定"子思始善傅会，旁有燕、齐怪迂之士，侈搪其说，以为神奇，耀世诬人，自子思始"，子思—孟子—董仲舒，是章太炎心目中经今文学早期学术谱系(《章太炎全集》(四)，第19页)。

祀，非比邻所得问"，故意诱导葛伯说谎，从而"遣众往耕，使之疑怖，童子已戮，得以复仇为名"。太炎认为"今之伐国取邑者，所在皆是"①。在《訄书》重订本《忧教》篇的修改稿上，太炎还明确将远西诸国政府纵使景教侵入支那，"趋于相杀毁伤"、"得挟其名以割吾地"的行为，类比为"古者'葛伯仇饷'，'汤一征，自葛载'"之事例。太炎认为葛伯"无粢盛"乃是搪塞之言，因为"诚无粢盛，则一国君民何食"，这些情况汤十分清楚，"乃反藉其浮辞，使亳众为之耕稼，盖明知必将杀夺，以为征葛起本也"②。至于孟子夸赞汤"非富天下"、"为匹夫匹妇复雠"，章太炎痛惜孟子受奸人蒙蔽，感慨"以彼大儒，尚复蒙其眩惑"③。太炎还直接质问，"令孟子生今日，不知何以论远西诸国"④。

如再考虑到当时身在东京的章太炎切身经历着帝国日本试图以"忠君"、"王道"为旗帜征服东亚的野心⑤。他还隐隐觉察到"局促于礼义、法度之间"的荀子，"陈义则高，经事则庳"⑥，从荀子思想走出的法家酷吏，对那个"文野各异其趣"的图景有潜在的暴力威胁。章氏舍儒家之"不齐"而言道家之"不齐"，就在情理之中了。太炎自述，从受"葛伯仇饷"蒙蔽的孟子，"返观庄生，则虽文明灭国之名，犹能破其隐慝也；二者之见，长短相校，岂直龙伯之与焦侥哉！"⑦

对儒教理论以"不言为言"，用表彰佛、道的方式，来发挥其早年通过研习儒学而奠定的基本思想观念，是革命时期章太炎思想表述的重要特征。以道家之"不齐"论儒家之"不齐"是如此，以佛教之"依自不依他"言孔子之"破坏鬼神"也是如此。

《原教》（上）（下）的整合影响到章太炎的革命设计，一则积极以"佛教"建构革命者的信心，如此信心仍基于太炎对"真儒术"的判断。再则，太炎对

---

① 章太炎：《齐物论释》，《章太炎全集》（六），第40页。
② 章太炎：《忧教》（北图本），《忧教·编校附记》，《章太炎全集》（三），第292页。
③ 章太炎：《齐物论释》，《章太炎全集》（六），第40页。
④ 章太炎：《忧教》（北图本），《忧教·编校附记》，《章太炎全集》（三），第292页。
⑤ 可参阅拙文：《中国近代批儒思潮的跨文化性：从章太炎到周氏兄弟》，《鲁迅研究月刊》，2011年第10期。
⑥ 章太炎：《明见》，《国故论衡疏证》，北京：中华书局，2008年，第557页。
⑦ 章太炎：《齐物论释》，《章太炎全集》（六），第40页。

民间宗教采取相对宽容态度，既包含了革命家联络会党策略背后的利害考量，又体现了思想家对弘扬正信坚决的固守与包容异端真正的自由两个面相。

太炎革命时期倡导以佛教之宗教"发起信心"，实与他过往的知识背景一脉相承。其倾心于法相唯识理论、欣赏缜密严谨的分析方式，乃是"与平生朴学相似，易于契机"①。《答铁铮》更说，"世无孔子，即佛教亦不得盛行"。太炎宣传的佛教信仰，根植于他从《儒术真论》、《鞾书》到《原教》（下）坚守的儒教正信为基础：

> 至中国所以维持道德者，孔氏而前，或有尊天敬鬼之说。墨子虽生孔子后，其所守乃古道德。孔氏而后，儒、道、名、法，变易万端，原其根极，惟"依自不依他"一语。……昔无神之说，发于公孟，《墨子·公孟》篇：公孟子曰：无鬼神。是此说所起，非始晋代阮瞻。阮瞻但言无鬼，而公孟兼言无神，则识高于阮矣。排天之论起于刘、柳，王仲任已有是说，然所排者，惟苍苍之天而已，至刘、柳乃直拨天神为无。以此知汉族心理，不好依他，有此特长，故佛教得迎机而入，而推表元功，不得不归之孔子。世无孔子，即佛教亦不得盛行。仆尝以时绌时申、哗众取宠为孔子咎；至于破坏鬼神之说，则景仰孔子，当如岱宗北斗。②

《答铁铮》此段文字中对《墨子·公孟》篇的发挥，几乎完全是照搬《儒术真论》，正是由于孔子奠定了"以天为不明"、"无鬼神"的道德基础，信仰自心的佛教才能在中国扎下根来。此即是章太炎所言的、孔教"好到极处"之所在。《答铁铮》表彰孔子"破坏鬼神之说"，辩解孔子"于天神未尝明破"，乃是"本诸往古沿袭之语，而非切指天神"③。这恰可证明《原教》（下）批评孔子的话"于巫方相故未尽去"并非太炎之胸臆，而是配合"订孔"、打击康有为的负气之举。

革命时期的太炎坚守儒教正信，以此为源，发扬佛教的宗教信心，同时又重视"谶"作用于现实的伟力，宽容民间宗教。可以说，章太炎在革命实践

---

① 章太炎：《菿汉微言》，《菿汉三言》，第60页。
② 太炎：《答铁铮》，《民报》14号，1907年6月8日，第117—119页。
③ 同上。

中深化了对儒教"敷教在宽"传统的理解;并以此为原则,来看待民间秘密社会、乃至基督教等曾经的"异端"信仰。

其实,早在1900年唐才常的自立军起义中,保皇党人康有为、梁启超就开启联络会党的风潮。1900年4月10日,自立会在上海开设富有山树义堂,正、副龙头包括康有为、梁启超,而长江流域著名的哥老会头目如金龙山的龙头大爷杨鸿钧、腾龙山的龙头大爷李金彪、锦华山的龙头大爷刘传福等悉数加入。开堂之后,富有山更到处发行"富有票",作为入会凭据①。自立军起义虽然失败,康党的策略却深印太炎脑海②。1906年,太炎在民报社与宋教仁津津乐道谈及江苏泰州一带的大乘教,不但对其起源颇为了解,对其修炼法"以鼻梁上部两目中间之处为玄关,修炼至开通此玄关后,则呼吸皆可由此出入而得道矣云云"③也是兴趣盎然。康党联络哥老会最终失败的教训,更促使他深入思考秘密社会的利弊。

在为平山周的《中国秘密社会史》作序时,太炎对比了哥老会、三合会这类与宗教关系略远的会党组织,以及白莲教等主要以宗教作为召唤的秘密社会。在评析两者的优劣中,很可见其对民间宗教的态度。一方面,他始终以高度理性的精神,对白莲教等蛊惑人心,抱持警惕,由此观察,"哥老、三合,专务攘除胡貉,而与宗教分离,扶义倜傥,不依物怪,视白莲诸教为近正",哥老、三合等会和宗教渐分离的态度值得赞赏;批评白莲教"依物怪",视哥老、三合"近正"等话语表明,太炎心目中正与邪的价值区分并未动摇。另一方面,太炎笃信荀子性恶论,"民者生而性恶,不有慑其志者,值穷饥则恒心少";在缺乏宗教信仰推动或制约的前提下,会党等乌合之众,容易好勇逞强、见利忘义,所谓"起为盗贼"、"诈伪接搆,自相残杀",效果上反不及能以宗教教义约束信徒的白莲教。所以,在"务民"、有益民生的实践与"敬鬼神"、精神信仰的虚妄上,必须让哥老、三合与白莲教两类秘密社会互补

---

① 参见周育民、邵雍:《中国帮会史》,上海:上海人民出版社,1993年,第289—301页。
② 1927年,太炎撰写《〈台湾通史〉题辞》,曰"直富有票举兵,余与其人多往复,为有司所牵,遄而至台湾"(《章太炎全集》(五),第137页)。他这里虽然是讲述戊戌政变之后的事情,但俨然用"富有票"来取代康有为的名字,可知自立军起义的历史对他的冲击。
③ 宋教仁:《宋教仁日记》,1906年9月26日,长沙:湖南人民出版社,1980年,第249—250页。

其短①。

鉴于义和团运动仇视洋教,太平天国"烧夷神社,震惊孔庙,遂令士民怨恚"导致的失败,《讨满洲檄》宣布"毋排他教","宗教殊途,初无邪正,黄白异族,互为商旅;苟无大害于我军事者,一切当兼包并容"②。按照太炎弘扬儒教正信的本旨,革命中最应该保护的是"方闻大儒",因为"保护僧侣,无过表示文明,趣以集事;为久远计,黎仪旧德,维国之桢,与之特别保护,则光复家之分所应为者";然而,他又表示,"教堂所以有特别保护者,亦不尽为利害也",基督教传教士及教民中"若夫赤心悃幅,殷殷以化民成俗为念者,亦百有一二矣"③。太炎自己深信"排除生死,旁若无人,布衣麻鞋,径行独往"是人生的大境界,但"社会相处之间,稍有信仰,犹愈于无执持"④。所以,尽管"论理有相伐",但从劝人向善,使人心有所持等宗教的"正片"出发,太炎表示了对这些曾经的"异端"真正的宽容。这也正是从《訄书》重订本《原教》(上)(下)到《齐物论释》,对儒教自我认知的思想调整,作用于革命构想的成果。

遗憾的是,太炎理想中"辅万物之自然而不敢为"、"去甚、去奢、去泰"⑤的政治并未实现。他"立宗教信心"与"破文野之见"的革命设计,更多呈现为"止于高妙的幻想"⑥在强大历史惯性面前的脆弱⑦。当辛亥革命的暴风骤雨真正袭来之时,鲁迅的"未庄",秀才、洋鬼子、阿Q先后跑进静修庵闹革

---

① 章太炎:《〈中国秘密社会史〉序》(1911年),[日]平山周:《中国秘密社会史》,上海:商务印书馆,1912年,第1页。
② 章太炎(署名"军政府"):《讨满洲檄》,《民报》"天讨"专号,1907年4月25日,第7页。
③ 公是先生问、太炎答:《革命军约法问答》,《民报》22号,1908年7月10日,第51、50页。
④ 太炎:《答铁铮》,《民报》第14号,1907年6月8日,第122页。
⑤ 章太炎:《大共和日报发刊辞》(1912年1月4日),《章太炎政论选集》,第537页。
⑥ 鲁迅:《关于太炎先生二三事》(1936年),《鲁迅全集》六,第566页。
⑦ 明朝因白莲教而起,明太祖朱元璋,深知白莲教对刚建立的帝国之威胁,遂纳李善长之议,多次取缔白莲教,《明律》规定"为首者绞,从者各杖一百,流三千里";尽管如此,晚清的革命党人如陶成章仍觉明太祖做得还不够,"明太祖者,郭子兴之部将,实红巾之小头目,乘时而奏恢复之功,既为帝皇,遂隐其前次之事迹,然为其所自出,不深究其党类,故其源流不绝。而有明末叶,复有徐鸿儒之乱"(陶成章:《浙案纪略》,《陶成章集》,北京:中华书局,1986年,第417页),正因为明初对白莲教邪教的性质知之不深,才有明末的祸事。如此言论,其实已经暗示了"与会党为伍"的晚清革命者革命成功后处理民间秘密社会的方式。周作人后回忆陶成章,推测其"恐怕必要时手也是辣的"(周作人:《焕强盗与蒋二秃子》(1949年),《周作人文类编》十,长沙:湖南文艺出版社,1998年,第349页)。

命,老尼姑"两眼通红的说","革命革命,革过一革的……你们要革得我们怎么样呢?"①倡导"社会进化自然之公理"②,"革命之求进化,进化之求日新"③终成革命军的主流,革命后建立的新政权、新正统必将扫荡异端。革命队伍腐化、溃散的局面,令太炎对如此的革命发出"往始人惟恐其不成,终后人惟幸其速败"④的慨叹。民国并未建立黄金世界的未来,而是留下千疮百孔的现实。章太炎民国之后"回真向俗"⑤,切实地为国民"修身应物"⑥的日常生活勾勒一个合理的信仰蓝图时,儒教冀望收拾河山、有所作为的强势面相亦将抬头。

从戊戌革政、晚清革命到民初建国,伴随西学东渐背景下社会政治的急遽动荡,近代儒教持续调整着自我的认知;章太炎革命时期的儒教思想,以其汇通东亚现代性问题的深邃视角,以及与轰轰烈烈的革命相互动的历史经验,所敞开的理论维度及自察自省之潜能,都拥有不磨的价值。

Zhang Taiyan's Confucian Thought During Revolutionary Period(1900-1911)

Peng Chunling

Abstract:Because of the challenge from Christianity, Confucian intellectuals felt deep survival crisis in modern China. The focus of Zhang Taiyan's Confucian thought during revolutionary period was to deal with the rela-

---

① 鲁迅:《阿Q正传》,《鲁迅全集》一,第541页。
② 《新世纪之革命》,《新世纪》第1号,1907年6月22日。
③ 褚民谊(署名"民"):《好古》,《新世纪》第24号,1907年11月30日。
④ 章太炎:《小过》,《检论》,《章太炎全集》三,第619页。
⑤ 章太炎:《菿汉微言》,《菿汉三言》第61页。
⑥ 章炳麟:《中学国文书目》,《华国月刊》第2卷第2期,1924年,第7页。

tionship between Confucianism and other religions with the attitude "leveling all things". Zhang Taiyan excelled his contemporaries who attacked other religions heavily in self-defense in Wuxu Period and returned to common status of traditional China that Confucianism was the authorized religion but other religions like Buddhism and Taoism were tolerated most of time. This could be revealed when Zhang's thought was scrutinized into the historical changes of Confucian self cognition. However, Zhang's theory "leveling all things" was not a simple copy of Confucian tradition treating other religions kindly. He made difficult choices and confluences between Chinese and western academics, old and new knowledge, which meant that he not only communicated with scholars of Meiji Japan, another Eastern Asian country belonging to the Confucian circle, but also restudied classics about Buddhism and Taoism to improve his theoretical resources. Joining in the late-Qing revolution himself, experiencing the impetus and pondering the policies of that revolution impelled him to redefine Confucian ideas about authorized and unauthorized, civilized and barbaric beliefs. Zhang's Confucian thought during revolutionary period has the character of profound modernity and rich historicity.

Key words: Zhang Taiyan, Confucianism, Meiji Japan, leveling all things, revolution

《另类胡塞尔——先验现象学的视野》

〔美〕道恩·威尔顿 著,靳希平 译

上海:复旦大学出版社,2012年7月第一版

　　道恩·威尔顿是美国著名的现象学家,他曾师从于胡塞尔的助手兰德格里博,在现象学方面建树颇丰。本书是作者潜心研究胡塞尔哲学三十余年的成果,对胡塞尔哲学进行了历史性、全景式的考察,在重构胡塞尔现象学整体性方法的前提下,追踪了胡塞尔从静态现象学到发生现象学的整个思想历程。通过对于胡塞尔哲学文本及手稿的细致分析,威尔顿提出了一种"非标准化"的解读:胡塞尔并非方法论上的唯我论者以及认识论上的表象主义者,他也并不认为所有意向性都是对象化的。从发生现象学的视野出发,胡塞尔充分考虑到了生活世界作为视域的重要地位。威尔顿令人信服地证明了,之前对于胡塞尔的"标准解读"是片面的,并为我们开启了一种新的理解可能性。

　　靳希平先生长期从事现象学研究,具有深厚的现象学功底。他在翻译本书的过程中同作者进行了频繁和深入的探讨,充分保证了翻译的严格与精确。本书中译本的出版对于国内学界了解胡塞尔研究的最新成果有着重要意义。(韩　晓)

从"转变"思想分析熊十力的"体用不二"

谢伟铭[*]

提 要:《新唯识论》作为熊十力思想的重要代表作,前后共有三个版本,即文言本、语体本和语体本的删定本,它们记录了熊十力思想的发展轨迹,使我们看到了熊十力对同一问题的不断深入的见解与看法。本文就"转变"章思想从文言本到语体本再到语体删定本的不断深入和发展,来梳理熊十力的"转变"思想,进而试图从"转变"这一角度去理解熊十力的"体用不二"思想。

关键词:恒转 翕 辟 体用

在熊十力整个哲学体系中,"体用不二"思想处于其核心地位,而"转变"章在《新唯识论》又"为全篇主脑"[①],因而"转变"自然是理解体用关系的关键所在。随着《新唯识论》文言本和语体本以及语体删定本的相继行世,"体用不二"思想逐渐展开和丰富。"体者,具云宇宙本体。用者,本体之流行至健无息、新新而起,其变万殊,是名为用。"[②]体用论之于熊学,首先的目的就是要处理宇宙论问题,即宇宙的大化流行。其宇宙论与体用论是贯通而不可分割的。熊十力正是通过其翕辟成变的宇宙观阐发了其体用不二

---

[*] 谢伟铭,1983年生,清华大学国学院博士后。
[①] 熊十力:《新唯识论·文言本》,《新唯识论》,北京:中华书局,1999年,第77页。
[②] 熊十力:《新唯识论·语体文删定本·赘语》,《新唯识论》,上海:上海书店出版社,2008年,第111页。

的重要思想。从"转变"章对翕辟、生灭的阐释,明确了何谓本体,何谓用;明晰了新新而起,变化不息的万殊自是本体之流行,与本体实则为一,并非于"用"外另有本体存在,用之本身即是本体。因此,对"转变"一章的深入理解可以使我们更清楚地理解"体用不二"思想的内涵。

一 "转变"一章的思想在三个版本中的发展与深入

(一) 文言本的论述

在《新唯识论》文言本的"转变"章,熊十力前承唯识章末所提出的疑问——色、心万象是否凭空而有?从而寻找其所依之真。于是便通过论述"转变"这一思想寻找体用关系的真谛。

在开篇熊十力即点出"转变"一词,即"诸行阒其无物……达理者姑且假说转变"①,而转变"实则但举一变字可也"②。那么,究竟什么是变,"变"与体、用究竟是何种关系?在"转变"这一章,熊十力从两个问题——"谁为能变?如何是变?"③入手,逐步为我们廓清了"变"的具体内涵,明晰了变与体、用的内在关系。

于是,在文言本中,"转变"思想的论述就在对开篇提出的两个问题的解答中展开。

"谁为能变"?熊十力首先明确了"变不从恒常起"④,万变不穷,离开这个变,再没有所谓的恒常本体存在;其次又肯定了"变不从空无生"⑤,无始时来,变未有停息,并非有某一个空无的境界产生了变;最后,提出了真正的能变者为"恒转","恒转"并非是于变之外另有一物,而是假借一名而已,"恒言非断,转表非常。非断非常,即刹那刹那舍其故而创新不已"⑥。宇宙大化流行,自有其本体存在,而此本体就是新新无竭之变,说"恒转"为能变即是

---

① 熊十力:《新唯识论·文言本》,《新唯识论》,北京:中华书局,1999年,第68页。
② 同上。
③ 同上。
④ 同上。
⑤ 同上。
⑥ 同上。

说恒转本身即是变,即是转变不息的实体。

"如何是变"?熊十力明确地揭示出"一翕一辟之谓变"①。因为恒转之动是相续不已的,在这个动变的过程中,摄聚凝固之势为翕,有力至健之势为辟,正是这一翕一辟,"若将故反之而以成乎变也"②。对于翕辟之意,熊十力又列出笔札四则加以解释,其中以《易》所说"阳动而进,阴动而退"之意,指出翕之"退"义与辟之"进"义,强调了辟所顺从的恒转之健行不息,德以常新的自性。

为了进一步揭示"变"之顿起顿灭,无少法可容暂住,熊十力从九个方面阐明了诸行刹那生灭,刹那刹那念念新新。诸行倏忽生灭,均无自体,只有恒转才是其实性。又从非动义、活义、不可思议义三个方面加深了对"变"的理解;并在转变章末略述唯识护法对"变"的解说,以明辨自己之"转变"义与护法所讲内容的根本歧异。

(二) 语体本的论述

《新唯识论》语体本对转变一章的引出,仍然是上承"唯识章下"所提出的疑问——"心和境即都不是完全没有这回事,却又说心和境都无自体,……所以然,与其当然的道理"③究竟是什么? 便需要在"转变"章详加说明。

与文言本不同的是,熊十力并没有直接提出转变这一概念,而是首先把印度佛家对于一切心的现象和物的现象的统称"行"加以解释,由此引出自己所谈的"转变"于"行"上有不同于佛家的看法。"一切行的相状,当现起的时候,只是一个变化"④,然而"谁个为能变的呢? 如何才能成功这个变呢?"⑤与文言本思路相同,在同样的两个问题中展开了对"转变"思想的阐释。

不同的是,对这两个问题的回答并不像文言本那么简略和直接。

"谁个为能变"?熊十力首先明确了万变不穷的宇宙自有它的本体,反驳了有关宇宙有一个空洞的无的境界的看法,并从六个方面解释了"本体"

---

① 熊十力:《新唯识论·文言本》,《新唯识论》,北京:中华书局,1999年,第68页。
② 同上书,第69页。
③ 熊十力:《新唯识论·语体本》,《新唯识论》,北京:中华书局,1999年,第306页。
④ 同上书,第308页。
⑤ 同上。

的含义,由此得出结论——"一切行的本体,假说为能变"①。就能变这方面看,它是非常非断的,所以遂给本体安立一个名字叫"恒转"。从体用两方面明恒转之非常非断,变动不居。

"如何才能成功这个变"?熊十力首先于万变不穷中寻出其根本法则——相反相成。并以《易》中卦爻的变化和老子"道生一、一生二、二生三"的思想相佐证,提出之所以能够成功这个"变",就在于"变"中蕴涵着相反相成的法则,熊十力名之为"翕"、"辟"。然变化是方生方灭,所以,翕辟也是才起即灭的,于是,与文言本相比较,熊十力在这里明确提出要想全面地了解变的内容,就要从"翕辟"、"生灭"两个方面去理解。

熊十力用大量篇幅对翕辟详加解说。例如通过形象地比附,将"道生一、一生二、二生三"的思想运用于对翕辟之相互作用及其与本体关系的解说;又引出老子无的思想,探讨了其与自己无的思想的贯通及不同之处。相比之前的文言本内容有了极大的丰富。

熊十力专就翕辟的生灭之意进行了详细的论说。从十二个方面详论了刹那生灭的理论,较之以文言本的九个方面又有了更深入的理解。进而又如文言本从三个方面对"变"的含义进行归纳,最后,依然略陈印度佛家的唯识大旨,以明辨自己之"转变"与之相比的根本歧异。只是就内容上言,语体本明确地从三个方面解释了唯识的宇宙论,以明自己宇宙论之旨意。

(三)"转变"一章的思想从文言本到语体本的变化

从语体本到文言本,思想上并没有太大的变动,基本秉承文言本的思路,就内容上进行了扩充,使文义更详尽。单就"转变"章来看,前后文本的思想是一致的,不过在某些细节处存在差异,体现了其思想的前后发展。

第一,语体本开篇即将印度佛家对"行"的认识详加论述,明确了印度佛家只趂就一切行上来观无常,并存有呵毁之意,而熊十力则强调自己是于本体处观变,指出"一切行,只是在那极生动的、极活泼的、不断变化的过程中"②,而且这种变化就是大用流行,亦无呵毁之意。这在文言本中并未明确提及。

---

① 熊十力:《新唯识论·语体本》,《新唯识论》,北京:中华书局,1999年,第314页。
② 同上书,第307页。

第二,文言本与语体本都是在回答前一章所提出的心和境究竟凭空而有还是有所依之体中展开对"转变"章的论述的。而这一问题本身即包含着心、境与本体的关系问题,但在文言本中,熊十力着重论述了本体,即"变"这一思想,而未对心、境之于本体的一如关系加以详细说明。而这一点正是在语体本中得到了进一步的阐释。"实则所谓心者,确是依着向上的、开发的、不肯物化的、刚健的一种势用即所谓辟……实则所谓物者……只是依着大用流行中之一种收凝的势用所诈现之迹象"①,心、物就是本体的势用,并不与本体相割裂。而且,浑一的大用流行如何成为个别的个体,也在语体本中给予了解释,较之文言本使我们更清晰地看到了即用见体、体用不二的论述思路。

第三,语体本从六个方面给出了"本体"的含义,这在文言本并未提及,可见,在语体本中,对本体的认识有了进一步的深入。

第四,文言本在引入《易》及宋明诸师谈进退、上下之意时,认为"翕则若将不守自性而至于物化,此退义也。辟则恒不失其健行之自性……此进义也"②。即翕为退,辟为进。而在语体本中,熊十力则一改之前的观点,或者说是更全面地看到了翕辟的含义,认为"翕本来是顺从乎辟的,易言之,翕是具有向上性的"③,虽然翕具有向下的趋势,但因为辟是向上的,所以顺从辟的翕也是向上的,改变了文言本中"翕为退义"的观点,更好地表达了翕辟相融、不为二物的思想。

第五,语体本在一些概念的表述上更为详明。在提出"恒转"这一概念时,语体本讲到"一切行的本体,假说为能变……从能变这方面看,他是非常非断的。因此,遂为本体安立一个名字,叫做恒转。"把恒转、能变、本体三者关系解释得很清楚,较之文言本直接说"爰有大物,其名恒转"要更为明确。

(四) 语体文删定本的论述

删定本的"转变"章同样是在前承唯识章下所提出的"心物依何而有"的问题下展开。与语体本一样,将印度佛家对"行"的看法作为切入点,引出

---

① 熊十力:《新唯识论·语体本》,《新唯识论》,北京:中华书局,1999年,第328页。
② 同上书,第69页。
③ 同上书,第320页。

自己所谈的"转变"于"行"上有不同于佛家的看法。之后同样是在两个问题中展开了对"转变"思想的阐释。

"有能变否?"在这里,熊十力的提法略微有所不同,不是问"谁个为能变",而是问是否"有"能变,提出了本体何以可能的问题。于是,这样的提问方式不单单要回答出什么是本体,还要给本体的存在予以保证,更能确立本体的不可或缺性。所以,熊十力首先给出答案:"余以为宇宙本体,不妨假说为能变"①,其次寻究"云何知有本体"②,从而把作为本体的"变"表述得更清楚。相对于语体本的这点细微的变化却也说明了熊十力对本体的论述更加严密。

"如何成功此变?"对这个问题的回答与语体本的思路是一致的,仍然从翕辟、生灭两个角度去谈,只是内容上有所删改,语言更凝练,体系更凝括。例如对刹那生灭的理论,由语体本的十二个方面凝练为十一个方面,将之前十二个方面的意思承接下来,并且增加了一义,再次强调了本体的不可否定性——"变非凭空忽然而起,定有真源",而且"真源含藏万有,无穷无尽……故万变常新,无有故物暂住也"。

与语体本的思路相同,在阐明刹那生灭,一切物都无暂住之后,又对"变"做了进一步的解释。不同的是,语体本中这一部分对变的解释分三个方面:非动义、活义、不可思议义,活义又分为无作者义、幻有义、真实义、圆满义、交遍义、无尽义;在删定本中,熊十力仅从幻有义、真实义、圆满义、交遍义、无尽义五个方面加以解释,使"变"的核心含义更加突出。

本章最后仍以陈述佛家唯识大旨做结,以明自己的观点与空宗的不同。

《新唯识论》语体文本的删定本在内容和思想上基本没有太大改动,保留了语体本的基本思想和篇章构架,只是删去了许多段落,使意思表达更加凝练,"较前易醒目也"③。

---

① 熊十力:《新唯识论·语体本》,《新唯识论》,北京:中华书局,1999年,第164页。
② 同上。
③ 熊十力:《新唯识论·语体文删定本·壬辰删定记》,《新唯识论》,上海:上海书店出版社,2008年,第125页。

二 从"转变"一章理解体用不二的思想

"转变"一章"为全篇主脑。前后诸章,皆发明之"①,由此可见,"转变"章思想是前后各章资以阐发的核心思想。"转变"章突出的是本体,重在讲本体之变。但如前对三个版本的分析所述,从文言本的侧重"体"到之后的更多地引入"用",逐步地使"转变"章所阐发的"体用不二"思想更加明确。

(一) 体、用

"体者,具云宇宙本体。用者,本体之流行至健无息、新新而起,其变万殊,是名为用。"②在熊十力这里,体就是宇宙本体,而用就是本体之流行,本体是大用流行的根据。一切行,在熊十力看来都是时时刻刻处于变化之中的,都无自体。然诸行又不是凭空而有,"万变不穷的宇宙,自有他的本体"③。

关于本体,熊十力详细地分析了它的含义。第一,本体是备万理而清净本然的,是本来就有的,是宇宙万有的本原。第二,本体是绝对的,因其绝对,才成为一切行的本体,而诸行是相对的,相对蕴涵着绝对,取决于绝对,本体就是诸行的主宰④。第三,本体是幽隐无形、没有空间性的,强调了本体不是具体意义上的实在。也正因为这样,本体才能遍现万物。第四,本体是恒久的,无始无终的。以此将本体和物体区分开来。第五,本体是全的,圆满无缺的,不可剖割。它涵盖宇宙间一切事物。第六,本体既是变易又是不易。从其"不易"来说,本体恒是清净、刚健的,所以"不易";从其"易"来说,"本体是显现为无量无边的功用,即所谓一切行的"⑤,而诸行都是变动不居,新新而起的,所以为"易"。⑥ 熊十力对本体所做的如上规定,就是要突出本体的清净、圆满、刚健,强调其作为"行"的本体与"行"的不同。于是,在"转

---

① 熊十力:《新唯识论·文言本》,《新唯识论》,北京:中华书局,1999年,第77页。
② 熊十力:《新唯识论·语体文删定本·赘语》,《新唯识论》,上海:上海书店出版社,2008年,第111页。
③ 熊十力:《新唯识论·语体本》,《新唯识论》,北京:中华书局,1999年,第308页。
④ 参见宋志明:《熊十力评论》,南昌:百花洲文艺出版社,1993年,第125页。
⑤ 熊十力:《新唯识论·语体本》,《新唯识论》,北京:中华书局,1999年,第314页。
⑥ 有关本体的六个方面的含义参见熊十力:《新唯识论》,北京:中华书局,1999年,第313—314页。

变"章,熊十力将本体名"恒转",揭示了本体"变"的内涵。

关于"用",熊十力认为"用是有相状的诈现的,是千差万别的"①。它是本体的显现。也因为"用之为言,即于体之流行而说为用,即于体之显现而说为用"②,所以"用"和"体"本身就是二而一的,这就在对"体"、"用"概念的界定和梳理中,奠定了"体用不二"思想的基础。

那么,本体之变如何实现,本体又如何变现出用？这就是恒转内在的两种势用的作用。

(二) 翕、辟

在熊十力这里,本体是能变,亦名恒转。恒转是生生不已之动,其每一动都恒有一种摄聚的势用和健以自胜的势用,即翕与辟。正所谓"一翕一辟之谓变"③,翕、辟均为恒转的两种动势,"由摄聚而成形向的动势,就名之为翕……刚健而不物化的势用,就名之为辟"④。

恒转之动必须要有翕的势用,否则就会浮游无据,不可捉摸,然翕的摄聚有成为形质的趋势,与恒转本身的清净、绝对、刚健相违,但翕的势用发起时辟也随之而动,辟是恒转的体现,将恒转之变动不居、至健无碍表现出来,他运于翕之中并主宰着翕,使翕随己而转,从而能时刻体现着恒转的本性,即本体之性。

翕和辟,"均是就用上而目之"⑤,属于用。因为恒转作为体是无法看到、无法把握的,其变动不息、完满清净之性要通过大用流行才能被发现。近于物化的翕正是大用流行的载体,运乎其中的辟正是本体的呈现,是本体之性的体现。虽然翕与本体相反,是辟所运用之具,但翕与辟本是相反相成,浑然为一的,他们都是恒转本体的势用,恒转是清净、空寂的,只有转化为翕辟两种势用才能体现出来。

翕的势用是有成为形质的趋势的,所以可假说为物,亦为物行;辟的势用是刚健的,运于翕并转翕从己,可假说为心,亦为心行。"实则所谓心者,

---

① 熊十力:《新唯识论·语体本》,《新唯识论》,北京:中华书局,1999年,第301页。
② 同上书,第304页。
③ 熊十力:《新唯识论·文言本》,《新唯识论》,北京:中华书局,1999年,第68页。
④ 熊十力:《新唯识论·语体本》,《新唯识论》,北京:中华书局,1999年,第317—318页。
⑤ 同上书,第318页。

确是依着向上的、开发的、不肯物化的、刚健的一种势用即所谓辟,而说名为心……所谓物者,并非实在的东西,只是依着大用流行中之一种收凝的势用所诈现之跡象,而假说名物。"① 所以,心和物的现象并非实有的东西,只是本体即恒转显现为千差万别的功用,而且由于翕辟是一个整体的两个方面,所以,心物也是不可分割的整体的两个方面。无论名翕、辟还是心、物,都是指本体的势用。然这两种势用在成就本体之变时除了有内在的相反相成的作用外,还因其是刹那生灭的。

因为恒转是非常非断,变动不居的,所以大用流行也是至刚至健,刹那顿起顿灭,没有一毫死板的东西滞积着,诸行都是刹那生灭的,与念念新新的本体是一致的。

所以,于翕辟或名心物可识得恒转,于用即可见体。从对翕、辟的界定和分析中,熊十力一步一步地把体用为一、体用不二的思路贯穿其中。

(三)体用不二

在详尽地解释了体用、翕辟之后,"体用不二"思想便水到渠成了。正所谓"体为用源,究不二"②。熊十力"体用不二"的思想更多地来源于阳明心学及《易》。"王阳明的'即体而言,用在体;即用而言,体在用'的体用一源几乎成了他的口头禅……儒家的体用一源便也成了他把握世界的基本方法。"③ 同时,在论述体用问题时多用《易》之思想贯穿其中,正如熊十力自己所称:"本论谈体用,实推演《易》义。"④ "变易"与"不易"为一体的"易说"思想成为体用不二的思想渊源。对于"体用不二"思想的认识可以从"称体起用"和"即用见体"两方面加以理解。

(1)称体起用

所谓称体起用就是由本体发起流行大用。如前所述,翕、辟是恒转的两种势用,翕是成形的,是有下坠的趋势的;辟是有相而无形的,是向上的、伸

---

① 熊十力:《新唯识论·语体本》,《新唯识论》,北京:中华书局,1999年,第327—328页。
② 熊十力:《新唯识论·语体文删定本·赘语》,《新唯识论》,上海:上海书店出版社,2008年,第111页。
③ 丁为祥:《熊十力学术思想评传》,北京:北京图书馆出版社,1999年,第77页。
④ 熊十力:《新唯识论·语体文删定本·赘语》,《新唯识论》,上海:上海书店出版社,2008年,第112页。

张的;就本体而言,辟是本体的显现,即是本体"举体成用"①,本体举其全体悉成一切功用,犹如水举起全体悉成为一切冰,而水并非于一切冰之外独在,而是于冰上即可见水,即体用不二,不可割裂而看。

熊十力所说的用是流行无碍的,是能运于翕而为翕之主宰的。所以,在熊十力看来,严格讲"唯辟可正名为用"②,因为体用本一,用就是变动、刚健的本体的体现,只有辟这种势用是依本体这种自性而流行的,而翕是与本体相反的一种趋势,从他物化的角度来说,自然不能称其为用。所以,"至所谓辟者,才是成体起用"③,而这个用就是不失其本体的德性。但是,只有有了翕,辟才能够依之而起,他是辟的势用所运用之具。所以,从这个意义上,"翕自是用"④。于是,在这样体用意义上,自然是"体用不二"。

熊十力习惯用海水与众沤的关系来比喻体与用的关系。"一一沤,各各皆由大海水为其真源……一一沤皆由大海水现为之。"⑤大海水为众沤之体,而且大海水是要由众沤显现的,当提到大海水时众沤便在其中了;"大海水显现为众沤,每一沤都以大海水全量为体,毫无亏欠"⑥,所以,由大海水而有众沤,而"所谓称体起用,即由本体发起流行大用,一如大海水之现为众沤"⑦。

(2) 即用显体

所谓即用显体,就是于用上直悟本体,也即于用处方可见体。"用之为言,即于体之流行而说为用,即于体之显现而说为用。"⑧用本来就是体的流行、体的显现,体以其至无而显万有,以其至寂而流行无有滞碍,所以,离开万有无法识得至无,离开流行,无法识得至寂,即所谓"即用显体"⑨。

在熊十力这里,用就是本体的势用,用和体是一而二、二而一的关系,体

---

① 熊十力:《新唯识论·语体本》,《新唯识论》,北京:中华书局,1999 年,第 321 页。
② 同上书,第 322 页。
③ 同上书,第 323 页。
④ 同上。
⑤ 同上书,第 313 页。
⑥ 同上书,第 353 页。
⑦ 丁为祥:《熊十力学术思想评传》,第 79 页。
⑧ 熊十力:《新唯识论·语体本》,《新唯识论》,北京:中华书局,1999 年,第 304 页。
⑨ 同上。

举其全体为用,所以,从这个意义上来说,体即是用,用即是体,体用不二,自然即用显体。亦如大海水遍现为一一沤,即此一一沤,皆涵有大海水的全量,每一沤都与大海水无二无别。于每一沤即可识得大海水。所以,海水与众沤之喻一方面表达了"称体起用"之意,一方面也在表达"即用显体"之意。

如前所述,恒转显现为万殊的功用,不能不有所谓翕,然翕是一种物化的趋势,与恒转的自性相反,随翕而起的辟则是恒转自性的直接体现,才是真正意义上的用,然此用就是既体现本体又包含其相反相成的另一方面在内的用,正是于此用方显得体,"也只此,可以即用而识体。所谓体,本不是超脱于用之外而独存的,故可即于用而识体"①。可以说,在对翕、辟的论述中始终贯穿着即用显体、体用不二的思想。

称体起用、即用显体正是"体用不二"思想所蕴涵的两个方面。熊十力的思想是前后贯通的,从"明宗"章开始便逐步展开对体用关系的论述,在"转变"这一章,通过对体、用,翕、辟的详细解释尤为突出了体用的关系,使"体用不二"的思想更为明确,得到了更进一步的诠释。

三 结 语

《新唯识论》从文言本到语体本再到语体删定本,其中的思想得到了逐步的发展。"体用不二"作为熊十力哲学体系的基础,也是《新唯识论》讨论的核心,并历经三个版本得到了很确切的阐发。"体用不二"思想贯穿于《新唯识论》的始终,但其重点讨论体之自性则在"转变"章,通过分析三个版本中关于"转变"思想的阐释,可以更清楚地认识体用关系,通晓体用不二的内涵。

体用不二的思想是比较彻底的。例如,相对于恒转本体而言,恒转为体,翕辟为用,翕辟为恒转的大用流行,是不为二的;当翕、辟对看时,辟为体,翕为用,翕为辟的资具,辟为翕的主宰,二者同时发起,不可割裂来看,"我们即于三而说之为体,也是可以的"②。此处的"三"即是指辟。同样,由

---

① 熊十力:《新唯识论·语体本》,《新唯识论》,北京:中华书局,1999 年,第 318 页。
② 同上书,第 319 页。

于翕为物,辟为心,以恒转为本体,则心、物均为用,而将心、物对看时,则心为体,物为用。所以,"体用不二"的含义是很开放的,并不仅仅局限于"体"、"用"这两个概念。

而且,"转变"章虽从翕辟入手讨论"体用不二",即是从宇宙论角度探讨二者的内在关系,但在熊十力这里,其宇宙论与人生论是一致的,所以,熊十力讨论宇宙的本体,即是在寻找人生的根据,讨论宇宙的大化流行,亦即在探讨人生的森然万象。所以,如果"不承认宇宙有他的本体,那么……人生在实际上说便等若空华了"①。由此,宇宙的本体也就是人生的本体,看不到宇宙的本体,也就把握不到人生的根本。熊十力讲宇宙观不是单纯地讲宇宙的大化流行,而是在为人生寻找依据。所以,"转变"章中讲本体的变动不居、念念新新,讲辟依恒转之至健不息,活泼向上,也并非只局限在宇宙论的层面,而是"依据这种宇宙观,来决定我们的人生态度,只有精进和向上"②。我们的人生也应该是念念新新、活泼进取的。

"体用不二"的思想将翕辟开阖、生生不息的宇宙本原与充满活力的人的生命连成一片,突出了人的生命本体,为人们在现实中能够不断进取、追求内在的道德精神提供了依据和动力。

To Study the Thought of "Oneness of Substance and Function" of Xiong Shili by the "Zhuan bian" Thought

Xie Weiming

Abstract: As an important representative thought of Xiong Shili, *The*

---

① 熊十力:《新唯识论·语体本》,《新唯识论》,北京:中华书局,1999 年,第 312 页。
② 同上书,第 307 页。

New Theory of Consciousness-only has three versions successively, which are written in classical Chinese, written in Bai-hua and written in Bai-hua by revised. These different versions record the development track of Xiong Shili's thought. We can see the deeper ideas and opinions on the same problem proposed by Xiong Shili from the development process. This article tried to analyze the "Zhuan bian" thought through the chapter "Zhuan bian" in those three versions, and then to understand the thoughts of "oneness of substance and function" of Xiong Shili.

Key words: Heng zhuan, Xi, Pi, substance and function

《黑格尔的变奏——论〈精神现象学〉》

〔美〕弗雷德里克·詹姆逊 著，王逢振 译

北京：中国人民大学出版社，2012 年 1 月

  本书的作者詹姆逊在书中为读者提供了关于黑格尔的重要著作之一——《精神现象学》的一种创造性解读：相对于将黑格尔的现象学看作是一个终结于绝对精神的封闭体系的观点而言，詹姆逊将《精神现象学》置于法国革命及其影响的语境之下，通过对其的结构分析，指出这是一本流动的、开放的著作，只有一个暂时的、限于政治和社会环境的结论。

  詹姆逊认为，黑格尔并没有在黑格尔主义的哲学体系中重构自我，其辩证法的原则也没有被正式确立；黑格尔的思想并不是那么地系统，其精神也不是纯粹的抽象。据此，詹姆逊将绝对精神看作是一种征象，联系历史和当下的社会、政治、文化背景，从而为读者理解黑格尔提供了一个开放性的视野。（王　姣）

政治义务的公平原则理论如何可能?*
——论乔治·克洛斯科的政治义务理论

毛兴贵**

提　要：用公平原则来解释和证成公民政治义务的做法源于哈特,并得到罗尔斯的支持,但受到诺齐克的严厉批评;乔治·克洛斯科试图重构公平原则论证,他认为,如果一种合作事业所提供的公共产品值得受益者为之努力,是他们不可或缺的,而且利益与成本的分配又是公平的,那么这种合作事业无须得到受益者同意便可向他们强加义务。如果国家所提供的公共产品满足了这些条件,公民便有义务支持国家提供这些公共产品。由于许多公共产品是不可或缺的公共产品所必需的,因此公民也有义务支持国家提供这些次要的公共产品。鉴于克洛斯科的论证存在的诸多问题,他的修正版公平原则理论也是失败的。

关键词：政治义务　公平原则　公共产品

遵守法律的道德义务在政治哲学中往往被称为"政治义务"。在西方政治哲学史上,从古代的柏拉图到近代的霍布斯、洛克、卢梭、康德,再到当代的德沃金、哈特和罗尔斯,政治义务一直是一个非常重要的话题。在思想史上,占据主导地位的政治义务理论是社会契约论传统中的同意理论。鉴于

---

* 本文为作者主持的国家社科基金项目"国家权威与公民自由:现代西方政治义务理论研究"(07CZX025)的阶段性研究成果。

** 毛兴贵,1978年生,西南大学哲学系副教授,北京大学哲学博士。

这种理论所存在的严重问题①，晚近以来，哈特和罗尔斯提出了一种公平原则理论，不过这种理论受到了诺齐克的严厉批评，而且后来罗尔斯自己也放弃了这种理论进路。在罗尔斯之后，以乔治·克洛斯科（George Klosko）为代表的新锐哲学家试图修正哈特和罗尔斯的公平原则理论，以应对诺齐克和罗尔斯自己的批评。克洛斯科是美国弗吉尼亚大学政治学系教授，主要从事规范政治理论和政治思想史的研究，其政治义务理论研究代表作是1992年出版并于2004年再版的《公平原则与政治义务》。② 在这本书中，他对公平原则理论进行了系统的捍卫。约翰·霍顿（John Horton）对这本书评价道：克洛斯科的这本书"使得从此以后，任何人要想认真地处理政治义务问题，都有必要对公平理论进行恰当的批判讨论。而他自己对公平理论的陈述在某种意义上是最好的"③。本文将首先简要介绍哈特和罗尔斯的公平原则理论的基本观点以及诺齐克的批评，从而为探讨克洛斯科的政治义务理论提供一个理论背景；在此基础上，我将勾勒出克洛斯科理论的基本观点和主要论证；最后一部分是对克洛斯科理论的批评与质疑。

一 哈特、罗尔斯与诺齐克之争

哈特对公平原则理论的开创性贡献已经得到了公认，尽管他并没有使用"公平原则"一词。在发表于1955年的一篇极富影响力的论文中，在提到特殊权利与义务的几种渊源时，哈特提出了一种"相互限制"原则："如果一些人根据某些规则从事某种共同事业，并因此而限制了他们的自由，那么那些根据要求服从了这种限制的人就有权利要求那些因他们的服从而受益的人做出同样的服从。"④换句话说，那些合作事业的受益者应当与合作者一样作出某种牺牲。将这一原则运用于政治义务就意味着，我们之所以有义务

---

① 关于政治义务的同意理论及其问题，详细的讨论见拙文《同意、政治合法性与政治义务：现代西方同意理论述评》，《哲学动态》2009年第8期。
② 乔治·克洛斯科：《公平原则与政治义务》，毛兴贵译，南京：江苏人民出版社，2009年。
③ John Horton, "Review of *The Principle of Fairness and Political Obligation*", *Political Studies*, vol. 41 (1993), p. 725.
④ H. L. A. Hart, "Are There Any Natural Rights", *Philosophical Review*, 64 (1955), p. 185.

去支持运用于我们的政治制度并服从法律,并不是因为我们与政府之间签订了契约,也不是因为我们同意了它的统治,而是因为社会的其他成员支持政治制度并遵守法律,他们通过限制自己的自由从而使我们得到法律和政治制度的好处,所以出于公平的考虑,我们也应该服从国家的统治并遵守其法律。

哈特将这种产生特殊权利与义务的方式区别于许诺与同意,并且认为,只有看到它们的区别,我们才能理解政治义务。就前面所引用的哈特的话来看,"相互限制"原则强加义务似乎并不涉及个人的意愿,只要得到一种合作事业的利益,就可以因此而背负义务。不过这种解读是站不住脚的。哈特虽然没有明确地指出相互限制原则产生义务要以受益者自愿接受利益为前提条件,但是他明确地把该原则作为特殊权利与义务的起源之一,而所有的特殊权利都"起源于以前的自愿行为"。根据哈特的界定,义务也起源于人的自愿行为,因此,相互限制原则所提到的"受益者"当然是指自愿接受利益的受益者,而不是仅仅得到利益的受益者。

在《法律义务与公平游戏责任》一文中,罗尔斯将哈特的原则接受下来并加以修正,重新命名为"公平游戏原则"(principle of fair play),并用它来系统地解释政治义务。罗尔斯为哈特的原则加上了一个限制条件,即合作事业的正义性,同时也明确地把受益者主动接受相关利益作为该原则强加义务的一个必要条件,从而使得这个原则更为精致。根据公平游戏原则,当且仅当合作事业是正义的,且人们主动接受了这种事业的好处时,受益者才有义务为这一合作事业分摊成本。① 但这个原则仍然面临着一个根本性的问题。由国家的法律与制度所提供的许多利益都是公共产品(public goods),诸如法治、环境保护、人口控制、国防等等,它们具有两个特点:公共性(publicness)和不可分性(indivisibility)。公共性是说,如果这种产品要被消费,那么一定群体中的所有人都将消费到它,得到好处;不可分性是说,这一群体中的每个人都必将消费大致等量的这种产品。公共产品的这两个特性决定了对它们的消费并不涉及消费者的自愿行为,因为一旦公共产品在

---

① John Rawls, "Legal Obligation and the Duty of Fair Play" (1964), in *Collected Papers*, Samuel Freeman ed., Harvard University Press, 1999, p. 122.

一定范围内被消费,那么这一范围内的所有人都将得到公共产品的好处,而不管他是否主动接受这些好处。这样,把主动接受利益作为产生义务或责任的条件显然是有问题的,它将使得只有很少的人负有政治义务。因此,在《正义论》中,罗尔斯索性只用"公平游戏原则"(在那里,他称之为"公平原则")来说明那些主动接受制度的好处和主动担任公职的公民的政治义务,转而为政治义务寻找新的普遍性基础。①

在《国家、无政府与乌托邦》一书中,诺齐克用一系列生动的事例为论据对哈特和罗尔斯的公平原则理论进行了批评。诺齐克举例说:

> 假设你的邻人(共364个成年人)确定了一种公开演讲制度,并决定创立一种公共娱乐制度,他们公布了一个名单,包括你在内,每天一人。一个人在指定给他的那天(人们可以容易地调换日期)去照管公共演讲会,在那里放唱片、发布新闻、讲他听到的逗人故事等等。在过去了138天,每一天每个当班人都履行了他的职责以后,轮到了分配给你的那一天,你有义务去值你的班吗?你已经从它得益了,偶尔打开窗子倾听和欣赏某些音乐,或者因某人的滑稽故事感到开心。其他人都已经尽力了,而当轮到你这样做时,你必须响应这个号召吗?照现状来看,肯定可以不相应。②

在诺齐克看来,如果一个人因为给了我们好处就把我们置于他的支配之下,那么我们的自由就太脆弱了。这与珍视自由的自由主义传统是不相容的。"不管一个人的目的是什么,他不能如此行动:先给人们利益,然后要求(或强取)偿付。任何一个群体也不能做这种事。"③因为我们或许宁愿既不要这种利益也不承担相应的负担。实际上,诺齐克仍然坚持着洛克式的同意理论的基本观点,即义务必须产生于人们的同意。因此他认为,"即便公平原则能得到系统的阐述,以致不再受到质疑,它也不能免去下述要求——要使人们参加合作和限制他们的行动,必须先征得他们的同意"④。

---

① 罗尔斯:《正义论》(修订版),何怀宏等译,北京:中国社会科学出版社,2009年,第83—91页。
② 诺齐克:《无政府、国家与乌托邦》,何怀宏等译,北京:中国社会科学出版社,1991年,第99页。
③ 同上书,第101页。
④ 同上书,第101—102页。

从诺齐克对哈特和罗尔斯公平原则的批评可以看出,他显然误读了他们的公平原则。诺齐克认为,他们的公平原则会使得一个人仅仅因为得到他人的好处——甚至只是微不足道的好处——便要背负对他人的义务,而无论这个人是不是自愿地接受或者主动地求取这种好处。但是根据哈特和罗尔斯提出的公平原则,义务的产生实际上要以个人的自愿行为(即自愿接受合作事业的利益)为前提条件。换句话说,在哈特和罗尔斯那里,我们并不会因为被动地获得由他人建立的合作计划的好处就因此而背负合作的义务,除非我们主动地接受了这种好处。在这种意义上,我们可以说诺齐克与哈特、罗尔斯的基本立场其实是一致的。不过,如果真的把主动或自愿接受利益作为公平原则产生义务的必要条件的话,公平原则便无法摆脱罗尔斯在《正义论》中所提到的那些问题,即公共产品是我们拒绝不了的,无论我们是否自愿,我们都将受益于它。这是哈特和罗尔斯版本的公平原则所面临的最大难题。①

哈特、罗尔斯与诺齐克对公平原则的讨论似乎表明公平原则并不能用来作为普遍政治义务的基础。不过克洛斯科并不承认这一点,面对诺齐克对公平原则的批评和罗尔斯对公平原则的放弃,他试图对哈特和罗尔斯的原则加以修正,重新用它来阐释公民的政治义务。

二 限制性论证与公平原则

克洛斯科注意到,对于提供不同类型利益的合作事业,公平原则具有完全不同的运用方式。克洛斯科将合作事业所提供的利益分为可排他性益品(goods)与不可排他性益品,而不可排他性益品中有的是受益者可以选择的,有的则是他不可选择的。

对于提供可排他性益品的合作事业,公平原则的运用是不成问题的。因为在这种情况下,只有通过主动去获取利益才能得到利益,所以合作事业的组织者可以要求受益者履行合作义务,如果受益者不愿意履行,那么组织者完全可以不让他得到利益。在这种情况下,公平原则既维护了合作事业

---

① 更为详细的讨论,见拙文《公平原则与政治义务:从哈特到罗尔斯》,《哲学动态》2010 年第 10 期。

的组织者的利益,也不侵犯受益者的自由。对前者而言,公平原则允许他们向主动追求因他们的牺牲而产生的利益的人强加义务;对后者而言,公平原则并不强求他享受合作事业的利益并承担相应的义务。

对于提供不可排他性益品但行为者可以选择是否接受其益品的合作事业,克洛斯科并没有明确讨论。但是鉴于这种益品与可排他性益品一样,只有主动去获取,一个人才能得到其利益,所以上述关于提供可排他性益品的合作事业的说法也是适用于它的。

在政治义务的公平原则理论中,真正让公平原则理论的批评者感兴趣却让其支持者头疼的是提供第三种益品的合作事业,即不可排他且无法由行为者选择或拒绝的益品,克洛斯科称之为"公共产品",经济学上则习惯称之为"纯粹公共产品"。在政治领域,国防、法治、秩序、环境保护等等都是典型的例子。对于这样的益品,无论一个人如何行为,他都必然会得到它们的好处,甚至无法拒绝这样的好处,因此,很难说得到它们就足以使自己背负义务去支持它们的提供。正如西蒙斯所言:"如果一个只是以通常的方式做自己事情的人不可避免地从某种合作计划中受了益,就被告知他已经自愿地接受了利益,这种利益为他创设了一种特殊的义务,要求他去完成他那一份任务,那么这将是一件奇怪的事情。"①实际上,诺齐克和《正义论》中的罗尔斯都基于这种原因而否认普通公民有基于公平原则的政治义务。克洛斯科将这种批评称为"限制性论证","因为它有效地将公平原则限制在对可排他性计划的运用方面"②。

克洛斯科清楚地意识到,限制性论证对于公平原则来说是致命的,而诺齐克所举的一系列例子也的确非常具有说服力。但是克洛斯科注意到,这些例子所涉及的利益都是无关紧要的,因此,"诺齐克所提出的限制性论证之所以看起来很有效,这是因为,限制一个人的自由以便给他某种他完全可以不要的东西,这本身就是成问题的,即使他因得到这种益品而获得的利益超过了他去帮助提供这种益品所要承受的负担"③。由此,克洛斯科找到了

---

① John Simmons, *Moral Principles and Political Obligations*, Princeton University Press, 1979, p. 131.
② 乔治·克洛斯科:《公平原则与政治义务》,第42页。
③ 同上书,第52页。

修正公平原则的一个突破口。

他的基本观点是,只要合作事业所提供的公共产品满足了如下三个条件,那么得到其利益的人就有义务参与合作或承担合作事业的成本,尽管对于这样的益品个人无法自愿地接受或拒绝。这三个条件是:所提供的公共产品必须"(i)值得受益者为提供它们而努力;(ii)而且是'推定有益的'(presumptively beneficial);(iii)这种益品带来的利益与负担在分配上是公平的"①。在这三个条件中,第一和第三个条件罗尔斯也有所涉及,第二个条件则是克洛斯科版本的公平原则的核心,让我们先考查第一和第三个条件。

三 利益与成本及其分配

对于第一个条件,克洛斯科有时又将之表述为"所得到的利益要超过所做出的贡献"或"划算的"(worth its cost)②,这种表述显然与罗尔斯表述是一致的,也是诺齐克所认同的。由于这个条件的必要性显而易见,所以克洛斯科并没有作过多的论证。

不过,相对于罗尔斯,克洛斯科更深入地讨论了这一条件所面临的困难,他指出:"如果所提供的利益对作为一个整体的共同体而言超过了负担,但是对特定的个人而言却没有,那么就会遇到困难。"③典型的例子是国防。国防这种益品是通过公民服兵役直接提供出来的,但是不同的士兵将被分配给不同危险程度的任务,有的士兵甚至可能会牺牲生命,对于这些士兵来说,他们得到的利益就没有超出所付出的代价,因此这个条件没有得到满足,他似乎没有义务服兵役。对此,克洛斯科指出:"如果可以表明对 X 的每个成员来说预期的危险都小于没有国防的情况下的危险,那么条件(i)就能够得到满足。"④只有当这些危险超过了国防的利益时,比如,当一个国家所面临的"军事形势毫无希望从而服役对所有人来说无异于自取灭亡"的时候,这个条件才不会得到满足。在这种情况下,公民之所以没有义务服兵

---

① 乔治·克洛斯科:《公平原则与政治义务》,第 45 页。
② 同上书,第 58、65 页。
③ 同上书,第 66 页。
④ 同上。

役,"不仅因为条件(i)不会得到满足,而且还因为国防的利益事实上不可能被提供出来"①。

在这里,克洛斯科的说法实际上已经不小心改变了自己的公平原则,把第一个条件从"所得到的利益要超过所做出的贡献"变成了"预期的利益要超过所做出的贡献",但是公平原则产生义务的一个必要条件是行为者已经得到了合作事业的利益,而非即将得到利益。而且,真要从预期利益与代价的角度来看的话,有时候在战争中背叛祖国可能比保卫祖国更有利。② 如果将公平原则坚持到底,那么就必须一以贯之地承认,由于国防是推定有益的公共产品,公民已经得到了其利益,只要成本与利益的分配是公平的,公民就必须在国防事业中完成自己的公平份额,而无论国家所处的军事形势如何。由此看来,克洛斯科对第一个条件的这种解释实际上与他所坚持的公平原则是相矛盾的。而且,克洛斯科既然承认对那些牺牲生命的个人来说所得利益不可能超过了所付出的代价,又怎么能说"对 X 的每个成员来说预期的危险都小于没有国防的情况下的危险"呢?这些问题的根源在于克洛斯科将国防视作推定有益的公共产品,对此我们留待本文第六部分再述。

克洛斯科提到的第三个条件与罗尔斯也是一致的,不过他详细地讨论了如何确立一个标准来衡量利益与成本的分配是否公平。克洛斯科指出,"公平"本身就是一个备受争议的概念,因此,如何分配合作事业的利益与成本才是公平的必然是一个有争议的问题。在这里,克洛斯科接受了罗尔斯的观点,认为"不能得到明确的实质性解决的问题可以通过公平程序来解决"③,就是说,可以通过一种相对公平的选择程序来选出一个相对公平的分配原则,以此来衡量既定的分配方式是否公平。尽管对于何谓公平的程序也存在着争议,但是克洛斯科认为,持不同程序公平观的人仍然具有罗尔斯意义上的"重叠共识"。由此,一种相对公平的程序应该是民主的,每个人在程序选择中都要有平等的发言权。不过为了万无一失,通过这种程序所选择出来的公平分配原则还必须经受独立的审查,就是说,"还必须有合理的

---

① 乔治·克洛斯科:《公平原则与政治义务》,第 67 页。
② 程炼:《公平游戏与政治义务》,载《哲学门》第一卷第一册,武汉:湖北教育出版社,2000 年。
③ 乔治·克洛斯科:《公平原则与政治义务》,第 71 页。

论据可以用来捍卫它"①。或者说,必须用相对公平的程序从一系列站得住脚的原则——比如,自由市场原则、罗尔斯的原则、数量平等原则——当中选出公平分配原则。只要分配原则满足了这两个条件,那么尽管它可能不是绝对地公平,但也仍然是可以容忍、可以接受的,毕竟,所有的社会安排都有不可避免的缺陷。瑞菲尔德(Andrew Rehfeld)指出,克洛斯科用相对公平的决策程序来选择公平分配原则,这实际上是把政治义务限定于对民主国家所负有的义务了。②

将这一条件运用到法律与秩序问题上,鉴于法律与秩序的利益具有不可排他性与消费的非竞争性,所以一般情况下,它都将被公平地提供给所有社会成员;其成本是对法律的遵守,要求所有社会成员都遵守法律便实现了成本的公平分配。至于国防,其利益与法治、秩序之利益一样,公平分配不成问题;其成本是服兵役,如果规定所有人都有义务服兵役,那么成本的分配也是公平的。而服兵役的人不可避免地会被分配给不同危险程度的负担,"只要这些有关军事任务的分配站得住脚并以公平的方式加以实施,当A被命令去完成相当危险的任务时,他就有义务去面对这些危险"③。与国防相关的经济成本的分配更为复杂,因为很多分配原则都不乏坚定的支持者,不过,相对公平的选择程序在一定程度上解决了这个难题。

四 推定有益的公共产品及其意义

克洛斯科的公平原则理论真正的独特之处在于第二个条件,即只有提供推定有益的公共产品的合作事业才能向得到其利益的人强加义务。推定有益的公共产品——克洛斯科有时候直接称之为推定公共产品(presumptive public goods)——是推定益品(presumptive goods)的一种。克洛斯科说,他所谓的推定益品类似于罗尔斯的基本益品(primary goods),即可以推定是任何人都想要的东西,无论他的理性计划和目标是什么,它是罗尔斯基

---

① 乔治·克洛斯科:《公平原则与政治义务》,第73页。
② Andrew Rehfeld, "Review of *The Principle of Fairness and Political Obligation*", *Ethics*, vol. 115 (2005), p. 418.
③ 乔治·克洛斯科:《公平原则与政治义务》,第66页。

本益品在公共领域的对应物,不过克洛斯科强调,它不仅是任何人都想要的,而且也是可以接受的生活所不可或缺的。由于任何人最基本的需要都是人身的安全与生命的维系,所以在政治共同体中,国防、法律与秩序、良好的生存环境以及公共卫生等等与公民的人身安全与生命的维系密切相关的益品,都被克洛斯科看做是推定公共产品最典型的例子。

推定公共产品的根本特点在于不可或缺性,这一特点使得公平原则可以有效地运用于提供这种益品的合作事业。克洛斯科指出,一般而言,如果一个人受益于一种合作事业而又不愿承受合作事业的负担,那么有三种可能的方式可以实现公平:第一,合作事业的成员把他排除在利益之外;第二,合作事业的成员放弃合作从而不再提供这种利益;第三,强行要求受益者支付相应的成本。①

如果合作事业所提供的是可排他性益品,那么,合作事业的成员可以把合作义务附加在合作事业的益品上,只有愿意承担义务的人才能享受利益,否则就将被排除在利益之外。这种做法是公平的,因为是否接受合作事业的规则限制最终是由行为者自己来决定的,合作成员并没有侵犯他的自由。

如果合作事业所提供的是无关紧要的公共产品,合作成员也不能仅仅因为他人受益于这种益品就向他强加合作义务,正如诺齐克所坚定地认为的那样。虽然合作成员无法把他人排除在利益之外,但是鉴于个人自由的重要性,他们不能强行要求他参与合作。毕竟,这里还存在着第二种可能,即如果他们真的不愿意他得到利益,他们完全可以放弃这种利益从而放弃这种合作事业。

但是,如果合作事业所提供的是推定公共产品,那么前两种可能性都被排除了。第一种可能性之所以被排除了,是因为公共产品具有不可排他性,要想把特定的人排除在利益之外是不可能的。第二种可能性也被排除了,因为推定公共产品是所有人——无论是合作事业的成员还是这个受益者——都不可或缺的,必须被提供出来,否则就具有灾难性后果。因此,为了实现公平,唯一的选择就是强制受益者支付相应的成本。

相对于提供无关紧要的公共产品的合作事业,提供推定公共产品的合

---

① 乔治·克洛斯科:《公平原则与政治义务》,第39、51页。

作事业之所以能够向受益者强加义务而不失为公平,这是因为,推定公共产品的不可或缺性使得不愿支付合作事业成本的受益者在一般情况下无法合理地拒绝参与合作的要求,除非他能够指出他与合作者之间存在着一种具有道德意义的重大差异。在诺齐克所举的合作事业事例中,由于所提供的利益不是推定有益的,所以面对参与合作的要求,受益者完全可以合理地说,他宁愿不要这种利益也不愿承受相应的负担。但对于提供推定公共产品的合作事业,如果受益者仍然坚持这种说法,那么他要么是不理性的,没有认识到自己的真实利益,要么是虚伪的,想做一个搭便车者。实际上,鉴于这种利益的不可或缺性,如果只有主动追求才能得到它,那么我们可以推定,任何有理性的人都会去主动追求它。只不过对于推定的公共产品,我们并不需要主动追求,便可以自动地得到它,但我们不能因为它不是我们主动追求而得到的就自欺欺人地说其实我们并不想要它。不过克洛斯科强调,"这里的义务并非源自假设的同意,就是说,并不是源自下述事实:如果让我们选择,我们将会同意得到这些利益;而是源自这样一个事实:我们已经得到了这些利益。"①而且,克洛斯科认为,假设的同意不是真实的同意,不能创设义务。

推定公共产品的不可或缺性也使得合作事业的成员在向受益者提出合作的要求时无须考虑他对这种利益的信念与态度等主观因素。克洛斯科指出,由于利益在一定程度上具有主观性,所以很多时候我们难以确定一个人是否从一种合作事业中受益以及在多大程度上受益。有的东西对于某些人来说是一种利益,但对某些人来说则可能是一种损害。比如,诺齐克的公共讲演系统对于闲得无聊的人来说可能是一种利益,对于爱好安静、需要休息或忙于工作的人来说则是一种损害。实际上,这个问题是相对于不可排他性益品而言的。因为对于可排他性益品,这个问题很好解决,只要一个人主动去追求这种益品,就表明在他是在自愿地接受这种益品及其成本,把这种益品当作一种利益。但人们得到不可排他性益品并非主动追求的结果。

西蒙斯(John Simmons)曾经把受益者对相关利益的态度与信念上的"乐意"与"知情"作为标准来衡量和规定对不可排他性益品的自愿接受,这

---

① 乔治·克洛斯科:《公平原则与政治义务》,"2004年版导言",第9页。

种做法其实正是为了解决这个问题。根据西蒙斯的说法，具体来说，我们在得到公共产品的好处时，如果我们对这些好处的态度和信念满足了如下条件，就可以说我们接受了这些好处。第一，"我们不能认为这些利益是违背我们意志而强加给我们的，也不能认为这些利益还不值我们必须为之付出的代价"[①]。第二，"只有当我们认识到这些利益是由这项合作计划所提供的时，我们才算是接受了它们"[②]。不过在克洛斯科看来，西蒙斯的两个主观条件对于向提供推定公共产品的合作事业的受益者强加义务去支持这种合作事业来说并不是必需的。推定公共产品的不可或缺性意味着，一个理性的人不会认为这些利益是违背他的意志而强加给他的，因为他不可能不想要它；而且，只要这种益品的成本的分配是公平的，我们也不能仅仅因为一个人主观上认为其利益不值他必须为之付出的成本，就取消他的义务。至于"知情"条件，克洛斯科认为它只适用于提供可排他性益品的合作事业。具体而言，如果一个人追求某种利益却不知道这是与他人合作的产物，而且这种无知又是可以原谅的，那么他当然不会因为自己的主动行为而背负义务。但是对于提供推定公共产品的合作事业来说，只要得到利益就足以产生义务。克洛斯科还举了几个显著的例子来表明："只要可以推定所涉及的利益足够地重要（由于人类生存的明显事实），从一种合作计划中得到这些利益的人就的确获得了作出贡献的义务，与他持有的特殊态度或信念没有关系。"[③]

除此以外，推定公共产品的不可或缺性也使得这种益品更容易满足第一和第三个条件。一旦所得到的益品是一个人不可或缺的，那么受益者为此支付重大成本往往能够得到证成，就是说，不可或缺的益品是一种重大的利益，在一般情况下都会超出一个人所付出的代价，从而使得第一个条件更容易得到满足。由于推定公共产品既是每个人都不可或缺的，又具有不可排他性和消费的非竞争性，因此一个共同体中的每个人都能够得到大致相等的利益，这就使得利益的分配很容易实现公平；由于每个人都需要它，要

---

① John Simmons, *Moral Principles and Political Obligations*, p. 132.
② Ibid.
③ 乔治·克洛斯科：《公平原则与政治义务》，第62—63页。

求每个人都承担同样的义务便可以实现成本分配上的公平。

能够确立一般的甚至普遍的政治义务,这是克洛斯科的公平原则理论的一个优势。虽然克洛斯科在确立政治义务时把公平原则限定于提供推定公共产品的合作事业,但是由于克洛斯科认为国防、法治与秩序等等是推定有益的,而一个政治共同体中的大多数人甚至所有人的确得到了国家所提供的这些利益,所以克洛斯科的公平原则并没有因为这种限定而丧失其优势。但是到此为止,如果克洛斯科的论证是站得住脚的,那么他也仅仅是证明了大多数甚或所有公民的少部分政治义务,这些政治义务都与推定公共产品的提供相关,比如,支持国防的义务(包括直接服兵役以及为国防提供财力支持)和遵守涉及人身安全的法律的义务。但是现实中的国家不仅仅提供推定公共产品,它还提供许多并非推定有益的公共产品,克洛斯科称之为可有可无的(discretionary)公共产品。如果克洛斯科的公平原则只能够证明公民有义务去支持国家提供推定公共产品,那么他只是用不同的方法得出了和诺齐克一样的结论,即只赞成最小国家。但是克洛斯科的论证并没有到此为止,他试图对公平原则的运用加以扩展,使它能够确立或解释更为广泛的政治义务。

五 可有可无的公共产品与政治义务

为了证明公民有义务支持国家提供可有可无的公共产品,克洛斯科提出了两条论据。第一条论据他称为"间接论据",该论据的核心观点如下:

> 一个对合作计划 X——它为 A 提供了推定公共产品 P、Q、R,而且满足了其他必要条件——有强义务的人 A,还有进一步的强义务去支持 X 提供可有可无的益品 a、b、c,只要 X 的其他成员通过相对公平的程序断定这些可有可无的公共产品是那些推定公共产品的提供所必需的,而且他们又能够用合理的论据捍卫他们的立场,并表明合作计划 X 作为一个整体仍然满足了那些必要条件。[①]

---

① 乔治·克洛斯科:《公平原则与政治义务》,第102—103页。

间接论据的关键之处在于，可有可无的公共产品虽然不是人们的生活所必需，但却是提供推定公共产品所必需的，因此它实际上是人们的生活所间接必需的。比如，为了提供国防这种推定公共产品，就需要良好的交通与通信设施、强大的经济实力、尖端的科学技术和一定程度的公共教育；为了维护公共卫生与健康，就需要净水系统、排水系统、强制接种疫苗；诸如此类。以此类推，我们便可以发现，有许多公共产品和政府职能都是推定公共产品的提供所必需的。这样，"如果可有可无的公共产品对于社会的持续运转是必需的，那么就可以主张它们也是不可或缺的，推定益品和可有可无的益品之间的区分就算还没有完全消失，也已经模糊不清了。"[①]既然如此，那么，由于得到推定公共产品而有义务支持其提供的受益者当然也就有义务支持可有可无的公共产品的提供。

对此，莱斯利·格林（Leslie Green）质疑道："这一论据依赖于一个前提：如果有义务去做X，而做Y对于做X来说是必需的，那么我们也有义务要做Y。但这个前提也许是错的。假设我许诺在一个地方吃午饭，而我到那里的唯一办法就是打的，难道这意味着我有义务打的去吗？似乎不是的。如果我没有去，我便违背了我的赴约义务，但是我并没有违背打的的义务。"[②]格林提到的这个命题或许的确站不住脚，但我认为克洛斯科的论据并不依赖于这个命题作为前提。虽然可有可无的益品的确是推定公共产品的提供所必需的，但间接论据依赖的并不是这一事实，而是这种益品是人们间接必需的这一事实。由此，两种益品其实都是人们的生活不可或缺的，用来证成提供可有可无的益品的论据实际上与用来证成提供推定公共产品的义务的论据是一样的。

间接论据考虑到了一个问题，即对于哪些益品是推定公共产品所必需的可能存在着争议，对此，克洛斯科仍然求助于相对公平的决策程序。间接论据还强调，支持可有可无公共产品的提供的义务仍然要以整个合作事业满足"其他必要条件"为前提。就是说，一种提供推定公共产品的合作事业，

---

① 乔治·克洛斯科：《公平原则与政治义务》，第103页。
② Leslie Green, "Review of *The Principle of Fairness and Political Obligation*", *Ethics*, vol. 104 (1994), p. 393.

如果因为提供了可有可无的公共产品而使得整个事业的成本超过了所产生的利益,或者成本与利益的分配不再公平,那么受益者也就不再有义务支持该合作事业了。

推定公共产品的直接不可或缺性以及可有可无的公共产品的间接不可或缺性使得要想证明同时提供这两种公共产品的合作事业满足了条件(ii)和(i)相对容易,但是要证明它也满足条件(iii),就会面临更多的困难。比如,作为可有可无公共产品的高速公路所涉及的利益就不可能像国防的利益那样得到几乎平均的分享,因为有的共同体成员可能终生都不会使用它。对于这个问题,克洛斯科认为,我们只需要证明推定公共产品与可有可无公共产品的利益与负担作为一个整体在分配上是公平的,而无须单独证明某一项公共产品的利益与负担的分配是公平的。在这里,相对公平的决策程序再一次提供了解决办法。只要根据相对公平的决策程序从一系列本身站得住脚的公平分配原则中选出一条大多数人喜欢的原则,那么少数派也有义务承担该分配原则所要求的负担,尽管他可能反对这种分配原则。

间接论据显然不会支持国家提供任何公共产品,因为根据间接论据,公民承担可有可无公共产品的成本的义务以该公共产品对于推定公共产品的提供是不可或缺的前提条件,"只有那些可以被证明对推定公共产品的提供来说是必需的益品才是正当的"①。因此,诸如博物馆与交响乐团这样的文化机构、诸如文学与艺术领域的研究以及慈善机构等等都得不到公平原则的证成,因为它们都不是推定公共产品的提供所必需的。如果要想证成它们,只能求助于别的道德原则。

克洛斯科用来证明公民有义务支持国家提供可有可无公共产品的第二个论据他称为"制度论据"。他指出,国家履行提供可有可无公共产品的职能有助于它履行其核心的职能,如果我们不支持它履行前一种职能,必然会影响到它履行后一种职能,从而破坏整个法律与制度的有效性。制度论据依赖于两个前提:第一,法律体系是由一系列相互联系的法律所组成的一个整体,这样,"即便是对不重要的法律的普遍不服从也会破坏全社会的法律

---

① 乔治·克洛斯科:《公平原则与政治义务》,第110页。

与秩序"①;第二,对任何法律的不服从都会侵蚀一个人的服从习惯,"如果个人在相对而言不太重要的问题上养成了不守法的习惯,那么这种习惯将延伸到更为重要的问题上,而小问题上的服从习惯会增强在大问题上的服从"②。有鉴于此,克洛斯科认为我们有初步义务服从有关可有可无公共产品的法律。不过,克洛斯科也注意到,在一个庞大的社会中,一个人对某种法律的不服从不可能明显而直接地影响到整个社会对该法律的服从程度。因此,一方面,他强调公平原则证成政治义务并不是依据行为的后果,而是公平本身;另一方面,他只是把制度论据作为间接论据的补充。

六 对克洛斯科公平原则理论的几点评论

克洛斯科的基本观点可以总结为环环相扣的三点:第一,公平原则发挥作用的基本条件有三个,即合作事业所提供的益品对受益者来说是划算的、不可或缺的,而且其利益与负担的分配又是公平的;第二,当且仅当国家所提供的国防、法治、环境保护与公共卫生等公共产品对公民来说满足了上述三个条件时,公民才有义务支持国家提供这些益品;第三,如果某些可有可无的公共产品是推定公共产品的提供所必需的,那么得到推定公共产品好处的公民也有义务支持国家提供这些可有可无的公共产品。

克洛斯科的公平原则理论在基本倾向上已经与哈特和罗尔斯不同,是一种非自愿主义的理论,他的公平原则理论强加义务不以受益者的自愿行为为前提。由于放弃了哈特和罗尔斯版本的公平原则中的自愿因素,相对于哈特和罗尔斯的公平原则理论,他的理论便能够确立起一般的甚至普遍的政治义务。

克洛斯科不仅详细地讨论了"划算"与"公平"两个前提条件,更为重要的是,他将强加义务的合作事业限定为提供推定公共产品的合作事业或同时还提供推定公共产品所必需的可有可无公共产品的合作事业,实际上是对哈特、罗尔斯所提出的公平原则所做的进一步限定和修正,这种修正版的

---

① 乔治·克洛斯科:《公平原则与政治义务》,第 116 页。
② 同上书,第 115 页。

公平原则理论至少有两方面的理论优势。一方面,这种版本的公平原则轻松地摆脱了诺齐克式的批评,因为根据这条原则,如果一种合作事业仅仅提供一种无关紧要的益品,这并不足以使受益者背负义务,毕竟,受益者完全可以说自己并不想要这种益品,而推定公共产品的不可或缺性使得受益者不能如此拒绝,因为推定公共产品是他不可能不想要的东西。另一方面,克洛斯科版本的公平原则可以在确立一般的甚至普遍的政治义务的同时,又能够满足政治义务理论的"特殊性"要求,就是说,它能够说明为什么公民只有义务服从自己祖国的统治及其法律。具体而言,因为一个政治共同体的成员只从自己所属的共同体中得到了不可或缺的益品,比如国防、法律与秩序,所以只对自己所属的政治共同体负有政治义务。当然,他也可能会从他国的国防、法律与秩序得到一定的利益,但这种利益是微不足道的,并非不可或缺,所以他不会因为得到这种利益而背负对他国的服从义务。克洛斯科还将公平原则的运用范围扩展到同时提供推定公共产品和可有可无公共产品的合作事业,从而解决了政治义务范围的广泛性问题。

不过,克洛斯科的观点与论证并非无懈可击,如果不解决下述问题,那么其理论的上述优势就是空中楼阁。第一,为什么仅仅是被动得到利益而没有主动接受利益就足以产生义务?诺齐克批评公平原则最关键的依据在于,这种益品不是我们自愿选择的,而是别人强塞给我们的。他的这一批评虽然是针对哈特和罗尔斯,但由于哈特和罗尔斯的公平原则是一种自愿主义的原则,而诺齐克忽视了这一点。不过,用这一批评来针对克洛斯科版本的非自愿主义公平原则倒是恰如其分的。正如西蒙斯所说,放弃了自愿主义,就使得公平原则丧失了直觉的支持。[①] 哈特和罗尔斯的自愿主义公平原则虽然在证成政治义务时遇到了困难,但是它本身是很有说服力的,因为它只谴责搭便车者,即主动占取合作事业的便宜却不愿意分摊成本的人,这符合我们的道德直觉。根据我们的道德直觉,这些人的行为是不公平的。而克洛斯科版本的非自愿主义公平原则要求那些"无辜的旁观者"也要尽义务,只要他得到的是不可或缺的利益,否则也要被看做搭便车者。但这些人与经典意义上的搭便车者是不一样的,因为他们并没有主动占取他人劳动

---

① John Simmons, *On the Edge of Anarchy*, Princeton University Press, 1993, p. 256.

的便宜。

对于诺齐克的批评,克洛斯科并没有正面回答,而是把注意力转向了利益的性质,认为如果得到的利益是受益者不可或缺的,在其他条件都相同的情况下,受益者哪怕仅仅是得到利益也将因此而背负义务。这样,我们可以向克洛斯科提出第二个问题:为什么得到无关紧要的益品(诺齐克举的例子就是这样)不足以使受益者背负义务,而得到推定公共产品就会使受益者背负义务?或许克洛斯科的依据是,第一种情况所涉及的利益对于我们以为的受益者来说未必是一种利益,如果要求他支付一定的成本,就可能会损害他的利益;如果所涉及的利益是推定有益的,那么就不可能出现这种情况,所以得到这种利益就会因此而背负义务。如果是这样,那么一个确实受益于他人提供的无关紧要的益品的人也将有义务承担其成本。但克洛斯科明确地否认了这一点,他说:"限制一个人的自由以便给他某种他完全可以不要的东西,这本身就是成问题的,即使他因得到这种益品而获得的利益超过了他去帮助提供这种益品所要承受的负担。"[1]如果是这样,那么克洛斯科的依据到底是什么呢?鉴于推定公共产品对于受益者来说是不可或缺的,我们可以用假设的同意来证成受益者的义务,但是克洛斯科也明确地否认了这一点。因此,克洛斯科实际上并没有回答这个问题,毋宁说,他只是提出了自己的观点而没有给出论证。如果没有足够的依据把得到无关紧要利益的情况与得到推定公共产品的情况区别开来,那么这两种情况要么都可以产生义务,要么都不能产生义务。

瑞菲尔德也批评克洛斯科没有回答为什么得到推定公共产品就会产生义务,他指出,要想摆脱这一问题,克洛斯科就必须证明一个更为基本的命题:一个人有道德义务维持自己的生命。"如果不假定一种维持我自己生命的义务,我就看不出在我没有要求一个人救我的命的情况下,为什么我有义务偿还他因救了我的命而付出的代价。"[2]但是,瑞菲尔德进一步指出,这一作为前提的命题实际上与自由主义是不相容的。

这把我们引向了克洛斯科的观点所存在的第三个问题。事实上,虽然

---

[1] 乔治·克洛斯科:《公平原则与政治义务》,第52页。
[2] Andrew Rehfeld, "Review of *The Principle of Fairness and Political Obligation*", p. 420.

克洛斯科总是把自己的政治义务理论归入自由主义之列,但他基于推定有益的公共产品为公平原则所作的辩护带有浓厚的、为自由主义所诟病的父权主义(paternalism)色彩。他的下述说法更是明确地体现了这一点:"如果认为某种可排他性益品 G 对于 A 的福祉来说显然是不可或缺的,那么我们似乎就可以正当地限制他的自由以便确保他得到这种益品。鉴于 G 的重要性,如果干涉人们的个人自由不仅是为了确保人们得到它,而且也是为了确保他们为提供这种益品作出贡献,那么干涉个人自由似乎就是正当的。"① 对于推定公共产品,同样如此。

第四,正如西蒙斯所指出,由于得到推定公共产品就可能背负义务,克洛斯科的论证还可能使得一个强国 A 因为向一个弱国 B 的公民提供了 B 国无法提供的保护而使得 B 国的公民也对 A 国负有政治义务,从而把 B 国变成自己的一部分,这样,任何一个恃强凌弱的国家都有了正当的理由吞并比自己弱小的国家,而这种吞并行径还是借着"公平"之名而来的。② 这或许是克洛斯科自己也不愿意看到的。

第五,法治、秩序、国防与环境保护是推定公共产品吗?克洛斯科之所以把这些公共产品看做是不可或缺的,是因为在他看来这些公共产品都以个人的人身安全为中心。它们当然也关系到财产安全,虽然克洛斯科并没有提到财产安全,但我们可以把它看做是人身安全的延伸,因为财产本身能够有助于维系人的生存和安全。如果是这样,那么法治与秩序似乎就不是所有人都不可或缺的。设想一个贫富悬殊的社会,穷人过着朝不保夕的生活,在没有法治与秩序的状况下,他们至少可以联合起来靠打劫富人维持生存,法治与秩序可能并不是他们想要的,也不值得他们为之付出努力,它对于弱势群体来说就无异于枷锁,如果他们起来推翻这种秩序的话,那么正如马克思和恩格斯在《共产党宣言》中所说:他们"失去的只是锁链。他们获得的将是整个世界"③。

至于国防,当克洛斯科把它看做不可或缺的时,他预先假定了国与国之

---

① 乔治·克洛斯科:《公平原则与政治义务》,第 51 页。
② John Simmons, *On the Edge of Anarchy*, p. 259, 尤其是 n. 92.
③ 马克思恩格斯:《马克思恩格斯选集》第 1 卷,中共中央马克思恩格斯列宁斯大林著作编译局编译,北京:人民出版社,1995 年,第 307 页。

间处于霍布斯式的自然状态,即便这种假定是成立的,我们也只能断定国防对于国家的存在不可或缺,并不等于对每个公民来说也是不可或缺的,因为如果没有国防的话,至少那些在卫国战争中牺牲的士兵是有可能不会丧命的,毕竟,一个国家侵略另外一个国家多半不是为了杀掉其国民。"除非能够证明在外敌入侵时,对每个人而言,生存下来的最好策略是与侵略者战斗,否则,按照这种公平原则,一个人不可能有义务去冒死犯难。然而,在国家沦陷和个人死亡之间似乎并不存在一个明显的因果链条。"①

这样,我们发现,一种公共产品是否是推定有益的,还要取决于它要求受益者所付出的代价,"即便像人身安全这样的益品……如果要付出高昂代价才能被提供出来……或以一种不必要且令人反感的方式才能被提供出来,人们也可以不无道理地认为它总的来说是一种负担"②。对于国防这种益品是否值得受益者为之付出代价,克洛斯科说道:"如果可以表明对 X 的每个成员来说预期的危险都小于没有国防的情况下的危险,那么条件(i)就能够得到满足。"③我们前面已经指出,克洛斯科的这种说法实际上把公平原则产生义务的条件变成了"预期的利益要大于所付出的代价"。而且,对于那些面临很大生命危险的士兵来说,预期的危险显然大于没有国防情况下的危险;对于那些已经牺牲生命的人来说,他们所付出的代价更是明显大于所得到的利益,对他们来说,国防也因此而变得不是推定有益的了。根据公平原则,这就意味着,没有任何人有义务为了国家而牺牲生命,而这反过来又会导致国防很难实现,从而使得国民因为没有得到国防的利益而没有义务支持国防。因此,我们可以说,公平原则无法证成公民有义务为国防牺牲自己的生命。相比之下,要证成公民有义务为国防提供财力支持要容易得多。

其实,公民没有义务在国防中牺牲自己的生命这种吊诡之论(paradox)与我们的一种道德直觉是一致的,我们一般都把为他人牺牲的行为看做一种崇高的英雄行为,它是一种超义务行为(supererogation),而不属于道德义务之列。克洛斯科虽然注意到支持国防的行为可以分为服兵役和为国防提

---

① 程炼:《公平游戏与政治义务》。
② John Simmons, *On the Edge of Anarchy*, p. 258.
③ 乔治·克洛斯科:《公平原则与政治义务》,第 66 页。

供财力支持,但是他或许并没有看到,这两种行为并不能都作为义务来强加给公民,他的公平原则也并不是如他认为的那样能够证成为国牺牲的义务。

良好的环境是否属于推定公共产品呢?它无疑是一种益品,但未必是推定有益的。就现在的自然环境而言,至少其恶劣还不足以威胁到当代人的生存,而很多人眼下就面临着诸多生存问题,他们并不关心环境的保护,除非不保护环境会给他们当下的生存带来直接的影响。事实上,有钱人比穷人更关心良好的自然环境。当然,如果就全人类来看,环境的保护对人类来说确实是推定公共产品,这意味着每个国家都有基于公平原则的责任为环境保护尽力,但这已经是将公平原则运用于国际政治领域了,与政治义务无关。

在克洛斯科所提到的推定公共产品中,争议最少的或许是某些流行疾病的控制,因为这些疾病直接威胁到每个人的健康甚至生命,所以对每个人来说都是推定有益的。政府为了防控这些疾病而采取的措施应该得到每个公民的支持。

总之,克洛斯科并没有成功地证明得到不可或缺的益品可以在受益者身上产生义务;借助于利益的不可或缺性的同时又放弃公平原则的自愿因素,这可能走向家长制,也可能会为强国吞并弱国张目;而且,即便得到推定公共产品的确能够使受益者背负义务,但由于法治、秩序尤其是国防并非在任何情况下对每个人来说都是推定有益的,所以克洛斯科版本的公平原则所能证成的政治义务并不如他所认为的那样广泛。

How Is the Argument for Political Obligation from the Principle of Fairness Possible?
—On George Klosko's Theory of Political Obligation

Mao Xinggui

Abstract: The attempt to explain and justify citizen's political obligation originates from H. L. A. Hart, and is supported by John Rawls and attacked by Robert Nozick. George Klosko tries to reconstruct the argument from the principle of fairness. He holds that if the public goods flow from a scheme of co-operation are worth the recipients' effort in providing them and essential to them, and the distribution of the benefits and costs is fair, the scheme of co-operation can obligate the recipients without their consent. If the public goods provided by state satisfy these requirements, citizen will be bound to support the state's effort in providing these goods. Since many public goods are necessary to the essential public goods, citizen will also be bound to support state to provide these discretionary public goods. However, given the serious difficulties with Klosko's argument, his revisionist theory of fairness fails.

Key words: political obligation, principle of fairness, public goods

海德格尔的"濠梁之辩"

罗 久[*]

提 要：海德格尔曾经通过庄子与惠施的濠梁之辩来帮助人们理解他的《论真理的本质》这篇讲演的内容。这场著名的论辩是一个关于他人之心是否可知的争论。有论者认为在这场对话中庄子采用了诡辩的方法来回应惠施的诘难，最终陷入一种感觉主义和相对主义。更有论者以此为依据来判定"濠梁之辩"并非庄子思想的表达，而是庄子门徒对其思想的一种发挥或者说误解，不能体现道家思想的真精神。但是如果我们深入到《庄子》文本本身中去，我们会发现这段著名的对话即使不是庄子所著，至少也延续了庄子哲学的精神，其中的深意需要经过进一步的辨析才能显现。庄子通过将惠施逼入理解的真空状态，使得理解的可能性自发地显现出来，对以个体主义和主观主义为代表那些独断论和诉诸自明性的立场来说是致命的一击，而作为这种独断论主张之基础的表象性思维正是海德格尔关于真理之本质问题的讨论所要向我们揭示的。

关键词：海德格尔　庄子　濠梁之辩　表象　释义学　理解　真理

---

[*] 罗久，1985年生，复旦大学哲学学院博士研究生。

在《庄子·秋水》中有这么一段脍炙人口却又聚讼千古的对话：

庄子与惠子游于濠梁之上。庄子曰："儵鱼出游从容，是鱼之乐也。"

惠子曰："子非鱼，安知鱼之乐？"

庄子曰："子非我，安知我不知鱼之乐？"

惠子曰："我非子，固不知子矣；子固非鱼也，子之不知鱼之乐，全矣。"

庄子曰："请循其本。子曰：'汝安知鱼乐'云者，既已知吾知之而问我，我知之濠上也。"

中国历史上不同学者对这段对话有着不同的理解，现在的中国思想研究者，特别是庄子思想的研究者对这段对话的兴趣也依然不减。而在西方，又有海德格尔这样的大哲人在解释他的重要作品时引用了这段对话，为我们重新理解这个发生在两千年前的思想交锋提供了重要的契机。[①] 为什么海德格尔会在关于真理本质的讨论中引用这段对话，是什么吸引了他？海德格尔本人并没有直接阐明。让我们首先从文本入手，对这段对话进行一个细致的阐释，让对话本身的问题意识显现出来，而不是一开始就用各种现成的学说来设置它，因为这种解读就其自身而言乃是一种释义学的实践。在真正理解了濠梁之辩本身的意义之后，我们再试图将其与海德格尔关于真理本质的讨论联系起来，进一步讨论古今中西哲学中所共同面对的一些根本性问题。

---

① 1930年海德格尔在不来梅作《论真理的本质》的演讲之后，第二天又在凯尔纳(Kellner)家中举行了学术讨论会。当讨论到一个人是否能够将自己置于另一个人地位上去以及对意义问题进行心理学化的处理可能会碰到什么危险的时候遇到了困难。于是海德格尔就从主人那里借来了马丁·布伯(M. Buber)翻译的《庄子》，读了关于鱼之乐的故事。它一下子就更强地吸引住了所有在场者。就是那些还不理解《论真理的本质》的演讲的人，思索这个中国故事就会知道海德格尔的本意了。这个有趣的故事可以参见海德格尔的终身好友、历史学家Heinrich Wiegand Petzet所撰写的关于海德格尔的传记 *Encounters and Dialogues with Martin Heidegger*, Chicago: Chicago University Press, 1993, p.18。后来这篇讲演文本经过多次修改后于1943年出版，后又收入海德格尔的文集《路标》(*Wegmarken*)中。

一

历史上关于《庄子》的注释可谓汗牛充栋,我们先来看看郭象和成玄英这两位重要的注释者对濠梁之辩这段对话的理解。郭象注曰:

> 寻惠子之本言云,非鱼则无缘相知耳。今子非我也,而云汝安知鱼乐者,是知我之非鱼也。苟知我之非鱼,则凡相知者果可以此知彼,不待是鱼然后知鱼也。故循子安知之云,已知我之所知矣,而方复问我。我正知之于濠上耳,岂待入水哉。夫物之所生而安者,天地不能易其处,阴阳不能回其业。故以陆生之所安,知水生之所乐,未足称妙耳。①

郭象的注释基本上是对原典采取一种附和的态度,是在接受庄子的立场上来理解这段对话的,可以说郭象并没有讲出什么新东西。而且他完全没有注意到,至少是没有指出庄子在论辩中采取的一个明显的诡辩,就这一点笔者在后文中会重点阐发。我们再来看看成玄英对这段对话是怎么理解的。成玄英疏曰:

> 惠子云子非鱼安知鱼乐者,足明惠子非庄子而知庄子之不知鱼也。且子既非我而知我,知我而问我,亦何妨我非鱼而知鱼,知鱼而叹鱼。夫物性不同,水陆殊致,而达其理者体其情。是以濠上彷徨,知鱼之适乐,鉴照群品,岂入水哉。故寄庄惠之二贤,以标议论之大体也。②

成玄英的疏倒是不完全停留在语词上的辩论,而说出了一些庄子得以立论的根据或理由,即所谓"达其理者体其情"。也就是说,庄子与鱼虽然物性不容,水陆殊致,但是天下的道理是通达一贯的,鱼之乐并非与人的理解认识格格不入,而是道通为一,达其理则可以体其情,所以无须成为鱼才能够体会鱼之乐。成玄英在此确实比郭象更进了一步,说出了一些理论的根据,但是这就像我们今天的学者往往受海德格尔那套话语的影响,喜欢以大道、本真状态云云,却鲜有把其中的道理讲清楚的,成玄英也没能够把这其中的道

---

① 刘文典:《庄子补正》,昆明:云南人民出版社,1980年,第556—557页。
② 同上书,第557页。

理给讲透,只是加进了两个需要进一步解释的名词"理"与"情",所以这样的解释尽管进了一步,却仍是不够充分的。

实际上,庄子对语言的敏感是卓越的,与惠施一段濠梁之辩道出了不少关于语言和人生的大道理。其实这在我们的日常生活中也是常有的事情,我们时常因为别人不能理解我们的想法、遭遇而感到苦恼和难过,别人费尽心思给予我们的同情有时往往是隔靴搔痒,无法引起共鸣,然而也有时候,一个素昧平生的人却可以让你感动,心有灵犀一点通,仿佛是相交多年的朋友一样。人确实奇妙,他人之于我们自身到底是什么?我们可能完全站到他人的立场来思考,来理解吗?人是否可以理解他人,以及如何达到这种理解呢?就让我们从这段对话入手吧。

二

庄子与好友惠施游于濠水之上,见水中鱼儿从容出游,庄子感叹此为鱼之乐。一个看似平常的感叹在惠施看来却蕴涵了深意,庄子和鱼是完全不同的个体,甚至是完全不同的类存在,庄子何以能够知道鱼之乐呢?不同的个体之间如何能够相互理解呢?不同个体之间的相互理解在这里显然成了问题,这种理解的可能性并不是自明的,在人与人的交往中并不是"人同此心,心同此理"这么简单。

惠施对他人之心可知的自明性深表怀疑,于是他问庄子,你不是鱼又如何知道鱼之乐呢?问题一出,庄子马上领会到了这一问题的重要性。以惠施的诘难来看,至少他认为,不同的个体之间是难以达到互相理解的,或许只有自己才最了解自己的想法和感受。然而我们不是常常会有"我自己都快认不出自己了"这样的感慨吗?我们总觉得人生得一知己足矣,有时自己真的不见得是最了解自己的人,而惠施的提问中显然预设了只有自己才能够真正了解自己的想法。如果要为庄子辩护的话,我们通常容易想到美学上常用的一个概念,那就是"移情"。我们可以说,庄子会说水中之鱼游得快活,那是因为他自己心情大好,不知不觉地将这种快乐的心情移到了鱼的身上,于是就认为鱼也是快乐的①。这种借用移情的说法固然可以讲得通,但远远是不充分的。试想,如果庄子当时心情很糟,同样在出游的时候看到水中的鱼游来游去,或许他会说,我心情如此郁闷,这些鱼竟然还游得这么快活。如果这样的话,用移情来作为庄子知鱼之乐的根据就很难说得通了,因为惠施此时仍然可以反问庄子"子非鱼,安知鱼之乐",移情说在此看来作为知的根据是很不充分的。那庄子是否还有其他的根据呢?顺着惠施的思路,庄子反问惠施,你不是我,又怎么知道我不知鱼之乐呢?惠施从"子非鱼"推出"安知鱼之乐",其前提是不同的个体之间无法相互理解;庄子则根据同样的前提,推出惠施不可能知道他之所思与所知。这里的关键之处是,虽然庄子采取了与惠施相同的前提,即认为个体之间相互理解的自明性是可疑的,但是惠施是要把这种怀疑进行到底,从根本上否定不同个体之间相互理解的可能性,而庄子则是希望通过对惠施的回应,将理解的可能性问题提示出来,并通过对理解自明性的怀疑来把理解的可能性真正确定下来。庄子认为不同个体之间的相互理解是可能的,但并不具有某种先验的自明性。

正因为两人的根本立场不同,但又同样对理解的自明性表示怀疑,所以庄子敢于在惠施所持的前提上来反驳他。然而在惠施看来,既然庄子承认了他的前提,即不同的个体之间无法相互理解,那么庄子同时也就否定了自己知鱼之乐的可能性,简直就是搬起石头砸自己的脚。所以惠施顺着同样的思路反驳庄子说,我不是你,当然不知道你的想法,但你也不是鱼啊,当然也不可能知道鱼之乐,所以没有必要再争下去了。对话到这里为止都是按照惠施的逻辑来进行的,如果这场论辩就在这里结束,似乎并没有太多的深意,只不过是一场机智的逻辑游戏罢了。然而庄子与惠施所持的根本不同的立场让他必须回到对话的开始,重新审视,以寻找到不同个体之间相互理解之可能性的根据所在。

庄子不是一个怀疑主义者,也不是相对主义者,他希望通过这场论辩去揭示一个理解的可能性的问题。每一个人都是一个独特的个体,但这如此不同的背后是否有什么共同的东西作为我们交往和理解的基础呢?我们似

---

① 参见朱光潜:《谈美书简二种》,上海:上海文艺出版社,1999年,第111页。

乎是以一种相互理解却又普遍误解的方式生存着、交往着。在庄子看来,以个体存在的独特性来否定理解的可能性实在是一件太容易的事情,却没有真正抓住问题的关键。在惠施那里,不同个体之间的不能相互理解似乎已经作为一个自明的前提摆在那里,后面的论证无非是裁取所需的事实去迎合这个理论前提罢了。这在历史研究中就有以论带史之嫌,离事实本身还差得很远。个体、差异、理解,这些概念在惠施那里都变得十分抽象了,本来是想反对理解具有自明性的教条,结果却又把个体之间的不可理解作为新的教条立在那里。试问,如果不同的个体之间不能达到相互理解,那么,是不是只有相同的个体,亦即自己本身才能够理解自己呢?那么我们还要不要表达,要不要交流,要不要倾听他人呢?而且自己真的能通过某种内心的体验来到达对自己的理解吗?起码面对自己的生活和种种发自内心的想法,我们应该保持理智上的诚实。

人并不是抽象的、孤立的、封闭自足的实体,个体恰是在共在中确立了自身的位置。"有人之形,故群于人"(《庄子·德充符》)。人们生活于其中的传统和生活形式构成了人与人之间相互理解的基础,我们甚至可以说,正因为有相互理解的可能性,我们才能够将理解可能性的根据作为一个问题提示出来。理解本身是与作为理解者的情绪、意愿、目的、反思、筹划和行动等等关联在一起的。将理解看做是对他人感受或想法的客观内容的还原,将他人视作我的客体或对象,这恰恰是难于理解的。惠施正是把理解当作是一种还原,将共同体中活生生的理解者与被理解者抽象成为孤立封闭的个人,不同的个体当然不能够完全成为对方,据此惠施才把不同个体之间无法相互理解当作教条,陷入一种绝对的相对主义的困境。但是这些还只是我们的阐释,我们觉得应该如此,而在我们已经读完的这几句论辩中庄子还没有能够反驳惠施,甚至使自身陷入了一个僵局,看起来庄子是上当了。果真如此吗?

为了寻找不同个体之间相互理解的可能性的根据,庄子带领我们回到了论辩的起始处。针对惠施的怀疑,庄子说,你既然问我"安知鱼乐",就表明这是你已经知道我知鱼之乐而问的呀,我就是在这濠水之上知道的。好些学者以为庄子最后的说法站不住脚,譬如杨国荣就指出,庄子在这里对论题作了某种转换。从逻辑的层面看,"安知"蕴涵两重含义:其一,如何可能知（how is it possible for you to know）？其二，以何种方式知或从何而知（how do you know or from where you know）？惠施问"子安知鱼乐"，其前提是庄子非"鱼"，这一追问的实质是：作为不同的个体，庄子如何可能知他人之心？庄子则一方面将质疑"诠释"为肯定或默认，另一方面又把"如何可能知"的问题转换为"以何种方式知"或"从何而知"①。揭示出这一逻辑上进行的问题转换是非常重要的。但是在我看来，杨著得出的结论有些仓促了，以至于错失了这段经典对话的真正意义。在杨著看来，这种问题的转换表明庄子完全是用一种诡辩的方式来肯定理解的可能性，实际上他已经输给惠施了。而且从传统的认识论来看，庄子站在河岸知鱼乐，他把感觉作为知识的可靠来源，用一种不加批判的简单实在论作为挫败惠施的最终根据，这显然与庄子在内篇中的论点有很大出入，使庄子有陷入相对主义的危险。②

然而我很难相信庄子会犯这样低级的错误，也很难相信凭借惠施的机智会看不出庄子在论辩中有意转换论题的动作，而不对此进行反驳。但对话偏偏结束在这里，结束在这一个没有多少道理可言的诡辩上。庄子所希望证明的理解的可能性最终又诉诸于自明性了，甚至是比原先更低层次的自明性。如果是这样的话，庄子又何必多此一举，而不在论辩的一开始就直截了当地说"我知之濠上"呢？我们需要记取的是，这是一篇经过精心设计的对话，对话的内容是被问题本身的复杂性所牵引的。庄子和惠施一样，对理解的自明性深表怀疑，这种怀疑直接指向以儒家和墨家为代表的道德理想和政治主张。他们都从自己的经验和立场出发，在某种具有独断色彩的人性主张（人性本善或功利取向）的基础上来重建社会秩序。然而这恰恰导致了持不同立场的人们在相互交往的过程中彼此理解的困难，"故有儒墨之是非，以是其所非而非其所是。欲是其所非而非其所是，则莫若以明"（《庄子·齐物论》）。理解的可能性绝对不能建立在这样一种独断的立场之上。

---

① 杨国荣：《庄子的思想世界》，北京：北京大学出版社，2006年，第146页。
② ［美］爱莲心：《向往心灵转化的庄子：内篇分析》，南京：江苏人民出版社，2004年，第154页。爱莲心在这里根据他所理解的文意判定濠梁之辩甚至整个"秋水"篇都不是庄子或其门人的作品，但且不说爱莲心的理解是否正确，这种以文意来考据文本真伪的做法本身就犯了考据学上的一个大忌，实乃下下策。通过本文对濠梁之辩的疏解我们就可以看出爱莲心是如何偏离了庄子的思想，以至于他对《庄子》文本的考证出现了严重的问题。

在寥寥几句的对话中,庄子并没有直接给出他的主张,并没有宣称理解的最终依据何在①。因为整个对话本身就是一场理解的实践,这一由特定问题所牵引的对话本身就证明了不同个体之间相互理解的可能性。

对话的最后,庄子似乎把理解的可能性重新归结为一种简单感觉的自明性,而把整个对话的水平降低了。庄子最后的反驳显然是一种诡辩,但如果将这种诡辩放到整篇对话和它的问题中去就会显示出它独特的意义。其实,庄子最后证明所提出的内容("我知之濠上")并不是最重要的,反而让庄子有相对主义之嫌,真正重要的是,庄子为了向惠施证明理解的可能性而有意地误解了惠施所提出的问题,将"安知"作了意义上的转换。庄子恰恰是要用这种诡辩的方式来证明人与人的理解是可能的。理解不仅是可能的,而且我们事实上一直生活在这种相互理解之中而不自知,这是庄子希望提醒我们去注意的("请循其本")。惠施不正是在与庄子的相互理解中才能够去探讨理解的可能性问题吗?而惠施却没有意识到这一点,一味从抽象的个体性出发来否认理解的可能性。庄子通过这种有意的误解②把这个自然的理解过程中断,使惠施陷入理解的真空状态,一下子失去了讨论的基础。如果惠施要应对这一反驳,他必须对他的提问进行解释和澄清,使庄子能够理解自己提出的问题的真正指向,而这一解释和澄清的过程也恰好是理解在其中运作的过程,理解是否可能的问题不就变得不证自明了吗?用伽达默尔的话来讲,理解的问题就不是一个事实的问题,而是一个法权的问题,即理解何以可能、理解之为理解的根据何在的问题。③ 理解的事实性是不需要证明的,真正需要讨论的问题是怎样才能避免误解,而保证我们在彼此交流中能够正确领会和理解对方的意思。惠施的提问方式一开始就错了,他没有根据地预设了两个没有任何共同之处的个体,而不同的个体不能相知,他问的是在这样两个没有任何共同之处的个体之间怎么可能有对彼此的认识,结论已经包含在他的预设中,这样的提问就没有意义了。如果这

---

① 当然这是值得进一步讨论的问题,只是在这里庄子并没有提示出来,硬要说什么怕是有过度诠释之嫌。
② 庄子在这里对惠施提问的论题转换如果仅仅是一种无意识的逻辑混乱的结果,那么这篇对话就没有什么意义可言了,所以我认为庄子在这里是故意要曲解惠施的提问,把对话逼向理解的真空状态。
③ Hans-Georg Gadamer, *Truth and Method*, London: Continuum 2004, xxvi-xxvii.

样的提问和回答继续下去,将成为一个没完没了的无限递推,得不出任何建设性的结论。对话结束于庄子的诡辩,不是庄子输了,而是惠施悟到了其中的深意,已经无可辩驳了。正如伽达默尔所说的求理解的善良意志是自然的,人只要加入对话,为的就是理解和被理解①。站在庄子的立场来看,你惠施既然与我站在一起了,而且也参与了讨论,而且也向我提出了问题,回应了我的观点,当然就已经服从了求理解的善良意志。对话中理解的善意与被理解的愿望本身就构成了对话的前提和基础。庄子的善良意志与惠施的怀疑精神之间,构成了巨大的张力。惠施的机敏、庄子的睿智成就了这场深刻而又颇具戏剧性的对话。

三

海德格尔之所以要选择这段古老的中国经典中的对话来诠释自己关于真理之本质的思考,其用意非常明确,就是为了批评以表象性思维为基础、表现为主体与客体二分的符合论真理观,从而恢复那种更加源始的存在之真理,而不只是存在者之真理(der Wahrheit des Seins [nicht erst des Seienden])②。

通过前面关于濠梁之辩的分析,我们不难发现,惠施通过追问庄子"安知"鱼之乐,实际上已经是在追问这种"知"的根据何在。但是惠施只是为了辩论而提出了问题,却没有坦诚地追究下去,因为在惠施那里已经预设了一个前提作为知或不知的根据,那就是自明的主体:只有通过表象而置于我面前的对象才是可知的,离开了我的表象能力就没有认识可言。所以在惠施看来,庄子是庄子,鱼是鱼,我是我,这三者都是不同的个体,而鱼之乐和庄子之知鱼之乐都不能通过我们的表象而呈现出来,我们怎么能说自己可以认识呢。将此前提推向极端,就会导致一切不可见的东西都不可认识,甚至都不存在的结论。这种乍看起来非常荒谬的结论却并不是那么容易驳倒,可是在海德格尔看来,庄子这种不按常理出牌的"诡辩"正好给了这种观点

---

① 伽达默尔、德里达等:《德法之争》,上海:同济大学出版社,2004 年,第 46 页。
② Heidegger, Martin, *Wegmarken*, GA 9, Frankfurt am Main: Vittorio Klostermann, 1976, S.194.

致命一击。

实际上,这种主体性原则作为一种现代的意识形态通常被认为是一种16世纪以后的产物,然而作为一种哲学原则,正如黑格尔所说,早在古希腊就已经开始了,它的产生与希腊在伯罗奔尼撒战争中的瓦解同时①。值得注意的是,在那样一个寻求普遍真理的轴心时代,产生了孔子和苏格拉底,同时也产生了惠施、庄子和古希腊的智者学派,这不能仅仅被看做一种巧合,怀疑与真理总是共生的。海德格尔对《庄子》的引用正是着眼于人类在追求真理的道路中面对的普遍问题,这些问题并不是西方独有的或者中国独有的,表象性思维和主体性原则就是一例。这种思维方式的基本预设就是,心灵不能认识事情本身,只能通过我们的经验和观念"表象"对象,这就产生了以下基本问题:表象关系究竟是一种因果关系、相符关系,还是类似关系?语言如何符合我们的表象,而表象又如何能够符合事物本身?这是沿着这种思维方式追问下去必然产生的问题,正是这种主体与客体的分裂以及语言与事物的分裂,为怀疑论留下了空间。

在海德格尔看来,关于真理之本质的思考和惠施关于"安知"的追问一样,是对那种首先并且一般地被当作已知的东西的内在可能性之根据的追问。② 海德格尔在这里向我们揭示了一个根本性的问题,即我们对世界的日常理解并不是现成的和自明的,也就是说,以表象性思维为基础的知识观和真理观并不能为自身提供其存在的合理性的根据。但是海德格尔并不是要颠覆传统的真理概念和我们的日常理解,相反,他是要通过指出源始的真理现象,证明基于源始的真理现象的理论不得不转变为我们日常理解中的关于真理的符合观念,并说明这种演变是如何发生的,让人们最终看到,真理作为一种揭示活动的生存论存在论基础③。用黑格尔的话来说就是,自然的意识(natürliche Bewusstsein)将证明自己只是知识的概念或者不实在的知识④。因而这条道路看上去是对日常理解的否定和毁灭,实际上则是它的实现。

---

① 黑格尔:《哲学史讲演录》第二卷,北京:商务印书馆,1960年,第3页。
② Heidegger, *Wegmarken*, S. 186.
③ 海德格尔:《存在与时间》,北京:三联书店,1999年,第253页。
④ 黑格尔:《精神现象学》(上卷),北京:商务印书馆,1979年,第55页。

表象思维是我们日常理解中的一种十分典型的方式。所谓"表象"（Vor-stellen）意味着让物置于观察者的面前而成为对象。我们通常所说的真理（正确的认识）就是指我们关于对象的思想或者陈述（命题）符合对象本身。对象自身可以自在地成为衡量我们的认识正确与否的尺度。但是，这种在日常理解看来毫无疑问的真理观却必须回答这样一个问题，也就是说，人的认识（思想）和对象（事物）作为两种具有不同物性的东西如何能够符合呢？这种符合是什么意义上的符合？是同一，类似还是因果？惠施的唯我论基本上持有一种认识与对象同一于主观的观点，但是这种观点在惠施那里最终会取消真理本身。在这里，海德格尔要求我们换一个思路来思考这种"关系"。他指出，表象活动本身不足以将事物放到我们面前，给予我们，它依赖于一个使其得以成为一物的意义空间，用海德格尔的话说就是，"横贯对立领域的物的显现实行于一个敞开域（Offenes）中，此敞开域的敞开状态（Offenheit）首先并不是表象创造出来的，而是一向只作为一个关联领域而为后者所关涉和接受。表象性陈述与物的关系乃是那种意义关系（Verhältnis）的实行，此种关系源始地并且向来作为一种关系行为（Verhalten）表现出来"①。也就是说，我们人生在世首先处在一种超越主观与客观之分的敞开域中，这一敞开域的敞开状态并不是由诸多表象所构成的。相反，这一敞开域是各种意义关系的总体（a matrix of relations）②，在这种敞开域中可敞开者才被经验为"在场者"（das Anwesende），才具有了某种本质和规定性，这一在场者长期以来被称为"存在者"（das Seiende）。

可是，我们时常遗忘这种作为敞开域的存在者整体的意义关联（黑格尔将这一整体的意义关联称作"以太"[Äther]或者纯粹的精神）③，而径直将结果作为开端，仿佛对象是超越了一切社会历史文化的差异和丰富性而自身具有普遍的、自明的意义一样。然而，这种遗忘了存在之真理的真理观恰恰导致的不是真理的获得，而是真理的遗忘，为主观主义和怀疑论留下了可乘之机。因为这样一种现成的对象是把作为主体的认识者当作自身存在的根

---

① Heidegger, *Wegmarken*, S.184.
② Richardson, W. J., *Heidegger: Through Phenomenology to Thought*, The Hague: Martinus Nijhoff, 1974, p.214.
③ 黑格尔:《精神现象学》（上卷），第16页。

据,"在遗忘了存在者整体之际,人便从他的打算和计划中取得其尺度"①。可是,"他愈是独独把自己当作主体,当作一切存在者的尺度,他就愈加弄错了。人类猖獗的忘性固执于那种对他而言总是方便可得的通行之物来确保自己。这种固执在意义关系中有它所不得而知的依傍;作为这种意义关系,此在不仅绽出地生存(ek-sistiert),而且也固执地持存(in-sistiert),即顽固地守住那仿佛从自身而来自在地敞开的存在者所提供出来的东西"②,所谓绽出地生存就是历史性的此在打开一片敞开域,使存在者得以向我们呈现的关系性行为;而固执地持存则是指遗忘了存在,而将现成存在者作为自明的对象来把握。

最后,笔者愿以《庄子·外物》中庄子与惠施的一段对话来作为本文的结束,在这段对话中包含了海德格尔关于真理之本质的思考所表达的基本洞见:

> 惠子谓庄子曰:"子言无用。"庄子曰:"知无用而始可与言用矣。夫地非不广且大也,人之所用,容足耳。然则厕足而垫之,致黄泉,人尚有用乎?"惠子曰:"无用。"庄子曰:"然则无用之为用也亦明矣。"

真理,如同这广大的土地,"人之所用,容足耳"。就像我们所固执于存在者而遗忘了存在本身,似乎这广大的土地没有什么作用,我们所需要的只是那一小块。但是如果将站立的那块土地旁边所有的土地都挖去,只剩容足之地,那么我们就会发现,真理就是那无用之大用,我们的脚未必踩在上面的土地,但是离开了它,立足之地反而会让我们变得战战兢兢、寸步难行。在海德格尔那里,真理就是这有无用之大用的土地,它自行揭示为让存在者存在(das Seinlassen von Seiendem)③。这也正是海德格尔一定要用一个带有否定前缀的古希腊词 aleitheia(去蔽),而不用德语的 Wahrheit 来表示"真理"的原因。

---

① Heidegger, *Wegmarken*, S. 195.
② Ibid., S. 196.
③ Ibid., S. 188.

Heidegger's *Haoliang Debate*

Luo Jiu

Abstract: Martin Heidegger has once used the *Haoliang Debate* to explain the meaning of his speech "On the Essence of Truth". This debate happened on Haoliang River between Zhuangzi and Huishi is a controversy about the problem of understanding other minds. Some author thinks that the way of Zhuangzi answering Huishi's question is a kind of choplogic, so Zhuangzi is thought to be a scepticism and relativism. Moreover, someone concludes that Haoliang Debate can not represent the spirit of Taoism. The reinterpretation of this debate will show us that Zhuangzi's answer pushed Huishi into the empty space of understanding in oder to confirm the possibility of understanding and at the same time gave the fatal attack on the dogmatism and any kind of self-evident. Representation as the ground of this dogmatism is what Heidegger want to criticize in his discussion about the essence of truth.

Key words: Heidegger, Zhuangzi, *Haoliang Debate*, representation, Hermeneutics, understanding, truth

《蓝田吕氏遗著辑校》

[宋]吕大临等 撰，陈俊民 辑校
北京：中华书局，2012 年 10 月

  本书为中华书局"理学丛书"当中的一本，上世纪 90 年代初曾经出版。蓝田吕氏大临、大钧、大忠的著作宋以后逐渐散佚，本书从宋以来的相关著作当中，对蓝田三吕著作做了比较完备的辑佚，其中以吕大临的为主，包括对《易》、《礼》、《四书》的解说以及其他文字。其中，《易章句》以《通志堂经解》中纳兰性德所撰《合订删补大易集义粹言》为底本，参校《四库全书》重刊本，又从南宋吕祖谦编撰《晦庵先生校正周易系辞精义》补足对《系辞》以下的解说；《礼记解》以《通志堂经解》中宋卫湜撰《礼记集说》为底本，参校 1911 年蓝田牛兆濂芸阁学舌本《蓝田吕氏礼记传》；《论语解》、《孟子解》以宝诰堂重刻白鹿洞《论孟精义》为底本，参校《四库全书》本与日本国景享十四年（1727）和刻本；《中庸解》、《论中书》、《东见录》则取自《二程集》；其他如《蓝田仪礼说》、《蓝田礼记说》、《蓝田语要》、《吕氏乡约·乡仪》等则从《宋元学案补遗》、《四明丛书》、《性理大全书》、《张载集》等书中做了辑校。

  蓝田三吕本师事张载，张载殁后又及程门而事之，是连接关学和洛学的重要人物。他们的著作朱子还曾见过，然而宋以后逐渐散佚，其说只是以各家征引的方式被部分地保留下来，因而长期得不到重视。而陈俊民的辑校，展现了现在所能见到的三吕著作全貌，对于研究北宋关学与洛学的关系，准备了文献上的基础。（白辉洪）

"范式"研究的逻辑路径及其现实效用
——对马克思哲学思维范式研究的当代反思

翟俊刚[*]

提　要：库恩的范式概念在一定程度上引发了马克思哲学研究的范式自觉。范式研究更多的应指向哲学思维的方法精神，超越传统方法论或思维方式探讨，紧扣马克思哲学的核心观念，从其自我运作的内在方式出发进行阐释，进而使其面向当代。范式研究的具体路径可以从提问方式、问题领域、思维空间、评价模式和发展方式入手展开探究。马克思哲学的革命意蕴及其当代性，因而可以得到更深刻的理解和把握。

关键词：思维范式　实践思维　分析路径

库恩提出"范式"概念后，经过诸多思想家的解读，其影响力逐步显现。但随着诠释语境的转移，范式的内涵也相应发生了变化，主要表现为研究范式与思维范式的区分。范式研究的加强，体现了马克思哲学发展的范式自觉，即对马克思哲学世界观变革的精髓及其当下意义的深层反思。但如何理解马克思哲学范式，如何对其进行有效界定，以明确研究的逻辑路径，从而推进其当代发展，依然需要审慎对待和细致辨别。

---

[*] 翟俊刚，1979 年生，北京化工大学马克思主义学院讲师。

一 范式自觉及其意义

库恩的范式观对人文社会科学尤其是哲学的发展有着不小的作用。① 应当说,研究范式问题的凸显,在某种意义上是反映了马克思哲学发展的范式自觉,代表着理论思考的某种深入。哲学的发展始终是需要范式自觉的。马克思哲学当代化的一个首要问题,往往就在于范式自觉。范式自觉并不是哲学发展的外在附加或人为制造,而是其发展的内在需要和必然。

但受库恩范式概念初始界定的影响,人们往往倾向于在"研究范式"的维度来理解、利用和阐发哲学范式。马克思哲学的范式研究,也大致具有类似的逻辑轨线。就深度把握马克思哲学的革命意蕴而言,这一点确有进一步厘定的必要。但直接来讲,研究范式涉及研究共同体的总体活动、理念等要素,如果要在这个意义上开展某种完全的研究,往往具有一定的困难。值得注意的是,学界对于范式也有其他理解,如理解范式、解释范式、诠释范式等。两种理解方式的区别在于,后者显得更为"保守",也即它是首先从马克思哲学的基本观点、立场和方法出发深入思考其范式特性的。这样的把握可归纳为思维范式的探讨。其要旨和目的相对比较单纯,即如何把握马克思哲学的思想特性和内涵。对于目前的学术研究,尤其是马克思哲学的当代化而言,这应是不可或缺的一环,也是范式自觉的集中体现,应成为范式

---

① 库恩在《科学革命的结构》中提出了"范式"概念。在总结科学发展的某种内在规律时,他指出,"'常规科学'是指坚实地建立在一种或多种过去科学成就基础上的研究,这些科学成就为某个科学共同体在一段时期内公认为是进一步实践的基础"。"它们的成就空前地吸引一批坚定的拥护者,使他们脱离科学活动的其他竞争模式。同时,这些成就又足以无限制地为重新组成的一批实践者留下有待解决的种种问题。"而"凡是共有这两个特征的成就,我此后便称之为'范式',这是一个与'常规科学'密切有关的术语。我选择这个术语,意欲提示出某些实际科学实践的公认范例——它们包括定律、理论、应用和仪器在一起——为特定的连贯的科学研究的传统提供模型"。换言之,"以共同范式为基础进行研究的人,都承诺同样的规则和标准从事科学实践。科学实践所产生的这种承诺和明显的一致是常规科学的先决条件,亦即一个特定研究传统的发生和延续的先决条件"。(托马斯·库恩:《科学革命的结构》,金吾伦、胡新和译,北京:北京大学出版社,2003 年,第 9—10 页)直接来讲,库恩探讨的其实是"研究范式"的问题。它包括两个层面:从精神层面来看,研究范式以特定的科学定律、原则为思想基础和规范;在实践层面,研究者组成某种共同体,借助特定实验条件(物质基础)实现科学范式的传承。而思想的发展与其物质环境实际构成了某种双向的互动。这个意义上,研究范式又体现为特定的实验模式。

研究的一个侧重点和突破口。

相对于实体思想而言,范式(即思维范式)总是意味着某种更为稳定的东西,一种从更深层次反映思想由以不断生成的思维方式、模式、方法。哲学或者哲学思维是什么样的,根本上也就是说它是以什么样的观点、方法和方式运用并发展自身的。从范式入手考察思想本身,代表一种批判性的深刻自我反思。它不是停留在"是什么",即对哲学观点的抽象感知,而是进入哲学思维的"如何是",即深入掌握其运思方式、方法。哲学思想与思维毕竟是有所区分的。比较而言:思想直接展现的是观点本身,即对事物的具体、明确判断,代表着一种实体性探求;而思维则属于某种程序性发问,即思想本身"如何是",如何展开、运用和发展自身。思想是思维的知识基础,思维则是思想的存在方式。虽然在日常的使用中,人们并不刻意对二者进行区分,但思维其实意味着更为具体的逻辑层面(思想的自我运演方式、模式)。所以,从思维出发把握思想,往往比就思想论思想更能切中问题的要害。

对哲学范式的把握,需要注意从外部到内部的完整辨别。"外部"辨别,即明确哲学思维与常识和科学思维的区分。哲学思维代表一种终极性思维。这一般有三个意思。一是终极批判、反思,即对现实事物使用可能的前提性追问。这是哲学思维区别于常识与实证科学的首要标志。一是终极解释,哲学的追问不是无的放矢,而是运用普遍概念超越感性,进而通过概念的思辨为世界建立合乎逻辑的思想图景。诚如黑格尔所言:"哲学的陈述,为了忠实于它对思辨的东西的本性的认识,必须保存辩证的形式,并且避免夹杂一切没被概念地理解的和不是概念的东西。"[1]"真正的思想和科学的洞见,只有通过概念所作的劳动才能获得。"[2]一是终极关怀,对人类生存价值、意义的批判性觉解,这一点构成了哲学现当代转型的重要标志。应当说,哲学的此种形而上本性,不管人们是否意识到,都一直贯穿哲学思维的始终。"内部"区分,即对不同哲学形态的范式差异进行甄别。近些年,范式研究进一步走向了具体化,不止一般地谈论哲学思维的形而上特性,更多的是结合哲学形态的演变,关注、分析哲学思维的内在变革。这就涉及范式的

---

[1] 黑格尔:《精神现象学》上卷,贺麟、王玖兴译,北京:商务印书馆,1979年,第45页。
[2] 同上书,第48页。

内部标准,即通过哲学形态的比较揭示其思维本质。这样一来,研究的关注点就充分放在了哲学自身发展,投向了哲学思维的运作路数、程式、方式及其发展轨迹。比较而言,可以说后者才是完全意义上的范式研究。

就历史发展而言,哲学的思维范式或哲学范式区分为传统范式和现代范式。传统范式或传统形而上学,以超越经验和感性为要求,以超验本体、本质的存在为预设,以建构概念性大全体系为旨归。这种解释范式,归根到底属于抽象概念的纯粹自我说明,它一劳永逸地建立绝对真理的企图也最终流于空洞。尤其是,这种抽象体系日益与现实世界、现代生活的急剧变革和生存困境形成巨大反差,其解释范式因而陷入发展困局。哲学的现当代转型,基本抛弃了传统范式的抽象立场,放弃了对超验世界的寻求,而采取了直接进入现实、感性的方式,以描述人与世界关系及其历史性为旨趣,打开了哲学范式革新的新空间。现当代哲学思维的生命力所在,一个根本之处就是其运思立场、方式方法的这种深刻变革。

马克思哲学研究的范式自觉,其真实意图或者应坚持的理论诉求,因而首先应是对马克思哲学革命深蕴的深入思考和把握。马克思哲学实现了哲学世界观的伟大革命。这一革命究竟具有什么样的实质内容某种意义上构成了马克思哲学当代化的核心工作之一。哲学革命,作为一种根本性变革,在马克思这里首先意味着哲学思维和哲学本性的革新。哲学世界观的根本变革,在马克思这里并不是纯粹学理式的,某种意义上也不是由理论自生的。马克思其实是在重新思考、诠释哲学与世界关系的基础上,对其新哲学的范式做出全新界定与理解的。通过这种方式,马克思哲学才赢得了真正开放的思想空间和发展活力。马克思哲学范式研究的理路,因而主要应为"治内",即立足哲学世界观层面,对哲学思想本身的批判性反思,对其基本精神、方法的深度梳理。

马克思哲学范式,在这个意义上可以概括为:由其实践观点的运演生成和为其独具并贯穿运思始终的,提出、分析和解决问题的思维方式方法和立场。就其特点而言,它是从实践观的运演展现出的独特思维方式,是马克思哲学思维境界与发展活力的根本反映。这个意义上,把握思维范式,也就是深入探究马克思哲学思想的精髓。

受现当代哲学思潮的影响,学界目前对于范式的理解有待进一步精化、规范化。其中一个比较大的问题是离开马克思哲学的思想内容、实体思想来研究所谓范式。方法方式的东西归根到底是来自于实实在在的观点和思想的,如果不是就着观点和思想本身来把握其方式方法特性,那么理论研究就会滞留于抽象概括的水平,对马克思哲学——这种全新世界观的精华、实质反而难有深层次的触动,范式研究发挥的积极作用因而也是有限的。从长远发展来看,范式研究的逻辑指向及其边界意识必须进一步明确。

作为一种社会历史哲学,马克思哲学的社会发展理论(广义)、社会历史观和世界观在某种意义上构成了它的核心内容。这三个方面不是相互并列的关系,也不呈现为组成部分,而是同一个思想体系的不同逻辑内涵和层面。马克思哲学的思维范式就存在并运用于其整个理论、思想体系当中,理论、思想体系是范式的真正存在方式。这就要求我们的相关研究必须紧扣三个基本的思想定位。

范式研究不能没有高度。范式研究应紧扣马克思哲学的核心观点展开思考。高度如何体现?即上升到世界观层面,在思想的深层展现马克思哲学的形而上本性,以纯粹的视角考察其运思(逻辑运演模式)的独特方式。范式研究本质上首先是一种哲学的自我反思,而不是对既成原理的抽象描述和复述。值得注意的是,这里的核心在判断上一般取决于两个条件。核心的东西,一定为本哲学思想特有,具有独一无二性;同时必须贯穿哲学运思的始终,构成其思想自我展开的内在方法、方式约束和规矩。只有两个条件同时具备,所谓核心才是有效的,才能够在逻辑上成立。

范式研究不能没有精度。所谓精度,即具体从哪里进入和开始的问题。这就是马克思哲学思维的运作方式方法。特定的思想反映的往往是既成的视角,即研究、思考的对象是什么,而思维则属于"过程"视角,即一个判断、断定"如何是",如何形成、运作并不断自我生成。范式研究,就是在运作中把握思想的实质。这必然要求我们把关注的重心由既成体系转到(或深入到)方法效应、运演模式。哲学思想体系提供了解释世界的原理、原则,但这种解释的方式、效果如何,不能简单依靠分析思想本身,而要直接面向思维范式本身。

范式研究不能没有深度。追求深度并不是指一味追求艰深晦涩、往纯粹概念思辨的方向走,而是指研究必须回到现实,直接面向发展现实本身。

马克思哲学本身不过是对现实世界、对现实的人及其实际发展的如实描述。离开现实本身,纯粹的思想本身是毫无意义的。思维范式的自觉反思,因而不是什么纯粹的理论游戏,而是面向现实之后的深沉思索。如果一个哲学提供的解释图景不能很好地解决现实课题,其有效性就会受到质疑和批判。传统哲学之所以受到强烈的批判,一个重要原因就在于无法顺应发展了的现实世界,僵化的思辨体系跟不上不断变革的现实生活。哲学本生成于现实世界,归根到底是要在对世界的合理、科学解释中推动其变革。

二 马克思哲学范式变革

作为哲学范式现当代转型的一朵奇葩,马克思哲学的变革力度无疑是非常彻底的。这种彻底性既是对传统范式的直接终结和扬弃,又是通过面向现实而致的重生和解放。马克思哲学的本质,不再是纯粹的理论勾画,而是通过如实反映现实历史本身得出的某种一般概括。这是我们全面、准确理解马克思哲学范式的首要基准点和逻辑立足点。在这个意义上,马克思哲学不可能故意创造一种所谓的范式。在它这里,范式是什么样的,根本上即取决于思想之外的那个现实是什么样的,抑或现实的人的实践活动本身是什么样的。总的来看,马克思哲学的变革意义主要体现为如下几方面:

其一,面向现实世界提出问题,注重描述、揭示而非超越、建构。

终结形而上学的努力,不能仅仅限定于思辨方法的变化本身,而是首先取消其抽象立场及其提问方式,直接面向现实本身发问,这才是解决问题的关键。在这一点上,现象学的有些见解可以说是一语中的的。比如在胡塞尔看来,意识哲学只知道运用理性思辨构建知识体系,但忽视了"建构"本身可能发生的前提。世界作为一种存在,其实无所谓真假的问题,只是当意识与世界相遇时,认知、知识才成为一种可能。意识对世界的激活,赋予了世界以人类所关心的某种意义。"每一意向对象都有一个'内容',即它的'意义',并通过意义相关于'它的'对象。"[①]这就意味着,哲学反思的旨趣将不再是超越,而是体验及描述。海德格尔又进一步指出,我们向来已经生活于

[①] 胡塞尔:《纯粹现象学通论》,舒曼编、李幼蒸译,北京:商务印书馆,1992年,第313页。

一种存在之领会中,"如果这个问题是一个基本问题或者说唯有它才是基本问题,那么就须对这一问题的发问本身做一番适当的透视。……任何发问都是一种寻求。任何寻求都有从它所寻求的东西方面而来的事先引导"①。既然我们总已活动于对存在的某种领会,"明确提问存在的意义、意求获得存在的概念,这些都是从对存在的某种领会中生发出来的"②。一言以蔽之:"存在的意义问题的提出根本不可能有什么'循环论证',因为就这个问题的回答来说,关键不在于用推导方式进行论证,而在于用展示方式显露根据。"③这个意义上,甚至可以说,包括马克思哲学在内的现当代哲学范式,就其直面现实这一全新方法立场而言,恰恰"不是从关乎实事的方面来描述哲学研究的对象是'什么',而描述哲学研究的'如何'"④。

其二,针对现实问题展开思辨,注重方式、方法而非抽象体系。

马克思哲学终结了传统范式,但不是不要哲学思辨。哲学对世界的解释必须借助和通过准确、深刻的思辨来完成。问题并不出在思辨本身,而在于针对什么及如何思辨。所谓描述哲学研究的"如何",也就是直接面向现实世界提问,揭示其如何在人的实际活动中历史地生成。在这个意义上,马克思哲学更像一种展现真理的"方法",而不是建构宏大知识体系的工具。这一点其实是不言自明的。正如西方马克思主义者卢卡奇曾指出的那样:"正统马克思主义并不意味着无批判地接受马克思研究的成果。它不是对这个或那个论点的'信仰',也不是对某本'圣'书的注解。恰恰相反,马克思主义问题中的正统仅仅是指方法。它是这样一种科学的信念,即辩证的马克思主义是正确的研究方法,这种方法只能按其创始人奠定的方向发展、扩大和深化。"⑤很显然,逻辑上肯定不能因为强调方法而忽视思想本身,但突出思想的方法维度,进而强化哲学范式研究的自觉,确实有其必要性和重要意义。

其三,回到社会历史分析问题,注重批判、实证而非诠释、抽象。

---

① 海德格尔:《存在与时间》,陈嘉映、王庆节译,北京:三联书店,2006年,第6页。
② 同上书,第7页。
③ 同上书,第10页。
④ 同上书,第32页。
⑤ 卢卡奇:《历史与阶级意识》,杜章智、任立、燕宏远译,北京:商务印书馆,2004年,第47—48页。

马克思哲学的关注对象、领域正是处于思想、观念对面或者之外的那个活生生的社会现实,处于历史变革中的社会生活。传统哲学迷失于抽象概念界而不可自拔,现实的社会生活在其范式框架下并没有出场的正当机会和逻辑可能。社会是在人类活动中造成并不断变革的现实关系及其结构体系,实践活动的前后连续和交互作用进而又创造历史。人与世界关系的所有难题、疑惑,本来就源自于社会历史本身。哲学的批判也只有深入到社会历史才能发现人类发展的本质和规律。这里,西方马克思主义学者哈贝马斯的见解是很深刻的。他把自己的新思维称为交往范式,这是对传统意识哲学范式的必然取代:"意识哲学的着眼点在于表现和处理客体的主体的自我关涉,而语言理论的出发点则是语法表达的理解条件。"①"只要哲学不变成科学的自我反思,并把目光转移到科学体系之外,变换视角,关注纷繁复杂的生活世界,就能从逻各斯中心主义中解脱出来。"②当然,交往范式确实突出了社会互动,但它与马克思哲学还是有所区别的:它没有内在地确立研究社会生活的物质维度。这种情况下,交往范式能否穿透社会制度,对其进行批判性的反思,成为一个困难。

哲学范式的现当代变革,根本上是现实世界的深刻变革使然,是物质实践力量的发展使然。只有到了现代社会,当各种形式的劳动处于普遍的社会作用时,人类才可能发现"实践"的哲学意义并对其进行适当的理论概括。这个意义上,马克思哲学范式的变革,其实可以称其为哲学的实践转向,即哲学思维由重超越、重预成、重概念转向重描述、重生成、重生存,思维方式由重本体、重本质、重知识转向重关系、重现实、重价值。实际上,作为一个大的历史性的思想、思维变革进程,它仍处于进行之中,而不是已经完成。在马克思哲学看来,现实世界在本质上是与现实的人的某种关联互动。这种关联互动通过人类的实践活动而由以生成,并不断超越自我。在实践活动的铁一般的逻辑里,世界既不是与生俱来的,更不是一成不变的,而是经由人类活动的创造"做成"的。实践活动本身的范式就是从物质前提出发的"如何做",如何创造,如何造成。这是实践思维的生命力之真正所在。

---

① 于尔根·哈贝马斯:《后形而上学思想》,曹卫东、付德根译,南京:译林出版社,2001年,第23页。
② 同上书,第49页。

三 路径界划及其意义

对于切实提高马克思哲学范式研究的实效而言,对范式研究的本来面目予以合理定位是必需的。相对更为具体的研究路径,规划、界划如何确立,实际上更为关键。范式研究的特色,直接取决于研究者的分析路径和方式。当然,具体采取什么框架研究,并不可能定于一尊,而从来就呈现为多样化的格局。这里的问题并不在于将某一种研究策略推向极致而贬抑其他。一个重要之点在于,坚持从马克思哲学本真精神出发寻求适合的阐述和表达方式。

从历史发展来看,范式研究与方法论研究的区别首先需要加以澄清。

从历史的联系性看,范式研究某种意义上似乎脱胎于红极一时的方法论研究。受传统解读模式的影响,人们往往将思维与方法并提甚至互换。究其原因,可以追溯到对"辩证法"的误解。辩证法,就其形而上的本义来说,往往指哲学观念的自我演绎方式。它肯定具有方法论意蕴,但首要含义是哲学世界观在思维模式上的自我展现。黑格尔总结哲学发展时指出,只有自觉地实现了辩证法的思辨化,才意味着哲学的真正成熟。辩证法,在他这里就不仅仅限于所谓的方法,而是绝对思想(精神实体)的自我生成方式及其纯粹逻辑形式。也即,辩证法彰显的是本体论高度的问题。马克思创立新哲学的过程中,充分吸收了黑格尔辩证法思想的精髓,同时也明确表达过对其进行积极改造的意愿。但后来对马克思的研究反而走向了片面,把辩证法窄化为某种单纯的思维方法,其哲学世界观的内在定位因而缺失,方法论研究相应地成为一种潮流。就学科发展而言,方法论研究肯定有其价值,这无可否认。但如果不能从纯粹方法研究模式中摆脱出来,哲学范式的自我反思就难以实现历史性突破。

思维范式与思维方式的区别也需进行必要的区分和辨别。

近些年,方法论研究逐渐淡出,思维方式研究有所加强。二者具有相同之处,都强调对"方法"的考察。不同之处是,思维方式研究的视界更宽,不是简单地拘泥于方法本身,而是根据思想的逻辑特性考察其方法精神。比如对"生成性思维"的研究就是如此。但由于依然强调观点与方法的简单二分，而不是进入思想本身提取阐述路径，它依然面临着将问题本身抽象化的危险。思维范式与思维方式并不直接等同。简单来讲，二者属于上位与下位的关系。思维范式肯定属于一种思维方式，但思维方式不能是思维范式。思维范式有其独特内容，对于思维方式而言，它是一种"特殊"。思维范式内生于哲学的核心观念，始终不能脱离其问题情境而抽象发挥；思维范式展现的是一个哲学世界观提出、分析和解决问题的基本理路、样式及其效果，这不是单纯的思维方式研究所能够关照的。思维范式研究的重点，因而也就在于充分展现这种特殊。

如果不注意二者的逻辑区分，范式研究就难以避免方法论或者纯粹认识论的抽象立场。拿方法论研究来说，就是把思维范式当作纯粹的思维方式来对待了。这样一开始就把问题抽象化了，自然不利于展现马克思哲学的精神与精髓。合理地把握，不能就方法谈方法，或者就思想论思想，而是应该就思想而分析其思维特性，在运动、运演和发展中把握思想的精髓。

马克思哲学范式研究，首先要对其提问方式进行反思。哲学思维总要针对哲学问题发起。马克思哲学如何提出问题，往往决定着问题的解决方式、程度及其实效。如果不注意明确把握，相关探讨往往一开始就可能偏离正当方向。在以往的研究中，这一点不同程度地为人们所忽视。比如传统哲学之所以称为形而上学，首先就在于其抽象的提问方式。它往往追问：什么是感性之外的本质的东西？这种一开始就超离了现实，问题因而就不会找到合适的解决方式。而马克思则是直接回到了现实世界，哲学的"提问"在他这里成了对客观事物的客观性质的如实揭示。将这一立场贯彻到底，必然要求研究本身始终对实事求是精神的坚持。

马克思哲学范式研究，其次应对其问题领域进行反思。哲学的提问并非无的放矢，而是始终有其问题领域。旧唯物主义往往抽象地理解现实世界，其问题领域主要集中于自然界。马克思从一开始就将注意力放在了现实生活、人类世界本身，其问题领域因而内在地转向了社会历史。马克思如何看待社会历史，其思维方式方法的精髓和活力何在，需要深入探讨。

马克思哲学范式研究，再次应对其思想空间进行反思。问题领域一旦奠定在社会历史之上，马克思哲学的思想或者思维空间就实现了深度开放。相对而言，问题领域研究的抽象程度较高，是从哲学的总体关注对象、重点的角度反思其特性。思维空间则旨在具体地探讨哲学思维如何在其领域详细展开、运作,探讨其提出、分析和解决特定问题的特定方式方法。马克思哲学的问题领域是社会历史,而思维空间则走向了政治经济学批判。关于两者的逻辑关联,历来受到不少关注,但从思维范式的角度进行探讨,可以走出传统的"二者如何,如何结合在一起"的抽象思维方式,而是集中分析其如何在马克思哲学思维的自我运演中内在地生成。这就进入了哲学思想的发展机制及其逻辑特性。

马克思哲学范式研究,还要对其评价范式进行反思。哲学在分析对象的同时,往往要对其价值效应展开评价。马克思哲学评价的方式、效力及活力,都需要进行专门探讨。评价之所以无可避免,与人的存在方式有直接关系。人的生存本身就是要追求自身价值的实现,对价值的寻求必然要求对价值本身进行评定、区分。马克思无疑给予了人类生存以极大的关注,但他对现实世界的非人道性进行批判的同时,也对历史的发展和进步给予了充分的肯定,这种评价的标准和内在结构,引起了很多争论。我们不能简单地将马克思的否定性评价和肯定性评价归结为某种简单的"既如此又如此"的关系,而是应该结合实践观点的思维方式方法特性进行思考和探讨。如何理解马克思哲学的评价范式,因而有其现实的理论意义。

马克思哲学范式研究,最后还要对其发展方式进行反思。哲学的发展方式,往往是其生命力强弱与否的最直接、最集中的体现。在传统范式那里,发展方式作为一个问题是很难提出来的。一劳永逸的知识体系一经建立,就成为绝对的解释图景,对它而言发展其实是不必要的。而从哲学的自我理解来看,很少有哲学会否认自身的发展活力。但一种哲学是不是真正具有生命力,并不取决于自我解释,而要看其思想的本性。如果说与时俱进是马克思哲学的某种"功能",那么这种功能在逻辑上如何可能?首先要明确的是,我们必须在哲学上提出问题而不是简单地用某种主观确信偷换概念。如果理论本身是鲜活的,那么它必然具有自我超越的内在机制,这种本性也必然体现为其提出、分析和解决问题的整个范式,并集中从发展方式表现出来。马克思哲学思维的独特品质,也必然从其发展方式集中体现出来。

The Logical Path and Real Effect of Research on the Paradigm
—A Reflection on the Study of Marx-Philosophy Paradigm

Zhai Jungang

Abstract: When Kuhn presented the concept of paradigm, many people begin rethinking the philosophical pattern. Quite different from last research on the methodology, the study on paradigm is based on the core idea of philosophy. Accordingly, we can more deeply get hold of the essence of philosophy thinking, by using different analysis aspect. More important, we can also have more understandings about philosophy's modern transformation.

Key words: paradigm, logical path, transformation

君子困境和罪人意识

谢文郁[*]

提　要：《中庸》的君子概念是儒家思想的核心。本文发现，理解君子概念需要对"诚"有深刻的认识。"诚"作为一种直接面对自己的情感倾向是人的生存的原始情感。深入分析这种原始情感，我们接触到其中存在着两种"善"，其一是"本性之善"，直接呈现于诚中；其一是"善观念"，作为对本性之善的把握而具有观念性的形式。本性之善也就是"天命之性"，是原始的生存本身，因而是纯善的。善观念则是派生的，并在修身养性过程中不断完善。这两种"善"的区别是我们解读君子概念的关键。然而，这两种"善"之间的区别十分微妙，其中分寸不易把握，从而导致了人们在实际生活中常常用善观念取替本性之善，导致君子困境。本文认为，君子困境的根本原因在于小人意识缺场。基督教的罪人意识深刻地表达了小人意识，引入罪人意识有助于摆脱君子困境。

关键词：君子　诚　本性之善　善观念　罪人意识

君子理念在中国文化中一直扮演着重要角色。《论语》收集了上百条孔子关于君子的言论。归结起来，孔子认为，君子是一种完善的人格；一个社会能否出现一批君子，是这个社会是否走向仁治的关键一环。孔子说："君子之过也，如日月之食焉：过也，人皆见之；更也，人皆仰之。"（《论语·子

---

[*] 谢文郁，1956年生，山东大学犹太教与跨宗教研究中心教授。

张》19）读者在品味孔子关于君子的论述时,不免会向往君子人格;同时,面对君子的高贵品格,又不免有可望而不可即之感。实际上,孔子并没有指出一条具体的君子之道。顺着孔子的君子理念,《中庸》从"率性之谓道"出发,展现了这样一种君子生存:适当地按照天命所赋予的本性为人处世。进一步,人的本性是在"诚"中呈现的。于是,过一种君子的生活,其关键点在于诚实地面对自己。这是一条以诚为本的君子之道。

　　本文主要是对《中庸》进行文本分析,并展现其中的君子论。我们发现,《中庸》在讨论"诚"这种情感倾向时涉及了两种"善",即:"本性之善"和"善观念"。它们在人的生存中起着完全不同的作用。人在"反身而诚"中体验到的"善"乃是"本性之善"。这种善其实就是人的生存冲动,是人的生存的原始动力。但是,人的生存是在判断和选择中进行的;而判断只能在一定的善观念中进行。因此,从诚出发,也就是从在诚中所体验到的本性之善出发,人必须对它加以判断并选择。这种"择善而固执之者也"的做法,也就是把本性之善进行观念化的过程。从人的意识层次上看,"善观念"是对"本性之善"的判断和命题表达。"本性之善"作为生存冲动是绝对的善;而"善观念"作为对"本性之善"的判断和命题表达则是相对的、可变的、待完善的。《中庸》正是在这一认识的基础上提出通过修身养性而进达天人合一的君子之道,即:顺从本性之善的推动,不断推进善观念的完善,最后达到善观念完全把握本性之善,使这两种善完全统一。这便是天人合一的境界。

　　《中庸》君子论还注意到这一生存事实:在实际生活中,"善观念"常常取替了"本性之善"而成为人的生存唯一出发点。这便是小人的出现。然而,《中庸》关于小人的讨论点到为止,未能深入分析讨论。本文的分析指出,君子和小人只有一步之遥。抹杀两种善的区别,让善观念主导生存,这就是从君子到小人的一步。本文的分析发现,现实生活中存在着各种各样的力量推动人跨过这一步。我们称此为君子困境。作为解决困境的尝试,本文引入基督教的恩典概念和罪人意识,从一个新的角度考察君子困境。本文发现,恩典概念和罪人意识的引入,对于在中国文化语境中建立一个完整的君子理念,具有内在的建设性意义。

一 《中庸》论君子

《中庸》的主题是君子论。作者以这三条基本原则作为开头语:"天命之谓性;率性之谓道;修道之谓教。"(1:1)第一条原则是作为一种预设而提出来的。人的生存总得有个开头;这个开头便是天所命定的本性。很明显,这条预设原则是不可证明的。人的认识,如果要穷根究底的话,至多能接触到自己的本性(天之所命)。因此,人在此时此刻只有接受这个生存现实,即自己的生存本性是给予的,不可选择的。但是,人可以对自己的天命本性有所体验有所认识并进而按照它去生存。这便是所谓的"率性"。《中庸》把这看做为人之道。这种遵循天命本性的为人之道就是君子之道。所以,作者紧接着指出:"道也者,不可须臾离也;可离,非道也。是故君子戒慎乎其所不睹,恐惧乎其所不闻。"(1:2)

君子之道就是率性而动,即,不偏不倚恰到好处地遵循天命本性。这也就是所谓的"中庸",或"时中"。人和其他动物有一点不同。一般动物都是本能地活动。一般来说,本能活动都是遵循本性而动。但是,人在做事情的时候必须进行选择。本能活动在面对外界事物时是被动的;而有选择的活动则是主动地面对外界事物。选择是在不同的选项中选择其一。为什么选择这个而不是那个?这就需要思想和评估。对于选择者来说,他要选择的都是他认为在所有选项中是最好的。这便是判断。于是,问题就呈现在人面前:你的判断是正确的吗?——人是在选择中做事的;选择所依赖的判断是可能出错的;所以,人会做错事。做错事的意思就是做了一件损害自己生存的事。做个比较,动物按本能而活动;本能是动物的生存出发点;遵循本能是不会错的。因此,对于人的生存来说,避免做错事乃是当务之急。

《中庸》认为,只要是符合自己天命本性的选择,就是好的选择。要使选择符合本性,人就必须拥有对本性的认识。于是,问题似乎就转变为一个认识论问题:人的本性是什么?我们知道,本性问题是先秦思想界的热点之一;主要表现在孟子的性善论,荀子的性恶论,以及告子的性无善恶论。但是,奇怪的是,《中庸》作者似乎有意避开这个问题。先秦的人性问题之争,在《中庸》作者看来,突出了这两点事实:其一,每个人都有天命本性(也即自我本性),因而每个人都有一定的自我本性认识;否则,人们就不可能谈论人性问题。其二,每一个人的自我本性认识都不过是从一个角度涉及人的本性。随着这个人的成长,他会发现,他对自我本性的认识在发展变化,不同时期,不同经历,都会导致关于自我本性的不同认识。自我本性认识是在过程中不断完善的。把自己在某一阶段拥有的自我本性认识上升为一般性结论,即人的本性就是如此这般,结果就一定会导致争论不休,因为这些认识本来就是不确定的。实际上,从认识论的角度看,要对这些一般性结论(如性善或性恶)进行真假判断,我们必须有一个更高一级的判断标准。然而,我们所依据的标准是什么呢?——我们的标准不过能是我们对自我本性的当下认识。于是,在争论中,人们坚持自己的当下自我本性认识,以此为标准评论并判断一般性的人性问题。这种争论,在《中庸》看来,除了争论还是争论,不可能有任何建设性成果。

《中庸》作者对人性之争的这一死角是有深刻体验的。他说:"射有似乎君子。失诸正鹄,反求诸其身。"(14:5)人们为人处世,立论做事,都不免有所不当。作为君子,关键在于能够自我反省自我改进。人在自己生存中的每时每刻都是在一定的自我本性认识的引导下进行判断选择,率性而动。人们只能根据自己的一定之见来论说善恶。当各人所见不一时,就不免有性善性恶的不同说法。如果人们进而对此争论不休,其结果便是固执自己的一定之见,阻碍更深入地认识自我本性和进一步率性而动。从这一思路出发,性善还是性恶就不是重要问题了。于是,关注点转变为:人如何能打破自己的一弊之见,完善对自我本性的认识?

人们注意到,"诚"是《中庸》的核心概念。就字面意义而言,"诚"的意思就是真实地直接地面对自己。这是一种原始的情感倾向,而不是一种主观态度或道德倾向。① 在《中庸》看来,如果一个人能够在自己的生存中保持

---

① 需要提请注意的是,当代读者很容易把"诚"理解为一种主观态度和道德倾向。比如,下列文章都有这样做的倾向。汤太祥:《中庸之道之我见》,《安徽商贸职业技术学院学报》(社会科学版)2006年总第5期;吴凡明等:《〈中庸〉诚说探析》,《湖南大学学报》(社会科学版)2000年总第14期,等等。又比如,英文翻译在处理这个字时,往往译为 sincerity, honesty 等。虽然也有译为 reality 或 creativity 做法,但人们对"诚"作为一种原始情感倾向缺乏深入体会和认识。也有文章注意到"诚"作为一种生存状态,如,张洪波:《〈中庸〉之"诚"范畴考辨》,《武汉大学学报》(社会科学版)2007年第4期。但是,我没有发现从情感分析的角度来谈论"诚"的文章。

"诚"这种原始情感倾向,人就能够直接和自己的"天命之性"同在,并且看见自己的本性之善。但是,我们如何描述并谈论"诚"这种原始情感呢？我们注意到,在中国思想史上,"诚"一直是一个热门话题。总的来说,我想指出如下几个角度。

我们知道,中国思想史重视《中庸》并对它进行深入的文本阅读和讨论,乃始于宋儒周敦颐。因此,他关于"诚"的理解对后学有方向性的引导作用。周敦颐在追踪人的生存出发点时提出"主静"的说法,认为这就是人之根本。我称之为以"静"解"诚"。① 在他看来,人在情绪激动中无法真实面对自己。激动给人带来的是心情不定,导致思维混乱。因此,"诚"就是一种"主静"状态。

朱熹在编辑并注释儒家经典四书时,充分地注意到"诚"的核心地位。他发现,当一个人自以为是,不愿接受外界知识或教育,拒绝追求"天理"时,往往会把自己的现有思想观念作为判断和选择的出发点。这是一种由"人欲"主导的生存,是缺乏"诚"这种情感的生存状态。这种人无法真实地面对自己,却自以为认识了一切,自欺欺人。结果是,他完全被自己的"人欲"蒙蔽,压抑自己的真实本性冲动,破坏自己的生存。因此,朱熹认为,必须打破这种自以为是的生存状态,"存天理,去人欲",回归自己的真实本性。具体来说,就是要"格物致知",打破自己的狭窄视角和心胸,扩展自己对外界的知识,进而认识"天理",并顺从天理而生存。从这个角度来谈论"诚",归根到底是要保持一种"毋自欺"的状态。②

另一方面,从陆王心学的角度看,人的认识必须有一个出发点。比如,当我们想要认识竹子这个对象时,我们必须有一个认识的出发点。我们可以从编竹篓的角度来看这些竹子是否合用；我们可以从种植的角度来观察

---

① 参阅周敦颐:"唯人也得其秀而最灵。形既生矣,神发知矣,五性感动而善恶分、万事出矣。圣人定之以中正仁义而主静(自注:无欲故静)。立人极焉。"见《太极图说》。人的无欲状态即是诚的状态,也是人的生存出发点。所以,他又说:"圣,诚而已矣。诚,五常之本,百行之源也。静无而动有,至正而明达也。"《通书·诚下第二》

② 参阅朱熹《大学章句集注》的评论:"所谓诚其意者,毋自欺也。"关于朱熹的"格物致知"说法中的认识论问题,可参阅周桂芹:《论朱熹"格物致知"说的认识论价值》,载于《经济与社会发展》2008 年第 6 期。朱熹希望通过吸取关于外界知识的途径认识天理,最后把修身养性问题归结为知识论问题。这种做法受到了陆王心学的猛烈批评。

竹子的生长；我们也可以从寓意的角度来体会竹子对人生的象征意义；等等。显然，如果没有一个出发点，这个竹子就无法成为我们的认识对象，而我们对它的认识也就无从谈起。王阳明说他"格"竹子凡七天，"劳思致疾"，并终而认识到，如果对自己的认识出发点没有任何把握，那么，这天下万物的道理就是紊乱无序的。① 如果这个认识出发点是外在的，那么，应该采用谁的？采用哪一条原则？这个问题直接导致这些无穷后退的问题：为什么是他的？为什么是这一条原则？等等。因此，王阳明认为，只有在"诚"这种情感中回归自己的内在良知，并以此为认识和生存的出发点，才是唯一的出路。只要由"诚"这种情感主导，人就能够看见自己的"良知"（也就是所谓的"本性之善"或"天命本性"），并顺从它的带领。我们说，王阳明的这种做法是用"良知"解"诚"。②

无论是周敦颐关于回归"静"的说法，朱熹谈论的自我限制，还是陆王谈论的外在限制，我们发现，他们关心的都是"诚"的遮蔽。人只有按照天命之本性去生存，才是正道。这便是"率性之谓道"。"诚"这种情感作为人的认识—生存出发点一旦受到遮蔽，人就不可能按照本性生存。从这个角度出发，"诚"这种情感倾向所引导的生存才是真实无妄的生存状态。朱熹在《中庸章句集注》中对"诚"作注释时，强调的就是"真实无妄"四字。根据这个思路，王夫之训"诚"为"实有"。③

由此看来，《中庸》的"诚"指称的是一种不受内外限制的原始情感倾向，是"喜怒哀乐之未发"的生存状态。这便是人的生存出发点。在这个出发点上，人面对的是一个真实的自我，"真实无妄"，没有任何隐瞒和遮蔽。换句话说，真实地面对自己（即在诚中），他所看到的生存是赤裸裸的没有修

---

① 参阅《传习录》钱德洪序。
② 参阅王阳明《大学问》："今欲别善恶以诚其意，惟在致其良知之所知焉尔。"这种从出发点（良知）的角度来谈论"诚"的讨论并不多见于学界。参阅陈立胜：《"良知"与"种子"：王阳明思想之中的植物隐喻》，《江苏行政学院学报》2005年第5期。
③ 王夫之多次提到"诚—实有"："夫诚者实有者也，前有所始、后有所终也。实有者，天下之公有也，有目所共见，有耳所共闻也。"见《尚书引义》卷三，《说命上》。相关讨论可参阅：舒金城：《王夫之论"诚"》，载于《船山学刊》1984年第2期；蔡四桂：《论王夫之的"诚"》，载于《中山大学学报》（社会科学版）1983年第2期；薛纪恬、周德丰：《王夫之"诚—实有"范畴的主导涵义》，载于《齐鲁学刊》2001年第3期。

饰的。它只有一个简单的要求：生存延续。这就是"天命之性"，是真正的、绝对的善。面对如此真实的生存，他只能顺从这生存的冲动。这里，"诚"这种情感被理解为人之生存的根本动力和终极基础。

我们进一步分析，在《中庸》的"诚"中所体会到的生存是怎样的一种生存？前面提到，在不同的善恶观念的争论中，偏执任何一方都会导致永不休止的争论。换句话说，从一定的善恶观念出发，善恶就永远是相对的。然而，人在"诚"中看到的善就是自己的本性，即生存本身。它不是概念或观念，因而不受观念冲突的影响。《中庸》说："诚身有道：不明乎善，不诚乎身矣。"（20：17）。这里，"明乎善"和"诚乎身"是在同一层次上说的。"明"是一种自我呈现，而不是概念表达。因此，在"诚"中"明善"也就是呈现本性或生存本身。也就是说，这个"善"和概念中表达的善是完全不同的东西，因而不受到任何善恶观念的影响。在这个意义上，在"诚"中所呈现的善就是生存自身的冲动，因而是绝对的善。

当然，在"诚"中呈现的善对人的生存有决定性的作用。但是，人不是一种依靠本能而活的动物。他有自我意识，并在此基础上进行判断并选择。就人的实际生活来看，在"诚"中所呈现的善是必须上升为一种意识，并作为一种意识参与到人的判断和选择活动中。也就是说，在"诚"所看到的善必须概念化，成为一个观念，引导人的判断和选择。《中庸》在谈到这一点时指出："诚之者，择善而固执之者也。"（20：18）这里描述的生存是一种从"诚"出发的生存，即"诚之者"。在"诚"这种生存状态中，善（即生存本身冲动）自然呈现。面对这个"善"，人开始把它概念化，即"择善"，并把概念化的"善"作为生存选择的指导原则，这便是"固执"。于是，赤裸裸的生存冲动之善便转化为一种善观念。人的判断和选择只能在某种善观念中进行。

人在"择善—固执"中所持有的善观念是否能够完全把握并准确表达在"诚"中呈现的本性之善呢？对此，《中庸》采取了一种"不断完善"的说法。在"诚"中所表达的本性之善乃是生存冲动本身，因而是一种绝对的善。但是，当一个人进行"择善"而把它概念化时，在不同的经验背景和概念思维水平中，所形成的善观念是不同的。作为观念中的善，存在着不同角度和不同水平等方面的差异。比如，对于同一件事，在不同的生活阶段，同一个人会有不同的评价，并且对自己以前做出的评价（或善观念）有后悔的感觉。后悔这种感情的出现表明，人的善观念是一个不断完善的过程。《中庸》用"弗措也"这种语言强调这个完善过程。①

可见，《中庸》区分了两种善，一种是在"诚"中呈现的生存冲动，我称之为"本性之善"；一种是在意识中对在"诚"中呈现的生存冲动的概念化，我称之为"善观念"。在《中庸》看来，这两种善的分化是人的生存的显著特征。对于一个在本能中生存的动物来说，它完全遵循自己的本性冲动，没有判断和选择，因而也就不需要所谓的善观念。因此，一般动物的生存乃是一个简单的遵循本性过程，也是一种"成"。但是，人的成长过程是在"诚"中实现的。就文字而言，"诚"由"言"和"成"组成。"言"涉及人的语言和意识。在"诚"中的成长过程是"善观念"对"本性之善"之体会、判断和表达的不断完善化过程。这就是修身养性的过程。

由于"善观念"是对"本性之善"的把握，因而在意识中两者往往是等同的。不过，本性之善是在诚这种情感中呈现的，而支持善观念的情感更多的是一种意志（应用时），或一种留恋（当它不再适用时），或一种顽固（当它受到批评或攻击时）。也就是说，这两种善在人的生存中是和不同情感联姻的。在《中庸》看来，"不明乎善，不反身而诚也"。这就是说，只有在诚中呈现出来的善才是真正的善，即本性之善。在实际生活中，人必须从诚出发，"诚之者，择善而固执之者也"。从诚出发，人必须判断选择，从而必须面对在诚中呈现的善（指称），以某种形式把它表达出来。这种表达出来的善乃是善观念，是不完善的，需要扩充完善的。修身养性就是修善观念，而动力来自本性之善的推动，即：当善观念未能给生存带来好处时，本性之善就要求善观念的改变。

不难指出，"本性之善"在这个成长过程中每一次被概念化，所形成的善观念总是不充分、不准确的。只要在"诚"中，"本性之善"就会呈现在生存中，并对当下的"善观念"施加压力，要求它完善自身。不过，在这个逐步完善的过程中，随时都可能出现这种事：人在择善固执时把这个尚待完善的

---

① 《中庸》(20：19-21) 接下来这样说："博学之，审问之，慎思之，明辨之，笃行之。有弗学，学之弗能，弗措也。有弗问，问之弗知，弗措也。有弗思，思之弗得，弗措也。有弗辨，辨之弗明，弗措也。有弗行，行之弗笃，弗措也。人一能之，己百之。人十能之，己千之。果能此道矣，虽愚必明，虽柔必强。"这种从不断完善的角度来谈论君子式的生存，我们认为，乃是《中庸》的视角。

"善观念"当作是绝对的善,并以此作为他的生存出发点。也就是说,这个"善观念"不但是当下的判断选择的根据,而且是永恒不变的根据。一旦这样做,他的"诚"被遮蔽,"本性之善"无法呈现,而他的"善观念"的完善过程就停止了。《中庸》称这样的生存为"小人",属于顽固不化的人。我们下面将对"小人"的生存状态进行深入分析。

总的来说,《中庸》认为,在"诚"这种原始情感倾向中所呈现的是赤裸裸的人类生存实在(即本性之善);跟随这个本性之善,并对它进行判断选择("择善固执"),我们就进入君子之道。这是一种修身养性的生存,即对我们的"善观念"不断完善,越来越准确地把握并表达"本性之善"的过程。因此,君子之道在于反身而诚并从诚出发。"是故君子诚之为贵"(25:2)。

二 从君子到小人

《中庸》对君子的界定并不复杂:一个人只要能够回到"诚"这种原始情感中,真实地面对自己的生存,那就是君子生活的开始。君子是一个现实中的人。他在"诚"中看到的善是一种赤裸裸的生存冲动。作为人,他必须用某种方式来表达这个本性之善,其中最重要的表达方式便是善观念(一系列表达善的概念和命题)。实际上,人的判断和选择都是建立在一定的善观念基础之上的。我们指出,一方面,从"本性之善"转化为"善观念"是人进行判断选择的必要前提。没有"善观念",人就只能服从于自己的本能冲动,如同禽兽,无法进行判断选择。另一方面,在这个过程中,"善观念"在形式上成为"本性之善"的表达者,并进而成了判断和选择的根据,比如,人总是生活在一定的善观念中。在社会生活中,这些善观念表现为一套道德规范。①然而,作为"本性之善"的表达者,"善观念"并不一定是正确的或准确的表达者。实际上,我们常常持有错误的"善观念"。对此,《中庸》的君子论认

---

① 从本性之善到善之观念的过渡,在儒家传统中还涉及传统道德的指导性作用。也就是说,作为现实中的人,他在过去的生活中已经积累了一定的善观念。当他对在"诚"中看到的善进行概念化时,他不可能不受这些现成善观念的制约和影响。不过,这种影响虽然重要,但不是决定性的。比如,孟子在回应嫂子溺水问题时,特别提出"权"字。传统道德对善之观念的形成所起的指导性作用是一个相当复杂的过程,需要专文讨论。

为，"善观念"必须在"本性之善"的基础上不断完善，即：君子必须不断地修身养性。

但是，这里存在着一种可能性，比如，表达者认为自己完全地表达了被表达者，从而把自己和被表达者等同起来。这样，"善观念"取得了绝对性，等同于"本性之善"。一旦进入这种生存境界，"善观念"的完善化过程停止了，而修身养性也就没有必要了。这一变化带来了什么样的生存呢？

我们需要对这种可能性进行更多的分析。我们先来看这种情况。如果一个人的"善观念"完全把握并准确表达了"本性之善"，那么，这个人的修身养性就已臻完善。孔子在回忆自己的生命历程时，提到他在七十岁时"随心所欲，不逾矩"。在这个境界中，修身者已经完全在观念中把握了自己的本性，因而在意识中的判断和选择都和自己的生存冲动完全一致。这是圣人的境界，天人合一。这也是君子之道的最高境界，是君子修身养性的最终目标。

我们注意到，《中庸》在描述君子的形态时用了"君子坦荡荡"这样的语言。根据我们前面关于君子的界定，君子在"诚"中与自己的生存冲动同在，对于自己的善观念并不采取顽固不化的态度，而是顺从生存冲动而不断地进行完善。因此，他不受名利、观念、情绪、幻觉等等所左右，不患得失，所以坦然。在这样的生存状态中，事情无论好坏顺逆，对于君子来说，不过是他的善观念之完善的契机。比如，孔子说他五十岁时"知天命"。他曾经东奔西跑想在政治上有所作为，经历了挫折和碰壁，进而发现自己真正要做的事是教化人心。他没有对自己过去的失败耿耿于怀，反而坦然地面对，寻找自己的使命。又如，孟子谈到，对于君子来说，苦难和困境其实是修身养性的一部分。① 在这一思路中，生活中的甜酸苦辣都是修身养性的契机。这是君子应有的生活态度。

然而，问题就在于，在整个修身养性的过程中，人只能从自己现有的善观念出发进行判断和选择。究竟在什么程度上他的善观念才全面正确地把握并表达了在"诚"中呈现的生存冲动呢？——这个问题只能由这个修身者

---

① 参阅《孟子·告子下》："故天将降大任于斯人也，必先苦其心志，劳其筋骨，饿其体肤，空乏其身，行拂乱其所为，所以动心忍性，曾益其所不能。人恒过，然后能改。困于心，衡于虑，而后作。"

而不是任何其他人来回答。我们设想这样一个人,他初出茅庐,却坚持认为他的善观念具有绝对性。当然,他的这种说法会遭到成年人的嘲笑和贬低。但是,别人的评价缺乏合法性。他的善观念是否具有绝对性,根据上述的君子界定,唯一的标准是这个善观念是否完全正确地把握并表达了在"诚"中呈现出来的"本性之善"。我们知道,这个"本性之善"只向他呈现,不会向任何其他人呈现。每个人在"诚"中看到"本性之善"都是完全私人的。"本性之善"的这种私人性决定了他人无权评价当事人的"善观念"是否与之相符合。因此,任何旁观者的批评都缺乏合法性。

《中庸》深刻地注意到这种生存方向,以及它给生存带来的危险。这种生存的根本特征是通过赋予某种善观念以绝对性,使之作为自己的生存基础和生存出发点。作为生存判断选择的根据,这种善观念是绝对的。绝对者不需要进一步完善。因此,这种被赋予绝对性的善观念就取得了终极的形式,并引导一种顽固不化拒绝完善的生存。《中庸》称这种生存为"小人",并作此描述:"愚而好自用,贱而好自专。生乎今之世,反古之道。如此者,灾及其身者也。"(28:1)这种人以自我为中心,持守某种一成不变的善观念,并坚持认为它就是至善。在这一基础上,他可以拒绝任何外来的指责,同时压抑内在的生存冲动,在自己的狭小视角中自取灭亡。

需要指出,《中庸》并没有把君子小人当作两种人性来划分。每个人的本性都是天命所定;这是人的生存基础和生存动力。在"诚"中,人可以直接感受并观看这种本性冲动。这便是本性之善。这一点对于所有的人来说都是一样的,并无君子小人之间的区别。然而,在生存中,人必须对这本性之善进行概念化,并形成自己的善观念。问题在于,人的善观念是人在生存中进行判断和选择的根据。也就是说,一旦形成了善观念,人的生存就出现了两个生存出发点。一个是从本性出发的生存冲动,在"诚"中呈现于人的意识。另一个是人在意识中对这个生存冲动的把握和概念化,作为人进行判断和选择的基础。于是,人在生存中受到两个生存出发点的推动。对于君子来说,只要能够"反身而诚",就能够感受本性之善,从而能够意识到这两种善之间的区别。这样,他就能在"诚"中承受本性之善的压力,修身养性,不断完善善观念,最后完全准确地把握并表达本性之善,进入天人合一的生存境界。但是,小人把自己的某种善观念当作终极的善,用善观念淹没本性之善,从而在意识上忘却或忽略了本性之善。于是,他的生存就只有一个出发点,即当下的善观念。这样,他的生存将完全受制于这一善观念,压抑本性之善的冲动,走向逆本性而动,"灾及其身"。

在《中庸》看来,君子小人的区别也不是德性、智力或职业上的。只要从"诚"出发,愚者在不懈的努力("弗措也")中可以成为智者;任何人在本行业中精益求精都可成为佼佼者。君子是一种合乎本性的生存状态,即在"诚"中顺从本性冲动的生存。在这个意义上,《中庸》谈道:"君子之道,造端乎夫妇;及其至也,察乎天地。"(12:4)由此看来,成为小人者不是由于各自本性的差异,社会地位、知识水平或职业行业的差异,及诸如此类的原因。君子之别于小人之处在于这个人能否在"诚"中感受生存冲动,在修身养性中使善观念完善化,充分认识并有意识地遵循自己的本性冲动。一个学富五车德高望重的尊者,一旦他被自己所取得的成绩冲昏头脑,忘乎所以,自以为是,认为他的善观念就是至善,以此为唯一的生存出发点;从这个时刻起,他就不再在"诚"中,无法真实地面对自己并感受其中的生存冲动。于是,他无法修身养性,并开始走向一种小人的生存状态。

小人作为一种生存状态,其特征是把某种善观念绝对化,使之等同于真理,并以此为标准作为生存判断和选择之根据。于是,任何与之相左的立场观点就都会被判为错误。在待人接事上,小人自以为是,"而无忌惮"(2:2);在行动上,为达目的(在他的善观念中判断为善的目的),无所不用其极,"行险以徼幸"(14:4)。这是一种被某种善观念所控制的生存。我们指出,任何善观念都局限在某种视角中。只要角度转换,这个善观念也可以被判断为恶的。因此,《中庸》认为,小人的所作所为只是得一时之利"而无忌惮",终究为害。小人之路使人远离天命本性,破坏生存。作为比较,君子以诚为本,直接感受本性之善的生存冲动,并在此基础上完善自己的善观念,使之越来越符合本性之善,终于达到"发而皆中节"(1:4)。这样,他就能使自己的生存摆脱任何善观念的束缚。这种在"诚"中与本性之善同在的君子之道才是真正的做人之道。这种境界,用《中庸》的话来说是这样的:"君子之道,本诸身,徵诸庶民;考诸三王而不缪;建诸天地而不悖;质诸鬼神而无疑;百世以俟圣人而不惑。"(29:3)归根到底,君子之道所指向的,乃是天人合一的生存境界。

不难看到,小人和君子只有一步之差。小人把绝对性赋予某种善观念,压抑本性之善,从而终止了善观念的完善过程。修身养性因此不再必要。君子之道的中断也就是小人之路的开始。既然如此,在《中庸》看来,持守君子之道,坚持修身养性,乃是人的生存的关键一环。持守"诚"也就是在意识上每时每刻都保持"诚"的生存状态。① 对于这种生存,《中庸》谈道:"至诚无息。不息则久,久则徵。"(26:1-2)君子的生活是一种时时刻刻都在"诚"中的生活。

不过,我们这里遇到的困境并不是可以简单解决的。人的生存在每一个时刻都面临选择;每一个选择都有判断作为依据;所有的判断都是在一定的善观念中做出的。没有善观念作为判断标准,人就无法进行判断和选择,从而无法生存。这个作为判断标准的善观念,就其起源而言,它是对呈现在"诚"中的生存冲动(即本性之善)的把握或概念化,因而是一种派生性存在;就其作用而言,它是判断选择的根据,在意识上是作为生存的直接起点,因而又表现出某种"原始存在"的性质。这个细微的区别是修身养性的关键点。在意识上,如果人能够回到"诚"这种原始情感中,完全真实地面对自己,充分体会并认识本性之善和善观念的区别,那么,人就能过一种君子生活。

人们在心理上有这种倾向:当一种善观念形成之后,作为善恶判断的出发点,它不会把自己判断为不善。因此,善观念对于持有者来说有着深刻的情感支持。也就是说,如果我们持定一种善观念,我们在情感上不希望其中有任何差错,即它应该是真正的善。实际上,一旦发现它的错误,我们就会放弃它。这就是说,在情感上,我们有把善观念绝对化的倾向。这种情感上的绝对化倾向要求所有的人都能够接受它。当我们向他人传播它,并等到他人的共鸣时,它就上升为共同的善。反过来,作为共同的善,我们对它的情感支持就会得到进一步加强。显然,一种善观念在社群生活中在情感上是相互支持的。随着它在更广的人群中得到共鸣和接受,在更长的历史中

---

① 这种在意识中保持"诚"的生存状态,王阳明用《大学》的"诚其意"来表述。在他的《传习录》的所有谈话中,王阳明在谈到"诚"时,大都使用"诚其意"。看来,王阳明关心的乃是在意识中对"诚"的保持。

不断传承成为传统,它的善性就会不断积淀,乃至于被当作至善。在这个过程中,我们看到,某种个人的善观念可以通过共鸣而成为共同之善,进而作为外在力量反过来加强持有者对它的情感支持,直至被赋予了至善性。至此,善观念的完善过程便中止了。这是君子走向小人的生存过程。

《中庸》没有深入讨论这一困境,相关论述显得单薄。我们注意到,它关于"小人"的讨论几乎是一笔带过。就文本而言,我们读到的论述大多是关于"诚"对本性之善的呈现,以及在善观念的完善化过程中走向天人合一,等等。然而,"小人"的生存状态是善观念之完善化过程的中止,是一种窒息在某种善观念中的生存。如何才能避免这一生存倾向呢?我们称此为小人问题。如果不解决这个问题,我们就无从谈论持守君子之道。小人问题直接导致君子困境。这一点是需要我们认真对待的。

而且,问题的严重还在于,《中庸》强调君子对社会的教化功能。它是这样期望君子的:"是故君子动而世为天下道,行而世为天下法,言而世为天下则。远之,则有望;近之,则不厌。"(29:5)这一强调的直接后果是:社会的共同之善得以强化为至善。至善性是完善化的中止。不难指出,君子的社会教化作用在现实中是带领人们走小人之路。我们这样分析,君子之道要求我们面对真实的自我存在,顺从自我本性的生存冲动,完善自己的善观念。这就要求我们对任何善观念都时刻保持谨慎反省的态度。也就是说,我们不但要反省自己的善观念,同时也对社会普遍接受的共同之善保持距离,加以反省。从这个角度看,君子的社会职分应该包括社会批判功能。然而,由于强调君子的社会教化功能,其社会批判功能往往就被忽略了。历史上,即使有一些所谓的谏臣,也只是面对皇帝而言。前面指出,一种善观念越是在更广泛的人群中共鸣并被接受,且在历史上得到越长时间的传承,它的至善性就越巩固。这样,善观念进一步完善之路就被终结了。在《中庸》的驱动下,我们中国人几千年来追求君子之道。然而,由于我们不重视"小人"问题,我们往往走在小人之路上而不自觉。

《中庸》的君子论是要引导人们走上君子之道,并在自己的生活中保持君子身份。君子之道是一种带着张力的生存,即:它所引导的是在"本性之善"与"善观念"内在张力中的生存。人在"诚"中感受到的是实实在在的生存冲动。但是,如果仅仅停留在这里,人充其量不过像其他动物那样按本能而生存。人之所以不同于动物在于人是有善恶是非之心的。也就是说,人的生存是"诚之者,择善而固执之也"的生存,必须对本性之善(生存冲动)进行观念化,然后在善恶是非观念中进行判断选择。这样一来,人的生存就面临这样一个岔路口:继续在"诚"中从本性之善出发,还是停留在现成的善恶是非之心(某种善观念)中?实际上,善观念是对本性之善的表达。就其形式而言,善观念随时都有可能取替本性之善而成为生存的唯一出发点。特别是,在群体生活中,善观念借助共同之善这个形式而加强了善观念的至善性。一旦某种善观念取得了至善性,人的注意力就转向这种善观念,而不可能继续感受君子之道的生存张力。于是,本性之善就被遮蔽和遗忘。前面指出,失去生存张力的君子之道其实不过是小人之路而已。君子之道和小人之路在出发点上天壤之别。然而,在人的现实生存中,这两个生存出发点的替换只有一步之遥。因此,感受"本性之善"与"善观念"的生存张力,乃是保持君子身份,避免小人之路的关键所在。

三　基督教的罪人意识

看来,我们需要关注小人问题。任何一个文化都有关于"好人""坏人"的说法。在儒家文化中,君子是好人,小人则是坏人。① 君子作为理想化的生存状态,是人生的榜样,理所当然需要得到更多的提倡。小人则是我们需要避免的生存状态,所以没有必要多说。前面指出,正是在这种想法中,《中庸》的君子论最后陷入了君子困境。相比之下,基督教的"罪人"概念认为,所有的人都是罪人。② 罪人当然是一种不好的人(即坏人)。这里的"所有的人"用法需要特别注意。"所有的人都是坏人"意味着世上没有一个好人。"坏人"就概念而言是一种应该避免的生存状态。如果所有的人都是罪人(坏人),那么,如何走出坏人这种生存状态就是基督教人生观的关键所在。也就是说,和儒家不同的是,基督教十分重视小人问题。基督教没有提供一

---

① 值得指出的是,小人虽然是坏人,但不是恶人。在儒家文化中,君子是受到赞扬并被提倡的生存状态,而小人的生存状态则是受责备且不被提倡的。从长远的角度看,君子能够发扬光大,而小人终不能长久得逞。《中庸》谈道:"故君子之道,暗然而日章;小人之道,的然而日亡。"(33:1)

② 参阅耶稣的话:"你为什么称我是善良的呢?除了上帝之外,再也没有善良的。"(《马可福音》10:18)

个完整的好人概念。原因在于,对于基督徒来说,是否为好人这个问题只能由神做决定。坏人不拥有判断好人的标准。这里,我想通过分析在基督教语境中的人的生存,揭示基督教的为人之道;并在此基础上探讨走出儒家君子困境的途径。

基督教的为人之道有两个重点,即罪人概念和拯救概念。在基督教语境里,"罪"指的是"违背神的旨意"。一般来说,一个人能够遵守法律是因为他知道法律。如果他对法律无知,他就无法守法。基督教谈论的罪涉及神的旨意,以神的旨意为标准判别一个人是否犯罪。如果一个人不知道神的旨意,他就无法遵守神的旨意,因而已经生活在罪中。因此,认识神的旨意乃是关键所在。但是,他如何才能够知道神的旨意呢?在基督教的说法中,始祖亚当夏娃在伊甸园违背耶和华的旨意而吃了禁果,从此自己拥有了善恶观念。[①] 我们称这个故事为"堕落故事"。堕落后的人拥有善恶观念,并以此来判断一切事物的好坏,神的旨意也不例外。对于人来说,自己所拥有的善恶观念乃是终极的判断标准。如果神的旨意符合了他的善恶观念,人就判断为好并加以接受;如果不符,人就判断为坏并加以拒绝。在人的善恶判断中,神的旨意失去了它的主导性。可以看到,在这样的生存中,遵循神的旨意不过是一种偶然的行为,即碰巧和神的旨意一致。既然是一种偶然相遇,那么,神的旨意就是可有可无了。进一步,在人的善恶判断中,人仅仅依靠自己的善观念,因而无法知道他的判断选择是否违背神的旨意。这样的生存是一种缺乏神的旨意的生存。没有神的旨意,人就自以为是,活在罪中。

基督教的罪人概念要强调的是,人无法依靠自己来遵循神的旨意。我们这样看,对于基督教来说,好的生存是在神的旨意中的生存。好人就是那些遵循神的旨意而生活的人。如果人能够完全按照自己的能力来遵守神的旨意,人就不会走向犯罪的道路而成为坏人。亚当夏娃在伊甸园生存时,他们一直是按照神的旨意做事的。这是一种好的生活。他们也许做了很长时间的好人。不过,我们发现,在他们的生活中,至少存在一种可能性导致他们违反神的旨意而做坏事,成为罪人。这是一种什么可能性呢?基督教内

---

① 参阅《旧约·创世记》第3章。

部关于这种可能性的讨论自古不断,没有定论。① 其实,究竟这一可能性是什么并不重要;重要的是这个堕落故事所传递的堕落意识。也就是说,通过这个故事,人的意识发现了这一可能性存在于自己的生存中,即:意识到自己不可能靠自己做好人。堕落意识要呈现的便是这种可能性。在这个语境中,基督教关心的就不是人如何做好人这个问题,而是人如何在生存中避免那种使人成为坏人的可能性。这种意识称为罪人意识。

这种生存关怀和儒家注重君子之道形成鲜明对比。简略地说,儒家关心的是如何做好人,基督教关心的是如何避免做坏人。表面上,这是一个问题的两个方面,似乎无关紧要。然而,正是这个生存关怀上的差异,导致了儒家和基督教在如何做人这个问题上的两种根本不同的说法,以及在生存上的两种生存方向。

我们继续分析基督教的生存关怀。如果一个好人会成为坏人,那么,成为坏人之后能够恢复他的好人身份吗?或者,对于亚当夏娃来说,他们能否在堕落之后(拥有了自己的善恶观念),仍然回到他们以前的伊甸园生活(遵循神的旨意)?对于一个拥有堕落意识的罪人来说,这里的问题是双重的。首先,他必须找到神的旨意并加以遵循。并在此基础上,他充分注意那种使他变为坏人的可能性,并努力避免之。我们看到,这个双重问题呈现了人在做好人(遵循神的旨意)这件事上的双重障碍。这是令人绝望的问题:寻找神的旨意已经难了,避免那种可能性就更难了。

实际上,堕落故事还深刻地表达了这样一个生存事实,即:人在堕落之后无法依靠自己的努力找到神的旨意。《约翰福音》用"黑暗不接受光"(1:5),"世界却不认识他"(1:10)等语言来描述罪人和神的关系。根据我们前面关于罪人的定义,罪人按照自己的善恶观念进行判断,而神的旨意只不过是被判断的对象。在这种以自我为中心的生存中,人只能遵循自己的心思意念,拒绝神的旨意。②

---

① 我不想在这里展开堕落故事的讨论。简单来说,这种可能性包括:撒旦诱惑,自由意志,神的预定,无知状态等等。我认为,这些讨论都未能注意到,堕落故事关心的不是导致堕落的原因,而是堕落的可能性。实际上,任何一件事都可以是堕落的原因。堕落故事关心的是,这一可能性存在于在人的现实生活中。
② 有关这方面的认识论问题,请参阅谢文郁《恩典真理论》,载于《哲学门》2007年第一册第1期。

从人的生存角度看,可以提出这样的问题:人为什么一定要去理解并遵守神的旨意?或者说,如果人不可能认识神的旨意,而且即使得到了神的旨意仍然存在着可能性去背离它,那么,人能否放弃以追求神的旨意为导向的生存呢?我们注意到,《中庸》在这个问题上的处理是很特别的。在它看来,我们可以设定天意或天命,但并不去追求它。我们还可以进一步设定,我们的本性来源于天意或天命。在这两个预设的前提下,作为人能够做的事情就是,真实地面对并顺从自我本性。以此为生存的出发点和动力,我们就能一步一步地认识并遵循自己的本性,从而使自己的生存符合并参与天地运行,合于天意或天命。这便是我们前面讨论的君子之道。然而,尽管这是令人向往的生存境界,前面的分析表明,由于未能充分注意到小人问题,即使我们在君子之道上,我们仍然无法摆脱成为小人的可能性,陷入君子困境。

我们继续分析基督教关于堕落的说法。人在堕落后已经对神的旨意无知,因而没有能力遵守神的旨意。这是一种罪人生存。而且,罪人无法依靠自己的内在力量来寻找神的旨意。因此,在基督教看来,罪人需要一种外在的力量来使他摆脱罪的生活。如果这一外在力量是在神之外的其他力量,人仍然无法认识神的旨意并遵循之。因此,这个外在力量除了神自己之外,不可能是其他力量。这种从神自己而来的力量,一旦进入罪人的生存,就成了这个人的拯救力量。这便是基督教的拯救概念。

神的力量进入人的生存是建立在信任情感这一基础之上的。很显然,一个正常人不会随便接受一种外在的力量。比如,对于一个陌生人,我们在对他有更多认识之前,不会信任他,因而也就不会接受他的帮助或劝告;相反,我们对于他的力量会保持戒心,以免受害。一般来说,当我们接受一种外在力量的帮助时,我们对这一力量已经有了信任情感。神作为一种外在力量进入人的生存也是建立在信任情感基础上的。① 信任是一种情感。当我们在某件事情上相信一个人的时候,等于心甘情愿地在这件事情上把判断权交给了这个人。他的心思意念以及他的判断通过我们的信心而完全转移

---

① 考虑到本文的讨论重点,我这里不想展开关于信心建立机制问题的讨论。我们要处理的是君子困境。基督教的堕落意识关心的是如何走出罪人生活。概念上,罪人和小人在界定上十分相似,即:他们都以自我为中心;罪人拒绝神的旨意,而小人无视本性之善。因此,基督教的堕落意识,在我看来,是从不同角度处理小人问题。

到我们的生存中,并至少在这件事情上,他的心思意念就成了我们的心思意念,他的判断也成了我们的判断。基督教关于神的拯救的说法与此类似,即:基督徒在信心中把主权交给神,让神的旨意取替他们的心思意念。于是,神的力量在信心中成为他们的生存力量。

但是,神的旨意如何在信心中成为我们的心思意念呢?我们知道,人的心思意念是通过语言中的概念和命题来表达的。语言是人和人之间的交流工具。只要在语言中,再复杂的心思意念都可以经过努力而给出某种理解。耶稣在世时,他讲的是人的语言,而他的活动则彰显在人眼前,因而可以用语言描述。这便是《新约》中的福音书。就这一点而言,耶稣是可以理解的。然而,耶稣的言行要彰显的是他的独生子身份。换言之,作为独生子,他说的话都来自天父的授意,他做的事都遵循天父的安排。独生子的意思便是完全顺服。因此,耶稣的心思意念就完全顺服神的旨意。①

对于一位基督徒来说,跟随耶稣就是像耶稣那样完全顺服在神的旨意中。我们还可以继续这样问:基督徒如何顺服神的旨意?就现象而言,神并不像人那样用语言来表达自己的心思意念。基督徒在生存中顺服神的旨意是一个十分现实而具体的事。在现实生活中,他必须对好坏加以判断,对周围环境进行审视,在这基础上做出决定并选择。他不可能脱离现实生活来顺服神的旨意。我们注意到,神的旨意是在基督徒信心中呈现的。就接受者的意识来说,这里的"呈现"可以是一种情感上的感动,也可以是思想上或判断上的肯定。比如,对于一位生活在困境中的基督徒来说,当有人向他伸手帮助时,他会大大地感动,认为这是神通过这人来帮助他;所以他衷心感谢赞美神。对于一位正在准备拿主意做决定的基督徒来说,当他的想法越来越得到周围环境因素的肯定时,他会认为神在为他开路,并因此衷心感谢赞美神。如此等等。对于基督徒来说,他相信他在信心中所看到的或领会到的神的旨意是真实的。同时,我们也注意到,基督徒在信心中所看到的总是落实到他当下关心的问题上,并且是对他的问题的解决。

---

① 关于耶稣的独生子宣告,参阅耶稣自己的话:"我实实在在跟你们说,这儿子要是没有目睹其父所为,凭自己什么都做不了;他只做父在做的事情。这儿子是跟着做。因为父喜欢这儿子,把自己所做的一切都向他显示,而且还会向他显示更大的事,让你们惊叹不已。"(《约翰福音》5:17-20,中译文由笔者自译)

基督徒在信心中看到的那种"呈现"真的是神的旨意吗？会不会基督徒在追求时被自己的愿望所引导，却以为是在神的旨意中？比如，当那位在困境中的基督徒接受他人帮助而受到感动时，所受的感动究竟是神的旨意还是人的愿望？或者，基督徒在做决定时所得到的肯定不过是一种一厢情愿？回答这里的问题，我们需要明确这一点：在信心中意味着处于无判断状态。对于基督徒来说，在判断上，他确实不知道那是否是神的旨意（因为他处于无判断状态）；但是，在信心中，他确实相信那是神的旨意。判断是一种理性活动，提供的是某种知识。信心是一种情感，引导着人的思想倾向和生活态度。可以看到，基督徒的生存有一种张力，即：面对神的旨意，他是在无判断状态（因而也是无知状态）中坚信那是神的旨意的。这种信任情感对人的生存会起一种什么样的作用呢？

这种生存张力值得进一步分析。我们设想，这位基督徒在进行决策时相信他正在做出的决定是符合神的旨意的。一方面，他根据他现有的理解力尽可能充分地进行判断，并在此基础上做出最佳决策。这是一个正常人的理性活动。他的决策完全受制于他的理解力。也就是说，对于决策者来说，有什么样的理解力，就会给出什么样的判断和决策。他不可能超出他的理解力进行决策。比如，正常人不会去做自己无法理解的事情。但是，另一方面，这里的判断决策是在他的信心中给出的。他相信神拥有绝对主权。这个主权是对一切事物的主权，包括周围环境、心思意念，过去和将来事件等等。在这个信心中，他相信他的判断决策完全在神的掌控之下。这是一种信任情感。需要强调的是，这里的信任情感不是一种判断。他相信（而不是理性判断）他的决策符合神的旨意。他在信心中已经交出了判断权。因此，他已经没有主权对他的决策是否符合神的旨意这一点进行判断。

我们看到，基督徒是在自己的理性判断中进行决策的，同时却在信心中把这个决策交给神来主宰，相信它符合神的旨意。但是，从人的角度看，神如何行使他的主权？我们设想，这位基督徒的决策是要进入行动的。这行动可能会成功，即实现了决策所设定的目标；但它也可能失败，碰得头破血流。在一般的思维中，人在做事时是向往成功的。人们也许会这样想：既然神在掌管他的这个决策，而神对万物都拥有主权，那么，这个决策之付诸实行必然成功。不过，这种思维不是基督徒的思维。如果相信一件事由神主宰,这件事就必然成功,那就是说,"相信"等于"判断"。"相信"是交出判断权,因而神愿意使这件事成功,这件事就成功;愿意让它失败,它就失败。显然,对于基督徒来说,在信心中,由于他交出了判断权,这两种可能性乃是均等的。在他看来,一件事情在现实中无论成功了还是失败了,都是神的旨意。

对于当事人来说,在信心中,他当然希望自己的计划能够成功。而且,在他的理性判断中,他努力地把各种可行性因素考虑了进去。但是,既然交出了判断权,这件事之成功与否就不是自己说了算。如果神愿意它失败,神自然有他的理由。如果神愿意它成功,神也有他的理由。无论成功失败,神都有他的理由。当事人交出了判断权,目的是要让神的旨意引导自己的生存。因此,在行动中无论成功失败,他都要感谢神,因为这是神所愿意的。更重要的是,他还必须在成功或失败中寻求神的旨意。一件事成功了,神为什么让它成功?失败了,神为什么让它失败?在寻求神的旨意中,当事人就可以摆脱成功的负担并走出失败的苦难。这是基督徒的实际生存过程:无论出了什么事,都有神的旨意;他要做的事是,寻求神的旨意。神的旨意是在基督徒的生存过程中彰显的。

这便是罪人得到拯救的生存过程。我们看到,这个生存过程始于对自己的罪人地位的感受。认罪培养了一种堕落意识,认识到自己的思想观念缺乏真正的善性,缺乏真理。这种堕落意识也称为忏悔意识。在这基础上,人的自以为是态度受到冲击。当然,他希望摆脱自己的罪人地位,得到拯救。我们指出,基督事件在这种忏悔意识中移植了一种信任情感,即:相信耶稣是神的独生子,能够带领人摆脱罪人地位,领受神的祝福。于是,在人类社会中出现了一种在信心中顺服神的旨意的基督徒生存。在这种生存中,神的旨意始终是主导力量。

总结一下。从儒家的角度看,基督教的"罪人—拯救"说法乃是一种重视小人问题的思路。我们指出,重视小人问题并不是劝做小人,而是要走出君子困境。这里的比较还是相当顺畅的。首先,罪人和小人都自以为是,拒绝神的旨意或天命,因而不是一种好的生存状态。其次,基督徒和君子则引导一种好的生存状态。前者顺从神的旨意,后者顺从天命之性。神的旨意也就是神对一个人一生的设计和安排;而天命之性则是天赋予人的生存基础。然而,儒家所倡的修身养性淡化了小人问题,终于导致在实际生活中深深陷入君子困境。基督教的堕落意识和认罪意识呼唤罪人的信心(相信耶稣是救主),从而在信任情感中指出一条接受拯救之路。我想,走出君子困境而成全君子之道,基督教的"罪人—拯救"说法是值得认真思考的。

The Dilemma of *Junzi* and Guilty Consciousness

Xie Wenyu

Abstraction: The concept of Junzi as conceived in the *Zhongyong* is one of the key concepts of Confucianism. To understand this concept is to feel the disposition of *Cheng* at a deeper level. The disposition of *Cheng* is a primary feeling in one's existence in which one is in a direct relation with oneself. With a deep analysis into this primary feeling, we may perceive two kinds of good to be distinguished. The first one may be called the natural good, which is present in the disposition of *Cheng*; and the other the conception of good, which presents the natural good in form of notion. The natural good is simply the human nature endowed by the Heaven; being with human existence from the very beginning to the end, it is therefore the absolute good in purity. The conception of good is secondary; being a notional form to frame the natural good, it is in a process of improvement in self-cultivation. This paper attempts to distinct these two kinds of good to provide a background on which a delineation of *Junzi* may be developed. However, the distinction between these two kinds of good is very subtle. People may occasionally confuse with them to see them as the same thing. Consequently, in their actual life, though engaging in cultivating themselves consciously and seriously, they treat their notions of good as the natural good and unconsciously slide into an existence opposite to that of *Junzi*, namely, *Xiaoren*. We may call it the impasse of *Junzi*, which has been somehow ignored in the history of Confucianism. For a solution, the paper considers that the guilty consciousness in Christianity may help Confucian understand the failure to be a *Junzi* as trapped in this impasse of *Junzi*, so that they may overcome it to maintain their self-cultivation.

Key words: *Junzi*, disposition of *Cheng*, natural good, conception of good, guilty consciousness

《五经异义疏证》

[清]陈寿祺 撰,曹建墩 校点
上海:上海古籍出版社,2012 年 9 月

两汉的经今、古文学,从具体的文字篇章、名物度数到解经方法、经学要旨上多有不同,并影响到两汉的学术思想与政治的变迁。东汉学者许慎撰《五经异义》,对今古文学所争论的问题,做了详细的陈述,并裁以己意。后郑康成撰《駁许慎五经异义》,对其提出辩难。此两书后世往往合刊。然而唐以来,此书就已失传。

清一代的许多学者对《五经异义》与《駁许慎五经异义》进行辑佚整理,有惠栋、四库馆臣、王复、庄述祖、钱大昭、孔广林等数种辑本。陈寿祺在这些本子的基础上做了进一步的参订,又采诸经义疏、诸史志传、《说文》等著述的相关内容,案以己意,加以疏通解说,撰《五经异义疏证》三卷。这个本子因而也是众本当中比较完善的辑本。本书的校点,以嘉庆十八年三山陈氏刻本为底本,以《皇清经解》本为校本,划分段落,添加标点,并参照《五经异义》的原篇题,编写了目录、篇题。(白辉洪)

诚者何罪？
——《君子困境和罪人意识》评议

黄玉顺[*]

提　要：将《中庸》之"诚"揭示为本真的情感，是符合原典儒家的思想的；但其前提是这种"原始情感"不能被理解为西方意志主义、生命哲学式的"生存冲动"，也不能与作为形而上者的"本性之善"混同。"本性之善"与"善观念"是一种有意义的区分；但这种"绝对与相对"的区分毕竟属于传统形而上学"本体与现象"、"形上与形下"的思考方式，无法用以阐明本真的情感。小人的造成或君子沦落为小人，并非因为对"善观念"的固执。所以，所谓"君子困境"其实并不存在，故无须引入基督教的"罪人意识"。

关键词：儒家　中庸　诚　情感　君子　基督教　罪人意识

读了谢文郁教授的《君子困境和罪人意识》一文（以下简称"谢文"），深感有所契合，但同时亦有所不满，故作此文与谢教授商榷。

一　"诚"的"原始情感"性质之揭示

谢文最令我倾心之处，乃是其对《中庸》"诚"观念的"原始情感"性质的认定。谢文指出：

---

[*] 黄玉顺，1957年生，山东大学儒学高等研究院教授。

"诚"是《中庸》的核心概念。就字面意义而言,"诚"的意思就是真实地直接地面对自己。这是一种原始的情感倾向,而不是一种主观态度或道德倾向。

本性之善是在诚这种情感中呈现的。

一个人只要能够回到"诚"这种原始情感中,真实地面对自己的生存,那就是君子生活的开始。

"诚"这种情感作为人的认识—生存出发点一旦受到遮蔽,人就不可能按照本性生存。从这个角度出发,"诚"这种情感倾向所引导的生存才是真实无妄的生存状态。

确实,《中庸》以及整个原典儒学是从本真的情感出发的。谢文这种观点与我的"生活儒学"对情感的定位是颇为契合的。[1]我愿因此引谢文为同调。

对情感在儒学中的地位的认识,经过一个历史的过程。自从思孟学派建构了儒家形而上学以后,汉儒以来,儒学形成了一种正宗的"性→情"观念架构,意谓:性本情末、性体情用,甚至性善情恶。总之,情感被理解为形而下存在者的一种"感物而动"(朱熹《诗集传序》)、"人心惟危"(伪《古文尚书·大禹谟》)的存在方式。《中庸》也被后儒加以这样的解读,被纯粹形而上学化。这其实是一种严重的偏颇。直到本世纪之初,才由蒙培元先生提出"情感儒学"[2],率先颠覆了这种传统形而上学,指出"人是情感的存在"[3]、儒家哲学原是一种"情感哲学"[4],这才拨乱反正,回复了原典儒学的情感观念。这些年来人们对郭店楚墓竹简《性自命出》等文献的研究,也印证了蒙培元先生的看法。在这个意义上,我的"生活儒学"的情感论说,是对蒙培元先生思想的"接着讲",提出儒学的"情→性→情"思想结构(本源的存在→

---

[1] 参见黄玉顺以下论著的有关论述:《爱与思——生活儒学的观念》(成都:四川大学出版社,2006年)、《面向生活本身的儒学——黄玉顺"生活儒学"自选集》(成都:四川大学出版社,2006年)、《儒学与生活——"生活儒学"论稿》(成都:四川大学出版社,2009年)、《儒家思想与当代生活——"生活儒学"论集》(北京:光明日报出版社,2009年)。

[2] 崔发展:《儒家形而上学的颠覆——评蒙培元的"情感儒学"》,原载易小明主编《中国传统哲学与现代化》,北京:中国文史出版社,2007年;收入黄玉顺主编:《情与理:"情感儒学"与"新理学"研究》,北京:中央文献出版社,2008年。

[3] 蒙培元:《人是情感的存在——儒家哲学再阐释》,《社会科学战线》2003年第2期。

[4] 蒙培元:《情感与理性》,北京:中国社会科学出版社,2002年,第310页。

形而上者的存在→形而下者的存在),认为后一"情"才是后儒所说的形而下的存在(道德情感),而前一"情"则是本源性的存在,即是作为大本大源的生活存在的原初显现。因此,谢文对"诚"的"原始情感"性质的肯定,实在是"于我心有戚戚焉"!

今本《中庸》这个文本的特殊性就在于:它处在从原典儒学到后世形而上学儒学的过渡期,因此,其所谓"诚"涵有双重义蕴:一方面,《中庸》固然将"诚"设定为作为本体的形而上存在者,即"天下之大本";但另一方面,《中庸》认为"诚"在本源处其实是本真的情感,甚至就是一些生活情绪(喜怒哀乐)。这也正是孟子的思想:一方面,"诚"作为"天之道"(《孟子·离娄上》),就是形而上者的存在,是绝对主体性(本体)落实为相对主体性(人性)的体现;但另一方面,人性的仁义礼智"四德"作为德性,其实是渊源于"四端"情感的,首先是"恻隐"、"不忍"的情感(《孟子·公孙丑上》),也就是仁爱的情感。孟子认为,一方面,人性作为"大体",乃是"万物皆备于我"的本体(《孟子·尽心上》);但另一方面,这种"大体"须"先立乎其大者",即是被"立"起来的,"立"的途径是"思","思则得之,不思则不得也"(《孟子·告子上》),此"思"就是"思诚"(《孟子·离娄上》)、"反身而诚"(《孟子·尽心上》),即回溯到本真情感,再由这种本真情感"扩而充之"(《孟子·公孙丑上》),以将其确立为本体。这其实是儒家形而上学的建构过程。这与后儒一上来就设定一个先验的本体,从而遮蔽了情感本源的做法截然不同。由此看来,谢文的观点与原典儒学的思想是一致的。

但遗憾的是,谢文未能够清晰地区分"性"与"情",而是将"本性"、"本性之善"与"原始情感"视为一事。他说:

> 《中庸》的"诚"指称的是一种不受内外限制的原始情感倾向,是"喜怒哀乐之未发"的生存状态。这便是人的生存出发点。……这就是"天命之性",是真正的、绝对的善。

这是值得商榷的。在儒家话语中,不论是原典儒学还是后儒,"性"与"情"都不是一回事。

就原典儒学来看,本源性的"情"并非"性",也无所谓善恶。孔子重情,强调对于父母之"爱"(《论语·阳货》)、"爱人"(《论语·颜渊》)和"泛爱众"(《论语·学而》)的情感,但几乎不谈"性"——"夫子之言性与天道,不可得而闻也"(《论语·公冶长》)。而且,这种情本来无所谓善恶。例如孔子讲"好德如好色"(《论语·子罕》),可见在他看来,好色之情并不是恶(当然也不是善)。所以,孟子明确讲:"可欲之谓善。"(《孟子·尽心下》)意思是说:人有情,而随之有欲,在本源处,这种情欲并无所谓善恶;善恶在于"可"与"不可"之间。例如一个男子见美色而怦然心动,此情并无所谓善恶;善恶在于他由此而有欲、且有行动的时候,视其行动是否符合行为规范、即"礼"。《中庸》也持这种看法:"喜怒哀乐……发而皆中节,谓之和。"喜怒哀乐之情的发动,本身并无所谓善恶;善恶在于此情之欲导致的行为,是否"中节"(合礼)。究其原因,道德是形而下层级的事情,而本真情感则是本源性层级的事情,是前道德的事情。其间的奠基关系乃是:本真情感→形而上→形而下。谢文将"原始情感"与"本性之善"混同,这是偏颇的。

就后儒来看,"性"与"情"的区分更严格。他们认为"性"是形而上的,"情"是形而下的;"性"是先验的,"情"是经验的;"性"是至善的,"情"是可善可恶的。这些都是儒学史上的常识,此不赘述。

谢文的根本问题在于,只有传统形而上学那种思维模式的二级架构:形而上→形而下、本体→现象、先验→经验、绝对→相对,如此等等。但事实上20世纪的思想前沿已经达到了三级架构,即是两重奠基关系:存在→形而上者的存在→形而下者的存在。更确切地说,这种三级架构其实是另一种二级架构,如图:

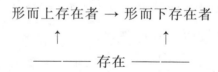

且以海德格尔为例,他说:

> 存在问题的目标不仅在于保障一种使科学成为可能的先天条件,而且也在于保障那使先于任何研究存在者的科学且奠定这种科学的基础的存在论本身成为可能的条件。①

---

① 海德格尔:《存在与时间》,陈嘉映、王庆节译,北京:三联书店,1999年,第13页。

这里:(1)科学是形而下学(关于形而下存在者);(2)"使科学成为可能的先天条件"是形而上学(关于形而上存在者)或传统存在论,也就是"先于任何研究存在者的科学且奠定这种科学的基础的存在论"。这两者都是关于"存在者"的言说,都是"存在的遗忘"。(3)"使先于任何研究存在者的科学且奠定这种科学的基础的存在论本身成为可能的条件",则是他的"基础存在论",也就是他的"生存论分析",这是关于"存在"本身的言说。这种三级架构就是:基础存在论→传统形而上学存在论→科学。

尽管他的"基础存在论"、"生存论分析"对"存在"的追问未必彻底,但他的基本方向却是正确的:还原到"前轴心期"的更本真的存在视域。① 这种存在视域,在儒家这里就是本源性的情感观念,如图:

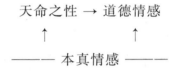

所以,在原典儒家那里,本源性的情感既不是形而下的情,更不是形而上的性。

二 "本性之善"与"善观念"的区分

沿着传统的二级架构的思路,谢文区分了"本性之善"与"善观念":

> 《中庸》区分了两种善,一种是在"诚"中呈现的生存冲动,我称之为"本性之善";一种是在意识中对在"诚"中呈现的生存冲动的概念化,我称之为"善观念"。在《中庸》看来,这两种善的分化是人的生存的显著特征。……在"诚"中的成长过程是"善观念"对"本性之善"之体会、判断和表达的不断完善化过程。这就是修身养性的过程。

> 我们发现,《中庸》在讨论"诚"这种情感倾向时涉及了两种"善",即:"本性之善"和"善观念"。它们在人的生存中起着完全不同的作

---

① 黄玉顺:《形而上学的奠基问题:儒学视域中的海德格尔及其所解释的康德哲学》,《四川大学学报》2004 年第 2 期;人大复印资料《外国哲学》2004 年第 5 期全文转载。

用。人在"反身而诚"中体验到的"善"乃是"本性之善"。这种善其实就是人的生存冲动,是人的生存的原始动力。但是,人的生存是在判断和选择中进行的;而判断只能在一定的善观念中进行。因此,从诚出发,也就是从在诚中所体验到的本性之善出发,人必须对它加以判断并选择。这种"择善而固执之者也"的做法,也就是把本性之善进行观念化的过程。从人的意识层次上看,"善观念"是对"本性之善"的判断和命题表达。"本性之善"作为生存冲动是绝对的善;而"善观念"作为对"本性之善"的判断和命题表达则是相对的、可变的、待完善的。《中庸》正是在这一认识的基础上提出通过修身养性而进达天人合一的君子之道,即:顺从本性之善的推动,不断推进善观念的完善,最后达到善观念完全把握本性之善,使这两种善完全统一。这便是天人合一的境界。

应该说,"本性之善"与"善观念"的区分是非常独特的;不仅如此,在某种程度上,这也是与儒家思想一致的。我理解,谢文在这里想说的,其实也就是宋明儒学所谈的"本体与工夫"的关系问题:人天生就有善的本性或者本体,这就是宋明儒家的"本体论";但现实的经验生活中的人,却或多或少遮蔽了这种本性本体,这就需要做修养的工夫来回复这种本性本体,这就是宋明儒家的"工夫论"。《中庸》确实也有这层意思,例如说:"修道之谓教";"自诚(而)明,谓之性;自明(而)诚,谓之教"。由明而诚,就是由教化工夫来回复本然的性情。谢文也说:"这是一种修身养性的生存,即对我们的'善观念'不断完善,越来越准确地把握并表达'本性之善'的过程。"

所以,谢文将本性本体称为绝对的"本性之善",这是没错的,合乎儒学的传统形而上学的说法;而将做工夫的过程中所达到的相对之善称为"善观念",则是谢文的独特创造。这种独创是有道理的,因为在传统形而上学的"形上→形下"或者"绝对→相对"的思维框架中,人所能够达到的只是后者,亦即只是具有相对意义的"观念",而非"绝对观念"(在此套用黑格尔词语)。

但这也就表明:谢文所表达的确实是一种形而上学的思想。谢文承认:

> 第一条原则(按指"天命之谓性"——引者注)是作为一种预设而

提出来的。人的生存总得有个开头；这个开头便是天所命定的本性。很明显，这条预设原则是不可证明的。人的认识，如果要穷根究底的话，至多能接触到自己的本性（天之所命）。因此，人在此时此刻只有接受这个生存现实，即自己的生存本性是给予的，不可选择的。但是，人可以对自己的天命本性有所体验有所认识并进而按照它去生存。这便是所谓的"率性"。

由此可见，谢文在这里仅仅抓住了《中庸》的形而上学建构维度，错失了他本来已经在《中庸》里发现的本真情感存在的维度，陷入了传统的形而上学思维方式。根据本文上节的分析，谢文之所谓"诚"本来是说的"原始情感"，但却被混同于"本性之善"；而"本性之善"与"善观念"的区别，被解释为"绝对"与"相对"的区别，即一种"本质与现象"或者"本体与现象"的传统形而上学思考模式。

不仅如此，"本性之善"还被谢文解释为"人的生存冲动"。这显然是带有强烈的西方意志主义哲学、生命哲学色彩的表达方式，恐非《中庸》的情感观念。谢文认为：

> 真实地面对自己（即在诚中），他所看到的生存是赤裸裸的没有修饰的。它只有一个简单的要求：生存延续。这就是"天命之性"，是真正的、绝对的善。面对如此真实的生存，他只能顺从这生存的冲动。这里，"诚"这种情感被理解为人之生存的根本动力和终极基础。
>
> 在"诚"中所表达的本性之善乃是生存冲动本身，因而是一种绝对的善。

读到这里，我感觉是在读叔本华、柏格森，而不是读《中庸》。按照《中庸》以及儒家的思想，情感并不是什么"人的生存冲动"，而首先是"恻隐"、"不忍"的仁爱情感。

我曾谈道："情感包括感触、情绪、感情这么三个层级。……儒家在讲'爱'的时候，不仅仅是讲感情之爱，还有情绪之爱、甚至感触之爱。"[①] "恻

---

① 黄玉顺：《爱与思——生活儒学的观念》，第75—76页。

隐"、"不忍"就是感触之爱、情绪之爱。①

关于情绪、感情,拙著曾经谈过:

> 在《礼记》里面,有两处不同的说法,都是在谈"七情"。一处是《礼运》篇所说的:"何谓人情?喜、怒、哀、惧、爱、恶、欲,七者弗学而能。"另一处则是《中庸》篇的说法,不是说"喜、怒、哀、惧",而是说"喜、怒、哀、乐"。……"七情"当中的"喜、怒、哀、乐"或"喜、怒、哀、惧"都只是情绪,仅仅是情绪,而不是感情。而后面的"爱"和"恶"就是感情了,如孔子说过:"唯仁者能好人、能恶人。"(《论语·里仁》)"好"就是"爱","好人"就是"爱人"。……②

> 从情绪向感情的过渡,孔、孟讲得非常清楚:在这么一种爱的情绪当中,生成了这么一种爱的感情。……首先是感触,"今人乍见孺子将入于井";然后是情绪,"不忍"、"怵惕恻隐之心";然后才过渡到感情,过渡到爱与恨的感情。当我们对这样的本源情感——用孟子的话来说——"扩而充之",你就获得了一种发端:"四端"——"恻隐之心,仁之端也;羞恶之心,义之端也;辞让之心,礼之端也;是非之心,智之端也"。这里所说的"四端",后来的形而上学的解释,就是"仁义礼智"这样的"道德原则"。其实,"四端"在这里不仅还不是什么"道德原则",甚至还谈不上感情。"四端"本身就是情绪,或者从情绪到感情的过渡。但是"四端"作为端点,乃是一切形而上学、形而下学的观念的发端之处。……孟子说:这就犹如"火之始燃,泉之始达"。这就是"源泉混混"(《孟子·离娄下》),就是"源头活水"。我们如果能够随时回到这里,回归本源,就能够像孟子所讲的"左右逢源"(《孟子·离娄下》)。③

当我讲到感触的时候,我说,"见"或者"现"具有优先性;当我谈到情绪的时候,我说,在儒家的观念里,"不忍"、"安"和"不安"这样的情绪样式是最具有优先性的;现在在感情这个层级上,我会说,在儒家这里,爱是具有优先性的,爱是先行于恨的。

---

① 黄玉顺:《爱与思——生活儒学的观念》,第80页。
② 同上书,第78—79页。
③ 同上书,第81—82页。

> 这跟舍勒的说法有一致性,但是,儒家跟他的观念的根据不同。舍勒讲"爱的优先性",讲了两层意思:第一层意思是说,爱作为"情感",对于"认知"具有优先性;第二层意思是说,"爱"与另外一种感情样式——"恨"比起来,具有优先性。但是,他是以他的那样一种先验现象学的方式、特别是以上帝为保证的人格主义的方式来把握"爱"、来阐释他所说的"爱的优先性"的。① 而在儒家呢? 这里没有上帝的位置。上帝本身就是一个存在者,就是绝对主体性;换句话说,上帝本身就是一个被存在本身、生活本身所给出的东西。……在儒家的观念中,爱,作为生活情感,作为大本大源,对于"天"、对于上帝之类的东西也具有优先性。②

但遗憾的是,谢文在"情"与"性"的关系问题上还存在着混乱。谢文甚至还说:

> 善观念对于持有者来说有着深刻的情感支持。也就是说,如果我们持定一种善观念,我们在情感上不希望其中有任何差错,即它应该是真正的善。……这就是说,在情感上,我们有把善观念绝对化的倾向。这种情感上的绝对化倾向要求所有的人都能够接受它。当我们向他人传播它,并等到他人的共鸣时,它就上升为共同的善。反过来,作为共同的善,我们对它的情感支持就会得到进一步加强。显然,一种善观念在社群生活中在情感上是相互支持的。随着它在更广的人群中得到共鸣和接受,在更长的历史中不断传承成为传统,它的善性就会不断积淀,乃至于被当作至善。……这是君子走向小人的生存过程。

我不知道谢文在这里讲的"情感"是否是他所说的"原始情感"。若是,那问题就严重了:如果说"原始情感"与"本性之善"是一致的、甚至于就是一回事,而"原始情感"又支持"善观念"、从而造成小人,那岂不是说小人是"本性之善"造成的!

---

① 参见舍勒:《伦理学的形式主义与质料的价值伦理学》,倪梁康译,北京:三联书店,2004 年;《爱与认识》、《基督教的爱理念与当今世界》,林克译、刘小枫选编《舍勒选集》(下),上海:上海三联书店,1999 年。
② 黄玉顺:《爱与思——生活儒学的观念》,第 82—83 页。

三 "君子困境"与"小人意识"和"罪人意识"的关系

谢文的中心问题乃是:如何才能解决"君子困境"的问题?假如没有"君子困境"问题,谢文的全部讨论也就毫无意义了。因此,这里首先应该讨论:何谓"君子困境"?谢文认为:

> 在实际生活中,"善观念"常常取替了"本性之善"而成为人的生存唯一出发点。这便是小人的出现。……本文的分析指出,君子和小人只有一步之遥。抹杀两种善的区别,让善观念主导生存,这就是从君子到小人的一步。本文的分析发现,现实生活中存在着各种各样的力量推动人跨过这一步。我们称此为君子困境。
>
> 小人作为一种生存状态,其特征是把某种善观念绝对化,使之等同于真理,并以此为标准作为生存判断和选择之根据。

然而这里对"小人"的界定是存在着严重问题的。根据本文上节的分析,"善观念"是人们在为回复本体的"本性之善"过程之中做工夫时所达到的善,这种善尽管是相对的,但这毕竟是善,是对善的一种选择与固执,恰恰是试图"发而皆中节"(合礼),这怎么能说是造成小人,或君子堕落为小人的原因呢?其实,在这个问题上,《中庸》是有明确的说法的,谢文也曾加以引用:

> 仲尼曰:"君子中庸,小人反中庸。"君子之中庸也,君子而时中;小人之中庸也,小人而无忌惮也。
>
> 君子居易以俟命,小人行险以徼幸。

造成小人的原因,在于人们"行险以徼幸"、"无忌惮",即恰恰是因为他们违背了"善观念",而不是因为他们固执"善观念",以此为"生存的唯一出发点"。

这样一来,谢文所谓"君子困境"也就无法落实了;或者说,"君子困境"其实是谢文的一种虚构。谢文认为:"《中庸》没有深入讨论这一困境。"其实,在《中庸》本身,根本就没有所谓"君子困境"的问题。这是谢文自己的问题。谢文实际上由此对《中庸》进行了一种根本否定:

> 问题的严重还在于,《中庸》强调君子对社会的教化功能。……不难指出,君子的社会教化作用在现实中是带领人们走小人之路。

这简直近乎骇人听闻了! 而且,这也与谢文所说的"《中庸》的君子论是要引导人们走上君子之道"自相矛盾。或许,这才是谢文想要说的"君子困境":《中庸》主观上是要带领人们走君子之道,然而客观上却是带领人们走小人之路。若是如此,所谓"君子困境"就不是现实存在的问题,而只是《中庸》这个文本的问题了,是"《中庸》的君子论最后陷入了君子困境"。不仅如此,这个批评不仅指向《中庸》,而且指向整个儒家的"社会教化",因为按谢文的分析,儒家的教化所能依据的只能是相对的"善观念",这样一来,儒家的教化也就只能是"带领人们走小人之路"了。但是,我们不能接受这个批评。

然而谢文坚持认为确实现实地存在着被《中庸》所忽视了的"君子困境",并为此而试图找到一条"脱困"的道路。谢文认为,这条道路就是引入基督教式的"罪人意识"。

但我们立即会产生一个疑惑:"罪人意识"的背后是西方基督教宗教意识的观念系统,这与儒家的观念系统能够相互协调吗?谢文试图将这两者加以融通,认为:"如果一个人能够在自己的生存中保持'诚'这种原始情感倾向,人就能够直接和自己的'天命之性'同在,并且看见自己的本性之善。"这里,"与天命之性同在"犹如"与上帝同在",这显然是基督教式的表达,"天命之性"被理解为与"上帝"直接相对应的东西了。我并不否认儒学与基督教之间是存在着可以融通之处的,而且认为这是今天很值得做的工作,所以,我对谢文郁教授的努力是充满期待的;但我并不认为融通的办法就是在儒学中引入"罪人意识"。否则,儒家就沦为一种"转基因"产品了。关于这个问题,我最近有一些讨论。①

"罪人意识"的前提,是基督教的上帝信仰,或者说是基督教神学对"上帝"的设定,这一点是问题的关键所在。谢文也说:"在基督教语境里,'罪'指的是'违背神的旨意'。"那么,这是否意味着儒学首先应该引进基督教的

---

① 黄玉顺主编:《庚寅"儒教"问题争鸣录》,郑州:河南人民出版社,2011年。

"上帝"？谢文复述了亚当、夏娃的"堕落故事"，以说明为什么需要引入上帝：

> 通过这个故事，人的意识发现了这一可能性存在于自己的生存中，即：意识到自己不可能靠自己做好人。
>
> 在基督教看来，罪人需要一种外在的力量来使他摆脱罪的生活。……这个外在力量除了神自己之外，不可能是其他力量。

但这不是儒家的路数。儒家强调的恰恰相反："人能弘道，非道弘人。"（《论语·卫灵公》）人就是要靠自己的力量，"靠自己做好人"，而不是依赖"外在的力量"。所以孔子"不语怪、力、乱、神"（《论语·述而》）。这是因为：在儒家看来，我们无法知道是否存在着神、上帝，也就无法知道神旨。故孔子主张"敬鬼神而远之"（《论语·雍也》），说："未能事人，焉能事鬼？"（《论语·先进》）这也正是谢文所说的："认识神的旨意乃是关键所在。但是，他如何才能够知道神的旨意呢？……在人的善恶判断中，人仅仅依靠自己的善观念，因而无法知道他的判断选择是否违背神的旨意。"

这就是基督教神学的悖谬之一：一方面，我们应该按照神旨生活；然而另一方面，我们却无法知道神旨。而谢文是这样解决这个悖谬问题的：

> 神的力量进入人的生存是建立在信任情感这一基础之上的。……一般来说，当我们接受一种外在力量的帮助时，我们对这一力量已经有了信任情感。神作为一种外在力量进入人的生存也是建立在信任情感基础上的。信任是一种情感。……基督教关于神的拯救的说法与此类似，即：基督徒在信心中把主权交给神，让神的旨意取替他们的心思意念。于是，神的力量在信心中成为他们的生存力量。

这等于说：我们应该充分相信一个我们并不知道的人或东西，把我们的生活完全交给他或它。这样似乎就能解决所谓"君子困境"问题了。但是，儒家拒绝这种态度。

当然，我并不是说谢文提出"君子困境"这个概念是毫无意义的。在我看来，"君子困境"的意义乃在这里："善观念"总是只具有相对的意义，因而对何为"善"就会产生无休止的争论。谢文指出：

> 在不同的善恶观念的争论中,偏执任何一方都会导致永不休止的争论。换句话说,从一定的善恶观念出发,善恶就永远是相对的。
>
> 人们只能根据自己的一定之见来论说善恶。当各人所见不一时,就不免有性善性恶的不同说法。如果人们进而对此争论不休,其结果便是固执自己的一定之见,阻碍更深入地认识自我本性和进一步率性而动。

这可能确实是一个问题:《中庸》谈到"诚之者,择善而固执之者也",然而当我们在"择善"的时候,所择之"善"其实永远只是某种相对的"善观念"、而不是绝对的"善"本身。但对这个问题的解决方式,却有两种截然不同的进路:

一种是传统形而上学的进路,谢文所选取的就是这条进路。但我希望上面的分析已经表明:这条进路是行不通的。

然而还有另外一条进路,即认识到:所谓"本性之善"其实只是一种形而上学的先验设定,亦即谢文所说的"预设"。同样,"绝对的'善'本身"这个说法已经带出了强烈的柏拉图主义的意味。所以,我们面对的上述问题其实是可以被消解的:上述问题的提法本身就有问题。真正的问题在于:我们为什么会有这种预设?不同时代的"善观念"为什么会有所不同,甚至相去甚远?这些都是传统形而上学无法解答的问题,我们必须另辟蹊径:回到生活情境。

正如谢文所说:"在社会生活中,这些善观念表现为一套道德规范。"这些道德规范,属于儒家所说的"礼"。谢文指出,将"礼"、"善观念"绝对化是很危险的:

> 《中庸》深刻地注意到这种生存方向,以及它给生存带来的危险。这种生存的根本特征是通过赋予某种善观念以绝对性,使之作为自己的生存基础和生存出发点。作为生存判断选择的根据,这种善观念是绝对的。绝对者不需要进一步完善。因此,这种被赋予绝对性的善观念就取得了终极的形式,并引导一种顽固不化拒绝完善的生存。

这就涉及儒家对于"善观念"、"礼"、"道德规范"的态度了。人们对孔子关于"礼"的思想的认识存在着严重的偏颇。一方面,孔子确实重礼,认为"不学礼,无以立"(《论语·季氏》),主张"克己复礼"、"非礼勿视,非礼勿听,非礼勿言,非礼勿动"(《论语·颜渊》)。但是,众所周知,"礼"、"善观念"在各个时代是有所不同的,谢文对此也有充分的论说。那么,我们究竟应该遵守哪个时代的"礼"、"善观念"?这也正是当前一些儒家原教旨主义者的困境。这是因为他们忘记了或者根本不知道孔子关于"礼"的思想还有另外一个更为根本的方面:礼有损益——社会规范应当随时代而变化(《论语·为政》)。于是,我们进入了孔子的社会正义思想的视域:我们之所以要遵守某种规范,是因为我们认为这种规范是正义的。①这种"正义感"渊源于特定的生活方式。②

孔子并不认为历史上那些具体的、相对的"礼"、"善观念"是绝对的"本性之善"的一种不充分、不完善的表现,而是认为:它们是按正义原则建构起来的。这就是孔子讲的"义以为质,礼以行之"(《论语·卫灵公》)。在儒家思想中,正义原则包括两条:正当性,适宜性。这是汉语"义"的两个最基本的语义。正当性原则是说:群体生活的秩序规范的建构,是从仁爱出发、超越差等之爱、追求一体之仁的结果;适宜性原则是说:社会规范的建构,必须充分考虑现实具体的生活方式。这里特别重要的是"时"、亦即"时宜"的问题,所以,孟子在谈到孔子乃是圣中之圣、"集大成"者时指出:这是因为孔子乃是"圣之时者"(《孟子·万章下》)。这里既没有形而上学的位置,更没有上帝的位置。

最后,感谢谢文郁教授给予我这样一个思考的机会。我还想指出的一点是:谢文郁教授的文章最可贵之处、也是其最重要的学术特点在于:不是为学术而学术,而是直面我们自己的人生,解决我们自己生活中所面临的困惑。这正是孔子所倡导的"为己之学"的精神。

---

① 黄玉顺:《孔子的正义论》,《中国社科院研究生院学报》2010年第2期。
② 黄玉顺:《孟子正义论新解》,《人文杂志》2009年第5期。

Is Sincerity a Sin?
—Criticism to The Dilemma of *Junzi* and Guilty Consciousness

Huang Yushun

Abstract: It will fit the thoughts of original Confucian that "sincerity" (诚) in The Doctrine of the Mean (《中庸》) is shown as genuine affection, if the viewpoint is based on the premise of that the "instinctual emotion" can not be understood as both "life impulse" of Western voluntarism or life philosophy and "good nature" as the Metaphysic. Although it is significant to separate "the idea of good" from "good of human nature", the differentiation between "the absolute" and "the relative" falls into such forms of thinking as "noumenon and appearance" or "the Metaphysic and the Physic" in traditional metaphysics after all, which cannot explain genuine affection clearly. It is not in any sense that he keeps to "the idea of good" that a villain comes into being or that a gentleman degenerates into a villain. So "gentleman's quandary" is nonexistent and we have no need to introduce "the sense of original sin" into China from Christian.

Key Words: Confucianism, The Doctrine of the Mean, sincerity, affection, gentleman, Christianity, the sense of original sin

《霍布斯的宗教批判——论理解启蒙》

〔美〕列奥·施特劳斯 著，杨丽、强朝晖等 译
北京：华夏出版社，2012 年 11 月

  本书作为"经典与解释"丛书施特劳斯集系列的一种，收入了施特劳斯除专著《霍布斯的政治哲学》以外的所有涉及霍布斯研究短篇文稿和未刊文稿。本书展现了青年施特劳斯在致力于"理解启蒙"这一中心问题时深入现代启蒙的源头即霍布斯的政治学时的研究成果。西方学界研究表明，现代自由民主政制是霍布斯及其后继哲人的智性设计，而非中古政制自然演化的结果。由此，霍布斯作为"新秩序"的开创者，其在现代启蒙中的重要地位不言而喻。施特劳斯认为，要理解霍布斯的政制设计，首先必须理解霍布斯对传统宗教的批判。对启示宗教的批判不仅是霍布斯政治学的前提，甚至是其全部哲学的前提。本书的研究表明，霍布斯通过一箭双雕的方法，同时背弃了古典政治哲学和启示宗教这两大西方传统。尽管施特劳斯后来放弃了这一已然成型的研究成果，但这一研究对我们理解现代自由民主政制的应然之理仍具有重大的启发意义。（陈东兴）

自明,还是救赎
——与谢文郁教授商榷

颜炳罡*

提 要:如何理解《中庸》的"性"、"诚"以及君子与小人等基本观念和问题,不仅关系到对《中庸》一书本身的理解,而且也关系到对整个儒家系统的理解。有着基督教背景的谢文郁将《中庸》的"性"理解为"生存冲动",将"诚"理解为"原始情感倾向"未必合乎《中庸》的本义。作者认为性、诚、天命、天道等同一层次的范畴,在人为性,在天为命,性乃"天下之大本","生存冲动"不是"性"的本质义。诚既是天道、天命等宇宙创生不已的本体,又是人修养的工夫、境界。文章指出,性善→自明→圣贤人格是儒家的文化路向,罪人→救赎→基督徒是基督教的文化路向,两种本质不同的文化形态最好保持各自的独立性而相互欣赏,而不是随意嫁接。

关键词:性善 罪的意识 自明 恩典 圣贤人格

谢文郁教授是我的老朋友,他虽然是一位基督教学者,但对中国文化的执著与热情,一点不让于一些专门研究中国历史文化的学者。数年前,我们俩参加哲学系组织的活动,在黄河北岸一个温泉度假村共处一池泡澡,他说,进化、进步这样的观念在西方文化里是没有的,是传教士从中国传入西方的。对于长期生活于国内高校的人来说,这种话是说不出来的,说出来,别人也会不屑一顾,甚至随时会被扣上民粹主义的帽子!然而,对于一位受

---

* 颜炳罡,1960年生,山东大学儒学高等研究院教授。

过基督教洗礼且长期生活于美国的学者说出来,则可信度大增!2006年,我发起创办《心灯》报不久,邀谢教授就《中庸》展开对话,谢教授慨然应允,真是喜出望外。在对话中,他说:没有读过《中庸》的人,就不算是真正的中国人。一言既出,满堂喝彩!当然,谢教授读不读《中庸》是就知识分子言的,不是就农民来说的。足见,谢教授对《中庸》用情之深。近读谢教授《君子困境和罪人意识》一文,大受启发。由此我们进一步了解了一位长期浸润于西方文化、尤其是基督教文化中的学者是如何理解中国《中庸》的。

一 性与诚的解读

谢教授对《中庸》的理解,与我们这些专门从事中国哲学研究的学者不同。对我们来说,重要的是搞明白《中庸》的原意什么?为了弄明原意,我们需要反复读原文以及前人的解释。当这些大致弄懂了之后,我们往往将自己淹没在《中庸》所布下的天罗地网中,满腔都是《中庸》的理念,没有了自己。而谢教授是先有一套自己的观念或思想,然后到《中庸》中去找材料,也许有些地方不尽合乎《中庸》的原意,但他个人的风格非常鲜明,个性非常突出,往往也能言人之所未言,发前贤与时人所未发。

首先,谢教授对《中庸》"性"与"诚"的理解就很值得注意。他将"天命之谓性"的"性"理解为"一个是从本性出发的生存冲动",认为《中庸》的'诚'指称的是一种不受内外限制的原始情感倾向,是'喜怒哀乐之未发'的生存状态","人面对的是一个真实的自我,'真实无妄',没有任何隐瞒和遮蔽"。不管谢教授的解读是否合乎《中庸》性、诚的原意,但无疑是新鲜而独特的。"生存冲动"大家一看就十分眼熟。显然,西方某位哲人如尼采、叔本华等早已使用。梁漱溟先生在《东西方文化及其哲学》中,就是用这样的方法去理解孔子的"仁",认为孔子的仁是"刚的动"、"活泼的动"。谢教授以此理解《中庸》之"性",以"原始情感倾向"理解"诚"就我所知在《中庸》解说史上还是第一次。

当然,谢教授让"性"冲动起来未尝不是一件好事,但这不是《中庸》性的本义。因为,从宇宙创生处说,《中庸》的天命、天道、诚等等不是静的,而是动的。"维天之命,於穆不已。""不已"者,即动之不已、刚健不已,亦可说是"至诚无息"。不过,这是从宇宙创生处说,不是从性、情对扬处言的。就性、情对扬角度说,《中庸》说得非常清楚"性"为喜怒哀乐之"未发",而"情"是喜怒哀乐之"已发"。"未发"是静的,"已发"是动的,即性是静的,情是动的。性情一如其别在于发与未发而已,既然是静的,情为什么会动、能动呢?我们回答是性有动的能力,然而毕竟未动,因一动即是情而非性。在《中庸》中,"天命之谓性",性即天命。在天为命,在人为性,天人合一,性命一源,《中庸》性的指向主要是本质问题,而不是生存问题。将《中庸》的"性"理解为"生存冲动"是谢教授的新贡献,而不是《中庸》的本义。

至于"诚",谢教授以"原始情感倾向"说诚,可以说未尽穷《中庸》诚的精义。首先诚在《中庸》里是宇宙创生的本体。所谓"诚者,天之道也;诚之者,人之道也"(第20章)。这里的"诚"就是天道,天道就是"於穆不已"的"天命",也就是创生宇宙万物的天地之道。所以"天地之道,可一言而尽矣,其为物不贰,则其生物不测"(第26章)。诚作为天地之道,是生生不已,生生不已即创生不已,"故至诚无息"。从创生万物角度说,"诚者,自成也;而道,自道也。诚者,物之终始,不诚无物"(第25章)。"物之终始",是说诚与物相终始,诚即是道,须臾不可离也,可离非道也,非道即非诚也。"不诚无物"意味着诚是彻上彻下的普遍存在,是物的本质因,失去了诚物将不物。当然,对人而言,诚既是修养的境界,也是修养的工夫。"至诚"与"至圣"属于同一层上的境界,至诚是客观地言,至圣是主观地说。至诚就天言,至圣就人言,至诚与至圣的统一就是《中庸》的天人合一之境。当然,诚还是一种过程。《中庸》对这个过程称之为"诚之者","诚之者"即努力实践诚的人或者说是"择善固执"的人。如果说至诚是至圣境,而诚之者是大贤的境界,而不是谢教授所说的"善观念"的小人境。谢教授从"原始情感倾向"谈诚,抛开诚的本质、本体义、创生义谈诚,这种理解可能是独得之见,然而太狭隘了。

二 "君子困惑"的误读

我认为谢教授区别两种善即"本性之善"和"善观念"还是很有启发意义的。他指出:人在"反身而诚"中体验到的"善"乃是"本性之善"。人的生存是在判断和选择中进行的,人"从在诚中所体验到的本性之善出发,人必须对它加以判断并选择。这种'择善而固执之者也'的做法,也就是把本性之善进行观念化的过程"。从人的意识层次上看,"善观念"是对"本性之善"的判断和命题表达。谢教授认为君子与小人的区别不是德性、智力、职业的,而是依天命之性的"本性之善"去生活,还是以"善观念"取替了"本性之善"而成为人生存的唯一出发点。

以此区别君子与小人应该是他的发明,或者说是他对儒家义理的新体贴,而不是《中庸》乃至整个儒家系统所应有之义。众所周知,儒家的君子与小人之别主要有两种:一是就位言,一是就德言。就位言,居于上层的统治者为君子,而居于下层百姓则为小人,这里的君子与小人没有价值意涵,只有置人于客观制度体系中所作的客观评价。就德言,遵守道德规范者为君子,反之即为小人。谢教授认为,君子与小人之别不是从德性、职业而言的,有悖于整个儒家传统。的确《中庸》大量正面论述君子之道,而君子与小人对举论述者并不多见,但就仅有几处君子小人对举中,我们不难发现,《中庸》仍然是就德性区别君子与小人,并不是像谢教授所说不是就德性言的。中庸是《中庸》一书的追求,是其主旨之所在,既是德性,是境界,也是修养方法。《中庸》一书的君子与小人之别始终围绕"君子中庸,小人反中庸"而展开。"君子之中庸也,君子而时中,小人之反中庸也,小人而无忌惮也。"(第2章)"君子居易以俟命,小人行险以徼幸。"(第14章)"君子之道,暗然而日章,小人之道,的然而日亡。"(第33章)显然,合乎中庸之道或中庸之德就是君子,不合乎中庸之德或违反中庸之道就是小人。中庸之道也就是中庸之德,是"民鲜能久矣"的"至德"。哪里有"让善观念主导生存"就是小人,依本性之善而就是君子?

其实,《中庸》中并没有谢教授所谓的君子困境。谢教授所说的君子困境实际上是以基督教义下的困境,不是儒家义理下的困境。在《中庸》"率性"即依乎本性地生活是至圣,而"择善固执之者"是"自明诚"的教,是大贤,并不是小人。而谢教授熟读《中庸》对此岂能不知?既然知之,为什么还是将"择善固执之者"弄成本"善观念"而生活的小人或坏人呢?其实,这一问题一点都不难理解。谢教授是本着他的基督教教义理解《中庸》,《中庸》在他那里不过是宣扬基督教教义的道具而已。在谢教授看来,基督徒"好人就是那些遵循神的旨意而生活的人"。这种人就是《中庸》里的君子,只不过谢教授将"神意"改为"天命之性"罢了。在基督教教义里，遵循神的意旨的人是好人，"择善固执之者"是自我做主选择善，而不是遵循神的旨意的人，当然是坏人。基督教只将人分为两类，好人与坏人，君子是好人，小人就是坏人，但儒家不是这样的。儒家与之不同，在儒家人格位阶里，有圣人、大贤、君子、小人等等的不同，即使是小人也未必是坏人。《大学》有"君子贤其贤而亲其亲，小人乐其乐而利其利"的小人就不是坏人，而是社会位阶不被社会所重视的人。圣人、贤人、君子、小人只是对天命之性的体悟与觉醒程度不同罢了，孟子所说"性之"、"身之"、"假之"[①]而已，岂能简单地以好人与坏人来划分呢？由此我们说，谢教授所说的君子困惑是以基督教教义解析《中庸》所形成的困惑，并不是《中庸》本身的困惑。

三　自明与救赎

谢教授引以为自豪的是引入基督教的恩典概念和罪人意识，考察《中庸》君子的困境。他发现恩典概念和罪人意识的引入，对于在中国文化语境中建立一个完整的君子理念，具有内在的建设性意义。事实真的如此吗？

回答是否定的，因为在基督教教义中，在耶和华的眼里，世上没有一个义人，一个也没有，全是坏人。只要是人，只要人还作为人，就是"罪人"。这种罪人意识与人性善为主流的儒家可谓大相径庭。用谢教授的话说："罪人当然是一种不好的人（即坏人）。这里的'所有的人'用法需要特别注意。'所有的人都是坏人'意味着世上没有一个好人。"其实在基督教教义中，"罪"是人无法逃避的先天本质。既然人注定了坏，哪里谈得上谢教授所谓的"'坏人'就概念而言是一种应该避免的生存状态"。这种耶和华决定的事，是人能改变的吗？是人能避免的吗？

谢教授指出："儒家关心的是如何做好人，基督教关心的是如何避免做坏人。"我们认为，这是极其浅层的问题，并不是儒家与基督教区别的关键之

---

① 《孟子·尽心上》："孟子曰：尧舜，性之也；汤武，身之也；五霸，假之也。"以朱子解释尧舜天性浑全，不假修习；汤武修身体道，以复其性。五霸假借仁义之名，以求济其贪欲之私耳。扣紧《中庸》说，尧舜即本天命而生活的人，汤武是"择善而固执之者"，而五霸是小人。

所在。(这一对举似乎很让人眩晕!如何做好人难道不包含避免做坏人?果如谢教授所言"基督教关心的是如何避免做坏人",岂不是说基督教认为人人都是好人,那就没有如何避免变坏的问题了吗?如果是这样,那么罪人的意识何以成立呢?谢教授自己否定了自己,否定了基督教教义,而回归儒家的人性本善上去。)儒家与基督教的区别虽然可以列举很多,但就人的问题而言归根到底是对人性的判断之异。儒家自孔孟以来的主流价值趋向认为,"天命之谓性"的性是善的,人之所以为人,在于他确定的、本质上的善,不是可能善,而是不自然的善,不是向善或善向,而是本质善。人的出现不是从天堂"堕落"下来,失去乐园,而是从无明的地狱(禽兽世界)升拔出来,摆脱了与"木石居,鹿豕游"鸟兽生活的人就成为人,有了恻隐之心、羞恶之心、辞让之心、是非之心,人就成为人了。亚当与夏娃知羞恶,在基督教教义诠释下,是人的"堕落",是罪,而在儒家"无羞恶之人,非人也"的诠释下,这是道德灵明闪显,是人性之灯点亮,是人类觉醒的一次质的飞跃,是善的开始。从本性善的意义上,儒家既关心如何做好人的问题,也关心如何避免做坏人的问题。就做好人言,儒家认为"明明德"、"亲民"、"止于至善",不断光大自己天赋的本性,仁的本性、诚的本性;就避免如何做坏人言,儒家主张时刻警惕"陷溺其心"、时刻警惕失去"赤子之心"而沦为"濯濯之牛山"。就如何做好人,是儒家的积极修身,"见贤思齐焉","就有道而正焉","闻义能徙",是"迁善";如何避免做坏人,是儒家的消极修养,"见不贤则内自省也",是"改过"。

如果扣紧基督教教义,我们认为它既不关心如何做好人,也不关心如何避免做坏人,它所关心的唯一问题就是如何将非基督徒、异教徒转化为基督徒的问题。对此,谢教授有精彩的分析。他说:"对于一个拥有堕落意识的罪人来说,这里的问题是双重的。首先,他必须找到神的旨意并加以遵循。并在此基础上,他充分注意那种使他变为坏人的可能性,并努力避免之。我们看到,这个双重问题呈现了人在做好人(遵循神的旨意)这件事上的双重障碍。这是令人绝望的问题:寻找神的旨意已经难了;避免那种可能性就更难了。"说白了,就是不可能。因为,在耶和华的眼里,世上没有一个义人,罪是人类的内本质,做好人没有理论的支撑;既然注定是罪人,又如何避免做坏人呢?这不是像拔着自己的头发离开地球一样令人难以置信吗?基督教唯一的方式是皈依,因信称义。只有成为基督徒,才能获得耶和华的洪恩,才能得到救赎。

自明,还是救赎,是儒家与基督教在成人方式的区别点之一。相信还是不相信人自身拥有力量,这一点对于儒家至为关键。从孔子的"为仁由己,而由人乎哉?"到《大学》"明明德"之"自明",到《中庸》"诚者,自成也,而道,自道也",以至到孟子的"良知""良能"等等,一再肯定与高扬,不需要上帝施予的恩典人自身拥有力量,不需要借助情识化的、虚幻的上帝救赎。人敬畏天命,敬畏天道,甚至敬畏鬼神,并不是人对人性没有了信心,人能拥有此敬畏意识恰恰说明人自身拥有力量。谢教授引入基督教的恩典概念和罪人意识来避免坏人出现,以此来完善儒家文化系统,其用意是良好的,但基督教恩典概念和罪人意识的引入果真能解决中国社会的坏人问题吗?我们的回答是否定的。很显然,如果基督教真的能解决坏人出现问题,那么信仰基督教的国家里就不会有坏人了,最起码在政教合一的中世纪欧洲就不会有坏人了,而事实并非如此,由此可见,用基督教的救赎与恩典避免坏人。这在西方文化传统里行不通,难道在中国社会就能行得通吗?如果中国社会行得通,洪秀全、杨秀清等在其统治区域实行的是全盘基督教化政策,是否太平天国就没有坏人甚至没有小人了呢?恰恰相反,洪、杨这些基督徒本身就是小人,其人格没有一点比曾国藩等晚清将领高尚。假天国之名,以求济其贪鄙之私则是他们的真实意图。

性善→自明→圣贤人格是儒家的路向,罪人→救赎→天国是基督教的路向,两种从出发点到终极目标都不同的文化体系之间的任何移植或嫁接都会导致文化错位与混乱,是文化不幸,而不是文化光荣。保持各自的独立性,保持各自自我生长权利比所谓的融合更合理。试图用基督教教义来改造儒家文化只会导致儒家文化的堕落,而妄想以儒家文化改造基督教教义可谓痴人说梦!当然这不是说二者不可相互欣赏或乃至相互学习。我们认为,基督教文化应当学习儒家文化"施诸己而不愿,亦勿施于人"的文化传播政策不要向非基督教文化系统强制性地输入基督教;向儒家文化学习文化包容的心态,打开唯我独尊的狭隘心态,上帝的恩典决不是唯一的救赎手段,人人皆可自救。超凡入圣,不是能不能的问题,而是为不为的问题。当然,儒家文化也应向基督教学习,最起码儒家学者应当学习基督徒的传教精神,当然不能学习基督教的传教方式。

Enlightenment or Salvation?
—A Deliberation with Professor Xie Wenyu

Yan Binggang

Abstract: It relates to the comprehension about not only The Doctrine of the Mean but also the whole Confucian that how to understand the basic concepts and questions, that is, nature, sincerity, *Junzi*, *Xiaoren* and so on in The Doctrine of the Mean. Back grounded in the Christian, Xie Wenyu takes the nature in The Doctrine of the Mean as survival impulse, the sincerity as original emotion tendency, which don't conform with the meaning of The Doctrine of the Mean. I think that nature, sincerity, the mandate of heaven, the way of heaven et. are categories at the same level, that is, we call it nature referring to people, and mandate to heaven. Nature is the great foundation of the world, and survival impulse can't be its fundamental meaning. Not only the mandate and way of heaven ie. the noumenon of the endless creation of universe, sincerity is also the effort of self-cultivation and the realm. This paper indicates that it's Confucian cultural mode from natural goodness to enlightenment to sage, and the Christian from guilty to salvation to Christian. It would be the best that these different essentially cultures keep their independence, not be grafted at discretion.

Key words: natural goodness, guilty consciousness, enlightenment, grace, personality of sage

《中庸》论小人三章疏释*

唐文明**

提　要：《中庸》共有三章明确论及小人，揭示出儒教君子小人之辨之一重要面向：君子知有天命而小人不知有天命。知有天命则顺受其正，知一切当反求诸己，于是有戒慎恐惧、谨独之工夫。有戒慎恐惧、谨独之工夫则能素其位而行，其效推之极致则曰笃恭而天下平。不知有天命则不知天之所与我者，于是一切慕外而不能入德，在心上不能体验天下之大本，在事上则流于行险以徼幸，在果上以至于的然而日亡。

关键词：君子　小人　天命　慎独

养成君子人格，成圣成贤，乃儒教教化之主旨。先秦儒教典籍，君子小人往往对称，所指虽有德、位之异，然儒教之重德，而倡言以德配位，则无须辞费。故于小人问题，儒教亦非常重视。"小人"一词，见于《论语》24次，见于《孟子》14次，见于《荀子》76次。本文仅就《中庸》论及小人之三章略作疏释，以呈现儒教论小人之一重要面向。

按朱子分章，《中庸》论及小人者有二、十四和三十三章，分别居于一篇之首、中、末：

仲尼曰："君子中庸，小人反中庸。"君子之中庸也，君子而时中；小

---

* 谢文郁先生作《君子困境和罪人意识》一文，即将发表于《哲学门》，认为儒教对小人问题重视不够。本文特应《哲学门》吴飞先生之邀专就此问题进行探讨，以明经旨。

** 唐文明，1970年生，清华大学人文学院哲学系副教授。

人之中庸也,小人而无忌惮也。(二章)

君子素其位而行,不愿乎其外。素富贵行乎富贵,素贫贱行乎贫贱,素夷狄行乎夷狄,素患难行乎患难。君子无入而不自得焉。在上位不陵下,在下位不援上,正己而不求于人,则无怨。上不怨天,下不尤人。故君子居易以俟命,小人行险以徼幸。子曰:"射有似乎君子,失诸正鹄,反求诸其身。"(十四章)

诗曰:"衣锦尚絅。"恶其文之著也。故君子之道,闇然而日章;小人之道,的然而日亡。君子之道,淡而不厌,简而文,温而理,知远之近,知风之自,知微之显,可与入德矣。诗云:"潜虽伏矣,亦孔之昭。"故君子内省不疚,无恶于志。君子之所不可及者,其唯人之所不见乎!诗云:"相在尔室,不愧屋漏。"故君子不动而敬,不言而信。诗曰:"奏假无言,时靡有争。"是故君子不赏而民劝,不怒而民威于鈇钺。诗曰:"不显惟德,百辟其刑之。"是故君子笃恭而天下平。诗云:"予怀明德,不大声以色。"子曰:"声色之于化民,末也。"诗曰:"德輶如毛。"毛犹有伦,"上天之载,无声无臭",至矣!(三十三章)

杨时以《中庸》首章为"一篇之体要",朱子称引之。在首章之后,二章即引孔子之言以中庸与反中庸别君子与小人,可见君子小人之辨对于《中庸》之重要。朱子解首章曰:"首明道之本原出于天而不可易,其实体备于己而不可离。次言存养省察之要。终言圣神功化之极。盖欲学者于此,反求诸身而自得之,以去夫外诱之私,而充其本然之善。"①此对于理解二章及全篇关系重大。

对二章之理解有争议者,表现在"小人之中庸也"一句。郑玄注曰:"反中庸者,所行非中庸,然亦自以为中庸也。"②后儒多有从郑注而发挥者,概言之,是以乡愿之似德而乱德说小人之中庸。如吕大临曰:"君子之中庸也,有君子之心,又达乎时中;小人之中庸也,有小人之心,反乎中庸,无所忌惮,而自谓之时中也。时中者,当其可之谓也。……小人见君子之时中,唯变所适

---

① 《中庸章句》,见《朱子全书》,上海:上海古籍出版社;合肥:安徽教育出版社,2010年修订版,第6册,第33页。
② 《礼记正义》,见阮元校刻:《十三经注疏》,北京:中华书局,1980年,下册,第1625页。

而不知当其可,而欲肆其奸心,济其私欲。"①游酢曰:"君子者,道中庸之实也。小人则窃中庸之名而实背之,是中庸之贼也,故曰'反中庸'。……小人之于中庸,则居之似忠信,行之似廉洁,而居之不疑,或诡激以盗名,进锐退速,此所谓无忌惮而反中庸者也。"②

王肃本此句多一"反"字,为"小人之反中庸也",伊川、朱子从之。伊川曰:"君子之于中庸,无适而不中,则其心与中庸无异体矣。小人之中庸,无所忌惮,则与戒慎恐惧者异矣,是其所以反中庸也。"③又曰:"小人更有甚中庸?脱一'反'字。小人不主于义理,则无忌惮,无忌惮所以反中庸也。"④朱子曰:"君子之所以为中庸者,以其有君子之德,而又能随时以处中也;小人之所以反中庸者,以其有小人之心,而又无所忌惮也。盖中无定体,随时而在,是乃平常之理也。君子知其在我,故能戒谨不睹,恐惧不闻,而无时不中;小人不知有此,则肆欲妄行,而无所忌惮矣。"⑤

对于此处何以从王肃本及如何评价郑注与发挥郑注之诸说,朱子申言曰:"'小人之中庸',王肃、程子悉加'反'字,盖迭上文之语。然诸说皆谓小人实反中庸,而不自知其为非,乃敢自以为中庸,而居之不疑,如汉之胡广,唐之吕温、柳宗元者,则其所谓中庸,是乃所以为无忌惮也。如此则不须增字,而理亦通矣。曰:'小人之情状,固有若此者矣,但以文势考之,则恐未然。盖论一篇之通体,则此章乃引夫子所言之首章,且当略举大端,以明别君子小人之趣向,未当遽及此意之隐微也。若论一章之语脉,则上文方言君子中庸而小人反之,其下且当平解两句之义以尽其意,不应偏解上句而不解下句,又遽别解他说也。故疑王肃所传之本为得其正,而未必肃之所增,程子从之亦不为无所据而臆决也。诸说皆从郑本,虽非本文之意,然所以发明小人之情状,则亦曲尽其妙,而足以警乎乡愿乱德之奸矣。'"⑥

从朱子之申言可知,朱子特别重视从整篇之结构看待此章,所谓"论一

---

① 见石墪编、朱熹删订:《中庸辑略》,严佐之校点,北京:北京大学出版社,2007年,第31页。
② 同上书,第32页。
③ 见《中庸辑略》,第30页。
④ 同上。
⑤ 《中庸章句》,见《朱子全书》,第6册,第34页。
⑥ 《中庸或问》,见《朱子全书》,第6册,第564—565页。

篇之通体"。质言之,朱子认为,此章在首章之后明别君子小人之趣向,在整篇结构中处于至关重要之位置。此又成为他从王肃本的主要理由:既然此章所言君子小人之别为理解《中庸》整篇之关键,那么,其义就当略举大端,如程子所解,而不应像郑注那样,太过隐微。不过,对于郑注及发挥郑注之诸说所阐发之义理,朱子持存而不废之态度。

虽然以乡愿之似德而乱德解小人之中庸其说不为不通,但就《中庸》整篇之义理与结构而言,朱子之解释的确胜于郑玄。至于小人何以反中庸,诸家皆据"小人而无忌惮"立言,于此无可争议。无忌惮实为理解小人之为小人之要点。无忌惮则与戒慎恐惧判然两途,此义见诸上引伊川之言。戒慎恐惧之说,正出于首章言君子之慎独。因此上引伊川之言即是将二章关联于首章而发。无忌惮即不知有敬畏,不知有敬畏则不能戒慎恐惧,此《中庸》别君子小人之要点也。或者曰:"君子小人之分无它,敬与慢之间耳。"[①]以此义论小人者,不独见于《中庸》,亦见于《论语》、《大学》。《论语·季氏》载孔子曰:"君子有三畏:畏天命,畏大人,畏圣人之言。小人不知天命而不畏也,狎大人,侮圣人之言。"《论语·尧曰》又载孔子曰:"不知命,无以为君子。"此即以是否知天命、畏天命别君子与小人。《论语·子路》则载孔子曰:"君子泰而不骄,小人骄而不泰。"骄即源于无忌惮,源于不知有敬畏,故此章可同观。《大学》则与《中庸》同,直以慎独辨君子与小人:"所谓诚其意者,毋自欺也。如恶恶臭,如好好色,此之谓自谦。故君子必慎其独也。小人闲居为不善,无所不至,见君子而后厌然,掩其不善,而著其善。人之视己,如见其肝肺然,则何益矣。此谓诚于中形于外。故君子必慎其独也。"君子慎独,所谓诚于中形于外也,小人反是,故有掩其不善而著其善之举。于此判然两分也。

慎独作为修身工夫既有终极之根基,亦有现实之根基。此义明见于《中庸》首章。子思于首章言慎独之前先言性、道、教,即是阐明慎独工夫之终极与现实根基,此即天命之性。或如上引朱子所言,慎独为"存养省察之要",而其终极之根基即"道之本原出于天而不可易",其现实之根基即"其实体备于己而不可离"。君子小人之别即在是否知"道之本原出于天而不可易",是

---

① 项安世语,见卫湜:《中庸集说》,杨少涵校理,桂林:漓江出版社,2011年,第54页。

否知"其实体备于己而不可离",一言以蔽之,是否知有此天命之性而敬之以处、顺之以行。若关联于孟子,此知性、知天之存养工夫则全在尽心,而孟子正是以存心与否辨君子与小人:

> 君子所以异于人者,以其存心也。(《孟子·离娄下》)
>
> 公都子问曰:"钧是人也,或为大人,或为小人,何也?"孟子曰:"从其大体为大人,从其小体为小人。"曰:"钧是人也,或从其大体,或从其小体,何也?"曰:"耳目之官不思,而蔽于物。物交物,则引之而已矣。心之官则思,思则得之,不思则不得也。此天之所与我者。先立乎其大者,则其小者不能夺也。此为大人而已矣。"(《孟子·告子上》)
>
> 尽其心者,知其性也。知其性,则知天矣。存其心,养其性,所以事天也。殀寿不贰,修身以俟之,所以立命也。(《孟子·尽心上》)

耳目之官为人之小体,仅从耳目之官则止于人欲;心之官为人之大体,心之官思则知在人欲之上更有天命之性。止于人欲而不知有天命之性则为小人,知人欲之上更有天命之性则为君子。又,存心养性为事天,能事天者为君子、为大人;不能存心养性则不能事天,不能事天者为群氓、为小人。

十四章言君子素其位而行,并就此论君子小人之别,而以孔子"反求诸其身"之言作结。君子居富贵不骄不淫,居贫贱不谄不慑,居夷狄不变所守,居患难不丧其志;小人反是,居富贵必骄必淫,居贫贱必谄必慑,居夷狄必变所守,居患难必丧其志。① 君子在上位不陵下,在下位不援上,凡事不怨天尤人而反求诸己;小人反是,在上位而陵下,在下位而援上,凡事怨天尤人而不求诸己。君子小人之别,从行事看,一言以蔽之则曰:君子居易以俟命,小人行险以徼幸。

居易以俟命与行险以徼幸之别,亦在如何对待天命。君子知天命故能居易以俟命,亦如上引孟子所言:"殀寿不贰,修身以俟之。"知天命者既要知天之正命,知天命之性,又要知天之非正命,此可谓居易以俟命之两面,或如孟子所言:"莫非命也,顺受其正。是故知命者不立乎岩墙之下。尽其道而

---

① 此处吸收了林垧的解释,参见《中庸集说》,第140页;而林垧又吸收了吕大临的解释,参见《中庸辑略》,第45页。

死者,正命也;桎梏死者,非正命也。"(《孟子·尽心上》)小人则不知天命、不畏天命,故行险以徼幸。行险则不愿遵道而行,徼幸则欲得其所不当得。方悫论此章曰:"莫非命也。君子道其常,小人道其怪。道其常,故居易以俟之;道其怪,则行险以徼之。"①其说切至。

三十三章为《中庸》之卒章,引《诗》八次,主旨在说明"君子之道,闇然而日章",与之相对,则说及"小人之道,的然而日亡"。朱子亦非常重视此章在整篇结构中之地位。朱子总论此章曰:"前章言圣人之德极其盛矣,此复自下学立心之始言之,而下文又推之以至其极也。"②又曰:"子思因前章极致之言,反求其本,复自下学为己谨独之事推而言之,以驯致乎笃恭而天下平之盛。又赞其妙,至于无声无臭而后已焉。盖举一篇之要而约言之,其反复丁宁,示人之意,至深切矣。学者其可不尽心乎!"③

朱子之解释首先将此章关联于上章。三十二章曰:"唯天下至诚,为能经纶天下之大经,立天下之大本,知天地之化育。夫焉有所倚!肫肫其仁,渊渊其渊,浩浩其天。苟不固聪明圣知达天德者,其孰能知之?"朱子指出,三十二章"言圣人之德极其盛",三十三章则又回到圣人成德之根本,即又从下学立心之始说起。从下学立心之始说起,即又重申君子小人之别,大义仍在君子慎独而小人反是。然后又从慎独再推至圣人之德之极致,即笃恭而天下平,而以赞语终篇。

此章各节皆引《诗》,关于各节之关联,朱子释为"自下学为己谨独之事"、"推之以至其极"。侯仲良说此章,指出子思于此"再叙入德成德之序",朱子以为得之,并以此论及此章引《诗》:"此章凡八引《诗》:自'衣锦尚絅'以至'不显惟德',凡五条,始学成德疏密浅深之序也;自'不大声以色'以至'无声无臭',凡三条,皆所以赞夫不显之德也。"④《礼记集说》中载三衢周氏之言,则是顺侯仲良、朱子之思路而以修身、齐家、治国、平天下说此章各节之关联:"自此以下,凡八引《诗》。或疑其无序,不知所以证修身、齐家、治国、平天下与夫诚者诚之者。其说甚明,第学者未深考尔,苟明其序,则一

---

① 见《中庸集说》,第137页。
② 《中庸章句》,见《朱子全书》,第6册,第57页。
③ 同上书,第59页。
④ 《中庸或问》,见《朱子全书》,第6册,第604—605页。

篇之意灿然矣。'衣锦尚絅','潜虽伏矣,亦孔之昭',此修身之证也。君子之学为己,不患人之不己知,故衣锦尚絅,恶其文之昭著。然诚之所发,终不可掩,所以闇然而日章。小人之学为人,掩其不善而著其善,惟恐人之不知,故心劳日拙,人之视己,如见其肺肝,所以的然而日亡。……'相在尔室,尚不愧于屋漏',此齐家之证也。……既祭犹敬,心无愧于幽明,则暗室无所欺矣。故其处家也,言必有物,行必有恒,不动而人莫不敬,不言而人莫不信,其诚之至乎!'奏假无言,时靡有争',治国之道,莫大乎赏罚,固足以示劝惩矣。至于'不赏而民劝,不怒而民威武于斧钺',如在宗庙之中,自生肃敬之心,此诚之所格,非赏罚之所及也。'不显惟德,百辟其刑之',此平天下之证也。平天下者,岂以力服人哉? 不显惟德,百辟自然仪刑,如七十子之服孔子也。不显者,闇然日章之道,其舜之恭己无为,文王之不识不知者乎! 是故笃恭而天下平。"①可谓善读书也。

朱子还指出,三十三章"盖举一篇之要而约言之",即是说,三十三章囊括《中庸》整篇之义。上文已提及,《中庸》首章,杨时认为"一篇之体要",朱子许之。此处又说三十三章"盖举一篇之要而约言之",何以别之? 朱子以实德与成功微别之,而其工夫,则一于慎独:"盖以一篇而论之,则天命之性,率性之道,修道之教,与夫天地之所以位,万物之所以育者,于此可见其实德。以此章论之,则所谓'淡而不厌,简而文,温而理,知远之近,知风之自,知微之显'者,于此可见其成功。皆非空言也。然其所以入乎此者,则无他焉,亦曰反身以谨独而已矣。故首章已发其意,此章又申明而极言之,其旨深哉!"②至于子思何以在三十二章极言圣神功化之后又返回到下学立心之始而言之,朱子曰:"子思惧夫学者求之于高远玄妙之域,轻自大而反失之也,故反于其至近者而言之,以示入德之方,欲学者先知用心于内,不求人知,然后可以慎独诚身而驯致乎其极也。"③可谓心知其意,善述人之志也。

综上所述,《中庸》三章论及小人,揭示出儒教君子小人之辨之一重要面

---

① 见《中庸集说》,第347页。
② 《中庸或问》,见《朱子全书》,第6册,第604页。
③ 同上书,第604页。

向：君子知有天命而小人不知有天命。知有天命则顺受其正，知一切当反求诸己，于是有戒慎恐惧、谨独之工夫。有戒慎恐惧、谨独之工夫则能素其位而行，其效推之极致则曰笃恭而天下平。不知有天命则不知天之所与我者，于是一切慕外而不能入德，在心上不能体验天下之大本，在事上则流于行险以徼幸，在果上以至于的然而日亡。三章皆关联于首章"天命之谓性"及慎独之工夫以别君子小人，而侧重又有不同。若曰十四章侧重达用，即从行事上说君子小人之别，三十三章侧重成功，即从果效上说君子小人之别，则二章言虽浑沦，而重在知本。知本、达用、成功，前后相属，一体而贯。知本须涵养，达用须察识，涵养、察识之工夫到则自然有成功之效验，此《中庸》别君子小人之大旨。①

A Commentary on the Three Chapters about the Villain in The Doctrine of the Mean

Tang Wenming

Abstract：In The Doctrine of the Mean there are three chapters talking about the villain in Confucianism clearly. They reveal the important distinguishment between the gentleman and the villain：gentleman knows the mandate of heaven, but the villain the opposite. As the results, knowing the mandate of heaven, the gentleman resigns himself to the right, and returns to himself, so he devotes himself on becoming cautious and apprehensive, and watching himself when alone, which leads to doing what is proper to his

---

① 谢文郁先生一文因误解"诚之者，择善而固执之者也"而以两种善说《中庸》，纯属臆解。撇开此点不谈，文中所谓困境，普通人或常有之，非君子之困境，实小人之困境也。古人所谓"自私而用智"，此宜乎小人之所为。《中庸》以知天命别君子小人，即欲使人超拔于此困境：知天命有变则临事而能惧，战战兢兢，如临深渊，如履薄冰；知天命有常则意诚而心正，博学之，审问之，慎思之，明辨之，笃行之，绝不敢自私而用智。谢先生以耶补儒之说，如马舌牛头，相接不伦，亦自私而用智之一例也。

position, and as the effects, he stays sincere and reverent so that the world will be in order and at peace to the most extent. Without knowing the mandate of heaven, the villain doesn't know what the heaven imparts in man, so he quests external things and stays away from virtue, and in his heart can't experience the great foundation of the world, and in terms of things takes to dangerous courses and hopes for good luck, and in the last though conspicuous he gradually disappears.

Key words: gentleman, villain, mandate of heaven, watching himself when alone

《神话研究(上)》

〔德〕汉斯·布鲁门伯格 著,胡继华 译

上海:上海世纪出版集团,2012年10月

本书作为"世纪人文系列丛书世纪文库"的一种。《神话研究(上)》是近代德国著名哲学家汉斯·布鲁门伯格的神话学研究代表作,全面考量荷马以来直到20世纪神话创作和神话研究的传统,力求发掘其中蕴涵的西方思想资源,并特别重视呈现在文学与哲学之中的思想与想象的关系。布鲁门伯格以"实在专制主义"作为解释神话起源的一种假设,作为与此相呼应而对立的极限状态,他提出了"终结神话"的命题,即个体在接受神话的过程之中通过"神话创作"让自己重新占据"终极神话"的位置。布鲁门伯格往返于古今上下,证明自身的反启蒙立场——神话与逻各斯并立,神话与教义同在,甚至还要限制理性的范围,为神话留出地盘。

汉斯·布鲁门伯格(1920—1996),20世纪德国最重要的哲学家之一,与哈贝马斯齐名,从古典学入手通过解读神话、《圣经》、文学文本以重构西方思想史,重视文学感悟与生命筹划的关系,关注思想历史的隐喻、象征、修辞等语言维度,试图为现代奠定正当性基础。他的著作思想精深,气魄宏大,主要包括《现代正当性》(1966)、《哥白尼世界的起源》(1975)、《神话研究》(1979)、《马太受难曲》(1990)等。(陈东兴)

何为"本性之善"？
——评谢文郁教授的《中庸》解

邹晓东[*]

提　要：谢文郁从《中庸》中读出了"善观念的封闭性"问题，并创造性地提出"本性之善"概念，用以展示《中庸》解决问题的方案。这个解读视角独特，且尽可能追求与文本契合。我的评论围绕"什么是真正的诚（直面并观看本性之善）"展开。一方面，这个问题关系到谢文郁封闭性指控的严密性，他认为：凭借《中庸》的方案，最终结局还是自我封闭。另一方面，"真正的诚"问题联系着《中庸》"教化论"。谢文郁为求解释思路的单纯一贯，既回避这个问题，又不愿多谈《中庸》的"教化论"。

关键词：善观念　本性之善　诚　教化

多年前，我曾读过谢文郁老师的《〈中庸〉的君子论和〈约翰福音〉的恩典论》[①]。那篇文章给我留下一个深刻印象："诚"是生存的出发点。如今，又读到谢文郁老师（以下我将直呼其名）讨论《中庸》的新作：《君子困境和罪人意识》、《康德的"善人"与儒家的"君子"》[②]。它们延续了那一篇的思路，在文本分析和概念表达上则更趋深入。谢文郁《中庸》解，一个引人注目的亮点是：提出了"本性之善"和"善观念"这两种"善"。

---

[*] 邹晓东，1982年生，北京大学哲学系博士后。
[①] 原名《君子之路》，载于《恩福》杂志总第8期，2003年7月。
[②] 前者见本期《哲学门》。后者载于《云南大学学报》（社会科学版），2011年第3期。

我们知道,《中庸》第 20 章①有"诚身有道,不明乎善,不诚乎身矣"这一提法。谢文郁认为:这里所谓"明乎善",即"在诚中观看本性之善"。进而,下文的"诚之"就被解释为"在诚中观看本性之善,并将其观念化"。这就有了所谓的"善观念"。——下面,我想首先对照朱熹《中庸章句》,展示谢文郁《中庸》解的创造性。进而,我会从概念与论证、历史与文本两方面,发表自己的评论意见。

一 贡 献

朱熹《中庸章句》本着忠于文本的精神对解释《中庸》,乃是后世《中庸》研究不可回避的参照物。表面上看,谢文郁对"不明乎善,不诚乎身矣"的解读,似与朱熹《中庸章句》相去不远。但实际则不然。本节,我们具体来看。

朱熹这样解释《中庸》第 20 章的"不明乎善":

> 谓未能察于人心天命之本然而真知至善之所在也。②

我们需要对朱熹的解释做些解释。朱熹使用了两个动词:一个是"察",一个是"知"。谢文郁所谓"在诚中观看本性之善",字面上与朱熹所谓"察于人心天命之本然"似无二致。朱熹"人心天命之本然"似即谢文郁所谓"本性至善"。但是,朱熹的"察"字如何理解?"察"与"知"的关系又是如何?"真知至善之所在"指"面向并观看天命之本然",还是指获得一套"善观念"?——朱熹似乎并不着意区分。但谢文郁却认为,这一区分是解读《中庸》的关键。

我们来看《君子困境和罪人意识》中的一个片断:

> 这里,"明乎善"和"诚乎身"是在同一层次上说的。"明"是一种自我呈现,而不是概念表达。因此,在"诚"中"明善"也就是呈现本性或生存本身。也就是说,这个"善"和概念中表达的善是完全不同的东西,因而不受任何善恶观念的影响。在这个意义上,在"诚"中所呈现的善

---

① 本文《中庸》分章依朱熹《中庸章句》。
② 朱熹:《四书章句集注》,北京:中华书局,1983 年,第 31 页。

就是生存自身的冲动,因而是绝对的善。

这是在解释《中庸》第20章的"不明乎善,不诚乎身矣"。谢文郁特别强调,"明乎善"与"诚乎身"实际上是一回事("是在同一个层次上说的")。这里,"自我呈现"和"概念(观念)表达",被严格区分开来。我把谢文郁所谓"自我呈现"或"在诚中呈现",理解为"面向并观看/在诚中观看"。谢文郁认为,在这种"观看"中的"本性之善"不是"善观念",并特别强调它是"绝对的善"。

在《康德的"善人"与儒家的"君子"》一文,谢文郁同样谈到这种"绝对的善":

> 并且因为在人开始生存之初它就存在,所以它对人的思想来说是原始的,故超越于任何善恶判断。在这个意义上,它是绝对的善。①

在上下文中,"它"指"本性"。按照谢文郁的思路,"善观念"乃从"观看本性之善"而来。善观念只能努力表达本性之善,而没有资格规定什么是本性之善。在这个意义上,本性之善"超越于任何善恶判断(观念)"。本性之善的绝对性,与其非观念性密切相关。——朱熹的"察于人心天命之本然",如果意指"观看"而非"观念",那么,谢文郁的工作就算是朱熹的翻版。

但事实并非如此。除了一个"察"字,朱熹还用了一个"知"字。"真知至善之所在":"知……所在"似乎正是号召"面向……并观看"。然而,考虑到朱熹对"至善"的具体界定,他实际上并没有这层意思。《中庸》文本中没有"至善",它是《大学》三纲领中的一个术语。朱熹《大学章句》把它界定为"事理当然之极"。据此,朱熹所谓"真知至善之所在",实即"真知事理当然之极"。"知"和"事理"联用,"善观念"的意味,要远远压倒"对本性之善的观看"。朱熹所谓"察于人心天命之本然而真知至善之所在",实际上更侧重于观看的结果:拥有正确的善观念。

此外,《中庸章句》还有这样的提法:"未至于圣,……则必择善,然后可以明善。"这里,"明善"系化用《中庸》第20章的"明乎善"。朱熹认为"必择善,然后可以明善",谢文郁的思路则是"明乎善,方能择善"。我们不能说朱

---

① 谢文郁:《康德的"善人"与儒家的"君子"》。

熹丝毫没有注意到"观看本性之善"与"拥有观念之善"之间的区别,但区分这二者显然不是朱熹《中庸》解的关键。明确提出并强调二者区分,是乃谢文郁《中庸》解的一大亮点。——但是,这又有什么深意呢?

在《康德的"善人"与儒家的"君子"》这篇文章中,谢文郁提出了"善观念"的更新问题。他认为,这正是《中庸》划分"本性之善"与"善观念"的动力所在。归纳起来,该文结合《中庸》及《仅论理性限度内的宗教》(康德)提出如下论述:(1)人需要在判断—选择中走向未来;(2)判断需要标准,而这标准就是一个人的善观念;(3)以善观念(作为标准)为基础的判断—选择,不可能导致人否定、放弃这作为基础(标准)的善观念;(4)考虑到现实拥有的善观念不可能没有缺陷,(3)中的"不可能"因而就是一种自我封闭或自我窒息状态。——这就是所谓的"善观念的封闭性"问题;相应地,"善观念的更新"问题。亦随之提出。谢文郁将这个问题的发现权归给《中庸》,在我看来,这是他对《中庸》解读史的一个贡献。

按照谢文郁的说法,"本性之善"与"观看本性之善",在《中庸》看来乃是打破善观念封闭性的关键。然而你,并非每个人都能充分利用这"本性之善"。大多数人在大多数时候,实际上都把自己已有的"善观念",设定为全部生存的出发点。观念的封闭性与这样的人同在。谢文郁认为,这便是《中庸》所谓的"小人":"愚而好自用,贱而好自专。"在批评"小人"的同时,《中庸》高扬"君子"。谢文郁进而指出,所谓"君子"乃是这样一种人:他在"诚"中直面并观看自己身上的"本性之善",通过不断抓住"新涌现出来的善观念",从而打破封闭实现更新。[①]《中庸》第 20 章所谓"诚之者,择善而固执之者也",谢文郁认为,说的正是上述"君子"人格或"更新"机制。

既有问题,又有方案。谢文郁的《中庸》解,可以说是五脏俱全。

二 评论:概念与论证

谢文郁进而对《中庸》解决方案做了进一步分析和评论。我们来看《君

[①] 参考谢文郁《康德的"善人"与儒家的"君子"》如下说法:"而善观念则是在诚中所见之善的概念化。经过这样一个观念化,它既可能符合在诚中所见之善,但也有可能误解之。误解一旦被发觉,善观念就会相应地被改变(改进)。"

子困境和罪人意识》第二节中的一段:

> 人们在心理上有这种倾向:当一种善观念形成之后,作为善恶判断的出发点,它不会把自己判断为不善。因此,善观念对于持有者来说有着深刻的情感支持。也就是说,如果我们持定一种善观念,我们在情感上不希望其中有任何差错,即它应该是真正的善。实际上,一旦发现它的错误,我们就会放弃它。这就是说,在情感上,我们有把善观念绝对化的倾向。这种情感上的绝对化倾向要求所有的人都能够接受它。当我们向他人传播它,并等到他人的共鸣时,它就上升为共同的善。反过来,作为共同的善,我们对它的情感支持就会得到进一步加强。显然,一种善观念在社群生活中在情感上是相互支持的。随着它在更广的人群中得到共鸣和接受,在更长的历史中不断传承成为传统,它的善性就会不断积淀,乃至于被当作至善。在这个过程中,我们看到,某种个人的善观念可以通过共鸣而成为共同之善,进而作为外在力量反过来加强持有者对它的情感支持,直至被赋予了至善性。至此,善观念的完善过程便中止了。这是君子走向小人的生存过程。

按照谢文郁的提法,"诚"是一种情感状态。关于这种情感状态,《君子困境和罪人意识》第一节末曾有一言:"总的来说,《中庸》认为,在'诚'这种原始情感倾向中所呈现的是赤裸裸的人类生存实在(即本性之善)。"与此同时,谢文郁指出,附加在"善观念"头上的"至善性/绝对性",也是一种情感。这种情感,即毫无保留地委身于某种判断标准的理直气壮感。我们有时也称之为"安身立命"。然而,这种情感若占了上风,生存者的观念就进入封闭状态。谢文郁在上引论述力图指出:随着时间推移,这种封闭性的"理直气壮"感(基于特定"善观念"),势必会压倒或遮蔽"直面并观看本性之善"的原始情感("诚")。换言之,"君子"势必要沦为"小人"!——果真如此吗?

我关心的还不是结论对错问题。实际上,我赞成谢文郁的结论。我更关心的是,谢文郁上述概念与论证,是否完全支持这一结论?

就概念(谢文郁所使用的概念)分析而言,"君子走向小人的生存过程"可能并不必然。我们注意到:为了把"本性之善"和"善观念"区分开,谢文郁常以"赤裸裸的生存冲动"、"赤裸裸的人类生存实在"等称呼"本性之善"。这是在描述"本性之善"吗？——无论如何，如果"本性之善"可描述，那么描述者就一定可以准确地把它指出来。凭借这种"描述—指出来"，再加上坚强的意志努力，生存者原则上可以不断保持其"观看"状态。在这种情况下，谢文郁所谓"君子走向小人"的过程可以不出现。

然而，谢文郁给出"赤裸裸的生存冲动"、"赤裸裸的人类生存实在"等提法，意在描述"本性之善"吗？鉴于他强调"本性之善不是善观念"，"赤裸裸的生存冲动"、"赤裸裸的人类生存实在"等提法，在他的使用中应该并非描述语言。我们所谓的"描述"，其实就是谢文郁所谓的"观念"。本性之善一经描述就成了善观念，以描述的方式不可能指出本性之善。那么，谢文郁究竟在什么意义上说存在本性之善？从"在诚这种原始情感倾向中观看本性之善"这一谢式提法看，"本性之善"即"伴随诚这种原始情感的非观念性体验"。抓住"诚的情感"并"非观念性"这个特点，我们就一定是在"观看本性之善"。考虑到"支持善观念的情感"并非"原始的诚的情感"（否则怎么能说是两种情感呢），生存者显然可以采取措施拒绝前者对后者的覆盖。这样，他就可以始终直面并观看本性之善，从而可以避免由君子堕入小人状态。

那么，谢文郁的结论错了吗？不，我说过，我赞成他的结论。我的基本想法是："诚的情感"和"支持善观念的情感"，很难说是两种可区分的情感。实际上，除了说"诚"是"真真切切"的体验之外，我们很难对这种情感有更多的界定。至于"观念"和"非观念"："非观念"状态根本无法被指出来，我们顶多只能感觉到一个个具体观念的"出现"。"出现"，作为概念常被定义为"从无到有"，但人实际上只能捕捉到"有了"的瞬间。谢文郁所谓的"原始"，最多只能追溯到"有了"的瞬间。按照他的解读，《中庸》号召读者保持"真真切切"的情感，并抓住那些与这种情感相伴的"瞬间"。这种做法，用谢文郁的术语说，就是"在诚中择善（善观念）"。

例如一个事实：我们再熟悉的善观念，也不是一直不住地在我们脑海里徘徊。实际上，这些观念常常"从无到有"重新闪现。而且，"在诚中择善"并不要求"喜新厌旧"（因为，凭什么说旧的一定不善呢？）。只要有"真真切切"感相伴，就必须把这些重复的"闪现"当作自己"该择的善（善观念）"。在这一机制中，旧观念的累积优势会非常明显。因为，旧观念背后有一系列成功的历史经验,这些经验给我以很大的安全感("真真切切"感)。相比之下,新观念则往往显得势孤力单,即便出现,其"真真切切"感也往往难敌熟悉的旧观念。这种势力对比一旦成型,在诚中择善的君子,就陷入了观念的封闭性深渊。

三 评论:历史与文本

谢文郁的《中庸》解还有一大倾向,那就是追求最简单的一致性。前面指出,他从《中庸》文本中读出了"善观念的封闭性"这一问题,以及"在诚中观看本性之善并择取善观念"这一解决方案。——谢文郁似乎有意将这一方案纯化,并视之为《中庸》一以贯之的唯一思路。特别是,他不太愿接受"教化"概念,拒绝将其纳入《中庸》的解决方案。从历史与文本角度看,我认为这有失偏颇。

"性/天命之性"的概念,在早期儒学(如《周书》、《论语》、《大学》)中不但不显赫,反而还处于受压制状态。这个局面主要由殷周之变造成。我们知道,在殷周更迭之际"王权天命"意识相当浓厚。《尚书·周书·西伯戡黎》记载了殷纣王的著名一叹:"呜呼!我生不有命在天!"这里,纣王以"天生固有"理解"天命—王权",明显轻看"后天的人为努力"。但周人正凭借这种人为努力,最终赢得了王权。但与此同时,"天生固有—有命在天"作为意识形态,也给胜利者周人带来深刻的不安。① 为安抚这种不安,周人逐步建立起"敬德修德以配天命"的新意识形态。"敬德修德"作为一种"人为精神",便开始实际主导西周文化圈。"天生固有—有命在天"信念,相应地,便被涂上了"愚妄"色彩。

《尚书·周书·召诰》中有这样一段:"王乃初服!呜呼,若生子,罔不在厥初生,自贻哲命!今天其命哲?命吉凶?命历年?知今我初服。宅新邑,

---

① 《史记·周本纪》记载,周武王为此焦虑到连觉都睡不着:"武王征九牧之君,登豳之阜,以望商邑。武王至于周,自夜不寐。周公旦即王所,曰:'曷为不寐?'王曰:'告女:维天不飨殷,自发未生于今六十年,麋鹿在牧,蜚鸿满野。天不享殷,乃今有成。维天建殷,其登名民三百六十夫,不显亦不宾灭,以至今。我未定天保,何暇寐?'"

肆惟王其疾敬德！王其德之,用祈天永命。"①——以"疾敬德"、"德之"为"祈天永命"的手段,这是"人为精神"在赤裸裸地改造传统宗教观念。实际上,三个反问句已经差不多打倒了"天生固有—有命在天"信念;而"自贻哲命"提法,本质上是把"天命—天生",变成了"自命—自生"信念。

《中庸》说"天命之谓性","天生固有—有命在天"乃"性"之基本内涵。但"人为精神"既已压倒"天生固有—有命在天",殷周之变的精神子嗣(如《论语》、《大学》),便很难对"天命之性"有太多好感。实际上,直到楚简《性自命出》篇,"性"并不被当作"原始起点—本性之善"对待。《性自命出》开篇曰"人虽有性心,无定志,待物而后作,待悦而后行,待习而后定",强烈暗示出后天的教与习具有决定性意义。②"性"或"性心"不过是这种"后天人为"的加工对象而已,而加工的目标及方向则由外来的"教化"指示出来。——这样一个"教化—人为"传统,如何能接受"天命之谓性,率性之谓道"观念?

我们可以这么看:教化者如果仅仅"指定规范",那么受教者的"后天人为"还是可能出偏,因为受教者总有可能误解这些规范。考虑到"理解"的个人性或内在性特点,受教者"亲自开窍"乃是正确理解的关键。《中庸》第4章所谓"人莫不饮食也,鲜能知味也",在我看来,直接指向这个"亲自开窍"问题。那么,人凭什么能亲自开窍呢? 这便回到《中庸》开篇:"天命之谓性,率性之谓道"。"天命之谓性"指出,每个人天生固有开窍的资源;而"率性",则正是一种自己和自己打交道的开窍状态。"教化—人为"语境下的"理解—开窍"问题,反而促使"天生固有—有命在天"的"性",大张旗鼓地在儒学传统中重新露脸。

"亲自开窍"虽然是关注重点,但《中庸》并未简单抛弃"教化"概念。于是,便有了开篇的第三句:"修道之谓教"。我们说,最初的教化旨在指定一

---

① 引自顾颉刚、刘起釪:《尚书校释译论》,第三册,北京:中华书局,2005年,第1441—1442页。着重号系笔者所加的。
② 李零:《郭店楚简校读记(增订本)》,中国人民大学出版社2007年,第136页。——"性心"处句读,则依文物出版社《郭店楚墓竹简》(1998年)释文。李零教授认为:"简文的上下篇是属于同一篇。上篇是讲教习和心性的关系,以及礼乐的教化功能;下篇是讲心术,即施行教化必须掌握的心理技巧。后者和前者在内容上是有密切关系的。"(第151页)

套规范。在不考虑(尚未充分考虑到)"误解"问题的情况下,指定规范就等于传授了知识。没有这种指定,在日常生活中,我们无从谈论对错。而一旦认定了某种指定(规范),将它们彻彻底底落实在社会人生中,就成了教化者的最高目标。这是伴生在"教化"传统中的"境界"意识。它实际上是一种"终点"意识。作为对比,"天命之谓性,率性之谓道"关心的是凭藉什么(手段、途径)达到正确知识或理解的问题,因而是一种"起点"意识。我认为,《中庸》"修道之谓教",保留了教化论的"境界—终点"意识。"境界"与"起点"两种意识并存,造成了《中庸》思维的巨大张力。

按照谢文郁的解释,《中庸》所谓"诚",即"直面并观看性(本性之善)"。"诚之",即"在这种观看中择取善观念"。谢文郁解释中的"诚"与"诚之",正带着我们所谓的"起点"意识。特别是,谢文郁强调在"无息"意义上解"至诚",意在将这种"起点"意识贯彻到底。这是其《中庸》解的一个重要特色。但虽然如此,谢文郁还是注意到了《中庸》的"境界—终点"意识。在《君子困境和罪人意识》一文第二节,他这样写道:

> 而且,问题的严重还在于,《中庸》强调君子对社会的教化功能。它是这样期望君子的:"是故君子动而世为天下道,行而世为天下法,言而世为天下则。远之,则有望;近之,则不厌。"(29:5)这一强调的直接后果是:社会的共同之善得以强化为至善。至善性是完善化的中止。不难指出,君子的社会教化作用在现实中是带领人们走小人之路。

既然如此,我的问题是:与其孤立强调这一节具有"教化—境界—终点"意识,为什么不大大方方地承认更多《中庸》片断同样具有这种"教化—境界—终点"意识?——似乎有种单纯的"一以贯之"情结,在深刻影响着谢文郁的《中庸》解释。

联系前面的分析,"性"不是"观念",而"诚"是"直面并观看性"的唯一方式。就此而言,"诚"、"性"一体。而"诚",我们前面指出,无非就是"真真切切感"。实际上,除了"直面并观看性",人还能以别的方式拥有"真真切切感"。比如,《大学》认为"格物致知"先于"诚其意","诚其意"在此面对的是观念性"知—意",而不是面对非观念的"性"。① 借助这种"诚其意"修炼,修身者可以获得"诚于中"的感觉。进言之,对于那些"不那么正确的知识",只要经过持之以恒的"诚其意"修炼,似乎也不难达到相应的"真真切切感"。《中庸》第四章引用孔子语录批评"知者过之"、"贤者过之"现象。这些"智者"、"贤者",实际上都是很努力的修身者。他们之所以"过之",只因为他们对"不那么正确的知识",培养起了"真真切切感"。——在这种引用和观察中,《中庸》会不会提出"究竟什么是真正的诚"、"如何达到真正的诚"这类问题?

沿着这个思路,《中庸》第 20 章所谓"诚身有道,不明乎善,不诚乎身矣",便可以有不同于谢文郁的解释。比如:有办法让自己达到真真切切感,但却不能准确地认识真正的善观念,那就不算达到了真正的诚。我们注意到,中华书局 1983 年版《四书章句集注》提供的标点为:"诚身有道:不明乎善,不诚乎身矣。"②谢文郁采用的正是这种标点方式,其中的冒号,引导他把"不明乎善,不诚乎身矣"理解为"诚身有道"的定义。进而,在"天命之谓性,率性之谓道"语境中,他将"明乎善"与"率性"联系在一起,提出所谓"本性之善"与"直面并观看本性之善"的解法。这种解法相当巧妙,颇具王阳明气派,然而同时也把《中庸》思维过分单一化了。

当然,一旦提出"什么是真正的诚"、"如何到致真正的诚"这类问题。"诚"就不再是"起点"(获取真知—善观念的途径),而是沦为被界定、被修养的"境界—终点"。与谢文郁不同,朱熹这样解释《中庸》第 20 章的"诚之者,择善而固执之者也",他说:"未至于圣,则不能无人欲之私,而其为德不能结实。故未能不思而得,则必择善,然后可以明善;未能不勉而中,则必固执,然后可以诚身,此则所谓人之道也。……择善,学知以下之事。固执,利行以下之事也。"③在朱熹的解释中,"诚之"不折不扣,正是冲着"诚—圣"境界的人为努力。然而,这种努力的起点又在哪里?

回到本节引文中谢文郁所谓"君子对社会的教化功能"。一方面,《中

---

① 可参考朱熹:《四书章句集注》,第 7 页。
② 同上书,第 31 页。
③ 同上。

庸》充分注意到"理解—开窍"只能由当事人亲自完成,故第25章说"诚者自诚也,而道自道也"。但另一方面,由于遭遇"如何认识、如何达到真正的诚(率性)"等问题,《中庸》又不得不引入某种不可或缺的辅助性力量。为此,第25章又说"诚者非自诚已而已,所以成物也"。这实际上为"至圣"者的教化功能埋下了伏笔。鉴于当事人存在"理解—开窍"问题,"至圣"者要解决这一问题就不能仅止于"说出知识"。他必须同时有能力让当事人开窍理解他所给出的知识。于是,我们在第31章就看到:至圣者"见而民莫不敬,言而民莫不信,行而民莫不说"。至圣者与一般教化者的区别就在于,他的教化工作能自然而然地在受教者身上造成"明乎善—诚乎身"的境界。

当然,如果上述"至圣"者只是一种想象(作为理想),那么"什么是真正的诚、如何达到真正的诚",进而"什么是真正的善观念、如何获取真正的善观念"问题就远未解决。鉴于本文的"评论"性质,这方面的讨论我们就不再展开。

小　结

谢文郁《中庸》解的贡献在于,从文本中读出了"善观念的封闭性"问题。与此同时,他创造性地提出"本性之善"概念,并以"在诚(直面并观看本性之善)中择善(善观念)"作为《中庸》解决封闭性问题的方案。有问题、有方案,且力求贴近文本。就此而言,这是既严肃又新颖的《中庸》解。

不足之处在于,谢文郁回避了"什么是真正的诚、如何达到真正的诚"问题。这造成了两个问题。其一,如果"什么是真正的诚、如何达到真正的诚"根本不成问题,那么生存者完全可以凭借这"诚"永远"面向并观看本性之善",从而避免堕入"善观念的封闭性"。这样,他对《中庸》解决方案的批评就落了空。其二,谢文郁努力避开这个问题,似乎是为了维持解释思路的单纯一贯性。然而,《中庸》似乎并不这么单纯。这种"单纯"情结造成的最大遗憾就是,我们读不到谢文郁对《中庸》"教化论"的深入分析。

What Is the Natural Good?
——A Comment on Xie Wenyu's Interpretation of the *Zhongyong*

Zou Xiaodong

Abstract: Professor Xie Wenyu suggests that the *Zhongyong* engages in presenting and answering the issues derived from the idea of good, which lead to a closed-mind life. He then proposes a new concept of the natural good to delineate the *Zhongyong*'s solution. This is an insightful textual analysis. In this paper, I would raise up a question: what is the true *Cheng* (sincerity/creation)? I will analyze Prof. Xie's treatment and demonstrate that the *Zhongyong*'s solution does not touch the essence of the closed-mind life. In fact, the *Zhongyong* retains a theme of the cultivation by teaching, into which Prof. Xie does not offer enough analysis.

Key Words: idea of good, natural good, *Cheng*(sincerity/creation), cultivation by teaching

邓联合:《庄子哲学精神的渊源与酿生》

北京:光明日报出版社,2011年

继《"逍遥游"释论——庄子的哲学精神及其多元流变》(北京:北京大学出版社,2010年,以下简称《释论》)解析庄子的哲学精神并梳理其多元流变之后,邓联合先生在新著《庄子哲学精神的渊源与酿生》(北京:光明日报出版社,2011年,以下简称《渊源与酿生》)一书中,又展开了一项由"流"溯"源"的工作,亦即对庄子哲学精神由以生成的文化背景和思想资源做进一步的发掘。确如作者所说,任何"去脉"皆有"来龙",[①]但思想的演变发展往往蕴涵着更为复杂的情态,特别是那些创造性的精神历程。这也就是说,在描绘人类思想发展的地图作业上,试图标定出某种连续的、清晰可见的坐标是十分冒险的。正如山河大地在自然伟力的作用下,已然呈现出绵延与断裂、隆起与沉降的奇异景观,由于历史上那些文化巨人的精神创造,人类的思想图景也常常于矛盾混乱之中奇峰兀起,或于庸常黯淡之际天光烛照。应当肯定,邓著着力描绘庄子思想之源流的地图作业,无疑是充满理论勇气的——按作者自己所说,这是一种理论"企图"。面对这一富有勇气的理论"企图",笔者首先关心的是这一地图作业的"技术路线",而其中最值得关注的是,该书在探究庄子哲学精神之前源的过程中是否葆有对思想演变的连续性与断裂性的敏感和识度。

言及"技术路线",作者首先指出,《渊源与酿生》的起始坐标乃是其此前所著《释论》一书对庄子哲学精神的揭示,而其最关键的操作方法则是缩小比例尺的尺度,从而放大视界以打开并融入更为广阔的理论图景。作者把这一"技术路线"称为"理路转换",亦即从庄学到庄学精神,进而再到对

[①] 邓联合:《庄子哲学精神的渊源与酿生》,北京:光明日报出版社,2011年,第218页。

庄学精神之渊源的揭示。

在《释论》中,作者曾以《庄子·逍遥游》篇之"逍遥游"理想为致思焦点,对庄子的哲学精神展开深度考察。作者认为,庄子的"逍遥游"具有"兼括精神境界和生存方式之双重内涵"的复杂结构,①它既指示着"内在、超越的精神境界",又代表着"外在、当下的生活方式"。②虽然作为"精神境界"的"逍遥游"具有重要的思想影响,但作为"生存方式"的"逍遥游"更能凸显庄子哲学的关切,即如何"在社会政治生活之外去建构独立的个体生命形态"③。基于此,作者以"独异的生命个体"来揭示庄子哲学对"非政治化"、"民间化"的生存样态的追求,以及对士人独立人格的多维建构。《渊源与酿生》概括并重申了作者对庄子哲学精神的这一理解:"庄子的哲学精神彰显了独立的个体意识在中国思想史上横空出世般的觉醒。"④而《渊源与酿生》一书的主要任务便是从"庄子哲学精神"这一起始坐标,探寻庄学凸显的"独异的生命个体"所表征的精神形态之文化源头与诞生。相应于这一起始坐标的确立,作者采取了"理路转换"的操作方法,将视角从既往研究者关注于庄子的"哲学思想"转向关注其"哲学精神",进而探求这一精神的思想与文化渊源。这一方法的提出,直接的原因是现存《庄子》文本的复杂性以及由此导致的对庄子思想准确把握的困难,其背后的动机则是作者探求庄学精神渊源的方法论选择。因为,如果流连于哲学观念与范畴所构造的世界,不但对精神渊源的探求无从谈起,即使就哲学精神的把握而言也会受到极大的限制。这样,作者描绘庄子思想地图的技术路线便是:哲学精神的渊源→哲学精神→哲学观念与范畴,按作者所说:"既然起于庄子、属于庄子的庄学精神是庄学的'庄子性'之所在,它弥散于全部的《庄子》文本和庄子思想中,……那么,构成庄子哲学思想的相关范畴和观念无疑可以被拢括于其下,而我们对庄学精神之渊源与酿生机制的考察,自然也就会产生

---

① 邓联合:《"逍遥游"释论——庄子的哲学精神及其多元流变》,北京:北京大学出版社,2010年,第57页。
② 同上书,第33页。
③ 同上书,第71页。
④ 邓联合:《庄子哲学精神的渊源与酿生》,第13页。

'纲举目张'的理论效应,亦即把对这些范畴和观念的探源问题牵涉出来。"①

笔者这里要指出的是,以庄学精神来拢括并阐发庄子哲学思想的观念和范畴,在方法论上的确是可行的,这不仅能够有效规避《庄子》文本的驳杂性,更可以统合"《庄子》思想"或"庄子思想"内在的多元歧异性,虽然这种哲学精神的拢括同时也离不开对观念和范畴的诠释,恰如《释论》对庄子之重要思想观念"逍遥游"的考察那样。不过,从对庄学精神的既定把握来回溯庄学精神的渊源无疑是冒险之举,因为在此回溯中,思想地图的起始坐标和方向似乎是预先设定的了,正如作者所言:"既然已经大致把握了庄学精神的要义和'去脉',何不回过头去追溯其'来龙'呢?"②而从另一角度看,对此举之冒险性的担心却又不足以成为导致研究者搁置考察庄学精神之渊源的缘由。因为,真正的人文科学研究原是一种探险之旅,也许正是那些从不同起点出发的地图才能最终复原出思想图景的真实面貌,况且探险的沿途还有各式各样从未引起人们关注的风景。

《渊源与酿生》所关注的核心问题是:如果庄子的哲学精神表征了一种"独异的个体"的超拔生命意识与非政治化、民间化的生存样态,那么,这种生命意识与生存样态可以从哪里找到其文化的渊源与原型?在作者的探源旅程中,最引人注目的理论风景乃是对庄子思想与巫文化关系的描述。

关于道家思想特别是老庄哲学与巫文化的关系,不少中外学者已有论及,如顾颉刚、闻一多、茅盾、党晴梵、袁珂、李泽厚、叶舒宪、杜而未以及井筒俊彦、白川静、李约瑟等。相关讨论中,有对道家思想与上古神话关系的发掘,有对道家思想与陈楚及东方地域文化传统关系的考辨,有对道家思想与巫史传统关系的揭示,有对道家神秘主义因素与萨满信仰关联性的揣测。遗憾的是,这些研究中所蕴涵的诸多深刻洞见,其重要意义并没有被充分认识。这一方面是由于相关研究往往是其他论题研究中的一个局部或片段,或仅仅是大胆的推断,所以并不系统和成熟;另一方面也因为中国现代庄学

---

① 邓联合:《庄子哲学精神的渊源与酿生》,第 11 页。
② 同上书,第 218 页。

研究的哲学化路径的选择,使其很难产生真正的影响。正如《渊源与酿生》作者所指出的:"惜乎长期以来大陆学界的研讨重点大多集中在庄子思想除魅化的人文意涵方面,而对其与神秘巫文化的血脉渊源,除了简单笼统地视为楚、殷或东方海滨文化的影响,以及在神话学领域偶有创获外,其他方面皆言之甚少且肤泛。"[①]虽然既有研究成果的"少"和"肤泛"之间并不能画等号,但缺乏充分的研究必然难以获致满意的成果。就此而言,《渊源与酿生》对庄子思想与传统巫文化关系所做的全面、系统、深入的探讨,有着重要的学术意义。

关于"庄子与巫文化"的关系,作者提出了"庄子思想的巫魅性"之判断,并结合"庄子与神话"、"庄子与民间巫者"等论题进行了细致的分析。此外,作者还以"巫史传统与庄老思想背景之亲缘"为中心展开进一步的讨论并对庄老思想之异同加以判别。在具体行文中,该书征引材料丰富,分析细密,新见尤多,读者可一一领略。而引起笔者特别关注的,乃是书中对于"巫魅性"、"巫文化"与"巫史传统"这几个范畴的理解和运用,因为作者正是以此对庄子思想与巫文化的关系加以说明,进而探寻庄子哲学精神之远古源头的。

关于庄子思想,《渊源与酿生》指出了其"巫魅性"的特征,只是并没有对"巫魅性"一语做出界定。作者通过批评传统研究将庄子思想中的神秘主义因素简单归因于楚、齐或商宋等巫风盛行之地域文化影响的做法,径直将"庄子思想的巫魅性"归结为"巫文化的遗痕",而"巫文化"曾经是"人类文化的普遍形态"[②]。因此,可以说所谓"巫魅性"实质上就是"巫文化"所具有的特性,虽然在作者这里,"庄子思想的巫魅性"乃是"巫文化的遗痕"。由此,庄子思想的"巫魅性"得以摆脱传统研究所设定的某种地域文化的特殊性,进而能够被纳入关于巫术的"一般理论"中加以考察,以发现其作为"巫文化"的一般特征。这正是《渊源与酿生》以"庄子与神话"、"庄子与民间巫者"为题所展开的工作。在考察庄子思想之"巫魅性"的一般特征时,作者借鉴了法国人类学家马塞尔·莫斯的《巫术的一般理论》的研究。在笔者看

---

① 邓联合:《庄子哲学精神的渊源与酿生》,第21—22页。
② 同上书,第37页。

来,这一借鉴可谓有得有失。

莫斯在其书中对"巫师的特性"进行了刻画。例如,不少巫师"身体具有特异之处或具有非凡的禀赋",通常表现为身体上的残疾或精神上的过度敏感;他们具有"技术、焦虑的性格"而"机敏灵巧"、"才识过人",并与医生、理发师、牧羊人、挖墓者等职业相关;在社会生活中,有些巫师是占据权威地位的特殊身份者,如图腾群体的领袖、庆典主持者,或是作为具有神秘和幻想成分的社会口承传统的承担者,经常讲述"传奇、寓言或冒险故事";还有些巫师声称他们拥有对物体和自己的存在的超常控制力;等等。① 借鉴莫斯的理论,可以使庄子思想的某些神秘因素得到合理解释,这是《渊源与酿生》的所得之处。例如,《庄子》中的那些神话般的场景,畸人、巧匠所具有的超凡能力,乃至该书恢怪诡谲的语言表达方式,都与莫斯对巫师特性的描述有相合之处。作者更具体指出:"在庄子笔下,畸残人、巧匠、特异功能者这三种在人类学视域中与巫存在着天然亲缘的特殊人物形象恰恰经常出现,且备受推崇称扬。这暗示出庄子极可能与当时的部分巫者有着密切的关系。"②

特别值得注意的是,莫斯还揭示了巫术在文化交涉或文化发展过程中所面临的处境。一种情况是,"两种文化发生接触时,通常巫术就被归结为相对落后的文化所具有的特征"③。还有一种情况莫斯似乎并没有明言,这就是在较为高级的宗教面前,巫术常常被认为代表了某种邪恶的力量,恰如莫斯所说,在基督教的欧洲,"无论是谁,只要实施巫术就会称做巫师,还有可能因此遭到惩罚。巫术的罪名是一项常见的罪名"④。笔者认为,这两种处境皆源于一个原因:高级宗教以取悦神灵的方式对巫术之操纵神灵的代替,以及专业化的祭司阶层对巫师的打压。《渊源与酿生》显然抓住了莫斯关于巫术之处境的第一点,并由此从一个重要方面说明了庄子哲学关于个体存在的"边缘性"和"民间性"的精神取向的文化渊源。作者认为,"在礼

---

① 参见〔法〕马塞尔·莫斯:《巫术的一般理论》第三章"巫术的要素"之"巫师",杨渝东等译,桂林:广西师范大学出版社,2007年。
② 邓联合:《庄子哲学精神的渊源与酿生》,第37页。
③ 〔法〕马塞尔·莫斯:《巫术的一般理论》,第41页。
④ 同上书,第36页。

乐崩坍、天命远逝、鬼神不灵、人文理性已然觉醒的战国之世",传统巫者"此一特殊群体所携带的心灵记忆、思想资源和精神信仰,以及他们疏离于主流政治生活之外的应世态度和人格风貌,构成了先秦历史文化演进中一段隐秘的民间'小传统'。同样生活在民间的庄子不仅与其中的某些巫者有密切接触,进而对他们辗转于社会底层的现实境遇抱有深切同情,对其精神品格给予高度赞誉,更为重要的是,在思想上,庄子亦从中汲取甚多"①。在笔者看来,这是《渊源与酿生》追溯庄子哲学精神之源所获得的重要成果。这一成果揭示了庄子哲学与传统巫文化之"小传统"的密切关联,使此前学界关于这个问题的想象、推测获得了细致而系统的说明,因此具有重要的学术意义。

在肯定《渊源与酿生》做出的新探索的同时,尚有不容忽视的问题值得讨论。首先,莫斯的理论观点在多大程度适用于中国上古至三代的信仰世界。其次,庄子"独异的个体"的哲学精神,即对内在的超越精神境界和对当下的自由生活方式的追求,其渊源除可追溯至巫文化及巫者的影响外,还有没有其他的精神性源头,特别是考虑到庄子哲学同时具有显著的人文理性特征的情况下。

历史地看,随着早期"绝地天通"的宗教改革,中国原始的信仰状况日趋复杂,出现了巫觋与祝、宗、史的分化。梁钊韬先生说:"巫觋与祝、宗、史的职能有别,祝、宗或史的任务主要不在于粗蛮的黑巫术,且随着时代与社会的发展,愈来愈与巫觋分道扬镳,后来乃至成为知识分子的前身,成了朝廷上的官职。"②根据宗教学的一般观念,其间的最大不同在于,祝、宗、史的基本身份为宗教祭司。马克斯·韦伯曾对"祭司"与"巫师"加以区别:前者是规则化、有组织且持续性地关注于影响神的人员,有别于后者的个人化且随机的作为;前者具有特殊的知识、固定的教说和职业的资质,而后者则靠着从奇迹所展现出的个人天赋以发挥其影响力。③ 不过,人类学家和社会学家也注意到这样的情况,即在巫师与祭司之间存在着过渡和流动,甚至在有些

---

① 邓联合:《庄子哲学精神的渊源与酿生》,第58页。
② 梁钊韬:《中国古代巫术》,广州:中山大学出版社,1999年,第222页。
③ 参见〔德〕马克斯·韦伯:《宗教社会学》,《韦伯作品集》Ⅷ,桂林:广西师范大学出版社,2005年,第37页。

文化中二者身份的区别并非判然有别。弗雷泽虽严格区分巫术与宗教,但也承认这样的事实:"在许多世纪里和许多国土上巫术与宗教相融合、相混淆。"① 韦伯更审慎指出,虽然以祈愿、献祭与崇拜等形式呈现出来的"祭典"(kultus)和"宗教"与巫术性强制的"巫术"有所区分,"不过,实际上可能找不到任何一个例子可以完全适用于此种区分,因为行之于世界各地的、我们刚才称之为'宗教性的'祭典,其实还带有无数巫术的要素"②。

考察文献对中国三代宗教文化的记载,可以明显地发现巫术的作用与影响一直贯穿在祭祀性活动中。张光直先生说:"古代最有名的巫舞,是夏启舞九代。《海外西经》:'大乐之野,夏后启于此舞九代。'夏后启无疑为巫,且善歌乐。"③ 可见在夏代,王者还兼有大巫师的身份。《墨子·兼爱下》记载汤以自己的身体为牺牲献祭上帝以求雨,似乎也说明巫术和祭祀的混合至商初仍然存在。陈梦家先生曾对卜辞记载的商代禳祓仪式中的巫术内容做出说明,他说:"卜辞禳祓,尚注意及巫术中的巫术物,而以血(尤其犬、豕、羊家畜的血)为最具有巫术能力的。祭祀与巫术在形式上无显著之别,但从用牲一项上可以分别之:巫术之祭的用牲重其血,因血可以禳祓一切,祭祀用牲重其肉,因为先祖可以享用它;巫术之祭用牲重于清洁,祭祀用牲重于丰盛。"④ 即使在周初,周公也曾代武王和成王以身献祭,这同样是一种巫术性的祭典。相应于巫术与宗教祭祀的混合,巫师与祭司的身份也是混同的。据此,任何试图运用关于巫术的一般理论以把握复杂的中国上古信仰世界的努力,都应当避免简单化,而必须注意巫术与祭祀虽不断分化但又往往有所混合的现象。这正是中国三代文化"巫史传统"的重要特征。

以发展的眼光看,周公制礼作乐之后,巫术在祭典中越来越被排斥,巫术成为小传统而更为广泛地作用于民间社会也是历史的实情。《渊源与酿生》将庄子的哲学精神溯源至这一小传统也是言之成理的。小传统一般是对大传统的疏离式回应,但往往也是大传统的映射。李泽厚先生曾指出,中

---

① 〔英〕弗雷泽:《金枝》(上),徐育新等译,北京:新世界出版社,2006年,第57页。
② 〔德〕马克斯·韦伯:《宗教社会学》,第34页。
③ 张光直:《中国青铜时代》(二集),北京:三联书店,1990年,第64页。
④ 陈梦家:《商代的神话与巫术》,载于《燕京学报》第20期,1936年12月。

国文明有两大征候特别重要,一是以血缘宗法为纽带的氏族体制(tribe system),一是理性化的巫史传统(Shamanism rationalized)。关于后者,他说:"一提及'巫',人们习惯地认为就是已经专职化的'巫、祝、卜、史',以及后世小传统中的巫婆、神汉之类。的确,'巫'有这一逐渐下降,并最后沦为民间傩文化的历史发展。之所以如此,却正是由于王权日益凌驾神权,使通天人的'巫'日益附属于'王'的缘故。而王权之所以能够如此,又是由于'巫'的通神人的特质日益直接理性化,成为上古君王、天子某种体制化、道德化的行为和品格。这就是中国上古思想史的最大秘密:'巫'的基本特质通由'巫君合一'、'政教合一'途径,直接理性化而成为中国思想大传统的根本特色。……至于小传统的'巫',比较起来,倒是无足轻重了。"①李泽厚认为,"到了周初,这个中国上古'由巫而史'的进程,出现了质的转折点,这就是周公旦的'制礼作乐'。它最终完成了'巫史传统'的理性化过程,从而奠定了中国大传统的根本。"②李氏之论着眼于中国文化发展的大传统,特别提示了"巫史传统"的理性化过程。由此可引申思考的问题则是:在此一演进过程中,这种理性化以及被迫沦为小传统的巫文化,是如何复杂地作用于时代思想的?在此问题上,《渊源与酿生》从一个侧面揭示了民间巫文化对庄子思想的影响作用,作者的考察虽属微观的分析与探究,却展示了思想发展的另一真实面向。

另一方面,西周以来中国文化的人文主义转向,以及春秋之际的理性主义思潮,对庄子哲学精神的发生性影响也值得关注。《渊源与酿生》对此也有论及。例如,在"巫史传统与老庄思想背景之亲缘"一节中,作者提出,老子虽然也秉承了巫文化的精神传统,但置身于人文理性萌醒的春秋末期,传统巫文化的"与神合一"已不再是老子作为史官的最高追求,"经由老子而至于庄子,巫者所追求的'与神合一'最终被转换成了个体自我'与道合一'的至高精神理想。而正如老子思想的巫魅性那样,这种精神理想的理论展开也主要包括三个关键环节:个体与至上之道的关系;得道之方;得道者之容态和心境。从《庄子》书中的具体论述看,这是一种既不失诡秘的巫魅色彩,

---

① 李泽厚:《乙卯五说》,北京:中国电影出版社,1999年,第39—40页。
② 同上书,第52页。

同时又透显着人文理性特质的人生理想"①。在这里,"巫魅性"已让位于"巫魅色彩",其背后的原因是,无论老还是庄,其思想毫无疑义地具有人文理性的特质,他们所追求的乃是以之苤天下而使"其鬼不神"(《老子》六十章)或"神鬼神帝"(《庄子·大宗师》)的哲理化的"道"。这正是"巫史传统"之理性化对老庄思想的深刻影响。作者在探寻庄子哲学精神的渊源时,显然注意到此一方面。再如,在讨论"史官理性"对庄子"生存智慧"的影响时,作者说:"庄子的这种生存理性极可能受到了老子用以把握'成败祸福古今之道'的史官理性的影响,但同时须知,庄子据此以提出的以无为用、循虚因顺之主张,仅只是陷难时世中个体不得已而为之的避祸之术,而不像在老子思想中那样。是人主为维护其国家利益所采取的政治谋术。"②这种看法无疑显示了作者对思想演进之连续性与复杂性的敏感。

事实上,在"巫史传统"的理性化过程中始终存在着紧张和调适,不同学派乃至同一学派中的不同思想家亦往往会做出各自的选择。进一步考察庄子思想中的"巫魅性"与"理性化"之间的相互作用,或许可以提供一个最为生动的例证,以说明先秦思想曲折开展的道路。面对《庄子》文本和庄子思想的复杂性,在追探庄子哲学精神之发生的地图作业上,《渊源与酿生》给我们摹画了一条重要门径,作者的探险精神、理论勇气和精细操作的研究方法,以及由此所展示的沿途风景,不断给人以"世之奇伟、瑰怪、非常之观,常在于险远"(王安石《游褒禅山记》)之感,从而适足以在庄学研究领域留下重要的路标。

(白欲晓,南京大学哲学系教授,210032)

---

① 邓联合:《庄子哲学精神的渊源与酿生》,第91—92页。
② 同上书,第118页。

段德智:《莱布尼茨哲学研究》

北京:人民出版社,2011 年

素有"十七世纪的亚里士多德"之称的莱布尼茨不仅是西方近代理性主义哲学的集大成者,而且是整个西方思想史上最后一位百科全书式的人物。① 但是对于那些未能全面了解和把握他的思想背景、逻辑原则和创作风格的研究者来说,在探究他的哲学思想时却常常陷入无所适从的理论困境。这是因为,莱布尼茨本人并没有像很多同时代的德国古典哲学家那样为后世读者们提供一个现成的哲学体系,而是常常将他自己的哲学洞见隐藏在卷帙浩繁的各类信件、论文和著作之中,可是他一生中的著述又极其宏富(仅其本人留下的各类书信便有一万五千多封,各类著作和论文的手稿更是多达五万五千多件)。对于由此导致的理解困难,19 世纪的德国古典哲学家费尔巴哈曾在《对莱布尼茨哲学的叙述、分析和批判》一书中由衷地感叹说:"他没有把自己的哲学体系作为一部连贯的著作写出来,而是把他的卓越思想,按它们呈现于他的脑海时的形态,写在一些零散的纸片上,我们不得不花费精力把它们汇集在一起,才能获得一个由残篇断简组成的完整体系。他的哲学像一条充满光辉灿烂的思想的银河,而不是太阳系和行星系。"②

在我国学术界,对莱布尼茨哲学的关注已经有了一百多年的历史(从1908 年郭凤翰所译的《世界名人传略》首次把莱布尼茨作为"名人"介绍给中国读者算起),但是由于面临着上述困难,我国的莱布尼茨研究者长期未能推出一部全面而深入地阐释和分析莱布尼茨哲学的研究专著。直到最近二三十年来,我国的莱布尼茨研究者在付出两三代人的辛勤汗水和艰苦努

---

① 参阅段德智:《莱布尼茨哲学研究》,北京:人民出版社,2011 年,第 414 页。
② 费尔巴哈:《对莱布尼茨哲学的叙述、分析和批判》,涂纪亮译,北京:商务印书馆,1985 年,第 19 页。

力之后,才终于取得了一些较为显著的研究进展,并且相继出版了《莱布尼茨》①、《莱布尼茨与现象学》②等几部具有较高学术价值的专著。武汉大学段德智新近推出的《莱布尼茨哲学研究》③更是将我国的莱布尼茨研究推向了一个新的阶段。与以往的研究成果(包括西方学者撰写的莱布尼茨研究专著)相比,他的这部新著对莱布尼茨哲学的阐释和分析不仅更加全面和系统,而且更为深入和新颖,堪称一部广度和深度兼具、历史和逻辑并重的杰作。

在西方学术界,对莱布尼茨哲学的广泛关注肇始于19世纪中期。然而迄今为止,西方学者的大多数相关专著仍然是以"侧身像"而非"正面像"的形式将莱布尼茨哲学展现出来的。总的来看,早期的西方研究者常常片面地把莱布尼茨归结为一个狭隘的理性主义哲学家,而20世纪之后的西方研究者则大都强调从主谓词逻辑或分析哲学、科学哲学的立场出发来揭示后者的逻辑学意义,但对后者依据的三大基本原则(矛盾原则、充足理由原则、圆满性原则)之间的相互关联及其具有的本体论或形而上学意义则缺乏足够的重视。④例如,当代的英国分析哲学家伯特兰·罗素(Bertrand Russell)虽然坚持从莱布尼茨的逻辑学来推演和揭示其全部哲学原理的意义,但是他却比较片面地将莱布尼茨的矛盾原则看成其哲学的唯一思维原则,而把其充足理由原则也归结为矛盾原则,甚至宣称:"充足理由律是必然的和分析的,而不是一个同矛盾原则并列的原则,而只是它的一个结论。"⑤

然而在段德智看来,"虽然矛盾原则依然是莱布尼茨哲学的一项基本原则,但是充足理由原则和圆满性原则同矛盾原则一样,也是莱布尼茨哲学所依据的相对独立的基本思维原则;如果说矛盾原则是关于本质的大原则的话,那么充足理由原则是关于存在的大原则,而圆满性原则是关于自由和自由选择的大原则。"⑥因此,他一方面承认只有从莱布尼茨的逻辑原则入手才

---

① 陈修斋、段德智合著,台北:东大图书公司,1994年。
② 桑靖宇著,段德智序,北京:中国社会科学出版社,2009年。
③ 段德智著,北京:人民出版社,2011年。
④ 桑靖宇:《莱布尼茨与现象学》,北京:中国社会科学出版社,2009年,段德智序,第6—7页。
⑤ 罗素:《对莱布尼茨哲学的批评性解释》,段德智等译,北京:商务印书馆,2000年,第41页。
⑥ 段德智:《莱布尼茨哲学研究》,第127页。

能深入把握其全部哲学原理的性质和意义，另一方面又没有像西方的某些分析哲学家那样以"拒斥形而上学"的名义否定后者的本体论或形而上学性质和意义。① 为了克服当代西方莱布尼茨研究中的这一常见弊病，他首先在《莱布尼茨哲学研究》的第二章中着重阐释了这三大基本原则之间的相互关联、相互贯通和相互依存，随后又以这三大原则作为逻辑支点，用大量的篇幅（第三章、第四章和第五章）对莱布尼茨的本体论、认识论和道德论这三大理论板块进行了系统的、深入的、共时性的逻辑分析。

段德智之所以能够以"正面像"的形式将莱布尼茨哲学呈现在读者面前，乃至达到超越于西方很多同类著作之上的理论深度和广度，主要得益于他本人从三十多年的莱布尼茨研究中积累而来的广博的相关知识。早在上世纪 70 年代，他便师从我国著名的莱布尼茨专家陈修斋先生涉足这一研究领域，后来又受陈先生的亲自委托完成了《莱布尼茨》一书②，并翻译了《形而上学论》和《神义论》等几部莱布尼茨原典以及罗素撰写的《对莱布尼茨哲学的批评性解释》等几部研究专著。为了进一步拓展自己的理论视野，他还曾多次前往莱布尼茨的故乡德国进行访问、进修和交流，从而与国际莱布尼茨研究会副主席 Hans Poser 教授、美国匹兹堡大学 Nicholas Rescher 教授、柏林-勃兰登堡科学院莱布尼茨编辑部主任李文潮教授、柏林科学院波茨坦莱布尼茨编辑部主任 Hartmut Rudolph 博士等诸多国际知名的莱布尼茨专家建立了深厚友谊，并且利用自己在德国收集的大量原始资料撰写过一系列体现了国际莱布尼茨研究最新进展的学术论文。例如，他的《对莱布尼茨的逻辑学的再解释：对罗素关于莱布尼茨的逻辑学的解释的一个批评》③、《论莱布尼茨的自主的和神恩的和谐学说及其现时代意义》④、《试论莱布尼茨和谐学说的理论特征：兼论其与中国阴阳和谐学说的根本差异》⑤、《试论莱布尼茨的现象主义与单子主义的内在关联：对国际莱布尼茨研究中的一个

---

① 段德智：《莱布尼茨哲学研究》，第 121 页。
② 1994 年在台湾出版，曾获教育部人文社会科学优秀成果二等奖。
③ 《武汉大学学报》1999 年第 2 期。
④ 《世界宗教研究》2000 年第 1 期。
⑤ 《复旦大学学报》2003 年第 4 期。

重大问题的回应》①。鉴于他在国际莱布尼茨研究领域做出的突出贡献,第七届国际莱布尼茨哲学大会(2001)邀请他担任了会议主席团成员。

正是凭借在长期的莱布尼茨研究生涯中获得的广博的相关知识和开阔的理论视野,他的这部新著在系统阐释莱布尼茨的本体论、认识论和道德学理论时,不仅能够准确抓住后者的基本原则、关键环节和思想要旨,而且能够通过全面剖析后者的思想背景和理论源流来丰富和深化读者的理解。在构思和撰写该书的漫长过程中,他曾深有感触地指出,"莱布尼茨的哲学思想就是西方哲学史和他所在时代的哲学的一面活的镜子。离开了莱布尼茨哲学的思想背景,离开了莱布尼茨这面哲学镜子所反映的种种形态的哲学思想,莱布尼茨的哲学思想就根本无从理解和阐释,就像一面镜子离开了它所反映的对象就根本无从理解和阐释一样"②。正是在这一认识的指导下,他在对莱布尼茨的三大基本原则和三大理论板块进行共时性的系统分析的同时,亦对后者的思想背景及其在德国古典哲学、意志主义、现象学与存在主义、分析哲学、直觉主义美学、当代道德哲学和政治哲学中的深广影响进行了历时性的深入考察(详见《莱布尼茨哲学研究》第一章和第五章),从而使该书真正体现出了广度和深度兼具、历史和逻辑并重的理论特征。

(徐弢,武汉大学哲学学院教授,430072)

李景林:《教化的哲学——儒学思想的一种新诠释》

哈尔滨:黑龙江人民出版社,2006年

在这文化多元、价值多样的时代,各种思想学说间的接触、碰撞、借鉴显

---

① 《哲学研究》2002年第9期。
② 段德智:《莱布尼茨哲学研究》,第500页。

得尤为活跃。在多元文化的时代背景下,作为数千年中华文化基干的儒家学说,其价值、作用、地位、前景等诸多问题就成为每一位中国学者挥之不去的心头之结。要想对儒家学说的未来有一种真切的理解和客观的把握,我们就须回转身来,对其本来面目进行一番深入探究,以期从中汲取有益的资源,应对当下生活。

李景林先生的著作《教化的哲学——儒学思想的一种新诠释》,就是作者多年来探究孔孟心性,体悟圣贤心境,阐发中华文化精蕴,思考儒学前景的呕心之作。全书八章45万字,紧紧围绕"教化的哲学"这一创新思想,从儒学与中国哲学的关联出发,揭示孔孟心性天人奥义,诠释儒学形上超越价值,据出土简帛以证思孟新义,本日常教化以求儒学重建。

本书首次提出"教化的哲学"这一创新而平实中理的命题,揭示了儒学思想的特质;对先秦儒学的心性情、天命天人之说作出了新颖切当的诠释;以史思交融、中西互证、同情客观、理通文畅的特色为儒学诠释学作出了实绩,提供了参照。全书新意迭出,举其荦荦大者,大要有三:

第一,在本书诸多胜义中,最要者莫过于首次揭出"教化的哲学"这一儒学特质。

对儒学特质的思考是儒学研究者所深切关注的,大而言之,它关涉到对整个中华文化和民族精神的认识;小而论之,它反映出儒学研究者对自身研究对象的把握和理解。在此方面诸家见仁见智,各有其说。比如有学者提出"和合学",有学者认为"儒学是宗教",也有学者提出"政治儒学"、"生活儒学"等。本书著者浸淫儒学多年,从自身体验出发,认为儒学之特质在于心性之学,在于就人心人性以归本教化,最终达到化民成俗之目的。故此,作者在探究孔孟宋明诸儒心性之学的基础上,提出了"教化的哲学"这一颇中肯綮的论题。何为"教化的哲学"?作者在本书绪言中详细解释了它的含义。教化的哲学,"顾名思义,就是尝试从'教化'的角度,对作为'哲学'的儒学思想做出自己的诠释,以凸显其异于西方哲学的独特思想内涵"。具体来讲有两方面含义。一方面,儒学有自己的义理之学和哲理系统,自可称为"哲学",但它又借助于中国古代社会固有的礼仪、仪式系统,经过形上学的诠释、点化、提升,巧妙地切合和影响于人的社会和精神生活之样式,使这种教化带上了哲学的意味,这是它"哲学义的教化"一面;另一方面,这种教化功用又建基于儒学天道性命之学的形上学系统,通过这种理性人文主义的哲理,来引发个体实存的转变,对这种"教化"境域的哲理系统,可名之为"教化的哲学"。总之,儒学的"教化"观念,取形式与实质、内在与超越一体的思路,经由"工夫"来引发人的内在精神生活和情感生活的转变,它本原于人的"存在性事实"的"自由",必然在人的实存中显现,这是其根本特征所在。作者认为儒学作为哲学不同于西方哲学的所在即在于它是"教化的哲学",而这也规定了中国文化的基本精神方向。(以上均见该书"绪言"部分)可见,"教化的哲学"这一创见的提出,并非凿空哗众之语,乃作者多年参究中国哲学和文化的切身体悟,体现了在西方哲学的学术冲击和社会价值失控这双重压力下,作者对儒学命运的关切与反思,对中国文化价值断裂的忧虑,也传达了著者希望儒学重归教化之路,落实日常生活,接续中华学脉的儒者情怀。

第二,对先秦孔孟心性情、天命天人之说的精当阐发是本书另一优长之处。

尽管学者皆认可孔孟开创了儒家学说,然而对他们学说之认识却各有不同。有人认为,儒家的心性之学仅仅是因为宋儒受佛教刺激才产生的,在先秦孔孟那儿并没有心性之学。本书著者则不赞同此种观点,认为儒学的根本问题是人的德性问题,心、性就是成德、成圣的内在形上根据。心性论作为儒学整个系统的理论基石,早在先秦儒家那已有系统的论述,并已经构成其行善观念、自力超越价值实现方式的根据。本书"教化的哲学"建基于诠释孔孟心性之学,澄清各种误解基础之上。作者认为,孔孟论性,即心而显诸情,它落实于具体生命的成性过程,成性是一种工夫论的呈现,具有教化的功能,体现了一种整体论和内在关系论的观念;论心,包括了知、情两面,是"知情中道的道德心",其内容实即一"情"字,"思、知"乃"情"之所本有的自觉、判断或定向、抉择作用,是从知情灵肉一体和以践行教养工夫为本的角度来理解人"心";言知,以"情"之修养论"知"(智慧)之成;论心物关系,乃以情应物,它们是价值实现论而非认识论的关系。(以上见"孔孟心性思想要义"节)

儒家的天命、天人之学是其学说的另一重要维度,但要理解到位、阐发得当却非易事。著者认为儒家的天人合德、天人合一之观念都奠基于超越与实存间的内在关联上,本体之超越非外在,个体之实存非有限,而是以其敞开之"通"性构成一宇宙之"太和"。孔子思想的伟大,首在于以义利辨天命,确立仁义为人最本己的可能性,将行"义"和德性内在化为人的天职,把殷周的天命观念化为人内在的自律原则,对天命概念作了道德原则与福祉结果的区分,实为中国文化思想发展的一个重大转折。孔孟的天人说,一方面言仁义的内在,一方面强调天人之间距而有一种客观精神,最终通过人的行"义"而"至命",达到道德完成和天命落实的统一。这就是孔孟儒学代替宗教作用成为中国文化精神的关键所在。这般迥异凡俗之见,实为著者遥接古圣生命之慧解也。

第三,以史思交融、中西互证、同情客观、理通文畅的特色为儒学诠释作出了贡献。

如何对儒学这一古老学说作出合理的诠释颇受近年来学界重视,本书在此方面的探索很有特色,足资参照。

1. 运用史思交融的诠释方法,合宜地处理诠释对象,使诠释内容既富有哲学思辨的深沉,又不乏史学考证的精到。哲学与史学相互映衬,既无资料堆砌、义理湮没的干枯之弊,也没有任意发挥、言不及义的空疏之病。一方面,作者就旧文献以发新思义,譬如"儒家的丧祭理论与终极关怀"一节,依据《礼记》的资料,通过"礼以丧祭为重"、"礼之三本"、"祭礼与亲亲"、"由丧礼见亲亲尊尊之一体"、"情与文的统一和连续"等几个方面,论证了儒家丧祭理论反映出质文或情文的连续性,并由人的生命情态的自然等差性,建立了其超越的形上基础。另一方面,作者据新出土文献以判释儒学有争议之问题。如在"出土文献与儒学"这一章,作者充分而恰当地利用简帛资料,令人信服地论证了思孟学派的存在。"从郭店简看思孟学派的性与天道论"一节,据儒家的"性与天道"的思想来确证简帛属于思孟学派;"思孟五行说与思孟学派"一节则因思孟五行说来反证思孟学说之存在。

2. 中西互证,相得益彰。引入西方学说诠释中国哲学势所难免,但如何将二者结合完好,却颇不容易。本书作者藉自身对中西哲学之把握,常能于似不经意间引证一两句西学原话与儒家学说相比照,既贴切自然,又简洁到位;既收阐发明了、文意深沉之效,又无强作比附、喧宾夺主之蔽,给人一种空灵洒脱、流水行云之趣。就以"教化的哲学"这一提法而言,作者坦言取自美国当代哲学家罗蒂的《哲学与自然之镜》一书,但作者认为罗著与儒学的教化之学虽有相通契合之处,却存在根本区别。罗蒂的"教化",注重其引发人的精神生活之变化的意义,这一点与儒家颇投契,但他又说教化的目的是维持谈话而非发现客观真理,这又与儒家大相径庭。再如康德的自由概念虽有与儒学一致之处,但二者却有着根本不同,前者之自由仅为一理论公设,而后者则为一存在性事实。本书多处引用西哲原话,但只是起补充、深化、陪衬之用,引言简短,往往仅能卒句,而却意味十足,无有炫博之嫌。如该书第91页讲西方文化在人的教养方式上走了"外力拯救"路子,引黑格尔的原话只是"正是绝对的分裂为二开始"寥寥数字,简洁精辟。其他中西比照之处,引用西哲原话也仅是将要点一带而过,不作过多纠缠。

3. 同情客观的诠释原则在此书中得到充分体现。著者潜心儒学数十载,对儒家思想素具同情,实能上契古人,冥然有得;而又谨守知人论世、无信不征之雅训,故能从容诠释,文随意涌,贴切自然。如从古代祭礼中悟出儒学之超越实证,从"中道理性"谛解儒学之形上价值,从儒家的价值实现方式反观个体存在的"通"性与等差性。诸如此类通达客观之见,在在皆是,又皆以经典文献为本,持之有据,言之成理,实能矫附会之恶习,除凿空之痼疾。

4. 理通文畅,思精辞美是本书值得特提之处。佶屈聱牙、不忍卒读为学术著作之通例,且得学人之同情理解,不以为过。然孔子有言,"言之无文,行之不远"。程颐在《答横渠先生书》中说:"馀所论,以大概气象言之,则有苦心极力之象,而无宽裕温厚之气。非明睿所照,而考索至此,故意屡偏而言多窒。"①著者儒学修为如何,涵养是否有得,气象是否雍容,固不待其相接问者言之。然就"诚于中形于外者"而论,本书文字语圆意活,浑浩流转,从容恬淡,平易而又刚健,飘逸而不油滑,精深却不晦涩,细腻含情而深宏中正。令人读后,确有"贤者以其昭昭,使人昭昭"之叹也。

总之,著者心切当世之学风世态,胸怀一真切之历史意识,知人论世,心通古圣之生命,究心孔孟之心性,追寻安身立命之大道,旁借西哲之睿思,独标教化之哲学。著者心境亦可用八字概括:心通古圣,情衷教化。

---

① [宋]程颢、程颐著,王孝鱼点校:《二程集》,北京:中华书局,1981年,第596页。

最后不得不提及的一点是:该书各章节并非一时写成,故各篇内容看似形散无章,实则皆贯穿于"教化的哲学"这一精神脉络之中。当然,微瑕之处在于,由于诠释的需要,少许资料有些许重复,此亦难免。

李景林先生《教化的哲学》的出版,于昌明儒家学说,弘扬华夏文化必有助焉。

(许家星,南昌大学江右哲学研究中心、人文学院哲学系副教授,330031)

陈苏镇:《〈春秋〉与汉道》

北京:中华书局,2011年

陈苏镇老师新近出版了《〈春秋〉与汉道》一书,该书是其研究汉代政治文化成果的集中展现。从本书的前身,即陈苏镇老师于2000年完成的博士论文,到2001年出版的《汉代政治与〈春秋〉学》,再到本书的出版,作者对汉代"政治文化"的研究可以说是前后持续了十几年之久,作者的心血可以说是积淀在该书的每一个问题当中,本书论证之严谨、史料之翔实,可以说是与这些年的集中研究分不开的。关于前作《汉代政治与〈春秋〉学》(以下简称"前作"),《哲学门》总第十五辑已有李鹏所写的一篇书评做了详细的介绍[1],而关于本书的内容与思路,陈苏镇老师也在本书的《前言》和《结语》中做了概要性的说明。因此,本书评不再过多地介绍该书的具体细节,而重点结合作者新增加的内容,论述笔者的一些感受和本书的一些特点。

---

[1] 参阅赵敦华主编:《哲学门》总第十五辑,北京大学出版社,2007年,第336—342页。

一

阅读完该书,笔者的第一个感受是作者是在"竭泽而渔"。

首先,在该书主题的指引下,作者可以说是"穷尽"汉代历史研究的基本史料与文献,无论是传世文献还是出土文献,作者都加以重视。如作者对该书第一章讨论"西汉再建帝业的道路——儒术兴起的历史背景",其第三、第四两节讨论汉初的东方政策的补充和改动,主要利用的就是新出的《张家山汉墓竹简》。《张家山汉墓竹简》整理出版于2001年,在前作出版之后。因此可见作者在写作本书时,不仅仅是扩充前作、添加东汉部分的论述而已。对于新近的材料,作者也做了较为深刻的研究,并在研究的基础上对前作进行了一定的修改。在讨论"文帝前王国与汉法的关系"时,作者对《张家山汉墓竹简·秩律》所列近三百个县道地名逐一与《汉书·地理志》进行核对,可见其研究之细致。而本书的很多结论正是在这样细致的研究的基础上得出的。

其次,作者充分重视前人的研究成果,关注今人的相关研究。作者的研究不是"自说自话"式的逻辑的自我建构,而是在学术的继承与对话下展开的。对任何具体问题的研究,作者都顾及这一问题的研究历史与研究现状,对不同的说法进行厘清,分析不同的说法可能面临的问题。对于已有深入研究的观点,作者尽量标示出其"著作权"。对于一些不太认同的观点,作者也都给出客观的说明,并谨慎地表达出自己的观点,进行详细的论述,做到"小心求证"而后"大胆假设"。如在第五章中,作者讨论了谶纬对汉代政治文化的影响,其中有一个问题讨论谶纬"五德终始"说与刘歆《世经》"五德终始"说的先后,作者分析相关文献,认为"《世经》的'五德终始'说是在谶纬'五德终始'说的基础上稍加修改而成的"①。但作者的论述并未止步于自己的材料分析,而是紧接着又论述了历史上已有的几种关于该问题的代表观点,如康有为、崔适、顾颉刚、安居香山的说法,并对这些观点一一分析,进而再次表达自己的观点。显然,这种方式比起单纯的自我论述,更能展示

---

① 陈苏镇:《〈春秋〉与汉道》,北京:中华书局,2011年,第444页。

出问题在问题史上的位置,也可以为进一步的研究提供更高的起点。作者与当代学者的对话,比较明显的一点体现是作者对前作质疑的回应以及对自己观点的修正。前作出版之后,对于作者的汉初东方王国"从俗而治"的观点,有学者提出书面或口头质疑,作者一一列举了他们的观点,予以回应,并在本书中"参考各位学者的意见在文字表述和分寸把握上做了调整"[①],将观点表述为"由于诸侯王拥有一定立法权,王国法律中的这些内容肯定会有各自的特点,会在某些事务上体现诸侯王的个人意志,在某些方面服从并服务于各国的实际需要,也会在一定程度上受到当地士人和文化的影响"[②],比前作的表达更为严谨、清晰。

还有一点需要说明的是,作者虽然不是专业研究哲学史或观念史出身,但在相关问题上,作者材料解读的细腻性,阅读文献的广泛性、代表性,也令人敬佩。如本书关于董仲舒思想的讨论,作者基本上都是从文献的细读出发,在文献逻辑紬绎的基础上,参考众多思想史学者的观点,细致地分析董仲舒思想中"三教"、"四法"等概念,进而讨论其与汉代政治的实际关联,而不是不加分析地、以某种"前见"直接谈论某种思想的实际政治影响。在这种研究态度之下,作者反而能指出对思想史既成的错误理解即成的对思想史观点,避免了在既成前见之下"构造"联系。如作者指出,董仲舒"天不变道亦不变"的观点,其"其所云'天'与'道'之'不变'都是相对的、有条件的,并无天永远不变、道也永远不变的意思。将其夸大为普遍原理,并用以概括董仲舒的宇宙观和历史观,是对该命题原意的严重曲解"[③]。类似这样的厘正在书中多有体现。无疑,这些厘正是建立在材料的细读与概念的细致分析的基础上的。

作者此种"竭泽而渔"的态度展现出一种细腻的学术研究"手艺",使作者的论述仿佛"钝刀割肉、元气淋漓"。本书的论述虽然跨两汉近四百年的历史,却不是粗线条的概述,通过细腻的"手艺",作者将问题集中在"政治文化"这一视角下,展示出材料细节处隐藏的"密码";也正是这种态度,使本书

---

① 陈苏镇:《〈春秋〉与汉道》,第 94 页注③。
② 同上书,第 94 页。
③ 同上书,第 202 页。

区别于一般的"大叙述",超越了某种"走马观花"、"雾里看花"的粗鄙,使得两汉历史的这一面向变得"洞明"。或许"竭泽而渔"在学术研究的意义上并不是一个贬义词,而恰恰是一种应有的学术态度。在当下"快餐式"的出版与研究面前,作者的研究与研究态度更值得我们这些后生晚辈认真学习。

二

以上,笔者简要谈了对陈苏镇老师著述态度与方法的一点认识。下面,让我们着重分析该书的内容与思路。

作者在《引言》中指出,在汉代历史的演变过程当中,"汉道"和《春秋》是两个重要概念,无论是儒生还是汉朝的统治者都在持续不断地思考"汉道"的问题,而《春秋》学恰是汉朝统治者确定"汉道"的重要理论根据。[①] 本书关注的就是《春秋》与"汉道"这两个交互的概念所关联和交叉的相关问题。

作者指出,秦朝结束了战国的分裂,在政治上实现了统一,并希望把秦法推行到东方各国,完成文化统一。但是由于东西区域文化的差异,尤其是楚俗与秦法的冲突,秦帝国迅速瓦解,其文化统一的历史使命没有完成。汉朝在实现政治统一之后,同样面临"拨乱反正"、实现文化统一的历史使命。汉初继承秦朝法治,而黄老无为之术则被用来抵消或缓解秦朝法治传统的负面影响。但是,随着汉法向东方各国的推行,导致与秦帝国推行法治相似的矛盾再次出现。在这样的背景下,儒术兴起,为汉帝国实现文化统一提供了出路。而在儒家思想内部,有"以德化民"和"以礼为治"两种不同的政治主张,汉武帝独尊儒术,采取的是以《公羊》家为代表的、主张"以德化民"的那一派儒家。在朝廷的提倡下,儒生获得了参与和改善政治的机会,儒家思想开始纳入"汉道"之中,东西文化的对立和冲突开始缓解。汉朝在这一时期也形成了"霸王道杂之"的政治模式。儒生们希望汉朝能够按照他们的设想施政,但他们在这一时期只是起到"缘饰"法律的辅助作用,他们的政治主张并没有得到真正实施。在武帝朝,朝廷的重心在于"开边拓土",儒生们的

---

① 陈苏镇:《〈春秋〉与汉道》,第2—3页。

主张没有得到实行。宣帝朝,《公羊》家受到排抑,《谷梁》家兴起。元帝朝以后,儒生们为了实现其主张,开始出现一场托古改制运动。由于外戚、宦官的干扰,加上今文经学固有的弱点,元帝朝的改制并没有深入进行。历史在这一时期发挥了其创造性,身为外戚加儒生的王莽登上历史舞台,而由于以《左氏》学为代表的古文经学可以为托古改制提供具体的施政方案,古文学也成为正统学说。王莽以古文经学为指引,开始"制礼作乐",使托古改制运动进入高潮,并最终取代汉朝建立新朝。但是,王莽的改革也以惨败告终。刘秀再造帝业,吸取了西汉的教训,基本上否定了西汉末年以来的改制运动,在学术上尊谶纬和《公羊》学。东汉定都洛阳,跳出了西汉以关中为本位的政治格局,进一步摆脱了法治传统的束缚,士大夫按照《公羊》家"以德化民"的主张认真实行教化。但是,由于东汉豪族社会引发的吏治苛酷问题,加之外戚、宦官专权引发的政治腐败,"以德化民"说再次遭到挑战,民间太平道和五斗米道一度崛起。在这个时候,士大夫再次寻找儒家政治面对新的政治格局可能有的新的思路。由于东汉儒生今古文两派在注重忠孝等道德信条、实践这些信条上并无本质分歧,而古文经学相比于今文学又有其优势,他们可以提供给新王朝制礼作乐前如何具体教化人民的措施,可以弥补今文经学"以德化民"说最薄弱的一点。郑玄的政治思想正是在这一背景下产生的。表面上看,该书可以分为两个部分,一部分关注西汉的"政治文化",一部分关注东汉的"政治文化",但是,"政治文化"这一议题又自然地把这两个历史时期连接在一起,使两个历史时期有机地结合起来,西汉末期的"托古改制"和王莽改革即是西汉政治文化运动的终点,也是东汉政治文化运动的起点。可以说,从政治文化的视角审视汉代政治的演进,是作者的主要思路和关注点。作者在这一点上具有一贯性。①

作者认为,"中国古代政治和政治文化的发展,是个一环接一环逐步深入的过程,其中每一环都有一个为当时人们普遍关注和共同探讨的核心问题"②。我们可以看到,作者整个论述的思路与逻辑当中,政治思想与政治实践的互动始终是问题的核心。"政治文化"是作者的关注所在。通过对"政

---

① 关于这一部分对该书具体逻辑环节的概括,请参考该书"结语"部分,第 615—617 页。
② 同上书,第 617 页。

治文化"的关注,作者将思想的展开放置于历史的"形势"之下,摆脱单纯的逻辑的孤悬或制度的冰冷。汉代哲学研究中,政治往往成为某种背景性的东西,似乎可以抽离,而不构成思想发展的有机环节,作者们更关心观念的分析。一般的政治史研究也仅把思想当成"点缀",作者们关心的是制度的实际运作与体系。祝总斌先生在前作的"序言"中已经指出了这些问题。该书的两条线索使该书有一种"交错"感。政治史与政治思想史有机地穿插在一起。政治史面临的问题刺激,引发了当时知识分子的思考,而这些思考又以某种形式进入到政治的实际进程之中。

作者的叙述看起来似乎存在一种"刺激—反应"的模式,有一种行文演绎的精巧,就像黑格尔在《历史哲学》中构造的那样,似乎赋予了历史很强的逻辑感。但是,这种精巧、这种表面上的模式与历史的逻辑感并不是作者内心当中的"主观历史"构造出来的,不是单纯的哲学观念的演绎并最终指向某个目标,而是作者回到当时的历史语境,还原当时的历史问题,从对材料的解读与分析中自然得到的一种"描述"。作者在叙述中并没有引入某种"目的论",而是始终秉有一名历史研究者应有的"客观"。我们从第一部分概述本书的特点中也可以看出这一点。因此,在这个意义上,该书既不是"剪刀加糨糊"式的史料堆砌,也不是"六经注我"般的"拿历史说事儿"。作者是在用自己的史学素养,在有限的材料上进行最大的挖掘,努力回到当时的历史语境中,在现在用"思想"重演过去。

三

面对这本书,总有一个"阴影"在笔者面前挥之不去,这就是余英时先生的《朱熹的历史世界》,一方面由于余先生的书掀起的轩然大波,一方面更是由于两书都采用了"政治文化"的研究视角。

作者将政治文化理解为"政治生活的软环境"、"一个民族在特定时期和特定环境中形成的群体政治心态"①,这与余英时先生"欲通过对历史世界的叙述,凸显出朱熹的政治关切、政治主张、政治理想,……凸显出朱熹的政

---

① 陈苏镇:《〈春秋〉与汉道》,第5页。

治文化观念,进而呈现出当时士大夫群体的政治文化"①有相近之处。政治文化研究关注的是政治史与政治思想的互动,而并不仅仅是简单的两条线索。余英时先生在其《自序》中说,"本书是关于宋代文化史与政治史的综合研究,尤其注重二者之间的互动关系",陈来先生指出,"文化史即指宋代理学的发展和变化,政治史则著意于权力世界的结构和运作,互动即二者的纠结关联"。这些换成本书关注的时代和问题,同样适用。我们可以看到,《〈春秋〉与汉道》一书,关注的恰是以《春秋》学为代表的汉代儒学与汉代政治的互动,讨论了《春秋》学内部不同流派的发展和变化,也深入探讨了从秦到汉、从西汉到东汉的权力结构、运作,以及两者的相互影响,事业虽大,但始终以"政治文化"为中枢,整个著作的论述都不脱离这一事业,这已经不是一般意义上的疏略的大叙事了。

还需要看到的是,余英时先生"是要把理学重新'放回'宋代儒学的整体来理解,而不是把理学从儒学中'抽离'出来,只研究其特色"②。陈苏镇老师的书看似与余英时先生的书有所不同,因为作者"抽离"出汉代思想中《春秋》学这一重要内容,而不是关注汉代儒学的方方面面。但是,作者的"抽离"也不是仅仅为了研究汉代《春秋》学的特色,而是同样把思想置于运动的历史进程之中。作者指出,汉儒有"以德化民"和"以礼为治"两种政治主张,而"在汉代儒家经典中,《春秋》拥有特殊地位,可谓经典中的经典,《春秋》三传之争是汉儒两派之争的主要表现形式,三传的兴衰则每每与朝廷政策的重大转折相关联"③。这样,作者的"抽离"就使问题更为集中,更能够清晰地展现两汉政治文化当中政治思想与政治实践的互动,而不至于陷入"漫无边际"、泛泛而论的危险境地。在这个意义上,余著与陈著可以说有异曲同工之处。

人们一般把儒学分为"内圣"和"外王"两部分,"政治文化在传统儒学中不属于'内圣'而属于'外王'"④,余英时先生主要关注"外王",在其著作

---

① 陈来:《从"思想世界"到"历史世界"——余英时〈朱熹的历史世界〉述评》,http://www.aisixiang.com/data/detail.php?id=3623。
② 同上。
③ 参看《〈春秋〉与汉道》之《引言》,第1、3页。
④ 陈来:《从"思想世界"到"历史世界"》。

中对道学文献做了很多"政治解读"。我们在本书中也可以看到很多类似的地方,作者同样有很多深刻的对文献的"政治解读"。如新增内容中,作者对于郑玄政治思想的阐释。作者指出,关于郑玄是否对汉末经学政治理论的发展起了推动作用,学界存在截然不同的看法。作者倾向于郑玄注经中包含了他对现实政治的态度,而不仅仅是"纯学术"①。在这个视角下,陈老师对《诗谱序》和郑玄礼学文献进行了相关分析,从文本自身出发,梳理出其中包含的政治思想。

然而,陈苏镇老师的著作不仅仅对汉代思想文献进行了政治解读,由于汉代思想研究本身的一些不足,作者也深入"内圣"领域,对思想逻辑进行了整全的分析,对相关思想史问题进行了专题探讨。前文已经指出,作者在讨论董仲舒的政治思想时,专门加入讨论董仲舒"天道"思想的部分,理清了关于董仲舒思想的一些误解。作者类似的分析和解释还有很多。正如对董仲舒的"天道"的解释所体现出来的,作者对思想文献的思想解读是建立在文本细读的基础之上,进而从文本内部说话,而不是在思想文本的"外围","外在"地观察文本。陈苏镇老师的著作在"内圣"领域对一般的"政治文化"研究著作的超越是显而易见的。

在笔者看来,历史研究者如何进入思想文献的内在逻辑与哲学研究者如何进入思想文献"活"的历史语境,是目前历史学研究者和哲学研究者需要共同探讨的一个问题,双方在某种意义上需要互相借鉴,而陈苏镇老师的这本书,我想在这方面是有积极意义的,该书不仅关注到了历史学领域所关注的问题,同时也对思想史内部概念的内在逻辑有深刻的把握。自前作出版以来,就有不少哲学界的学者对陈苏镇老师的研究产生了兴趣,并已经组织了一定的研读和讨论,可见这本书所产生的效果不仅仅是单纯的历史学的对某一具体问题的"解决",而是提供了一种思路和研究视野。

四

本书的第六章"豪族社会对东汉政治和政治文化的影响"全部内容都是

---

① 陈苏镇:《〈春秋〉与汉道》,第595页。

新增的,这一部分着力分析了东汉豪族与东汉吏治之间的关系,分析了以外戚为代表的豪族与皇权的互动,并进而叙述了世家大族的崛起和儒家经学的发展。这一章承接延续政治文化的思路,叙述"政治生活的软环境"。但是这一部分,尤其是这一章的前两节呈现出了与前文不太一致的"倾向",即其与纯思想的关系似乎没有前面那些章节结合得那么紧密,尤其是经学与政治的关系、经学与世家大族——这一东汉代表性政治群体——的关系,也不像前面几章论述得那么具体和紧密,政治似乎仅仅构成了一个经学展开的背景,而不是参与者。这点似乎可以从郑玄与政治的距离当中看出来。作者在本章所重点阐释的是东汉经学的代表郑玄的思想,而没有选择具有双重身份——经学家与世家大族成员——的人物,例如东汉荀氏家族的成员,进行重点研究。前文所具有的独特的"张力"在这一新增部分似乎有所减弱。

当然,如果考虑到郑玄的独特身份和影响,如果放在作者自己关心的问题视野之下,放在作者对于政治文化的理解之下,这点也不构成问题,因为这一章关注的是世家大族这一政治群体对于东汉政治以及相应政治思想的影响,而着力厘清"世家大族"身上的一些问题就可能成为研究的核心。

此外,作者在"引言"中特别强调,"'政治学说'、'政治思想'、'政治哲学'等,属于学者或政治精英,'政治文化'则属于'群体'、'社会'或'民族',其中不仅包括'精英',也包括'大众'"①。我们可以看到,本书重点在刻画诸多"群体"的意识以及其在政治当中的表现,对谶纬和太平道的叙述,更是涉及一般精英层以外的社会群体的思想。但是,我们也不难看出,本书大部分涉及的政治思想还是属于学者和政治精英的"大传统",而"大众"的"小传统"所占的比重则较少。这点我们不能苛责作者,因为现有史料留下的更多的是"大传统"的内容。在这点上,如何突破史料"瓶颈",如何利用有限的史料更广泛地揭示群体心理、揭示群体与政治之间的互动,则成为一个新的挑战。或许"小传统"与政治制度、精英政治思想的互动可以成为政治文化研究当中的一个新热点。

最后,我们应该对陈苏镇老师有更多的期待,在本书的最后,他重点阐

---

① 陈苏镇:《〈春秋〉与汉道》,第5页。

释了郑玄的政治思想。但是,郑玄不仅仅是属于汉代的,他不仅仅是完成了某种思想总结,正如作者自己指出的那样,汉魏之际儒术发生的变化,与郑玄礼学的影响有关,郑玄的思想也为玄学的形成和发展预留了空间①。我们有理由期待陈苏镇老师会沿着郑玄所留下的空间,在一个新的领域有所创见。

(赵金刚,北京大学哲学系09级博士研究生)

聂锦芳:《批判与建构:〈德意志意识形态〉文本学研究》

北京:人民出版社,2012年

  以19世纪40年代末为序,《德意志意识形态》的写作已过去近160年。作为表征马克思主义哲学理论的重要"经典"论著,这一文本长期以来并未得到国内外学术界的足够重视,目前尚未有全面解读这一文本的作品问世;也很少有论者从学术研究对象的视角看待马克思的这一文本及思想,甚至还对这一文本研究加入了许多现实考量和情绪成分,这就造成了马克思的原本形象和思想愈发模糊,不利于马克思主义文本思想研究的进一步开展。有鉴于此,北京大学哲学系聂锦芳教授创作《批判与建构:〈德意志意识形态〉文本学研究》一书,极大填补了这一领域研究的空白。限于篇幅,本文仅就该书的主要特色进行简要概括,具体如下所述。

---

① 陈苏镇:《〈春秋〉与汉道》,第613页。

一 立足学术前沿,开创研究新范型

与过往解读马克思主义经典文本的论著不同,《批判与建构:〈德意志意识形态〉文本学研究》一书的最大特色就在于"对《德意志意识形态》的研究不是一种孤立的学术行为,而是作为笔者所构想的完整的马克思文本研究中一个方面的工作"①。质言之,这一论著并不是一般单纯性的文本思想解读研究,而是在作者所理解和倡导的"文本学研究"的一般范型下展开的一种有益于阐释和论证,并从版本考证、文本解读和思想阐释三方面对《德意志意识形态》进行全面性的研究。事实上,完整的马克思主义研究应当包括四个有机统一的领域或方面,即文本、历史、原理和现实化;其中,文本和历史研究是最重要和直接的基础。近年来,尽管国内学界加强了马克思文本的解读,并将其置于马克思主义研究的基础地位,取得了一些重要成就,但依旧存在一大发展"瓶颈",即尚未把马克思的文本视为一种整体性的存在来进行探讨。

针对上述情形,《批判与建构:〈德意志意识形态〉文本学研究》一书首先建构了马克思文本研究的总体图景和一般范型。具体而言,有如下三个方面②:第一,前提工作,即学术基础清理和方法论省思。所谓学术基础清理,是指在尽可能准确地甄别和统计马克思重要著述的手稿、笔记、版本的基础上,对百余年来马克思文本解读史的经验教训和成果进行审视和分析。所谓方法论省思,则是置身21世纪重新观照和解读马克思的文本,在迎应时代变迁和解释学模式的挑战中实现方法论的自觉与超越。第二,文本解读,包括整体(或宏观)研究与个案(或微观)研究。据不完全统计,马克思一生撰写的著作有1974部(篇),其中独著1660部(篇),合著314部(篇);此外,还有书信3099封。③ 因此,要对马克思的全部著作进行一一解读是不可能的,我们只能从中选取最能表征马克思思想内涵及发展历程的重要篇

---

① 聂锦芳:《批判与建构:〈德意志意识形态〉文本学研究》,北京:人民出版社,2012年,第1—2页。
② 同上书,第3—10页。
③ 聂锦芳:《马克思文本研究的一般图景与思路》,《党政干部学刊》2009年第2期。

章进行解读;而这些经由选择的作品也是十分庞杂的,这就要求我们对这些文本用不同的方式进行处理,即整体(或宏观)研究与个案(或微观)研究。其中,前者是按照一定的标准,即写作周期长、篇幅容量大和思考主题深的原则,选择马克思在其思想发展的各个阶段中若干重要的代表性著作进行清理和研读。《资本论》及其手稿的研究就属于这种类型。后者则是按照"文本学解读"的一般路径,对马克思的代表性作品的产生背景、写作过程、版本源流、问题文体结构、思想与内容、价值与意义等方面进行精读。显然,《德意志意识形态》的研究属于这一类型。第三,思想阐释。众所周知,马克思文本研究的落脚点就在于其思想的阐释和评价,这一工作包括以下几个环节,即:同一思想在不同文本中的演变;不同语种翻译过程中的核心概念含义的损益;重要观点的提炼、概括和阐发;思想体的体系化"重构";马克思与其他重要思想家思想的比较。这样,就构建出了马克思文本研究的不同范型,即以文本为本位,从文本出发,再从文本中抽象提炼出重要思想与问题,从而再现马克思文本中的思想。

二　突破传统路径,重解文本活思想

对于马克思主义哲学研究来说,经典文本的研究是这一理论工作的前提,也是深度阐发哲学思想的基础。研究者总是希冀于经典文本的研究来了解文本创作者的原初思想状况、逻辑推论以及体系框架。但由于各种复杂原因,一些文本在作者的创作过程中并未完成,甚至只有一些手稿、笔记之类的残篇留存于世。这种状况对于后世研究者来说,要从散乱的篇章中读出蕴涵的深层意义,甚至要从断裂或遗失处诠释出完整的思想,绝非易事。而解读马克思的许多重要文本都具有这样的困境,《德意志意识形态》就是属于这样一种类型的作品。这就需要我们超越文本解读的传统探究路径,重构文本个案或微观研究新路径。

就目前而言,在文本的个案或微观研究中,研究者往往采取的是"文本—问题"的模式,即凸显"问题意识",从问题出发去观照文本。值得注意的是,这里的"问题"并不是从文本中提炼、阐发而来,而是经由当代社会实践、流行的思想观念和研究者个人所感或创构中生发而来的。文本研究者解读文本的目的并不在于还原文本作者思想的原始状况,而是对生发出来的问题寻求文本依据。这就造成了文本研究者在选择文本时不会对作者的全部著作进行通盘考虑,而只是选择一些成型、定稿的作品。具体到马克思的著作而言,许多研究者不仅将马克思的一些书信和手稿束之高阁,甚至对那些成型和定稿的作品也只是采取寻章断句的方式。文本在上述研究路径中只是处于工具和手段的地位,更谈不上完整再现文本中的思想。

《批判与建构:〈德意志意识形态〉文本学研究》一书指出,对于专业的马克思主义者,特别是文本研究者来说,需要采取另一种新路径,即选定文本后,以文本为基础,对其产生背景、写作过程、版本源流、文体结构、思想内容、理论体系、研究历史和最新动态等方面进行翔实的梳理、考证、分析和阐发,进而提炼产生出文本的思想或问题;再将这些思想或问题与当时的社会、此前和同时代其他思想家关涉相关问题的论述进行比较,并在此基础上对其在20世纪哲学史上的传承与变迁以及在当代社会实践中的表征或地位进行提炼与概括,从而彰显文本的思想史意义和当代价值。按照这种研究路径,作为文本个案的《德意志意识形态》研究,应依据原始手稿和MEGA2的最新研究成果,从文献学的角度对其产生背景、写作过程和版本源流进行考证;再按照文本的原始写作顺序,即对"先行稿"、"圣麦克斯"章、"费尔巴哈"章以及第二卷进行详尽的解读,从整体上重构整部文本的理论境界和逻辑框架,展现马克思和恩格斯的"宽广的理论视野、丰富的知识领域、多样的论证方式、广泛的思想议题和独特的思考角度"[①]。这样,展现在读者面前的不再是那个仅仅实现了"从革命民主主义向共产主义、从唯心主义向唯物主义的转变"过程的抽象的马克思,而是一个充满了"活"的思想的马克思。在这部更应当准确地翻译为"德国思想评论"的著述中,马克思探讨了如下问题,举凡:"离开思辨的基地解决思辨的矛盾";"理解人生与历史的方式";"历史的流变中如何把握精神";"自由之境及观念嬗变";"人"到"我"思维路径的总批判;"独立性"能否超越"自由";"权力、法律与犯罪"等"属人"还是"为我"性质;个性与社会的关系;"享乐"与现实生活的关系;唯物史观的阐释方式与论证逻辑;唯物史观的理论视域和现实归旨;历史向

---

① 聂锦芳:《批判与建构:〈德意志意识形态〉文本学研究》,第691页。

"世界历史"的转变的过程与环节;"现实的个人"与"共同体"之间的关系;社会主义的"哲学论证";社会主义史的理解与叙述;超越苦难的不同方式;社会主义与人类之"爱"的关系;面对现实,如何避免走向肤浅和天真;等等。这些看似另类的议题恰恰构成了《德意志意识形态》这一文本的内容和其"活"的思想。

三 把握时代脉络,凸显现实深价值

毫无疑问,作为马克思、恩格斯早期思想探索的阶段性重大成果,《德意志意识形态》标志着马克思主义"新哲学"的形成。值得注意的是,这一哲学形态的形成并不是伴随着文本的定稿完成的,而是在思想史和当代实践中得到拓展、深化和完成的。因此,当代实践为我们提供了理解和评价《德意志意识形态》的重要参照系,更加凸现出它的当代价值。《批判与建构:〈德意志意识形态〉文本学研究》一书正是在这一维度上对《德意志意识形态》的当代价值进行了深入阐释。

伴随着全球化时代和中国近30年来社会的巨大变迁和发展,中国目前正处于现代化进程的关键时期,这就需要我们不能盲目听任西方资本主义现代化理论和现代化观念,而是需要建构有中国特色的现代化理念。按照聂锦芳教授的理解,指导中国特色社会主义建设的不应当仅是提出一些路线、方针和策略,更应当是建构一种思想体系和基础。而上述工作的完成必须要借助于对经典马克思主义的深刻理解和当今全球化态势的准确把握。只有这样,才能建构出具有"世界意义"的中国特色的现代化观念和理论。简言之,中国特色的社会主义应当是当代中国的马克思主义。然而在当代中国,很多论者谈论的往往是"没有马克思的马克思主义",他们只是将马克思主义作为一种口号和旗帜,并没有深入阐释其内在的思想。因此,"在这种情况下,强调重新阅读和研究像《德意志意识形态》这样的著述,虽然不能指望从中找到解决当代具体问题的具体方案,但对照马克思、恩格斯当年的思考来反思目前中国与世界的状况,将使我们大受裨益、深获启迪"[①]。正是

---

① 聂锦芳:《批判与建构:〈德意志意识形态〉文本学研究》,第644页。

基于上述认识,《批判与建构:〈德意志意识形态〉文本学研究》一书将《德意志意识形态》置于世界思想史和哲学史演进的总进程中予以观照,对社会主义的"哲学论证"、社会主义史的论证和叙述、共产主义(社会主义)与人本主义的关系等问题进行深入阐发与对照理解;并将它称为一场"壮丽的日出",恰如书中所言:"它仍然是我们时代的哲学:它是不可超越的,因为产生它的情势还没有被超越。"①

(杨洪源,北京大学哲学系博士研究生,100871)

---

① 聂锦芳:《批判与建构:〈德意志意识形态〉文本学研究》,第644页。

《哲学论稿(从本有而来)》
〔德〕马丁·海德格尔 著,孙周兴 译
北京:商务印书馆,2012 年 5 月

本书作为"中国现象学文库·现象学原典译丛"的一种。《哲学论稿》初版于 1989 年,被编为《海德格尔全集》65 卷。公开出版之后不久,即被不少研究者认为是海德格尔最重要的两部著作之一,可与《存在与时间》并举。本书作为海德格尔的手稿,是一部非体系化的著作,然而全书 8 个部分、281 节文稿仍然是被作者按照严格次序排列的。这 8 个部分分别是:前瞻、回响、传送、跳跃、建基、将来者、最后之神与存有。除了开头与结尾,中间的六个部分被称为"关节"(Fuge)。本书作为海氏后期哲学思想的开启,有着重要的意义。如果说在《存在与时间》中,海德格尔已经实施了一种与课题域的转换相关的哲学(思想)表达(语言)的变革,但囿于当时海氏的实存哲学倾向而更多的是"旧瓶装新酒"意义上对传统哲学的改造,那么,在《哲学论稿》中,海德格尔在思想语言的变革尝试大大推进了。这种变革主要体现在动词化倾向、拆解词语和重赋意义三个方面。本书被认为是 20 世纪"最艰涩、最神秘"的一部著作,它的首次中译必然会给中国的海德格尔研究提供重要的资料,对于我们对海德格尔后期思想的全面把握有着重要的参考价值。(陈东兴)

《柏拉图对话中的神——薇依论古希腊文学》

〔法〕西蒙娜·薇依 著,吴雅凌 译

北京:华夏出版社,2012 年 10 月

  本书是"经典与解释"丛书"古典学丛编"系列中的一种。西蒙娜·薇依(1909—1943),作为 20 世纪法国知名的哲学家、宗教思想家和社会活动家,其思想对于战后的欧洲思潮有着深刻的影响。本书收录了薇依绎读古希腊文学经典的所有完整文稿,内容包括《〈伊利亚特〉,或力量之诗》、《托名荷马的〈德墨特尔颂诗〉》、《赫西俄德的〈神谱〉》、《论自然哲人》、《论毕达哥拉斯定理》、《赫拉克利特的神》、《克莱安塞斯的〈宙斯颂诗〉》、《论肃剧》《论柏拉图》等。通过绎读《伊利亚特》、《普罗米修斯》、《会饮》等名篇,薇依以独特的睿哲引领我们重新接近古希腊诗文,以敏锐的眼光探寻基督精神与希腊精神的关联。同时,本书亦收入薇依的全部诗稿。本书对古希腊文学研究和薇依哲学思想的研究均提供了重要的资料。(陈东兴)

《哲学门》稿约

为了不断提高我国哲学研究的水准、完善我国的哲学学科建设、促进海内外哲学同行的交流,北京大学哲学系创办立足全国、面向世界的哲学学术刊物《哲学门》,每年出版一卷二册(每册约 30 万字)。自 2000 年以来,本刊深受国内外哲学界瞩目,颇受读者好评。

《哲学门》的宗旨,是倡导对哲学问题的原创性研究,注重对当代中国哲学的"批评性"评论。发表范围包括哲学的各个门类,马克思主义哲学、中国哲学、西方哲学、东方哲学、宗教哲学、美学、伦理学、科学哲学、逻辑学等领域,追求学科之间的交叉整合,还原论文写作务求创见的本意。目前,《哲学门》下设三个主要栏目:论文,字数不限,通常为 1—2 万字;评论,主要就某一思潮、哲学问题或观点、某类著作展开深入的批评与探讨,允许有较长的篇幅;书评,主要是介绍某部重要的哲学著作,并有相当分量的扼要评价(决不允许有过度的溢美之词)。

为保证学术水平,《哲学门》实行国际通行的双盲审稿制度。在您惠赐大作之时,务必了解以下有关技术规定:

1. <u>本刊原则上只接受电子投稿</u>,投稿者请通过电子信箱发来稿件的电子版。个别无法电子化的汉字、符号、图表,请同时投寄纸本。
2. 电子版请采用 Word 格式,正文 5 号字,注释引文一律脚注。
3. 正文之前务请附上文章的<u>英文标题、关键词、摘要、英文摘要和作者简介</u>。
4. 通过电邮的投稿,收到后即回电邮确认,3 个月内通报初审情况。其他形式的投稿,3 个月内未接回信者可自行处理。

在您的大作发表以后,我们即付稿酬;同时,版权归属北京大学出版社所有。我们欢迎其他出版物转载,但是必须得到我们的书面授权,否则视为侵权。

《哲学门》参考文献的格式规范

第1条 正文中引用参考文献,一律用页脚注。对正文的注释性文字说明,也一律用页脚注,但请尽量简短,过长的注文会给排版带来麻烦。为了查考的需要,外文文献不要译成中文。

第2条 参考文献的书写格式分**完全格式**和简略格式两种。

第3条 **完全格式**的构成,举例如下(方括号[ ]中的项为可替换项):

著作:作者、著作名、出版者及出版年、页码

  吴国盛:《科学的历程》,湖南科学技术出版社,1995年,第100页[第1—10页]。

  R. Poidevin, *The Philosophy of Time*, Oxford University Press, 1985, p. 100[pp. 1-10].

译作:作者、著作名、译者、出版者及出版年、页码

  柯林武德:《自然的观念》,吴国盛等译,华夏出版社,1990年,第100页。

  Martin Heidegger, *Being and Time*, trans. by John Macquarrie & Edward Robinson, Harper & Row, 1962, p. 100[pp. 1-10].

载于期刊的论文(译文参照译作格式在译文题目后加译者):

  吴国盛:《希腊人的空间概念》,《哲学研究》,1992年第11期。

  A. H. Maslow, "The Fusion of Facts and Value", *American Journal of Psychoanalysis*, 23(1963).

载于书籍的论文(译文参照译作格式在译文题目后加译者):

  吴国盛:《自然哲学的复兴》,载《自然哲学》(第1辑),吴国盛主编,中国社会科学出版社,1994年。

  T. Kuhn, "The History of Science", in *International Encyclopedia of the Social Sciences*, ed. by D. L. Sills, Macmillan, 1968.

说明与注意事项:

1. 无论中外文注释,结尾必须有句号。中文是圆圈,西文是圆点。
2. 外文页码标符用小写 p. ,页码起止用小写 pp. 。
3. 外文的句点有两种用途,一种用做句号,一种用做单词或人名等的简写

(如 tr. 和 ed.),在后一种用途时,句点后可以接任何其他必需的标点符号。

4. 书名和期刊名,中文用书名号,外文则用斜体(手写时用加底线表示);论文名无论中外一律用正体加引号。

5. 引文出自著(译)作的必须标页码,出自论(译)文的则不标页码。

6. 中文文献作者名后用冒号(:),外文文献作者名后用逗号(,)。

7. 中文文献的版本或期号的写法从中文习惯,与外文略有不同。

第 4 条　简略格式有如下三种:

第一种　只写作者、书(文)名、页码(文章无此项),这几项的写法同完全格式,如:

　　吴国盛:《科学的历程》,第 100 页。

　　Martin Heidegger, *Being and Time*, p. 100.

　　吴国盛:《自然哲学的复兴》。

　　T. Kuhn, "The History of Science".

第二种　用"前引文献"(英文用 op. cit.)字样代替第一种简略格式中的书名或文章名(此时中文作者名后不再用冒号而改用逗号),如:

　　吴国盛,前引文献,第 100 页。

　　吴国盛,前引文献。

　　Martin Heidegger, op. cit., p. 100.

　　T. Kuhn, op. cit..

第三种　中文只写"同上。"字样,西文只写"ibid."字样。

第 5 条　完全格式与简略格式的使用规定:

说明与注意事项:

1. 参考文献在文章中第一次出现时必须用完全格式。

2. 只有在同一页紧挨着两次完全一样的征引的情况下,其中的第二次可以用第三种简略格式,这意味着第三种简略格式不可能出现在每页的第一个注中。

3. 在同一页对同一作者同一文献(同一版本)的多次引用(不必是紧挨着)的情况下,第一次出现时用第一种简略格式,以后出现时用第二种简略格式。下面是假想的某一页的脚注:

　　① 吴国盛:《科学的历程》,第 100 页。

② M. Heidegger, *Being and Time*, p. 100.

③ 吴国盛,前引文献,第 200 页。

④ 同上。

⑤ M. Heidegger, op. cit., p. 200.

⑥ T. Kuhn, "The History of Science".

⑦ Ibid.

4. 在同一页出现对同一作者不同文献(或同一文献的不同版本)的多次引用时,禁止对该文献使用第二种简略格式。

编辑部联系方式:
电子信箱:pkuphilosophy@gmail.com
通信地址:100871　北京大学哲学系《哲学门》编辑部
传真:010-62751671

北京大学哲学系
北京大学出版社